머리말

영어는 구조의 언어입니다. 동사는 구조의 『뼈대, 골격』입니다.
같은 의미를 가지는 문장 4개를 예로 들겠습니다.

① She fed the meal to her baby.
   feed ⓐ[이동장소] 자신의 아기에게 ⓞ[이동대상] 음식을 ⓥ음식.사료로_ 이동(移動)시키다 / 먹이다

② She fed her baby with the meal.
   feed ⓐ[이동대상] 음식을 ⓞ[이동장소] 자신의 아기에게 ⓥ음식.사료로_ 이동(移動)시키다 / 먹이다

③ She fed her baby.
   feed ⓞ[이동장소] 자신의 아기에게 ⓥ[이동대상] 음식.사료로_ 이동(移動)시키다 / 음식을 먹이다

④ She fed her baby the meal.
   feed ⓞ[이동대상] 음식을 ⓞ[이동장소] 자신의 아기에게 ⓥ음식.사료로_ 이동(移動)시키다 / 먹이다

같은 의미이지만, 구조가 다릅니다.
feed 이동동사_ 이동대상(meal), 이동장소(her baby) 위치는

구분	이동대상(meal) 위치	이동장소(her baby) 위치	문장형식
①번 문장	ⓞ목적어	ⓐ부사어	3형식문장
②번 문장	ⓐ부사어	ⓞ목적어	3형식문장
③번 문장	ⓥ동사(서술어)	ⓞ목적어	3형식문장
④번 문장	ⓞ직접목적어	ⓞ간접목적어	4형식문장

같은 feed 동사이지만, 문장구조에 따라 이동대상/이동장소 위치가 변화합니다. (4가지)
동사 이해 → 문장 구조 이해, 그러면 영어가 쉬워집니다.
　　　☞ √ 이동동사_ 이동대상 위치 : ⓞ목적어, ⓐ부사어, ⓥ동사, ⓞ직접목적어 (4가지)
　　　　　√ 『①, ②, ③번 문장 : 3형식문장』, 『④번 문장 : 4형식문장』

feed 동사는 이동대상 위치 4가지 모두 가질 수 있습니다.
export, import 동사는 이동동사 위치 ⓞ목적어 1가지 만 가집니다.
이동동사의 이동대상 위치는 1~4가지 다양합니다.

다른 예입니다.

① He cleared the dishes from the table.
　　clear ⓐ[이동장소] 그 식탁 밖으로 ⓞ[이동대상] 그 접시들을 ⓥ깨끗함을 위해_ 이동(移動)시키다 / 깨끗이 치우다

② He cleared the table by picking up the dishes.
　　clear ⓐ[원인.수단] 그 접시들을 치움에 의해 ⓞ[변화대상] 그 식탁을 ⓥ깨끗한_ 상태로 변화(變化)시키다 / 깨끗하게 하다

비슷한 의미이지만, clear 동사개념이 다릅니다.
①번 문장 : 이동동사 개념 (ⓞ[이동대상] 접시를 ⓐ[이동장소] 식탁 밖으로 ⓥ깨끗하게_ 이동시킴)
　　☞ 식탁 밖으로, 접시가 이동됨을 상상

②번 문장 : 변화동사 개념 (ⓞ변화대상_ 식탁을 ⓐ[원인.수단] 접시를 치움에 의해 ⓥ깨끗하게_ 변화시킴)
　　☞ 접시를 이동시킴에 의해, 탁자가 깨끗한 상태로 변화됨을 상상 (식탁의 변화 : 더러운 → 깨끗한)

clear 동사가, 목적어에 따라, 이동동사/변화동사 개념이 달라집니다.
동사는 목적어, 문장구조, 부사어 등 여러 요인에 의해 해석.개념이 달라집니다.

암기 NO, 상상 OK !!!
이 책의 제목이 『상상영어』인 이유입니다.

이 책은 학습효율 극대화를 위한 3가지 방법을 제시합니다.
상상 : 단순 암기가 아닌, 상상으로 이해, 논리적 학습
연관 : 동사연관『파생단어, 상반동사/유사동사』로 확장적 학습
분류 :『변화동사, 이동동사, 표현동사, 주어중심동사』4가지로 동사분류, 체계적 학습

신세계에 여러분을 초대합니다.
기존에 없는 새로운 학습 방법이기 때문에 익숙하지 않아, 처음에는 어려워 보일 수 있습니다.
그러나 30분 정도만 투자하면, 이 책의 방법이 매우 효율적이라는 확신을 가질 것입니다.

이 책은 동사전용 Vocabulary입니다. 2800개 문장을 통해, 문장구조, 동사, 연결명사, 개념 등을 상상으로 학습할 수 있습니다.
동사는 문장의『골격.뼈대』로 중요합니다. 동사 중심으로 문장구조, 단어를 학습하게 하였습니다.
이 책이 여러분의 영어실력 향상에 도움이 되기를 간절히 바라는 마음입니다.
감사합니다.

　　　　　　　　　　　　　　　　　　　　　　　　　　　　　　　　　　　　　　지은이 드림

목 차

본 문 4

1. 변화동사 5
2. 이동동사 62
3. 표현동사 90
4. 주어중심동사 102

- 4-1. 주어소유동사 103
- 4-2. 주어이동동사 110
- 4-3. 주어심리동사 115

5. 기타동사 120

포인트 학습 123

예문 학습 155

색인_ index 296

본 문

1000단어/문장

핵심개념 1 변화동사   500단어/문장

핵심개념 2 이동동사   250단어/문장

핵심개념 3 표현동사   100단어/문장

핵심개념 4 주어중심동사   130단어/문장

    4-1 주어소유동사

    4-2 주어이동동사

    4-3 주어심리동사

5 기타동사   20단어/문장

핵심개념 1 변화동사

[Point 01] 변화동사_ 변화대상의 『이전 → 이후』 변화 & [원인.수단]

■ 변화동사 : ⓞ변화대상을 ⓥ변화시키는 동사 → [원인.수단] 파악

　◐ ⓞ목적어 = 변화대상
　◐ 가장 기본, 가장 중요, 가장 많음 (基本, 重要, 最多)
　　☞ 전체 동사 50% 이상 차지하는 것으로 파악, 모든 동사와 연관성 가짐

■ ⓞ변화대상을 + ⓥ『이전상태 → 이후상태 변화시킴』 + [원인.수단] 의해

　◐ 변화동사에 의한 변화대상의 변화결과는 『이전상태』와 다름
　◐ 『이전상태』: ⓥ변화결과 반대/부정

문장 No	변화동사	변화 대상 (ⓞ목적어)	『이전 → 이후』 변화 (ⓥ변화동사 변화 결과)	[원인.수단]
[0001]	stabilize	그 불안정한 경제를	(안정된_ 상태 아닌) → 안정된_ 상태로 변화	그 정부의 노력에 의해
[0002]	destabilize	그 안정된 경제를	(불안정한_ 상태 아닌) → 불안정한_ 상태로 변화	테러 공격들에 의해
[0003]	humidify	당신의 방을	(습한_ 상태 아닌) → 습한_ 상태로 변화	가습기 사용에 의해
[0004]	dehumidify	뜨겁고 습한 공기를	(건조한_ 상태 아닌) → 건조한_ 상태로 변화	에어컨 사용에 의해
[0005]	weaken	국제시장에서 우리의 경쟁력을	(약한_ 상태 아닌) → 약한_ 상태로 변화	수출 가격의 상승에 의해
[0006]	strengthen	우리 제품의 경쟁력을	(강한_ 상태 아닌) → 강한_ 상태로 변화	혁신적인 품질관리를 통해
[0007]	pollute	환경을	(오염된_ 상태 아닌) → 오염된_ 상태로 변화	해로운 가스 및 독성물질로 인해
[0008]	purify	그들 자신들을	(깨끗한_ 상태 아닌) → 깨끗한_ 상태로 변화	갠지스강에서 목욕함에 의해
[0009]	impair	성기능을	(손상된_ 상태 아닌) → 손상된_ 상태로 변화	술과 담배에 의해
[0010]	repair	고장 난 전자제품을	(수리된_ 상태 아닌) → 수리된_ 상태로 변화	재판매하기 위해

■ [원인.수단] 위치 및 다양성

　◐ 위　치 : ⓢ주어, ⓐ부사어에 주로 위치, 생략 시 상상 가능
　◐ 다양성 : ⓞ변화대상 변화의 수단, 원인, 목적 등 다양

■ 변화의 다양

　◐ 안정성 변화 : 안정된, 불안정한
　◐ 습도 변화 : 습한, 건조한
　◐ 강도 변화 : 약한, 강한
　◐ 오염여부 변화 : 오염된, 깨끗한
　◐ 수리여부 변화 : 손상된, 수리된

　　☞ √ ⓥ변화동사와 연결된 ⓞ목적어=변화대상을 어떻게 변화시키는지 상상.이해.집중
　　　 √ 단순 암기 NO, 상상 OK!!!

상상(imagination) → 학습효율 극대화

Imagine English!!!

P_ [0001]
The government's efforts will stabilize the unstable economy.

[0007] stabilize ⓢ[원인.수단] 그 정부의 노력들은 ⓞ그 불안정한 경제를 ⓥ안정된_ 상태로 변화(變化)시키다 안정화시키다

P_ [0002]
Terrorist attacks destabilized the stable economy.

[0008] destabilize ⓢ[원인.수단] 테러 공격들은 ⓞ그 안정된 경제를 ⓥ불안정한_ 상태로 변화(變化)시키다 불안정하게 하다

P_ [0003]
If the air in your home is dry, humidify your room with a humidifier.

[0005] humidify ⓐ[원인.수단] 가습기로, 만약 당신 집의 공기가 건조하다면 ⓞ당신의 방을 ⓥ수분공급된, 습한_ 상태로 변화(變化)시키다 습하게 하다

P_ [0004]
An air conditioner can dehumidify hot humid air.

[0006] dehumidify ⓢ[원인.수단] 에어컨은 ⓞ뜨겁고 습한 공기를 ⓥ수분제거된, 건조한_ 상태로 변화(變化)시키다 습기제거시키다, 건조하게 하다

P_ [0005]
A rise in export prices weakens our competitive position in the international market.

[0009] weaken ⓢ[원인.수단] 수출 가격의 상승은 ⓞ국제 시장에서 우리의 경쟁력을 ⓥ약한_ 상태로 변화(變化)시키다 약화.감소시키다

P_ [0006]
We have to strengthen the competitiveness of our products through innovative quality control.

[0010] strengthen ⓐ[원인.수단] 혁신적인 품질관리를 통해 ⓞ우리 제품의 경쟁력을 ⓥ강한_ 상태로 변화(變化)시키다 강화시키다

P_ [0007]
Factories pollute the environment with harmful gases and toxins.

[0015] pollute ⓐ[원인.수단] 해로운 가스 및 독성물질로 ⓞ환경을 ⓥ오염된_ 상태로 변화(變化)시키다 오염시키다

P_ [0008]
Hindus purify themselves by bathing in the river Ganges.

[0016] purify ⓐ[원인.수단] 갠지스 강에서 목욕함에 의해 ⓞ그들 자신들을 ⓥ순수.깨끗한_ 상태로 변화(變化)시키다 정화시키다, 깨끗하게 하다

P_ [0009]
Alcohol and tobacco can impair sexual function.

[0041] impair ⓢ[원인.수단] 술과 담배는 ⓞ성기능을 ⓥ손상된_ 상태로 변화(變化)시키다 손상시키다

P_ [0010]
He will repair the broken electronic goods in order to resell them.

[0042] repair ⓐ[원인.수단] 그것들을 재판매하기 위해 ⓞ고장난 전자제품들을 ⓥ수리.치료된_ 상태로 변화(變化)시키다 수리하다

[Point 02] 동사중심 학습 강점

■ 상상(imagination, 想像) : ⓥ동사 + ⓞ목적어 + [원인.수단] → 상상

　◐ ⓞ서울의 거리 및 절을 + ⓥ밝은_ 상태로 변화시킴 + ⓢ[원인.수단] 종이 연등으로 → 상상(imagination, 想像)
　　ⓥ동사 + ⓞ변화대상 + [원인.수단] 단어 함께 상상 → 효율화
　　(colorful_ 색깔 화려한, lantern_ 손전등, brighten, street_ 거리, temple_ 절.사원)

　　Colorful paper lanterns brighten up Seoul streets and temples.
　　　[0001] brighten ⓢ[원인.수단] 색깔 화려한 종이 연등들은 ⓞ서울의 거리 및 절을 ⓥ밝은 상태로_ 변화시키다 밝게 하다

■ 연상(correlation, 聯想) : 동사연관『파생단어 및 상반동사/유사동사』상호연결 → 효율화

　◐ 동사연관 파생단어 연상
　　brighten ⓥ밝_ 은_ 상태로 변화시키다 → bright a.밝은; brightness n.선명함, 밝기
　　darken　 ⓥ어두운_ 상태로 변화시키다 → dark a.어두운; darkness n.컴컴함, 어둠

　◐ 상반동사/유사동사 연상

brighten	ⓥ밝은_ 상태로 변화시키다	↔	darken	ⓥ어두운_ 상태로 변화시키다
lighten	ⓥ밝은, 가벼운_ 상태로 변화시키다		blur	ⓥ흐릿한_ 상태로 변화시키다
enlighten	ⓥ밝은, 계몽된_ 상태로 변화시키다		cloud	ⓥ구름 낀, 암울.흐릿한_ 상태로 변화시키다
light	ⓥ불이 붙은, 밝은_ 상태로 변화시키다		dim	ⓥ침침.희미.흐릿한_ 상태로 변화시키다
illuminate	ⓥ빛이 있는, 밝은_ 상태로 변화시키다		obscure	ⓥ불명료한, 흐릿한_ 상태로 변화시키다
clarify	ⓥ명확.분명한_ 상태로 변화시키다		shadow	ⓥ그늘진_ 상태로 변화시키다

　◐ 파생단어 및 상반동사/유사동사 학습 → 동사의미 더 명확하게 이해

■ 분류(classification, 分類) : 변화동사, 이동동사, 표현동사, 주어중심동사 (4가지 분류) → 효율화

　☞ √ ⓞ변화대상을 + ⓥ밝은 ↔ 어두운_ 상태로 변화시키는 + [원인.수단] 상상
　　 √ 가역(可逆)변화 → ⓞ목적어 공동사용 가능

문장 No	변화대상(ⓞ목적어)	[원인.수단]
[0011]	streets and temples_ 서울의 거리와 절을	색깔 화려한 종이 연등에 의해
[0012]	sky_ 그 밤하늘을	그 불꽃쇼에 의해
[0013]	soccer_ 미래 한국 축구를	그 새로운 스타들에 의해
[0014]	days_ 그의 소년시절 가장 암울한 나날들을	그의 음악은
[0015]	season_ 그 휴가철을	크리스마스 행사들로 인해
[0016]	marks_ 그 강조된 표시를	밝기를 조절함에 의해
[0017]	1930s_ 1930 년대를	그 세계경제불황(세계대공항)에 의해
[0018]	room_ 그 방을	그 차양을 내림에 의해
[0019]	colors_ 선택된 사진내의 그 색깔들을	검은 색을 추가함에 의해
[0020]	picture_ 일자리 전망을	집값 하락에 의해

P_ [0011]
Colorful paper lanterns brighten up Seoul streets and temples.

[0001] brighten ⓢ[원인.수단] 색깔 화려한 종이 연등들은 ⓞ서울의 거리 및 절을 ⓥ밝은_ 상태로 변화(變化)시키다 밝게 하다

P_ [0012]
The fireworks show brightened the night sky.

[0001] brighten ⓢ[원인.수단] 그 불꽃쇼는 ⓞ그 밤하늘을 ⓥ밝은_ 상태로 변화(變化)시키다 밝게 하다

P_ [0013]
They are the new stars who will brighten Korean soccer in the future.

[0001] brighten ⓢ[원인.수단] 그 새로운 스타들은 ⓞ미래 한국 축구를 ⓥ밝은_ 상태로 변화(變化)시키다 밝게 하다

P_ [0014]
His music was what had brightened the bleakest days of his boyhood.

[0001] brighten ⓢ[원인.수단] 그의 음악은 ⓞ그의 소년시절 가장 암울한 나날들을 ⓥ밝은_ 상태로 변화(變化)시키다 밝게 하다

P_ [0015]
The holiday season is brightened up thanks to Christmas performances. [= Christmas performances brighten up the holiday season.]

[0001] brighten ⓢ[원인.수단] 크리스마스 행사들은 ⓞ그 연휴시즌을 ⓥ밝은_ 상태로 변화(變化)시키다 밝게 하다, 즐겁게 하다

P_ [0016]
He darkened the highlighted marks by adjusting the brightness.

[0002] darken ⓐ[원인.수단] 밝기를 조절함에 의해 ⓞ강조된 표시를 ⓥ어두운_ 상태로 변화(變化)시키다 어둡게 하다

P_ [0017]
The 1930s were darkened by the world economic depression.

[0002] darken ⓢ[원인.수단] 그 세계 경제 불황(세계 대공항)은 ⓞ1930년대를 ⓥ어두운_ 상태로 변화(變化)시키다 암울하게 하다

P_ [0018]
She pulled down the shades to darken the room.

[9999] pull ⓐ[원인.수단] 그 방을 어둡게 하기 위해, 아래로 ⓞ그 차양을 ⓥ당겨진_ 상태로 변화(變化)시키다 당기다, 내리다
[0002] darken ⓞ그 방을 ⓥ어두운_ 상태로 변화(變化)시키다 어둡게 하다

P_ [0019]
Add black to darken the colors in the selected picture.

[9999] add ⓐ(선택된 그림 안에), 그 색을 어둡게 하기 위해 ⓞ검정색을 ⓥ가까이, 추가.첨가로_ 이동(移動)시키다 추가하다
[0002] darken ⓞ선택한 그림의 색을 ⓥ어두운_ 상태로 변화(變化)시키다 어둡게 하다

P_ [0020]
Some economists have warned that falling house prices could darken the jobs picture.

[0827] warn ⓢ일부 경제학자들은 ⓞthat 이하를 ⓥ경고하는_ 표현(表現)하다 경고하다
[0002] darken ⓢ[원인.수단] 집값 하락은 ⓞ그 일자리 전망을 ⓥ어두운_ 상태로 변화(變化)시키다 어둡게 하다

P_ [0021]
She told a joke to lighten the atmosphere.

[0801] tell ⓐ그 분위기를 밝게 하기 위해 ⓞ농담을 ⓥ말로, 단순하게_ 표현(表現)하다 말하다, 표현하다
[0069] lighten ⓐ[원인.수단] (농담을 말함에 의해) ⓞ그 분위기를 ⓥ밝은, 가벼운_ 상태로 변화(變化)시키다 밝게 하다

P_ [0022]
The words that enlighten the soul are more precious than jewels. (Hazrat Inayat Khan)

[9999] enlighten ⓢ[원인.수단] 그 말들은 ⓞ영혼을 ⓥ밝은, 계몽된_ 상태로 변화(變化)시키다 계몽시키다, 밝게하다

P_ [0023]
The flare of the match lit up his face.

[9999] light ⓢ[원인.수단] 그 성냥의 불꽃은 ⓞ그의 얼굴을 ⓥ불 붙은, 밝은_ 상태로 변화(變化)시키다 밝게 하다

P_ [0024]
Lanterns illuminate the streets in the country as the Chinese use thousands of lanterns to light the way for the New Year.

[0452] illuminate ⓢ[원인.수단] 랜턴.등은 ⓞ중국의 거리를 ⓥ빛 있는, 밝은_ 상태로 변화(變化)시키다 밝게 하다
[9999] use ⓐ[원인.수단] 새해로 가는 그 길을 밝히기 위해 ⓞ수천개의 등을 ⓥ사용.이용된_ 상태로 변화(變化)시키다 사용.이용하다
[9999] light ⓢ[원인.수단] 수천 개의 등은 ⓞ신년을 향한 그 길을 ⓥ불 붙은, 밝은_ 상태로 변화(變化)시키다 밝게 히다

P_ [0025]
The student was confused and the teacher clarified the idea.

[9999] confuse ⓢ[원인.수단] (그 개념.생각은) ⓞ학생들을 ⓥ혼란한_ 상태로 변화(變化)시키다 혼란하게 하다
[0229] clarify ⓢ그 선생님은 ⓞ그 개념.생각을 ⓥ명확.분명한_ 상태로 변화(變化)시키다 명확하게 하다

P_ [0026]
Problems with the mirrors blurred the telescope's view.

[0230] blur ⓢ[원인.수단] 그 거울들의 문제들은 ⓞ그 망원경의 시야를 ⓥ흐릿한_ 상태로 변화(變化)시키다 불명확하게 하다, 흐릿하게 하다

P_ [0027]
The worse situation of his condition clouded their faces.

[9999] cloud ⓢ[원인.수단] 그의 병세의 더 악화된 상황은 ⓞ그들의 얼굴을 ⓥ먹구름낀, 흐릿.암울한_ 상태로 변화(變化)시키다 어둡게 하다

P_ [0028]
Her words dimmed our hopes of a peaceful settlement.

[9999] dim ⓢ[원인.수단] 그녀의 말들은 ⓞ평화적인 해결을 바라는 우리의 희망을 ⓥ어둑.희미.흐릿한_ 상태로 변화(變化)시키다 어둡게 하다

P_ [0029]
Steam has obscured the view from the window.

[9999] obscure ⓢ[원인.수단] 김.증기는 ⓞ그 창문의 전망을 ⓥ불명료한, 흐릿한_ 상태로 변화(變化)시키다 흐릿하게 하다

P_ [0030]
A cloud of disappointment shadowed his face.

[9999] shadow ⓢ[원인.수단] 실망이라는 구름이 ⓞ그의 얼굴을 ⓥ그늘진_ 상태로 변화(變化)시키다 그늘지게 하다, 어둡게 하다

[Point 03] 기본의미 → 확장의미

변화동사	기본의미		확장의미		의미확장 상상
	ⓞ변화대상	ⓥ기본의미	ⓞ변화대상	ⓥ확장의미	
dampen	그 흙을	축축하게 하다	소비를	위축시키다	몸이 축축하면 → 위축됨
digest	우리의 음식을	소화시키다	엄청난 양의 정보를	이해하다	음식 소화시키듯 → 정보를 소화.이해
flatten	그 반죽을	평평하게 하다	수백 채의 집들을	완전 파괴시키다	반죽을 평평하게 → 집 있던 곳이 파괴되어 평평해짐
solidify	그 물을	고체화시키다	그 팀의 화합을	견고하게 하다	고체는 물성 중 가장 단단함 → 공고한, 굳은
vaporize	그 물을	기화시키다	그 전체 도심을	완전 파괴시키다	기체, 수증기는 흔적도 없어 → 완전 파괴된

☞ 동사를 어렵게 하는 중요 사항, 상상 동원

P_ [0031]
Dampen the soil a little before you put the seeds in.

[0201] dampen ⓐ당신이 씨앗을 심기 전에, 약간 ⓞ그 흙을 ⓥ축축한, 위축된_ 상태로 변화(變化)시키다 축축하게 하다
[9999] put ⓐ(흙) 안에 ⓞ그 씨앗들을 ⓥ놓기 위해_ 이동(移動)시키다 심다, 놓다

P_ [0032]
The higher oil prices could dampen spending.

[0201] dampen ⓢ[원인.수단] 유가 상승은 ⓞ소비를 ⓥ축축한, 위축된_ 상태로 변화(變化)시키다 위축시키다

P_ [0033]
Kimchi also contains healthy bacteria that help us digest our food.

[0851] contain ⓢ 김치는 ⓞ건강에 좋은 박테리아를 ⓥ온전히, 포함하여_ 소유(所有)하다 포함하다, 담다
[9999] digest ⓢ[원인.수단] 건강한 박테리아는 ⓞ우리의 음식을 ⓥ소화.분해.이해된_ 상태로 변화(變化)시키다 소화시키다

P_ [0034]
He could digest an enormous amount of information with amazing speed.

[9999] digest ⓐ놀라운 속도로 ⓞ엄청난 양의 정보를 ⓥ소화.분해.이해된_ 상태로 변화(變化)시키다 이해하다

P_ [0035]
Use a rolling pin to flatten the dough.

[0077] flatten ⓞ그 반죽을 ⓥ평평한_ 상태로 변화(變化)시키다 평평.납작하게 하다

P_ [0036]
Hundreds of homes were flattened by the tornado.

[0077] flatten ⓢ[원인.수단] 그 토네이도는 ⓞ수백 채의 집들을 ⓥ평평한_ 상태로 변화(變化)시키다 완전 파괴시키다

P_ [0037]
We solidified the water by putting it in the freezer.

[0025] solidify ⓐ[원인.수단] 냉동실에 넣음에 의해 ⓞ그 물을 ⓥ고체, 굳은, 견고한_ 상태로 변화(變化)시키다 고체화시키다, 얼게하다
[9999] put ⓐ그 냉동실 안에 ⓞ그것_ 물을 ⓥ놓기 위해_ 이동(移動)시키다 놓다, 두다

P_ [0038]
There was a get-together yesterday to solidify the harmony of the team.

[0025] solidify ⓢ[원인.수단] 어제의 모임은 ⓞ그 팀의 화합을 ⓥ고체, 굳은, 견고한_ 상태로 변화(變化)시키다 견고.굳건하게 하다

P_ [0039]
We simply apply heat to melt the ice and then more heat to vaporize the water.

[0635] apply ⓐ(그 얼음에) ⓞ열을 ⓥ가까이, 사용.적용.응용.바르기 위해_ 이동(移動)시키다 가하다
[9999] melt ⓞ그 얼음을 ⓥ녹은_ 상태로 변화(變化)시키다 녹이다
[0026] vaporize ⓐ[원인.수단] 더 많은 열을 가함은 ⓞ그 물을 ⓥ기체, 증발된_ 상태로 변화(變化)시키다 기화시키다, 수증기로 만들다

P_ [0040]
One 20-kiloton device could easily vaporize the entire downtown.

[0026] vaporize ⓢ[원인.수단] 하나의 20킬로톤의 폭발물은 ⓞ그 전체 도심을 ⓥ기체, 증발된_ 상태로 변화(變化)시키다 완전 파괴시키다

【 상반동사 : [0001] ~ [0370] 】 2단어/문장 상반동사 비교 (370단어/문장)

[0001]
brighten
[bráitn]

This book will brighten our English learning through imagination.

brighten ⓢ[원인.수단] ⓐ이 책은 ⓐ우리의 상상력을 통해 ⓞ우리의 영어학습을 ⓥ밝은_ 상태로 변화(變化)시키다 밝게 하다
bright a.밝은 brightness n.밝음, 선명함

[0002]
darken
[dáːrkən]

Unemployment darkens the future of families and society.

darken ⓢ[원인.수단] 실업은 ⓞ가정 및 사회의 미래를 ⓥ어두운_ 상태로 변화(變化)시키다 어둡게 하다, 암울하게 하다
dark a.어두운 darkness n.어둠, 컴컴함

[0003]
contaminate
[kəntǽmənèit]

Automobile fumes contaminate the air.

contaminate ⓢ[원인.수단] 자동차 매연은 ⓞ대기.공기를 ⓥ오염된_ 상태로 변화(變化)시키다 오염시키다
tac,tam,tag r.접촉(touch) contaminable a.오염된_상태로 변할 수 있는, 오염될 수 있는 contamination n.오염된_상태로 변화, 오염화

[0004]
decontaminate
[dìːkəntǽmənèit]

The hospital healthcare staff must decontaminate their cell phones with alcohol-containing disinfectants.

decontaminate ⓐ[원인.수단] 알코올 함유 소독제로 ⓞ자신들의 휴대전화를 ⓥ오염 제거된, 정화된_ 상태로 변화(變化)시키다 정화.소독시키다
tac,tam,tag r.접촉(touch) contaminous a.오염시키는 decontaminant n.정화제 decontamination n.깨끗한_상태로 변화, 정화

[0005]
humidify
[hjuːmídəfài]

A humidifier humidifies the air supplied by the air supply unit.

humidify ⓢ[원인.수단] 가습기는 ⓞ공기공급장치에 의해 공급된 그 공기를 ⓥ수분공급된, 습한_ 상태로 변화(變化)시키다 습하게 하다
humid a.습한 humidification n.습한_상태로 변화, 가습 humidity n.습기, 습도

[0006]
dehumidify
[dìːhjuːmídəfài]

We had to quickly dehumidify the library after the flood so that the remaining books were not lost.

dehumidify ⓐ[원인.수단] 홍수 후에, 남아있는 책들이 손상되지 않게하기 위해 ⓞ그 도서관을 ⓥ수분제거된, 건조한_ 상태로 변화(變化)시키다 건조하게 하다
humid a.습한 dehumidification n.건조한_상태로 변화, 제습

[0007]
stabilize
[stéibəlàiz]

Increased wheat production has stabilized the food supply for Asia and Latin America.

stabilize ⓢ[원인.수단] 증가된 밀 생산은 ⓞ아시아와 남미의 식량공급을 ⓥ안정된_ 상태로 변화(變化)시키다 안정화시키다
stable a.안정된 stabilization n.안정된_상태로 변화, 안정화 stability n.안정

[0008]
destabilize
[diːstéibəlàiz]

Revolutionaries destabilize a government by forcing leaders to resign.

destabilize ⓐ[원인.수단] 지도자들을 사임하도록 강요함에 의해 ⓞ정부를 ⓥ불안정한_ 상태로 변화(變化)시키다 불안정하게 하다
stable a.안정된 unstable a.불안정한 destabilization n.불안정한_상태로 변화, 불안정화

[0009]
weaken
[wíːkən]

Stress can weaken the human immune system.

weaken ⓢ[원인.수단] 스트레스는 ⓞ인간의 면역 체계를 ⓥ약한_ 상태로 변화(變化)시키다 약화시키다
weak a.약한 weakness n.약한_상태로 변화, 약화, 약점

[0010]
strengthen
[stréŋkθən]

Exercising every day strengthens the heart.

strengthen ⓢ[원인.수단] 매일의 운동은 ⓞ심장을 ⓥ강한_ 상태로 변화(變化)시키다 강화시키다
strong a.강한 strength n.힘, 강도

[0011]

infect
[infékt]

Anyone with a bad cold may infect the people around him.

infect ⓢ[원인.수단] 심한 감기가 걸린 어떤 사람은 ⓞ그의 주변 사람들을 ⓥ감염.전염된_ 상태로 변화(變化)시키다 감염시키다
infectious a.전염성의 infection n.감염.오염된_상태로 변화, 감염, 전염

[0012]

disinfect
[dìsinfékt]

Disinfect your skin by using an alcohol wipe.

disinfect ⓐ[원인.수단] 알코올 헝겊을 사용함에 의해 ⓞ당신의 피부를 ⓥ소독.살균된_ 상태로 변화(變化)시키다 소독.살균시키다
disinfectant a.살균성의 disinfection n.소독.살균된_상태로 변화, 소독, 살균

[0013]

poison
[pɔ́izn]

Toxic wastes from factories have poisoned the river. [= The river has been poisoned by toxic wastes from factories.]

poison ⓢ[원인.수단] 공장의 독성 폐기물들은 ⓞ그 강을 ⓥ중독.오염된_ 상태로 변화(變化)시키다 중독.오염시키다
poisonous a.독성의, 유독한 poisoning n.중독 poison n.독, 해로운 것

[0014]

detoxify
[di:tάksəfài]

Seaweed baths can help to detoxify the body.

detoxify ⓢ[원인.수단] 해조류 목욕은 ⓞ몸을 ⓥ해독된, 독 제거된_ 상태로 변화(變化)시키다 해독시키다
tox r.해로운(harm) detoxification n.해독된_상태로 변화, 해독 toxin n.독소

[0015]

pollute
[pəlú:t]

People pollute the environment with garbage.

pollute ⓐ[원인.수단] 쓰레기로 ⓞ그 환경을 ⓥ오염된_ 상태로 변화(變化)시키다 오염시키다
pollutant n.오염물질 pollution n.오염된_상태로 변화, 오염화, 공해

[0016]

purify
[pjúərəfài]

We can purify the polluted water through an aeration process.

purify ⓐ[원인.수단] 공기투입 과정을 통해 ⓞ오염된 물을 ⓥ순수.깨끗한_ 상태로 변화(變化)시키다 정화시키다, 깨끗하게 하다
impure a.더러운,불결한 pure a.순수.깨끗한 purification n.순수.깨끗한_상태로 변화, 정화 purity n.순수.깨끗함, 청결

[0017]

dirty
[də́:rti]

I dirty my hands with oil.

dirty ⓐ[원인.수단] 기름으로 ⓞ나의 손을 ⓥ더러운_ 상태로 변화(變化)시키다 더럽게 하다
dirty a.더러운 dirt n.쓰레기, 오물

[0018]

clean
[kli:n]

He cleaned the floor with a wet rag.

clean ⓐ[원인.수단] 젖은 걸레로 ⓞ마루를 ⓥ깨끗한_ 상태로 변화(變化)시키다 깨끗하게 하다
clean a.청결한, 깨끗한 unclean a.불결한, 더러운 cleanliness n.깨끗한_상태로 변화, 청결, 깨끗함

[0019]

whiten
[hwáitn]

He whitened his shirts by cleaning them with soap and bleach.

whiten ⓐ[원인.수단] 비누와 표백제로 셔츠를 깨끗한 상태로 변화시킴에 의해 ⓞ그의 셔츠를 ⓥ하얀_ 상태로 변화(變化)시키다 희게 하다
whitish a.희끄무레한 white a.하얀 whiteness n.하얀_상태로 변화, 힘, 순백

[0020]

blacken
[blǽkən]

The fire blackened railway tracks and walls with smoke.

blacken ⓢ[원인.수단] 그 화재는 ⓐ연기로 ⓞ철도 선로와 벽을 ⓥ검은_ 상태로 변화(變化)시키다 검게 하다, 더럽히다
black a.검은 blackish a.거무스름한 blackness n.검음, 암흑, 음흉함

[0021]

acidify
[əsídəfài]

The mineral acid acidified the mixture.

acidify ⓢ[원인.수단] 그 무기산은 ⓞ그 혼합물을 ⓥ산성_ 상태로 변화(變化)시키다 산성화시키다
acid a.산성의 acidic a.산의 acidification n.산성_상태로 변화, 산성화 acidity n.산성, 신맛

[0022]

alkalize
[ǽlkəlàiz]

We can alkalize the water by adding NaOH.

alkalize ⓐ[원인.수단] 수산화나트륨을 첨가함에 의해 ⓞ그 물을 ⓥ알칼리_ 상태로 변화(變化)시키다 알칼리화시키다
alkalizable a.알칼리_상태로 변할 수 있는, 알칼리화 될 수 있는 alkalic a.알칼리의 alkalization n.알칼리_상태로 변화, 알칼리화

[0023]

neutralize
[njú:trəlàiz]

The alkaline substances in human saliva neutralize the acid in mosquitos' saliva.

neutralize ⓢ[원인.수단] 인간의 침에 있는 알칼리 물질은 ⓞ모기 침의 산성을 ⓥ중성, 중화.약화된_ 상태로 변화(變化)시키다 중화시키다
neutral a.중성의 neutralization n.중성_상태로 변화, 중화, 무효화 neutrality n.중립

[0024]

liquefy
[líkwəfài]

We can liquefy natural gas to facilitate transportation over long distances.

liquefy ⓐ[원인.수단] 장거리 수송을 수월.용이하게 하기 위해 ⓞ천연가스를 ⓥ액체_ 상태로 변화(變化)시키다 액화시키다
liquid a.액체의 liquefaction n.액체_상태로 변화, 액화 liquidity n.유동성

[0025]

solidify
[səlídəfài]

The chemical reaction solidifies the resin.

solidify ⓢ[원인.수단] 그 화학 반응은 ⓞ그 수지를 ⓥ고체, 굳은, 견고한_ 상태로 변화(變化)시키다 고체화하다, 굳게하다
solid a.고체의, 견고한 solidification n.고체_상태로 변화, 고화, 응고, 단결 solidity n.고체성, 견고

[0026]

vaporize
[véipəràiz]

We vaporized the water by heating it.

vaporize ⓐ[원인.수단] 물을 가열함에 의해 ⓞ그 물을 ⓥ기체, 증발된_ 상태로 변화(變化)시키다 기화.증발시키다
vaporization n.기체_상태로 변화, 기화, 증발 vapor n.증기

[0027]

freeze
[fri:z]

The cold weather froze the water pipes.

freeze ⓢ[원인.수단] 그 차가운 날씨는 ⓞ그 수도관들을 ⓥ동결된_ 상태로 변화(變化)시키다 동결시키다
frozen a.동결된 freezing n.동결

[0028]

unfreeze
[ʌnˈfri:z]

He unfroze the pipes by using his father's blowtorch.

unfreeze ⓐ[원인.수단] 그의 아버지의 토치를 사용함에 의해 ⓞ그 관을 ⓥ해동된_ 상태로 변화(變化)시키다 해동시키다, 녹게하다
frozen a.동결된

[0029]

warm
[wɔ:rm]

A cup of tea will warm you up.

warm ⓢ[원인.수단] 한 잔의 차는 ⓞ당신을 ⓥ따뜻한_ 상태로 변화(變化)시키다 따뜻하게 하다
warm a.따뜻한 warmth n.따뜻한_상태로 변화, 따뜻함, 온정

[0030]

cool
[ku:l]

We should cool ourselves with the cool water of the lake.

cool ⓐ[원인.수단] 그 호수의 차가운 물로 ⓞ우리 자신을 ⓥ시원한_ 상태로 변화(變化)시키다 시원하게 하다
cool a.시원한 coldness n.추위, 차가움 coolness n.시원한_상태로 변화, 서늘함, 냉정

[0031]

complicate
[kɑ́mpləkèit]

The continued fighting has complicated the peace negotiations.

complicate ⓢ[원인.수단] 그 계속된 싸움은 ⓞ그 평화협상을 ⓥ복잡한_ 상태로 변화(變化)시키다 복잡하게 하다
pl r.사용하다(use), 접다(bend) complicate a.복잡한 complicacy n.복잡함 complication n.복잡한_상태로 변화, 복잡화, 분규화

[0032]

simplify
[símpləfài]

The new process will simplify the visa application for international students.

simplify ⓢ[원인.수단] 그 새로운 절차.과정은 ⓞ외국인 학생들을 위한 비자 신청을 ⓥ단순.간략한_ 상태로 변화(變化)시키다 단순화시키다
simple a.단순한, 쉬운 simplification n.단순한_상태로 변화, 간소화 simplicity n.단순, 간단, 평이함

[0033]

diversify
[divə́:rsəfài]

We diversified our products so as to meet new demands.

diversify ⓐ[원인.수단] 새로운 수요를 충족시키기 위해 ⓞ우리의 제품을 ⓥ다양한_ 상태로 변화(變化)시키다 다양화하다
diversifiable a.다양한_상태로 변할 수 있는, 다양화할 수 있는 diverse a.다양한 diversification n.다양한_상태로 변화, 다양화, 다각화
diversity n.다양

[0034]

homogenize
[həmɑ́dʒənàiz]

The Internet will homogenize everyone by connecting us all.

homogenize ⓢ[원인.수단] 인터넷은 ⓐ우리 모두를 연결함에 의해 ⓞ모든 사람들을 ⓥ균일.동질한_ 상태로 변화(變化)시키다 균일화.동질화시키다
homogenous a.동질의 homogeny n.상동 homogenization n.동질의_상태로 변화, 균질화

[0035]

shorten
[ʃɔ́:rtn]

She shortened the length of pants by three centimeters.

shorten ⓐ3cm 정도 ⓞ바지의 길이를 ⓥ짧아진_ 상태로 변화(變化)시키다 짧게 하다, 단축시키다
short a.짧은 shortage n.부족, 결핍 shortness n.짧은_상태로 변화, 짧아짐, 부족

[0036]

lengthen
[léŋθən]

Can you lengthen these pants for me?

lengthen ⓐ나를 위해 ⓞ이 바지들을 ⓥ길어진_ 상태로 변화(變化)시키다 길게 하다
long a.긴, 장거리의 lengthy a.긴, 오랜 length n.길이, 범위

[0037]

widen
[wáidn]

They widened the road due to the heavy traffic.

widen ⓐ[원인.수단] 그 대량의 교통체증 때문에 ⓞ그 도로를 ⓥ넓은_ 상태로 변화(變化)시키다 넓게 하다
wide a.넓은 width n.너비, 폭 widening n.넓은_상태로 변화, 확대, 확장

[0038]

narrow
[nǽrou]

The contractors will narrow the road to two lanes.

narrow ⓢ그 계약자들은 ⓐ2차선으로 ⓞ그 도로를 ⓥ좁은, 감소된_ 상태로 변화(變化)시키다 좁게 하다
narrow a.좁은 narrowness n.좁은_상태로 변화, 좁음, 부족

[0039]

decrease
[dikrí:s]

Stress and illness can decrease the ability to remember.

decrease ⓢ[원인.수단] 스트레스와 질병은 ⓞ기억력을 ⓥ감소된_ 상태로 변화(變化)시키다 감소시키다
cre(t) r.성장.증가하다 decrement n.감소

[0040]

increase
[inkrí:s]

Obesity can increase the risk of heart disease.

increase ⓢ[원인.수단] 비만은 ⓞ심장병의 위험을 ⓥ증가된_ 상태로 변화(變化)시키다 증가시키다
cre(t) r.성장.증가하다 increment n.증가

[0041]

impair
[impéər]

Dehydration can impair the function of vital organs like the kidneys, brain, and heart.

impair ⓢ[원인.수단] 탈수는 ⓞ신장, 뇌, 심장과 같은 중요한 기관의 기능을 ⓥ손상된_ 상태로 변화(變化)시키다 손상시키다
impair n.손상 impairment n.손상된_상태로 변화, 손상, 장애

[0042]

repair
[ripéər]

Jones had cosmetic surgery to repair the damage to his face.

repair ⓐ[원인.수단] (성형수술을 통해) ⓞ그의 얼굴 손상을 ⓥ수리.치료된_ 상태로 변화(變化)시키다 치료하다
irreparable a.수선할 수 없는 repairable a.수리된_상태로 변할 수 있는. 수리 가능한 disrepair n.파손,황폐 repair n.수리, 회복

[0043]

damage
[dǽmidʒ]

Certain chemotherapy drugs can damage the pancreas and impair its ability to make insulin.

damage ⓢ[원인.수단] 특정 화학요법 약물은 ⓞ췌장을 ⓥ손상.훼손된_ 상태로 변화(變化)시키다 손상.훼손시키다
damage n.손상, 피해

[0044]

cure
[kjuər]

Penicillin or other antibiotics will cure most infections.

cure ⓢ[원인.수단] 페니실린 또는 다른 항생제들은 ⓞ대부분의 감염을 ⓥ치료.회복된_ 상태로 변화(變化)시키다 치료하다, 회복시키다
incurable a.고칠 수 없는, 교정할 수 없는 cure n.치료, 회복

[0045]

harm
[ha:rm]

In the future, temperature increases will harm humans' health and our ecosystems.

harm ⓢ[원인.수단] 온도 상승은 ⓞ인간의 건강 및 우리의 생태계를 ⓥ손상된_ 상태로 변화(變化)시키다 훼손.손상시키다
harmless a.무해한, 악의 없는 harmful a.유해한, 위험한 harm n.손상 harmfulness n.해로움, 유해함

[0046]

heal
[hi:l]

Good sleep can heal both our minds and our bodies.

heal ⓢ[원인.수단] 좋은 수면은 ⓞ우리의 마음과 몸을 ⓥ치료.개선된_ 상태로 변화(變化)시키다 치료.치유하다
healthy a.건강한, 위생적인 healer n.치료자 health n.건강

[0047]

injure
[índʒər]

They can injure people with their sharp tusks.

injure ⓐ[원인.수단] 그들의 날카로운 엄니로 ⓞ사람들을 ⓥ상처난, 손상된_ 상태로 변화(變化)시키다 손상시키다, 상처입히다
uninjured a.손상되지 않은 injury n.손상, 부상, 모욕

[0048]

remedy
[rémədi]

We can remedy the patient's lack of appetite with a special diet and lots of exercises.

remedy ⓐ[원인.수단] 특별한 식단과 많은 운동으로 ⓞ그 환자의 식욕부진을 ⓥ치료.개선된_ 상태로 변화(變化)시키다 치료.개선시키다
remediable a.치료.개선된_상태로 변할 수 있는, 치료.교정될 수 있는 medical a.의학.의료의 remedial a.치료의, 교정.개선의 remedy n.치료, 의약품, 교정수단

[0049]

deform
[difɔ́:rm]

Teenagers are deforming languages by swearing or using abbreviations.

deform ⓐ[원인.수단] 욕설을 하거나 축약.생략을 사용함에 의해 ⓞ언어.국어를 ⓥ모양 망가진, 흉한_ 상태로 변화(變化)시키다 흉하게 하다
form r.모양(shape) deformation n.모양이 망가진_상태로 변화, 기형

[0050]

reform
[rifɔ́:rm]

To earn the people's trust, the government should reform the spy agency.

reform ⓐ[원인.수단] 국민들의 신뢰를 취하기 위해 ⓞ그 첩보.정보 기관을 ⓥ(다시 모양을) 교정.개선.개혁된_ 상태로 변화(變化)시키다 개혁.개선시키다
form r.모양(shape) reformatory a.개선하기 위한 reformation n.모양이 개선된_상태로 변화, 개혁, 교정, 쇄신

[0051]

ameliorate
[əmíːljərèit]

Vaccines can ameliorate the effects of infection by a pathogen.

ameliorate ⓢ[원인.수단] 백신은 ⓞ병원체에 의한 감염의 효과.결과를 ⓥ개선.호전된, 좋은_ 상태로 변화(變化)시키다 개선.호전시키다, 좋게하다
ameliorative a.개선.호전의   amelioration n.개선.호전된_상태로 변화, 개량, 개선

[0052]

deteriorate
[ditíəriərèit]

The fungus seriously deteriorates the quality of the fruit.

deteriorate ⓢ[원인.수단] 그 곰팡이는 ⓞ과일의 품질을 ⓥ악화된, 나쁜_ 상태로 변화(變化)시키다 악화.저하시키다, 나쁘게하다
deteriorative a.악화.저하되는   deterioration n.나쁜_상태로 변화, 악화, 저하

[0053]

worsen
[wə́ːrsn]

Watching too much TV can worsen your school grades.

worsen ⓢ[원인.수단] TV를 너무 많이 보는 것은 ⓞ당신의 학교 성적을 ⓥ더 나쁜, 악화된_ 상태로 변화(變化)시키다 악화시키다, 더 나쁘게 하다
worse a.(bad의 비교급)더 나쁜   worsening n.더 나쁜_상태로 변화함, 악화

[0054]

better
[bétər]

We can better our work by being more careful.

better ⓐ[원인.수단] 더 주의함에 의해 ⓞ우리의 일을 ⓥ더 좋은, 개선된_ 상태로 변화(變化)시키다 더 좋게 하다
better a.(good의 비교급)보다 좋은   betterment n.더 좋은_상태로 변화, 개선, 향상

[0055]

enrich
[inrítʃ]

People often say, "Reading books enrich your body and soul."

enrich ⓢ[원인.수단] 책을 읽는 것은 ⓞ당신의 몸과 영혼을 ⓥ부유.풍요한, 농축된_ 상태로 변화(變化)시키다 풍요롭게 하다
rich a.풍부한, 부유한   enrichment n.부유한_상태로 변화, 부유, 풍부

[0056]

impoverish
[impάvəriʃ]

A long period of isolation impoverishes the mind (the soul).

impoverish ⓢ[원인.수단] 장기간의 고립은 ⓞ마음(영혼)을 ⓥ가난.빈곤.피폐한_ 상태로 변화(變化)시키다 가난.빈곤.피폐하게 하다
poor a.가난한, 초라한   impoverishment n.빈곤한_상태로 변화, 빈곤, 불모, 질의저하   poverty n.가난

[0057]

enslave
[insléiv]

The Tahltans often enslaved the women of other tribes.

enslave ⓢ 그 탈탄족은 ⓞ다른 부족의 여성들을 ⓥ노예_ 상태로 변화(變化)시키다 노예화하다
slave n.노예   enslavement n.노예 상태, 예속

[0058]

ennoble
[inóubl]

We live by telling our own story, and that story can either ennoble us or demean us.

ennoble ⓢ[원인.수단] 그 이야기는 ⓞ우리를 ⓥ귀족의, 고귀한_ 상태로 변화(變化)시키다 고귀하게 하다
ignoble a.비천한, 비열한   noble a.고귀한   ennoblement n.고귀한 상태로 변화, 작위수여

[0059]

demean
[dimíːn]

Students should not demean the graduation ceremony with inappropriate behavior.

demean ⓐ[원인.수단] 부적절한 행동으로 ⓞ그 졸업식을 ⓥ비하된, 품위 손상된_ 상태로 변화(變化)시키다 비하.손상시키다
demeaning a.품위를 손상시키는

[0060]

dignify
[dígnəfài]

The conference was dignified by the Pope's presence.

dignify ⓢ[원인.수단] 그 교황의 참석은 ⓞ그 회의를 ⓥ존엄한, 품위.위엄 있는_ 상태로 변화(變化)시키다 존엄.위엄있게 하다
dignitary a.위엄 있는, 명예로운   undignified a.품위.위엄이 없는   dignity n.존엄, 품위

[0061]

thicken
[θíkən]

Thicken the soup by adding potatoes.

thicken ⓐ[원인.수단] 감자를 추가함에 의해 ⓞ그 수프.국물을 ⓥ두꺼운, 진한, 걸죽한_ 상태로 변화(變化)시키다 진하게 하다, 걸쭉하게 하다
thick a.두꺼운, 탁한 thickness n.두꺼운, 탁한_상태로 변화, 두꺼움, 혼탁

[0062]

thin
[θin]

Thin the sauce by adding milk.

thin ⓐ[원인.수단] 우유를 추가함에 의해 ⓞ그 수프.국물을 ⓥ얇은, 묽은_ 상태로 변화(變化)시키다 묽게하다
thin a.얇은, 마른, 묽은 thinness n.얇은, 묽은_상태로 변화, 희박, 가늚, 야윔

[0063]

condense
[kəndéns]

Condense the soup by boiling it for several minutes.

condense ⓐ[원인.수단] 수프를 몇 분간 끓임에 의해 ⓞ그 수프.국물을 ⓥ농축.압축.요약된_ 상태로 변화(變化)시키다 농축시키다, 걸쭉하게 하다
den r.빽빽한 condensable a.응축된_상태로 변할 수 있는, 응축할 수 있는 dense a.밀집한, 촘촘한 condensation n.농축된_상태로 변화, 농축, 압축

[0064]

dilute
[dilú:t]

Dilute the juice with water before you drink it.

dilute ⓐ[원인.수단] 물로, 당신이 그것을 마시기 전에 ⓞ그 쥬스를 ⓥ묽은, 희석된_ 상태로 변화(變化)시키다 묽게 하다, 희석시키다
diluent a.묽게 하는 dilute a.희석된, 묽은 dilution n.묽은_상태로 변화, 희석, 묽게 하기

[0065]

lower
[lóuər]

The wage freeze has lowered morale among the employees.

lower ⓢ[원인.수단] 그 임금동결은 ⓞ그 직원들의 사기를 ⓥ낮은, 감소된_ 상태로 변화(變化)시키다 저하시키다, 낮추다
low a.낮은, 적은

[0066]

heighten
[háitn]

During the light show, Korean songs heightened the festive mood.

heighten ⓢ[원인.수단] 한국 노래는 ⓐ라이트쇼 동안에 ⓞ축제 분위기를 ⓥ높은, 증가된_ 상태로 변화(變化)시키다 높이다, 증가시키다
high a.높은 height n.높이, 고도

[0067]

fatten
[fǽtn]

He's very thin after his illness but we'll soon fatten him up.

fatten ⓞ그를 ⓥ살찐_ 상태로 변화(變化)시키다 살찌우다
fat a.살찐 fatty a.지방의 fatness n.살찐_상태로 변화, 뚱뚱함, 기름짐

[0068]

slim
[slim]

The multinational corporation slimmed its total assets by 3.2%.

slim ⓐ3.2% 정도 ⓞ회사의 총 자산을 ⓥ날씬한, 마른, 감소된_ 상태로 변화(變化)시키다 감소시키다, 줄이다
slim a.호리호리한, 가느다란, 여윈 slimness n.호리호리함

[0069]

lighten
[láitn]

She lightened the room by opening the curtains.

lighten ⓐ[원인.수단] 커튼을 개방된 상태로 변화시킴에 의해 ⓞ그 방을 ⓥ밝은, 가벼운_ 상태로 변화(變化)시키다 밝게 하다
light a.밝은, 가벼운 lightness n.밝기, 기민함

[0070]

shade
[ʃeid]

She shaded the room with curtains.

shade ⓐ[원인.수단] 커튼으로 ⓞ그 방을 ⓥ그늘진_ 상태로 변화(變化)시키다 그늘지게 하다
shady a.그늘진, 희미한 shade n.그늘 shadow n.그림자, 그늘, 미행

[0071]

sharpen
[ʃɑ́ːrpən]

Chimpanzees in the Fongoli savannah sharpen sticks to use them as spears to hunt.

sharpen ⓐ[원인.수단] 막대기들을 사냥을 위한 창으로 사용하기 위해 ⓞ막대기들을 ⓥ날카로운_ 상태로 변화(變化)시키다 날카롭게 하다
sharp a.날카로운 sharpness n.날카로운_상태로 변화, 날카로움, 격렬함

[0072]

blunt
[blʌnt]

Wood can blunt your axe.

blunt ⓢ[원인.수단] 나무(나무를 도끼질 하는 것)는 ⓞ당신의 도끼를 ⓥ무딘, 둔한, 약한_ 상태로 변화(變化)시키다 무디게 하다
bluntness n.둔함스러움, 무례함 blunt n.무딘

[0073]

roughen
[rʌfn]

Cold weather roughens your skin.

roughen ⓢ[원인.수단] 차가운 날씨는 ⓞ당신의 피부를 ⓥ거친_ 상태로 변화(變化)시키다 거칠게 하다
rough a.거친 roughness n.거친_상태로 변화, 거침, 난폭함

[0074]

soften
[sɔ́ːfən]

Gentle words will soften a hard heart.

soften ⓢ[원인.수단] 온화한 말은 ⓞ딱딱한 마음을 ⓥ부드러운_ 상태로 변화(變化)시키다 부드럽게 하다
soft a.부드러운 softness n.부드러운_상태로 변화, 부드러움

[0075]

harden
[hɑ́ːrdn]

Harden the chocolates by putting them in the fridge.

harden ⓐ[원인.수단] 그들_ 초콜릿을 냉장고에 놓아둠에 의해 ⓞ그 초콜릿을 ⓥ단단한_ 상태로 변화(變化)시키다 굳게하다, 단단하게 하다
hard a.단단한 hardness n.단단한_상태로 변화, 단단함, 견고, 경도

[0076]

tenderize
[téndəràiz]

The soda will tenderize your chicken.

tenderize ⓢ[원인.수단] 그 탄산음료는 ⓞ당신의 닭고기를 ⓥ부드러운, 연한_ 상태로 변화(變化)시키다 연하게 하다
tender a.부드러운, 연한 tenderization n.부드러운_상태로 변화, 연하게 하기

[0077]

flatten
[flǽtn]

The government flattened the top of a mountain to build the world's biggest telescope.

flatten ⓐ[원인.수단] 세계에서 가장 큰 망원경을 건설하기 위해 ⓞ산 꼭대기를 ⓥ평평한_ 상태로 변화(變化)시키다 평평하게 하다
flat a.납작한, 편평한 flatness n.평탄, 평면

[0078]

steepen
[stíːpən]

The landslides have steepened the mountain sides.

steepen ⓢ[원인.수단] 그 산사태는 ⓞ그 산의 측면을 ⓥ가파른_ 상태로 변화(變化)시키다 가파르게 하다, 급경사지게 하다
steep a.가파른 steepness n.가파름

[0079]

smooth
[smuːð]

Smooth down all the surfaces before you start painting.

smooth ⓐ당신이 페인트칠을 시작하기 전에 ⓞ그 모든 표면들을 ⓥ매끄러운_ 상태로 변화(變化)시키다 매끄럽게 하다
smooth a.매끄러운 smoothness n.반드러움, 평탄

[0080]

coarsen
[kɔ́ːrsn]

Hard work had coarsened his hands.

coarsen ⓢ[원인.수단] 힘든 일은 ⓞ그의 손들을 ⓥ거친, 조잡한_ 상태로 변화(變化)시키다 거칠게 하다
coarse a.거친, 조잡한 coarseness n.거친_상태로 변화, 조잡화, 난폭함

[0081]
validate
[vǽlədèit]

The Supreme Court has validated the lower court's interpretation of the law.

validate ⓢ대법원은 ⓞ그 하급법원의 법률 해석을 ⓥ가치있는, 유효.정당한, 증명.검증된_ 상태로 변화(變化)시키다 유효.정당.타당하게 하다
val r.가치있는(worthy) valid a.유효.타당.정당한 validation n.유효.정당한_상태로 변화, 비준, 확증, 검증 validity n.유효.정당.타당성

[0082]
invalidate
[invǽlədèit]

The Supreme Court invalidated all laws that prohibited interracial marriage.

invalidate ⓢ대법원은 ⓞ인종간 결혼을 금지하는 모든 법률을 ⓥ가치없는, 무효한_ 상태로 변화(變化)시키다 무효화하다
val r.가치있는(worthy) invalid a.무효한, 근거 없는 invalidation n.무효한_상태로 변화, 무효로 함, 실효 invalidity n.무효력

[0083]
verify
[vérəfài]

She verified the theory by experiment.

verify ⓐ[원인.수단] 실험에 의해 ⓞ그 이론을 ⓥ진실로 입증.증명된, 진실의_ 상태로 변화(變化)시키다 진실로 입증.증명시키다
ver r.진실(true) verifiable a.진실임이 입증된_상태로 변할 수 있는, 증명.입증할 수 있는 verification n.진실된_상태로 변화, 증명, 입증, 확인
verity n.진실성, 진리

[0084]
falsify
[fɔ́:lsəfài]

A study by scientists has falsified his first hypothesis.

falsify ⓢ[원인.수단] 과학자의 한 연구는 ⓞ그의 첫 번째 가설을 ⓥ거짓.위조된_ 상태로 변화(變化)시키다 거짓으로 증명하다
falsifiable a.거짓된_상태로 변할 수 있는, 거짓화 될 수 있는 false a.거짓의 falsification n.거짓된_상태로 변화, 위조, 곡해, 위증 falsity n.거짓, 허위

[0085]
prove
[pru:v]

This new evidence will prove her innocence.

prove ⓢ[원인.수단] 이 새 증거는 ⓞ그녀의 결백을 ⓥ진실로 입증.증명된_ 상태로 변화(變化)시키다 진실로 증명.입증시키다
pro(v,b) r.좋다고 인정하다 proven a.증명된, 입증된 proof n.입증, 증거, 증명

[0086]
disprove
[disprú:v]

A study by scientists disproves this theory.

disprove ⓢ[원인.수단] 과학자에 의한 하나의 연구는 ⓞ이 이론을 ⓥ오류로 입증.증명된_ 상태로 변화(變化)시키다 오류로 증명.입증시키다
pro(v,b) r.좋다고 인정하다 disproval = disproof n.반증, 반박

[0087]
approve
[əprú:v]

The National Assembly last week approved a bill authorizing the Iraq troop dispatch.

approve ⓢ국회는 ⓞ이라크 군대 파병을 유효하게 하는 법안을 ⓥ승인된_ 상태로 변화(變化)시키다 승인시키다
pro(v,b) r.좋다고 인정하다 approval n.승인, 허가, 찬성

[0088]
disapprove
[dìsəprú:v]

In many traditionalists' ideal world, the legislature would disapprove gay marriage.

disapprove ⓢ입법부는 ⓐ많은 전통주의자들의 이상세계에서 ⓞ동성결혼을 ⓥ불승인된, 승인취소된_ 상태로 변화(變化)시키다 불승인하다
pro(v,b) r.좋다고 인정하다 disapproval n.불찬성, 불승인, 불만

[0089]
confirm
[kənfə́:rm]

Please confirm your reservation in writing.

confirm ⓐ서면으로 ⓞ당신의 예약을 ⓥ확고.단단한, 굳은_ 상태로 변화(變化)시키다 확정시키다
firm r.확고한, 굳은 infirm a.약한 firmness n.견고, 견실 confirmation n.굳은_상태로 변화, 확정

[0090]
cancel
[kǽnsəl]

I am terribly sorry, but I need to cancel my reservation because of a sudden emergency.

cancel ⓐ[원인.수단] 갑작스러운 긴급 상황 때문에 ⓞ나의 예약을 ⓥ취소된_ 상태로 변화(變化)시키다 취소시키다
cancel n.취소 cancellation n.취소된_상태로 변화, 취소, 말소, 해제

[0091]
maximize [mǽksəmàiz]

He maximized productivity with efficient design.

maximize ⓐ[원인.수단] 능률적인 디자인으로 ⓞ생산성을 ⓥ최대한_ 상태로 변화(變化)시키다 최대화.극대화시키다
maximal a.최대한의 max a.최대한 maximization n.최대한_상태로 변화, 최대화 하기 maximum n.최대

[0092]
minimize [mínəmàiz]

Good hygiene can minimize the risk of infection.

minimize ⓢ[원인.수단] 좋은 위생은 ⓞ감염의 위험을 ⓥ최소한_ 상태로 변화(變化)시키다 최소화시키다
mini a.아주 작은, 최소한 minimal a.최소한의 minimization n.최소_상태로 변화, 최소화 하기 minimum n.최소

[0093]
upsize [ˈʌpsaɪz]

I will upsize my display for gaming.

upsize ⓐ[원인.수단] 게임을 위해 ⓞ나의 디스플레이를 ⓥ사이즈가 커진_ 상태로 변화(變化)시키다 확대시키다, 키우다
size n.크기, 규모, 사이즈, 치수

[0094]
downsize [daʊnsaɪz]

The company could not but downsize its number of employees because of the recession.

downsize ⓐ[원인.수단] 불경기 때문에 ⓞ자사 직원 수를 ⓥ사이즈가 작아진_ 상태로 변화(變化)시키다 사이즈 작게하다, 축소시키다
downsizing n.축소, 인원 삭감 size n.크기, 규모, 사이즈, 치수

[0095]
upgrade [ʌpgreɪd]

The brokerage upgraded its growth estimate for 2004 from 5.6 percent to 6 percent.

upgrade ⓐ그 증권사는 ⓐ5.6%에서 6%로 ⓞ2004년 자사의 성장 전망치를 ⓥ등급.수치가 향상된_ 상태로 변화(變化)시키다 상향조정시키다, 격상시키다
gres,grad r.가다(go) grade n.등급, 계급

[0096]
downgrade [daʊngreɪd]

The Standard & Poor's rating agency downgraded the U.S. credit rating from AAA to AA+.

downgrade ⓢS&P의 신용평가기관은 ⓐAAA에서 AA+로 ⓞ미국의 신용 등급을 ⓥ등급.수치가 저하된_ 상태로 변화(變化)시키다 등급하락시키다, 격하시키다
gres,grad r.가다(go) grade n.등급, 계급

[0097]
enlarge [inlάːrdʒ]

Reading a daily newspaper will enlarge your vocabulary.

enlarge ⓢ[원인.수단] 일간 신문을 읽는 것은 ⓞ당신의 어휘를 ⓥ커진, 확대.증가된_ 상태로 변화(變化)시키다 확대.증대시키다
large a.큰, 넓은 enlargement n.확대된_상태로 변화, 확대, 확장

[0098]
diminish [dimíniʃ]

These drugs diminish blood flow to the brain.

diminish ⓢ[원인.수단] 이 약들은 ⓞ뇌로 가는 혈류량을 ⓥ감소.축소된_ 상태로 변화(變化)시키다 감소시키다
mini a.아주 작은, 최소한 diminutive a.작은, 소형의 diminution n.감소.축소된_상태로 변화, 감소, 축소

[0099]
magnify [mǽgnəfài]

Looking through a telescope magnifies the object so we can see clearly.

magnify ⓢ[원인.수단] 망원경을 통해 보는 것은 ⓞ그 사물을 ⓥ확대된, 커진_ 상태로 변화(變化)시키다 확대시키다
magnificent a.웅장한, 방대한 magnification n.커진_상태로 변화, 확대 magnitude n.크기, 중요성

[0100]
miniaturize [míniətʃəràiz]

The researchers also miniaturized the components of the aircraft to fit within a smaller framework.

miniaturize ⓐ[원인.수단] 더 작아진 틀 안에서 적합하도록하기 위해 ⓞ그 비행기의 부품들을 ⓥ소형의, 작아진_ 상태로 변화(變化)시키다 소형화하다
miniature a.아주 작은, 소형의, 축소된 miniaturization n.소형의_ 상태로 변화, 소형화

[0101]

inspire
[inspáiər]

Inspire others by attraction through model behavior, instead of persuasion.

inspire ⓐ[원인.수단] 설득 대신 모범적인 행동을 통한 유인에 의해 ⓞ타인들을 ⓥ생기.활기 있는, 영감.고무된_ 상태로 변화(變化)시키다 고무시키다, 영감 주다
inspirational a.영감을 주는 spiritual a.정신의,영혼의 inspiration n.생기 있는_상태로 변화, 고무, 자극 spirit n.용기, 활기, 기운, 영혼

[0102]

dispirit
[dispírit]

The dull economy and divisive politics dispirited Koreans.

dispirit ⓢ[원인.수단] 침체한 경제와 분열적인 정치는 ⓞ한국인들을 ⓥ생기.활기 없는, 낙담한_ 상태로 변화(變化)시키다 낙담시키다, 풀죽게하다
dispiritedness n.생기.활기 없는_상태로 변화, 의기소침함 spirit n.용기, 생기, 활기, 기운, 영혼

[0103]

energize
[énərdʒàiz]

She energized us with a dynamic and innovative spirit.

energize ⓐ[원인.수단] 역동적이고 혁신적인 정신으로 ⓞ우리를 ⓥ활력.기력 충만한_ 상태로 변화(變化)시키다 활기차게 하다
energetic a.활기찬 energization n.활기찬_상태로 변화, 에너지 가짐, 하전 energy n.활기.정력 nerve n.용기.기력, 신경

[0104]

enervate
[énərvèit]

The hot sun enervated her to the point of collapse.

enervate ⓢ[원인.수단] 그 뜨거운 태양은 ⓞ그녀를 ⓥ기력 빠져나간, 무기력한_ 상태로 변화(變化)시키다 무기력하게 하다
enervation n.무기력한_상태로 변화, 무기력, 쇠약, 원기상실 nerve n.용기.기력, 신경

[0105]

encourage
[inkə́:ridʒ]

Competition in good faith will encourage the progress of both people.

encourage ⓢ[원인.수단] 선의의 경쟁은 ⓞ두 사람의 발전을 ⓥ고무.격려.촉진된, 용감한_ 상태로 변화(變化)시키다 고무.촉진시키다
courageous a.용감한, 용기 있는 courage n.용감함, 대담함 encouragement n.고무된_상태로 변화, 격려, 장려 courageousness n.용감함

[0106]

discourage
[diskə́:ridʒ]

Low taxes encourage production and discourage parasitism.

discourage ⓢ[원인.수단] 낮은 세금은 ⓞ기생의식.실업을 ⓥ낙담.좌절.억제된, 용기 없는_ 상태로 변화(變化)시키다 억제.좌절시키다
courage n.용감함, 대담함 discouragement n.낙담한_상태로 변화, 낙담, 의기소침

[0107]

hearten
[há:rtn]

The support of her heartened him.

hearten ⓢ[원인.수단] 그녀의 지지는 ⓞ그를 ⓥ용기 있는, 고무된_ 상태로 변화(變化)시키다 고무시키다
heartening a.용기를 북돋아 주는 heart n.용기, 심장, 마음 heartedness n.어떤 마음을 가짐

[0108]

dishearten
[dishá:rtn]

The unlucky incident disheartened him. [= He was disheartened by the unlucky incident.]

dishearten ⓢ[원인.수단] 그 불운한 사건은 ⓞ그를 ⓥ용기 없는, 낙담.좌절한_ 상태로 변화(變化)시키다 낙담.좌절시키다
heart n.용기, 심장, 마음 disheartenment n.낙담

[0109]

nerve
[nə:rv]

The soldiers nerved themselves for the battle.

nerve ⓐ[원인.수단] 그 전투를 위해 ⓞ그들 자신들을 ⓥ용기.기력 있는, 분발된_ 상태로 변화(變化)시키다 격려.고무.분발시키다
nerveless a.용기 없는, 연약한, 냉정한 nervy a.용감한, 용기 있는 nervousness n.신경질.조바심 nerve n.용기.기력, 신경

[0110]

unnerve
[ʌnnə́:rv]

The daily news stories of the worsening economy unnerved the nation.

unnerve ⓢ[원인.수단] 경제가 악화되고 있다는 매일의 뉴스 기사들은 ⓞ그 나라 국민들을 ⓥ불안.무기력한, 용기.기력 없는_ 상태로 변화(變化)시키다 불안하게 하다
nerve n.용기.기력, 신경

[0111]
honor
[ánər]

The government honored him by building the park.

honor ⓐ[원인.수단] 그 공원을 건설함에 의해 ⓞ그를 ⓥ명예로운, 존중된_ 상태로 변화(變化)시키다 명예롭게 하다, 기리다
honorable a.명예가 있는_상태로 변할 수 있는, 명예로운, 훌륭한 honor n.명예

[0112]
dishonor
[disánər]

She dishonored her family by defecting to the enemy.

dishonor ⓐ[원인.수단] 적에게 투항함에 의해 ⓞ그녀의 가족을 ⓥ불명예스러운_ 상태로 변화(變化)시키다 수치스럽게 하다
dishonorable a.명예가 없는_상태로 변할 수 있는, 수치스러운, 불명예의 dishonor n.불명예, 치욕 honor n.명예

[0113]
grace
[greis]

Asia's top movie directors and stars graced the festival with their presence.

grace ⓐ[원인.수단] 아시아 최고 영화감독 및 스타들은 ⓐ그들의 참석으로 ⓞ그 축제를 ⓥ우아한, 기품.품위 있는_ 상태로 변화(變化)시키다 우아하게 하다
graceless a.우아함이 없는, 타락한 graceful a.우아한, 기품 있는 grace n.우아함, 품위 gracefulness n.우아함

[0114]
disgrace
[disgréis]

He disgraced his family by committing a crime.

disgrace ⓐ[원인.수단] 범죄를 저지름에 의해 ⓞ그의 가족을 ⓥ우아함.기품 없는_ 상태로 변화(變化)시키다 수치스럽게 하다
disgraceful a.수치스러운, 불명예의 disgrace n.불명예, 망신, 치욕 grace n.우아함, 품위 disgracefulness n.수치스러움, 부끄러움

[0115]
consecrate
[kánsəkrèit]

The Bishop consecrated the abbey soon after its foundation. [= The abbey was consecrated by the Bishop soon after its foundation.

consecrate ⓢ그 주교는 ⓞ그 대성당을 ⓥ신성한_ 상태로 변화(變化)시키다 신성하게 하다
sac,sec,san r.신성한(holy) consecratory a.신성화하는, 봉헌의 consecration n.신성한_상태로 변화, 신성화, 봉헌

[0116]
desecrate
[désikrèit]

They desecrated this holy ground with foolish intentions.

desecrate ⓐ[원인.수단] 바보스러운 의도로 ⓞ이 성지를 ⓥ불경한, 훼손된_ 상태로 변화(變化)시키다 불경하게 하다, 훼손시키다
sac,sec,san r.신성한(holy) desecration n.신성함이 없는_상태로 변화, 신성모독

[0117]
glamorize
[glǽməràiz]

The games glamorize sex and violence.

glamorize ⓢ그 게임들은 ⓞ성적인 것과 폭력을 ⓥ아름다운, 매혹적인_ 상태로 변화(變化)시키다 미화시키다
glam a.매혹적인, 아름다운 glamorous a.매혹적인 glamorization n.아름다운_상태로 변화, 미화, 매혹화

[0118]
disfigure
[disfígjər]

Wrinkles and brown spots disfigured the skin.

disfigure ⓢ[원인.수단] 주름과 갈색 반점들은 ⓞ그 피부를 ⓥ모양 망가진, 흉한_ 상태로 변화(變化)시키다 추하게 하다
disfigurement n.망가진_상태로 변화, 외관.장점 손상시키기 figure n.모양

[0119]
profane
[prəféin]

Hatred and terrorism profane the name of God and disfigure the true image of man.

profane ⓢ[원인.수단] 증오와 테러는 ⓞ신의 이름을 ⓥ세속적인, 불경한, 더러운_ 상태로 변화(變化)시키다 불경하게 하다, 더럽히다
profane a.신성을 더럽히는, 세속적인, 불경스런 fane n.(고어) 신전, 교회당 profanation n.신성을 더럽힘, 모독 profanity n.신성 모독, 불경, 모독적 발언

[0120]
sanctify
[sǽŋktəfài]

Only by the sanctified waters of the Jordan does God sanctify us forever.

sanctify ⓐ[원인.수단] 요단강의 성수에 의해서만 ⓞ우리를 ⓥ신성.거룩한, 정화된_ 상태로 변화(變化)시키다 신성.거룩하게 하다, 정화시키다
sac,sec,san r.신성한(holy) sacredness n.신성함 sanctification n.신성한_상태로 변화, 신성화, 축성 sanctity n.신성, 거룩함(holiness)

[0121]

please
[pli:z]

They pleased the audience with the impressive musicals.

please ⓐ[원인.수단] 인상적인 뮤지컬로 ⓞ청중들을 ⓥ기쁜, 즐거운_ 상태로 변화(變化)시키다 기쁘게.즐겁게 하다
pleasant a.즐거운, 유쾌한 pleasurable a.즐거운, 유쾌한 pleasure n.기쁨, 즐거움

[0122]

displease
[displí:z]

The noise displeased the residents.

displease ⓢ[원인.수단] 그 소음은 ⓞ그 주민들을 ⓥ불쾌한, 화난_ 상태로 변화(變化)시키다 불쾌하게.화나게 하다
unpleasant a.불쾌한 displeasure n.불쾌, 화남, 불만 pleasure n.기쁨, 즐거움

[0123]

enrage
[inréidʒ]

Her impudence enraged him. [= He was enraged by her impudence.]

enrage ⓢ[원인.수단] 그녀의 뻔뻔함은 ⓞ그를 ⓥ분노.격분한_ 상태로 변화(變化)시키다 분노.격분시키다
rageful a.격노한 rage n.분노 enragement n.분노한_상태로 변화, 격분

[0124]

amuse
[əmjú:z]

The joke amused the audience.

amuse ⓢ[원인.수단] 그 농담은 ⓞ청중들을 ⓥ즐거운_ 상태로 변화(變化)시키다 즐겁게.흥겹게 하다
amusement n.즐거운_상태로 변화, 즐거움 music n.음악, 기분 좋은 소리

[0125]

satisfy
[sǽtisfài]

His ample income satisfied him.

satisfy ⓢ[원인.수단] 그의 막대한 수입은 ⓞ그를 ⓥ만족.충족된_ 상태로 변화(變化)시키다 충족.만족시키다
sat r.충분한 satisfactory a.만족스러운 satisfaction n.충족된_상태로 변화, 만족

[0126]

dissatisfy
[dissǽtisfài]

Many provisions of the reform bill may dissatisfy people.

dissatisfy ⓢ[원인.수단] 그 개혁 법안의 많은 조항들은 ⓞ사람들을 ⓥ불만족.불충족된_ 상태로 변화(變化)시키다 불만족하게 하다
sat r.충분한 dissatisfactory a.불만스러운 dissatisfaction n.불만족한_상태로 변화, 불만, 불평

[0127]

sensitize
[sénsətàiz]

It seems very likely that air pollutants are sensitizing people so that they are allergic to pollen.

sensitize ⓢ[원인.수단] 대기 오염물질은 ⓞ사람들을 ⓥ민감.예민한_ 상태로 변화(變化)시키다 민감.예민하게 하다
sen r.느끼다(feel) sensitive a.민감한 sensitization n.민감한_상태로 변화, 민감화 sensitivity n.민감함, 감도

[0128]

desensitize
[di:sénsitàiz]

Such games desensitize players to violence.

desensitize ⓢ[원인.수단] 그러한 게임들은 ⓐ폭력에 ⓞ플레이어들을 ⓥ둔감한_ 상태로 변화(變化)시키다 둔감하게 하다
sen r.느끼다(feel) sensitive a.민감한 desensitization n.둔감한_상태로 변화, 둔감화

[0129]

impress
[imprés]

The Korean tennis player impressed the audience with his tireless effort.

impress ⓐ[원인.수단] 그의 지칠 줄 모르는 노력으로 ⓞ관중들을 ⓥ감동된_ 상태로 변화(變化)시키다 감동시키다
press r.누르다(press) impressive a.감동적인, 인상적인 impression n.감동된_상태로 변화, 감동, 감명, 영향

[0130]

depress
[diprés]

Wet weather always depresses me.

depress ⓢ[원인.수단] 습한 날씨는 ⓞ나를 ⓥ우울한, 침체된, 압박된_ 상태로 변화(變化)시키다 우울하게 하다
press r.누르다(press) depressive a.우울한, 저하시키는 depression n.침체된_상태로 변화, 불경기, 우울증, 저하

[0131]
empty
[émpti]

Damp and chilly weather had emptied the beaches.

empty ⓢ[원인.수단] 습하고 차가운 날씨는 ⓞ그 해안가를 ⓥ빈_ 상태로 변화(變化)시키다 비게 하다
empty a.비어있는, 공허한 emptiness n.빈_상태로 변화, 텅 빔, 공허

[0132]
crowd
[kraud]

Thousands of people crowded the narrow streets.

crowd ⓢ[원인.수단] 수 천명의 사람들은 ⓞ그 좁은 거리를 ⓥ붐비는_ 상태로 변화(變化)시키다 붐비게 하다, 가득 채우다
crowded a.붐비는, 혼잡한 crowdedness n.붐비는_상태로 변화, 붐빔, 복잡함 crowd n.군중, 많은 것

[0133]
deplete
[diplí:t]

Fast food is depleting our physical bodies.

deplete ⓢ[원인.수단] 패스트 푸드는 ⓞ우리의 육체를 ⓥ고갈된_ 상태로 변화(變化)시키다 고갈.피폐시키다
pli r.복잡한, 채우다 depletive a.고갈시키는 depletion n.고갈된_상태로 변화, 고갈,소모

[0134]
replenish
[ripléniʃ]

She replenished her cup with coffee.

replenish ⓐ[원인.수단] 커피로 ⓞ그녀의 컵을 ⓥ(다시) 채워진, 충만한_ 상태로 변화(變化)시키다 다시 채우다, 보충시키다
pli r.복잡한, 채우다 replenishment n.보충, 보급

[0135]
exaggerate
[igzǽdʒərèit]

They could exaggerate the benefits of a product or recommend something bad just to make money.

exaggerate ⓐ[원인.수단] 돈을 벌기 위해 ⓞ그 제품의 장점을 ⓥ과장된, 커진_ 상태로 변화(變化)시키다 과장.확대시키다
exaggeration n.과장된_상태로 변화, 과장

[0136]
trivialize
[tríviəlàiz]

The newspaper's headlines trivialized the war, making it seem like a game.

trivialize ⓢ[원인.수단] 그 신문의 헤드라인은 ⓐ전쟁을 게임처럼 보이게 만들면서 ⓞ그 전쟁을 ⓥ하찮은, 사소한_ 상태로 변화(變化)시키다 하찮은.시시한 것으로 하다, 무시하다
trivial a.하찮은, 사소한 trivialization n.하찮은_상태로 변화, 왜소화 triviality n.시시한 것, 평범함

[0137]
ignore
[ignó:r]

Sometimes I have to decide what's important and ignore the rest in order to be productive.

ignore ⓐ[원인.수단] 생산적이 되기 위해 ⓞ그 나머지를 ⓥ무시된_ 상태로 변화(變化)시키다 무시하다
gn r.알다(know) ignorant a.무시하는, 무식한 ignorance n.무시, 무지

[0138]
recognize
[rékəgnàiz]

Hangul has been recognized as a superb and unique language.

recognize ⓐ훌륭하고 독특한 언어로 ⓞ한글을 ⓥ인식.인정된_ 상태로 변화(變化)시키다 인정.인식시키다
gn r.알다(know) recognizable a.인식할 수 있는 recognition n.인식

[0139]
belittle
[bilítl]

Bad enough that men belittle women in politics; far worse when they trivialise themselves.

belittle ⓐ남성들은 ⓐ정치에서 ⓞ여성들을 ⓥ아주 작은, 무시.폄하된_ 상태로 변화(變化)시키다 폄하시키다, 하찮게 하다
little a.작은

[0140]
aggrandize
[əgrǽndaiz]

I aggrandize my imagination by watching science fiction movies.

aggrandize ⓐ[원인.수단] 공상과학 영화를 관람함에 의해 ⓞ나의 상상력을 ⓥ확대된, 커진_ 상태로 변화(變化)시키다 확대.증진시키다
grand a.웅대한 aggrandizement n.확대, 증대, 강화

[0141]

inflate
[infléit]

The success further inflated his self-confidence.

inflate ⓢ[원인.수단] 그 성공은 ⓞ그의 자신감을 ⓥ팽창한, 부푼_ 상태로 변화(變化)시키다 팽창시키다, 부풀게 하다
inflatable a.팽창한_상태로 변할 수 있는, 팽창성의 flat a.납작한, 편평한 inflation n.팽창한_상태로 변화, 팽창, 인플레이션

[0142]

deflate
[difléit]

The bad review of his work deflated his self-confidence.

deflate ⓢ[원인.수단] 그의 작품에 대한 나쁜 평가는 ⓞ그의 자존심을 ⓥ수축된_ 상태로 변화(變化)시키다 수축시키다, 쪼그라뜨리다
deflationary a.통화수축의, 디플레이션의 flat a.납작한, 편평한 deflation n.수축된_상태로 변화, 수축, 디플레이션

[0143]

compress
[kəmprés]

He compressed his footage into one 5-minute video.

compress ⓐ5분 길이의 비디오로 ⓞ그의 동영상을 ⓥ압력 가해진, 압축된_ 상태로 변화(變化)시키다 압축시키다, 용량 감소시키다
press r.누르다(press) compressive a.압축적인 compression n.압축된_상태로 변화, 압축, 요약

[0144]

decompress
[dìːkəmprés]

He decompressed the files by using the program.

decompress ⓐ[원인.수단] 그 프로그램을 사용함에 의해 ⓞ그 파일을 ⓥ압력 해제된, 감압된_ 상태로 변화(變化)시키다 압축 해제시키다, 용량 증가시키다
press r.누르다(press) decompression n.감압된_상태로 변화, 압축해제, 감압, 느긋해짐

[0145]

accelerate
[æksé'ləreit]

The ministry's action may accelerate the pace of innovation in the Korean car industry.

accelerate ⓢ[원인.수단] 그 장관의 조치는 ⓞ한국 자동차 산업의 혁신 속도를 ⓥ빨라진, 가속된_ 상태로 변화(變化)시키다 가속화시키다, 빠르게 하다
accelerative a.가속적인, 촉진하는 acceleration n.빨라진_상태로 변화, 가속 celerity n.신속.민첩함

[0146]

decelerate
[diːséləreit]

I decelerated my car at the sight of the police inspection.

decelerate ⓐ[원인.수단] 그 경찰 검문을 보고 ⓞ나의 자동차를 ⓥ느려진, 감속된_ 상태로 변화(變化)시키다 감속시키다, 느리게 하다
deceleration n.느려진_상태로 변화, 감속 celerity n.신속.민첩함

[0147]

hasten
[héisn]

That injury hastened her death.

hasten ⓢ[원인.수단] 그 상처는 ⓞ그녀의 죽음을 ⓥ촉진된, 빠른_ 상태로 변화(變化)시키다 촉진시키다, 빠르게 하다
hasty a.신속한 haste n.신속, 급함

[0148]

slow
[slou]

The heavy snow slowed the rescue party's progress.

slow ⓢ[원인.수단] 그 폭설은 ⓞ그 구조팀의 진행을 ⓥ느린_ 상태로 변화(變化)시키다 느리게 하다
slow a.느린 slowness n.느린_상태로 변화, 느려짐, 완만함

[0149]

slacken
[slǽkən]

She slackened (slowed down) her pace as she approached home.

slacken ⓐ그녀가 집에 가까이 갔을 때 ⓞ그녀의 발걸음을 ⓥ느린, 느슨한_ 상태로 변화(變化)시키다 느리게 하다
slack a.느슨한, 꾸물거리는 slackening n.감퇴, 쇠퇴

[0150]

quicken
[kwíkən]

I quickened my steps to catch up with her.

quicken ⓐ[원인.수단] 그녀를 따라잡기 위해 ⓞ나의 발걸음을 ⓥ빠른, 촉진된_ 상태로 변화(變化)시키다 빠르게 하다
quick a.재빠른 quickening n.활발함

[0151]

expedite

[ékspədàit]

You can expedite your search by using relevant keywords in a good search engine.

expedite ⓐ[원인.수단] 좋은 검색 엔진에서 적절한 핵심어.키워드를 사용함에 의해 ⓞ당신의 검색을 ⓥ(방해하는) 발을 바깥으로 뺀, 촉진된, 원활한_ 상태로 변화(變化)시키다 촉진시키다, 빠르게 하다
ped,pes r.발 expeditious a.신속한, 급속한 expedition n.신속.기민한_상태로 변화, 신속,급속,기민

[0152]

impede

[impíːd]

The muddy roads impeded our progress.

impede ⓢ[원인.수단] 그 진흙투성이의 도로는 ⓞ우리의 전진을 ⓥ(방해하는) 발을 안으로 이동한, 방해.억제된_ 상태로 변화(變化)시키다 방해.억제시키다
ped,pes r.발 impedimental a.방해가 되는 impediment n.방해, 장애

[0153]

activate

[ǽktəvèit]

A healthy laugh can activate the release of endorphins and reduce pain.

activate ⓢ[원인.수단] 건강한 웃음은 ⓞ엔도르핀 방출을 ⓥ활발한, 활동적_ 상태로 변화(變化)시키다 활성화시키다
active a.활발한 activation n.활발한_상태로 변화, 활성화, 촉진 activity n.활동, 활기

[0154]

inactivate

[inǽktəvèit]

A healthy immune system inactivates the virus.

inactivate ⓢ[원인.수단] 건강한 면역체계는 ⓞ바이러스를 ⓥ비활성, 활동하지 않는_ 상태로 변화(變化)시키다 비활성시키다, 무력화시키다
active a.활발한 inactive a.활발하지 않은, 소극적인 inactivation n.불활성_상태로 변화, 불활성화 inactivity n.무활동, 정지

[0155]

vitalize

[váitəlàiz]

The increase in exports will vitalize the national economy.

vitalize ⓢ[원인.수단] 그 수출의 증가는 ⓞ그 국가경제를 ⓥ활기찬, 생생한_ 상태로 변화(變化)시키다 활기차게 하다
vi r.생명(life) vital a.활기찬, 생명의 vitalization n.활기찬_상태로 변화, 활성화 vitality n.활력, 생기

[0156]

devitalize

[diːváitəlàiz]

The war devitalized the economy.

devitalize ⓢ[원인.수단] 그 전쟁은 ⓞ경제를 ⓥ활기 없는_ 상태로 변화(變化)시키다 무기력하게 하다
vi r.생명(life) vital a.활기찬, 생명의 devitalization n.무기력한_상태로 변화, 무기력화, 활력 빼앗기

[0157]

hamper

[hǽmpər]

Her long dress hampered her freedom of movement.

hamper ⓢ[원인.수단] 그녀의 긴 옷은 ⓞ그녀의 움직임의 자유로움을 ⓥ방해.억제된_ 상태로 변화(變化)시키다 방해시키다
hamper n.방해, 저해

[0158]

spur

[spəːr]

The addition of new models spurred sales growth.

spur ⓢ[원인.수단] 새로운 모델의 추가는 ⓞ판매 성장을 ⓥ자극.고무된_ 상태로 변화(變化)시키다 자극.고무.촉진시키다
spur n.자극, 격려

[0159]

enliven

[inláivən]

He enlivened public education through unswerving reform.

enliven ⓐ[원인.수단] 확고한 개혁을 통해 ⓞ공교육을 ⓥ생기있는, 활기찬_ 상태로 변화(變化)시키다 생기있게 하다, 활성화시키다
live a.살아 있는, 생기 있는 enlivenment n.활기찬_상태로 변화, 활기 불어넣기

[0160]

deaden

[dédn]

The medicine can deaden the pain of a headache.

deaden ⓢ[원인.수단] 그 약은 ⓞ두통을 ⓥ죽은, 활기 없는_ 상태로 변화(變化)시키다 약화시키다, 가라앉히다
dead a.죽은, 활기 없는 death n.죽음 deadness n.죽은, 생기 없는_상태로 변화, 죽음, 생기 없음

[0161]
connect
[kənékt]

Connect the speakers to the CD player.

connect ⓐCD 플레이어에 ⓞ그 스피커를 ⓥ연결된_ 상태로 변화(變化)시키다 연결시키다
nec r.묶다(bind), 이음, 접속　connection n.연결된_상태로 변화, 연결, 결합

[0162]
disconnect
[dìskənékt]

Disconnect the wires from the machine before you try to fix it.

disconnect ⓐ그 기계로부터, 당신이 기계를 고치려고 하기 전에 ⓞ그 전선을 ⓥ분리.단절된_ 상태로 변화(變化)시키다 분리.단절시키다
nec r.묶다(bind), 이음, 접속　disconnection n.분리된_상태로 변화, 분리, 단절

[0163]
associate
[əsóuʃièit]

Remember that every muscle is connected to bone and that every muscle is also associated with an organ.

associate ⓐ한 기관과 ⓞ모든 근육을 ⓥ연결.연관된_ 상태로 변화(變化)시키다 연결.연관시키다
soci r.모으다(gather), 연결　associative a.연결의　association n.연결.연합된_상태로 변화, 연합, 단체, 교제

[0164]
dissociate
[disóuʃièit]

He dissociated himself from the organization.

dissociate ⓐ그 조직으로부터 ⓞ그 자신을 ⓥ분리된_ 상태로 변화(變化)시키다 분리.탈퇴시키다
soci r.모으다(gather), 연결　dissociative a.분리적인, 분열성의　dissociation n.분리된_상태로 변화, 분리, 분열

[0165]
assemble
[əsémbl]

Then, the students learned how to assemble parts to build a 3D printer.

assemble ⓐ[원인.수단] 3D 프린터를 만들기 위해 ⓞ부품들을 ⓥ조립으로 합쳐진, 만들어진_ 상태로 변화(變化)시키다 조립시키다, 합치다
sem,sim r.유사한, 동일한(same)　assembly n.집회, 모임, 의회, 조립

[0166]
disassemble
[dìsəsémbl]

We had to completely disassemble the engine to find the problem.

disassemble ⓐ[원인.수단] 그 문제를 발견하기 위해 ⓞ그 엔진을 ⓥ분해.해체된_ 상태로 변화(變化)시키다 분해.해체시키다
sem,sim r.유사한, 동일한(same)　disassemblable a.분해.해체된_상태로 변할 수 있는, 분해 가능한

[0167]
integrate
[íntəgrèit]

They integrated smart technology with automobiles.

integrate ⓐ자동차와 ⓞ스마트 기술을 ⓥ연결.통합된_ 상태로 변화(變化)시키다 통합.결합시키다
integrate a.완전한, 각 부분이 갖추어진　integration n.통합된_상태로 변화, 통합, 융합

[0168]
disintegrate
[disíntəgrèit]

The lies disintegrated their marriage.

disintegrate ⓢ[원인.수단] 그 거짓말들은 ⓞ그들의 결혼을 ⓥ해체.분해된_ 상태로 변화(變化)시키다 해체.분해.분리시키다
integrate a.완전한, 각 부분이 갖추어진　disintegrative a.해체(분해.붕괴.와해)를 초래하는　disintegration n.분해, 붕괴, 분열

[0169]
attach
[ətǽtʃ]

Attach a recent photograph to your application form.

attach ⓐ당신의 신청서 양식에 ⓞ최근 사진을 ⓥ부착.접촉.연결된_ 상태로 변화(變化)시키다 부착.첨부시키다
tac,tam,tag r.접촉(touch)　attachment n.부착, 애착

[0170]
detach
[ditǽtʃ]

You can detach the hood from the jacket.

detach ⓐ그 자켓으로부터 ⓞ그 후드모자를 ⓥ분리된_ 상태로 변화(變化)시키다 분리시키다, 떼어놓다
tac,tam,tag r.접촉(touch)　detachable a.분리할 수 있는　detachment n.분리, 고립

[0171]

litter
[lítər]

They littered (up) the park with bottles and cans.

litter ⓐ[원인.수단] 병과 캔들로 ⓞ그 공원을 ⓥ쓰레기 있는, 어지러운_ 상태로 변화(變化)시키다 어지럽히다, 더럽히다
litter n.잡동사니, 쓰레기

[0172]

decorate
[dékərèit]

They decorate their houses with beautiful Christmas trees and ornaments.

decorate ⓐ아름다운 크리스마스 트리와 장식품으로 ⓞ그들의 집을 ⓥ장식.치장된_ 상태로 변화(變化)시키다 장식시키다
decorative a.장식의 decorous a.예의 바른 decoration n.장식된_상태로 변화, 장식 decorum n.단정함, 적절함

[0173]

arrange
[əréindʒ]

We can arrange our work in an organized way.

arrange ⓐ조직화된 방식으로 ⓞ우리의 작업을 ⓥ정열된, 선.열.줄에 맞춰진, 마련.준비된_ 상태로 변화(變化)시키다 정리.정렬시키다
arrangement n.정리, 배열 range n.선, 열, 줄

[0174]

disarrange
[dìsəréindʒ]

My son disarranged the papers on my desk.

disarrange ⓢ나의 아들은 ⓞ책상 위의 서류들을 ⓥ무질서.혼란한_ 상태로 변화(變化)시키다 무질서하게 하다, 혼란시키다
disarrangement n.혼란, 교란 range n.선, 열, 줄

[0175]

organize
[ɔ́ːrgənàiz]

In order to become a good speaker, you must organize your thoughts.

organize ⓐ[원인.수단] 좋은 연설자가 되기 위해 ⓞ당신의 생각들을 ⓥ조직적인, 정리.조성된_ 상태로 변화(變化)시키다 조직화.체계화하다
organic a.조직적인 organ n.조직, 기관 organization n.조직의_상태로 변화, 조직화

[0176]

disorganize
[disɔ́ːrgənàiz]

The party's efforts were disorganized by infiltration by the opposition.

disorganize ⓢ[원인.수단] 그 야당의 침투.잠입은 ⓞ그 정당의 노력.작업을 ⓥ무질서.혼란한, 해체된_ 상태로 변화(變化)시키다 무질서.혼란하게 하다, 파괴시키다
organic a.조직적인 disorganization n.무질서한_상태로 변화, 무질서, 혼란 organ n.조직, 기관

[0177]

reshape
[riʃéiˈp]

They will reshape tax incentives to businesses to open up the job market.

reshape ⓐ[원인.수단] 노동시장을 개방된 상태로 변화시키기 위해 ⓞ기업에 대한 세금혜택을 ⓥ개편.개선된_ 상태로 변화(變化)시키다 개편.개선시키다
shapeless a.일정한 형태가 없는, 볼품없는 shape n.모양, 상태

[0178]

misshape
[misʃéip]

Our meddling intellect misshapes the beautiful forms of things.

misshape ⓢ[원인.수단] 우리의 간섭하는 지성은 ⓞ사물의 아름다운 형태를 ⓥ모양 흉한_ 상태로 변화(變化)시키다 흉하게 하다
misshapen a.비뚤어진, 보기 흉한 shape n.모양, 상태

[0179]

beautify
[bjúːtəfài]

She beautified her garden by planting flowers.

beautify ⓐ[원인.수단] 꽃을 심음에 의해 ⓞ그녀의 정원을 ⓥ아름다운_ 상태로 변화(變化)시키다 미화시키다, 꾸미다
beautiful a.아름다운 beautification n.아름다운_상태로 변화, 미화 beauty n.아름다움, 미

[0180]

uglify
[ʌ́gləfài]

Builders continue to uglify cities with soulless modern office monstrosities.

uglify ⓐ[원인.수단] 영혼이 없는 현대적 사무실의 괴물들로 ⓞ도시들을 ⓥ추한, 보기 흉한_ 상태로 변화(變化)시키다 추하게 하다
ugly a.추한, 보기 흉한, 못 생긴, 불쾌한 ugliness n.추함 uglification n.흉한_상태로 변화, 흉하게 함

[0181]

enable
[inéibl]

Good health enabled him to carry out the plan.

enable ⓒ그 계획을 실행하도록 ⓞ그를 ⓥ가능한, 능력있는_ 상태로 변화(變化)시키다 가능하게 하다
able a.가능한, 할 수 있는, 능력을 가진 enablement n.가능한_상태로 변화, 가능화 ability n.능력

[0182]

disable
[diséibl]

Her illness disabled her from attending the meeting.

disable ⓢ[원인.수단] 그녀의 병은 ⓐ그 회의에 참석하는 것으로부터 ⓞ그녀를 ⓥ불가능한, 무능한_ 상태로 변화(變化)시키다 불가능.무능력하게 하다
able a.가능한, 할 수 있는, 능력을 가진 disablement n.무능한_상태로 변화, 무력화, 불구, 무능 disability n.무능력

[0183]

capacitate
[kəpǽsətèit]

This instruction capacitates us to understand the problem.

capacitate ⓒ그 문제를 이해하도록 ⓞ우리를 ⓥ능력있는, 가능한_ 상태로 변화(變化)시키다 가능하게 하다, 능력있게 하다
capable a.유능한, 역량 있는 capacitation n.능력 있는_상태로 변화, 권한부여 capacity n.능력.가능성

[0184]

incapacitate
[ìnkəpǽsətèit]

His poor health incapacitated him from working.

incapacitate ⓢ[원인.수단] 그의 열악한 건강은 ⓐ일로부터 ⓞ그를 ⓥ능력 없는, 무능.무력한_ 상태로 변화(變化)시키다 무능하게 하다, 실격시키다
incapable a.무능한 incapacitation n.능력 없는_상태로 변화, 실격.무효 capacity n.능력.가능성 incapacity n.무능.부적격

[0185]

allow
[əláu]

This book allows readers to imagine the verbs in their heads.

allow ⓒ자신의 머릿속에 그 동사 단어들을 상상하도록 ⓞ독자들을 ⓥ가능한, 허용.인정된_ 상태로 변화(變化)시키다 가능하게 하다, 허용.인정해 주다
allowable a.허용.허락될 수 있는 allowance n.허락, 허가

[0186]

disallow
[dìsəláu]

She disallowed him from walking barefoot.

disallow ⓐ맨발로 걷는 것으로부터 ⓞ그를 ⓥ불허용.불인정된, 불가능한_ 상태로 변화(變化)시키다 금지시키다, 허락하지 않다
disallowable a.불인정된_상태로 변할 수 있는, 인정할 수 없는 disallowance n.불인가, 각하(却下)

[0187]

persuade
[pərswéid]

I persuaded him to go to the party.

persuade ⓒ그 파티에 가도록 ⓞ그를 ⓥ긍정적으로 설득된_ 상태로 변화(變化)시키다 설득시키다
persuasive a.설득력 있는 persuasion n.설득, 신념

[0188]

dissuade
[diswéid]

He dissuaded his son from quitting school.

dissuade ⓐ학교를 그만두는 것으로부터 ⓞ그의 아들을 ⓥ단념.포기하도록 설득된_ 상태로 변화(變化)시키다 단념시키다
dissuasive a.단념시키는, 말리는 dissuasion n.설득하여 단념시키기

[0189]

qualify
[kwάləfài]

This training course will qualify you for a better job.

qualify ⓢ[원인.수단] 이 훈련과정은 ⓐ더 좋은 직업에 대해 ⓞ당신을 ⓥ자질.자격 있는_ 상태로 변화(變化)시키다 자격있게 하다
qualification n.자격이 있는_상태로 변화, 자격의 부여.취득, 자질 quality n.자질.자격, 우수

[0190]

disqualify
[diskwάləfài]

Bad grades disqualified me from the scholarship.

disqualify ⓢ[원인.수단] 나쁜 점수는 ⓞ나를 ⓥ자질.자격 없는_ 상태로 변화(變化)시키다 자격 박탈시키다
disqualification n.자격이 없는_상태로 변화, 자격박탈, 부적격 quality n.자질.자격, 우수

[0191]

privatize
[práivətàiz]

The government privatized a number of public companies including banks and land corporations.

privatize ⓢ그 정부는 ⓞ은행, 토지회사를 포함한 많은 공기업들을 ⓥ민영화, 민간의_ 상태로 변화(變化)시키다 민영화시키다
private a.민간의, 사적인 privacy n.사생활 privatization n.민간의_상태로 변화, 민영화, 사립화

[0192]

nationalize
[næʃənəlàiz]

The decision will nationalize its oil and natural gas industry.

nationalize ⓢ[원인.수단] 그 결정은 ⓞ그 나라의 석유 및 천연가스 산업을 ⓥ국유화, 국가의_ 상태로 변화(變化)시키다 국유화.국영화하다
national a.국유의, 국가의 nationalization n.국유의_상태로 변화, 국유화 nation n.국가

[0193]

localize
[lóukəlàiz]

The international firms will localize their operations and products.

localize ⓢ그 다국적 기업들은 ⓞ그들의 운영과 제품들을 ⓥ현지.지역화_ 상태로 변화(變化)시키다 지역화.현지화시키다
local a.현지의, 지역의 localization n.지방화_상태로 변화, 지방화, 부위 location n.위치, 장소 locality n.지역, 지방

[0194]

globalize
[glóubəlàiz]

It is imperative for the nation to globalize hangeul and Korean culture.

globalize ⓞ한글과 한국 문화를 ⓥ세계화_ 상태로 변화(變化)시키다 세계화시키다
global a.세계적인 globalization n.세계화_상태로 변화, 세계화, 국제화 globalism n.세계화

[0195]

combine
[kəmbáin]

The municipal government will plan to combine the station with neighboring small businesses to form a complex.

combine ⓐ[원인.수단] 복합물을 형성하기 위해, 주변의 작은 상가와 ⓞ그 역을 ⓥ결합.연결된_ 상태로 변화(變化)시키다 결합시키다
combination n.결합된_상태로 변화, 결합, 합동

[0196]

separate
[sépərèit]

Artificial photosynthesis technology can separate hydrogen from water using sunlight-activated devices.

separate ⓢ[원인.수단] 인공 광합성 기술은 ⓐ태양광선 활성화 장치를 사용하면서, 물로부터 ⓞ수소를 ⓥ분리된_ 상태로 변화(變化)시키다 분리시키다
separate a.분리된, 갈라진 inseparable a.분리할 수 없는 separation n.분리된_상태로 변화, 분리.이탈 separatism n.분리주의

[0197]

unify
[jú:nəfài]

They unified the function of production with that of distribution.

unify ⓐ분배 기능과 ⓞ생산기능을 ⓥ하나.통합된_ 상태로 변화(變化)시키다 통합.통일시키다
uni r.하나(one) unification n.하나의_상태로 변화, 통일, 통합, 결합

[0198]

divide
[diváid]

Beliefs are what divide people. Doubt unites them. (Peter Ustinov)

divide ⓢ믿음은 ⓞ사람들을 ⓥ분리된_ 상태로 변화(變化)시키다 분리시키다
divisible a.분리된_상태로 변할 수 있는, 나눌 수 있는 undivided a.분할되지 않는 divide n.분할, 분열, 분배 division n.분리된_상태로 변화, 분할, 분배

[0199]

aggregate
[ǽgrigət]

The scores were aggregated with the first-round totals to decide the winner.

aggregate ⓐ1라운드 전체 점수와, 승자를 결정하기 위해 ⓞ그 점수를 ⓥ결합.통합된, 합쳐진_ 상태로 변화(變化)시키다 결합.통합.합산시키다
aggregate a.집합.결합.종합한 aggregative a.집합하는, 집합성의, 사교적인 aggregation n.결합.통합된_상태로 변화, 응집, 병합, 집단

[0200]

segregate
[ségrigèit]

Cholera patients were segregated from the others in the hospital.

segregate ⓐ그 병원내 다른 사람들로부터 ⓞ콜레라 환자들을 ⓥ격리.분리.차별된_ 상태로 변화(變化)시키다 격리.분리시키다
segregate n.분리.구별.차별된 것 segregation n.구별.차별된_상태로 변화, 분리, 차별 desegregation n.인종차별 폐지

[0201]

dampen
[dǽmpən]

He dampened the cloth with a small amount of screen cleaner.

dampen ⓐ[원인.수단] 소량의 스크린 클리너로 ⓞ그 천을 ⓥ축축한, 위축된_ 상태로 변화(變化)시키다 축축하게 하다
damp a.축축한 dampness n.습기

[0202]

desiccate
[désikèit]

The years of drought have desiccated the soil.

desiccate ⓢ[원인.수단] 그 수년간 가뭄은 ⓞ토양을 ⓥ건조한_ 상태로 변화(變化)시키다 건조시키다
desiccant a.건조성의 siccative a.건조를 촉진시키는 desiccation n.건조한_상태로 변화, 건조

[0203]

hydrate
[háidreit]

The cream will hydrate your skin all night long.

hydrate ⓢ[원인.수단] 그 크림은 ⓞ당신의 피부를 ⓥ촉촉한, 수분공급된_ 상태로 변화(變化)시키다 촉촉하게 하다
hydr r.물 hydration n.수분이 있는_상태로 변화, 수화화

[0204]

dehydrate
[di:háidreit]

In the summer, the heat dehydrates our bodies faster, so we need to drink more water.

dehydrate ⓢ[원인.수단] 그 열기는 ⓞ우리의 몸을 ⓥ습분제거된, 탈수된_ 상태로 변화(變化)시키다 탈수.건조시키다
hydr r.물 dehydration n.수분이 없는_상태로 변화, 탈수, 건조

[0205]

wet
[wet]

The heavy rain wetted us through.

wet ⓢ[원인.수단] 폭우는 ⓞ우리를 ⓥ젖은_ 상태로 변화(變化)시키다 젖게 하다
wet a.젖은 wetness n.축축함, 습기

[0206]

dry
[drai]

I dried my wet hair in front of the fan.

dry ⓐ[원인.수단] 그 선풍기 앞에서 ⓞ나의 젖은 머리카락을 ⓥ건조한_ 상태로 변화(變化)시키다 건조시키다, 마르게 하다
dry a.건조한 dryness n.건조한_상태로 변화, 건조화

[0207]

heat
[hi:t]

Glass artisans heat up sand until it turns into liquid glass.

heat ⓐ모래가 액체 유리로 변화될 때까지 ⓞ모래를 ⓥ가열된, 뜨거운_ 상태로 변화(變化)시키다 가열시키다
heat n.열정, 열광 heating n.난방

[0208]

chill
[tʃil]

She chilled the foods overnight in the fridge.

chill ⓐ냉장고 안에서, 밤새도록 ⓞ그 음식을 ⓥ냉각된, 차가운_ 상태로 변화(變化)시키다 냉각시키다, 식히다
chilly a.차가운, 냉정한 chill n.냉기, 차가움

[0209]

sour
[sauər]

The hot weather will sour the milk.

sour ⓢ[원인.수단] 그 뜨거운 날씨는 ⓞ그 우유를 ⓥ시큼한, 상한, 악화된_ 상태로 변화(變化)시키다 시큼하게 하다, 상하게 하다
sourish a.시큼한 sour a.신, 시큼한, 불쾌한 sourness n.시큼함, 심술궂음

[0210]

sweeten
[swí:tn]

I sweeten my cereal with honey.

sweeten ⓐ[원인.수단] 꿀로 ⓞ나의 시리얼을 ⓥ달콤한, 매혹적인_ 상태로 변화(變化)시키다 달콤하게 하다
sweet a.감미로운 sweetness n.감미로움, 상냥함

[0211]
enfeeble [infíːbl]

A feeble body enfeebles the mind.

enfeeble ⓢ[원인.수단] 허약한 육체는 ⓞ마음.정신을 ⓥ약한_ 상태로 변화(變化)시키다 약화시키다
feeble a.약한 enfeeblement n.약한_상태로 변화, 약화, 쇠약 feebleness n.약함, 허약함

[0212]
reinforce [rìːinfɔ́ːrs]

The troops reinforced the barriers with logs.

reinforce ⓐ[원인.수단] 통나무로 ⓞ방벽을 ⓥ(당시) 강한_ 상태로 변화(變化)시키다 강화시키다
for(t) r.강한(strong) fort r.강한 reinforcement n.강한_상태로 변화, 강화, 보강 force n.힘, 폭력

[0213]
endanger [indéindʒər]

Further inflation would endanger the national economy seriously.

endanger ⓢ[원인.수단] 추가적인 인플레이션은 ⓞ그 국가 경제를 ⓥ위험한_ 상태로 변화(變化)시키다 위험.위태하게 하다
dangerous a.위험한 endangerment n.위험한_상태로 변화, 위기일발, 멸종위기 danger n.위험

[0214]
safeguard [seiˈfgaˌrd]

Seat belts can safeguard your life from serious traffic accidents.

safeguard ⓐ심각한 교통사고로부터 ⓞ당신의 생명을 ⓥ안전한, 보호된_ 상태로 변화(變化)시키다 안전하게 하다, 보호하다
safe a.안전한 safeguard n.보호, 보증, 호위

[0215]
attack [ətǽk]

She was attacked by a man with a baseball bat.

attack ⓐ[원인.수단] 야구 방망이로 ⓞ그녀를 ⓥ공격.비난된_ 상태로 변화(變化)시키다 공격하다
attack n.공격, 비난 attacker n.공격자

[0216]
protect [prətékt]

Earmuffs can also protect your ears from the cold wind.

protect ⓢ[원인.수단] 귀마개는 ⓞ당신의 귀를 ⓥ보호.방어된_ 상태로 변화(變化)시키다 보호하다
protective a.보호하는 protection n.보호된_상태로 변화, 보호

[0217]
regulate [régjulèit]

You can regulate the air conditioner with this remote control.

regulate ⓐ[원인.수단] 이 리모컨으로 ⓞ그 에어컨을 ⓥ규제.조절.통제된_ 상태로 변화(變化)시키다 규제.통제.조절하다
regular a.규칙적인, 정돈된 regulation n.규제, 법규, 통제 regularity n.질서, 규칙

[0218]
deregulate [diːrégjulèit]

The new administration will deregulate the service industry to create new value-added jobs.

deregulate ⓐ[원인.수단] 새로운 가치가 부가된 직업을 만들기 위해 ⓞ서비스 산업을 ⓥ규제.통제가 제거.완화된_ 상태로 변화(變化)시키다 규제 철폐.완화시키다
irregular a.불규칙한, 비합법적인 regular a.규칙적인, 정돈된 deregulation n.규제.통제가 없는_상태로 변화, 규제철폐.완화

[0219]
legalize [líːgəlàiz]

The government legalized the medical use of marijuana.

legalize ⓢ그 정부는 ⓞ마리화나의 의학적 사용을 ⓥ합법적_ 상태로 변화(變化)시키다 합법화하다
legal a.합법적인, 법률상의 legalization n.합법적_상태로 변화, 합법화, 적법화 legality n.합법

[0220]
illegalize [ilíːgəlàiz]

The government illegalized smoking in public places.

illegalize ⓢ그 정부는 ⓞ공공장소에서의 흡연을 ⓥ불법적_ 상태로 변화(變化)시키다 불법화하다
illegal a.불법적인 legal a.합법적인, 법률상의 illegality n.불법, 위법

[0221]

tighten
[táitn]

Brokerage houses will tighten monitoring and control over customers' illegal stock trades.

tighten ⓢ증권 거래소는 ⓞ고객의 불법 주식 거래에 대한 감시와 통제를 ⓥ팽팽.견고한, 쪼인_ 상태로 변화(變化)시키다 견고.단단하게 하다, 강화시키다
tight a.단단한, 엄격한 tightness n.견고함, 긴장, 금융긴축

[0222]

loosen
[lúːsn]

The government should loosen regulations to encourage foreign companies to move here.

loosen ⓐ[원인.수단] 외국기업들이 이곳에 이주하도록 고무.촉진시키기 위해 ⓞ규정을 ⓥ느슨한, 이완된_ 상태로 변화(變化)시키다 느슨하게 하다, 완화시키다
loose a.느슨한, 자유로운 looseness n.느슨한_상태로 변화, 느슨함, 산만함

[0223]

isolate
[áisəlèit]

Presley's early success isolated him from his friends.

isolate ⓐ그의 친구들로부터 ⓞ그를 ⓥ분리.격리.고립된_ 상태로 변화(變化)시키다 분리.격리시키다
isolation n.격리.고립된_상태로 변화, 고립화, 소외 isolationism n.고립주의

[0224]

accompany
[əkʌ́mpəni]

I will accompany you on a trip to Seoul.

accompany ⓢ나는 ⓐ서울 여행에서 ⓞ당신을 ⓥ동반.동행된, 결합.보완된_ 상태로 변화(變化)시키다 동반.동행하게 하다
unaccompanied a.동행자.동반자가 없는, 반주가 없는, 무반주의 companion n.동료, 친구, 벗, 짝 accompaniment n.딸리는 것, 수반하는 것

[0225]

wither
[wíðər]

The hot sun has withered the flowers.

wither ⓢ[원인.수단] 뜨거운 태양은 ⓞ그 꽃들을 ⓥ시든, 위축된_ 상태로 변화(變化)시키다 시들게 하다
withered a.시든, 말라빠진, 쇠약해진

[0226]

freshen
[fréʃən]

The rain has freshened the withered plants.

freshen ⓢ[원인.수단] 그 비는 ⓞ그 시든 식물들을 ⓥ신선.상쾌한_ 상태로 변화(變化)시키다 싱싱하게 하다
fresh a.신선한, 상쾌한, 깨끗한, 새로운 freshness n.신선한_상태로 변화, 생생함, 선명, 신선미

[0227]

shrivel
[ʃrívəl]

The hot sunshine shrivels up the leaves.

shrivel ⓢ[원인.수단] 뜨거운 햇볕이 ⓞ잎들을 ⓥ주름진, 시든, 위축된_ 상태로 변화(變化)시키다 시들게 하다
shriveled a.주름이 진

[0228]

refresh
[rifréʃ]

Meditation can refresh and strengthen our minds.

refresh ⓢ[원인.수단] 명상은 ⓞ우리의 마음을 ⓥ(다시) 신선한_ 상태로 변화(變化)시키다 상쾌하게 하다, 재충전시키다
fresh a.신선한, 상쾌한, 깨끗한, 새로운 refreshment n.(다시)상쾌한_상태로 변화, 원기회복, 휴식, 다과

[0229]

clarify
[klǽrəfài]

He clarified that by using two or three examples.

clarify ⓐ[원인.수단] 2-3가지의 예시를 사용함에 의해 ⓞ그것을 ⓥ명확.분명한_ 상태로 변화(變化)시키다 명확하게 하다
clear a.맑은, 깨끗한, 분명한 clarification n.깨끗한_상태로 변화, 정화, 해명

[0230]

blur
[bləːr]

Static blurred the television screen.

blur ⓢ[원인.수단] 정전기는 ⓞTV 화면을 ⓥ흐릿한_ 상태로 변화(變化)시키다 불명확하게 하다, 흐릿하게 하다
blurry a.흐릿한, 뿌연 blurriness n.흐릿한_상태로 변화, 흐릿함, 모호함 blur n.흐릿함, 더럼

[0231]

centralize
[séntrəlàiz]

He centralized key company information and content.

centralize ⓢ그는 ⓞ핵심 회사 정보 및 콘텐츠를 ⓥ중심에 모여진, 집중된_ 상태로 변화(變化)시키다 중앙집중시키다
centr r.가운데(center) central a.중앙의, 중심의 centralization n.집중된_상태로 변화, 집중화 center n.중심, 중추

[0232]

decentralize
[di:séntrəlàiz]

The government must decentralize the population around the capital area.

decentralize ⓢ정부는 ⓞ수도권 지역의 인구를 ⓥ분산된_ 상태로 변화(變化)시키다 분산시키다
centr r.가운데(center) central a.중앙의, 중심의 decentralization n.분산된_상태로 변화, 분권화, 분산 decentralist n.분권주의자

[0233]

enthrone
[inθróun]

They enthroned Bao Dai as a sovereign emperor.

enthrone ⓐ황제로 ⓞ바오다이를 ⓥ왕좌로 올려진_ 상태로 변화(變化)시키다 즉위시키다
enthronement n.즉위 throne n.왕위, 왕좌

[0234]

dethrone
[di:θróun]

He dethroned Tyson in a fight that shook the boxing world.

dethrone ⓐ권투계를 뒤흔든 싸움에서 ⓞ타이슨을 ⓥ왕좌에서 내려진_ 상태로 변화(變化)시키다 퇴위시키다, 왕좌에서 내쫓다
dethronement n.폐위, 강제 퇴위 throne n.왕위, 왕좌

[0235]

populate
[pɑ́pjulèit]

The settlers began to move inland and populate the river valleys.

populate ⓢ그 정착민들은 ⓞ그 강 계곡들을 ⓥ인구 증가된, 밀집된_ 상태로 변화(變化)시키다 거주시키다, 붐비게 하다
population n.인구, 주민

[0236]

depopulate
[di:pɑ́pjulèit]

Famine depopulated the country greatly.

depopulate ⓢ[원인.수단] 기근은 ⓞ그 나라를 ⓥ인구 감소된_ 상태로 변화(變化)시키다 인구감소시키다
depopulation n.인구 감소

[0237]

smarten
[smɑ́:rtn]

He smartened up his room with a vacuum cleaner.

smarten ⓐ[원인.수단] 진공청소기로 ⓞ그의 방을 ⓥ깔끔한_ 상태로 변화(變化)시키다 깔끔하게 하다
smart a.깔끔한, 활발한, 영리한 smartness n.깔끔한, 영리한_상태로 변화, 명석, 세련

[0238]

clutter
[klʌ́tər]

Useless information cluttered his mind.

clutter ⓢ[원인.수단] 쓸모 없는 정보는 ⓞ그의 마음을 ⓥ어지러운, 혼잡.혼란한_ 상태로 변화(變化)시키다 어지럽히다, 혼란시키다
clutter n.잡동사니, 혼란

[0239]

generalize
[dʒénərəlàiz]

He generalized this experience as the experience of everybody.

generalize ⓐ모든 사람들의 경험으로 ⓞ이 경험을 ⓥ일반.보편화_ 상태로 변화(變化)시키다 일반화.보편화시키다, 일반화하여 적용하다
general a.일반적인 generalization n.일반적_상태로 변화, 일반화, 개괄 generality n.일반성, 보편성

[0240]

specify
[spésəfài]

Please specify a user name and URL for the registration data.

specify ⓐ[원인.수단] 등록 데이터를 위해 ⓞ사용자 이름 및 URL을 ⓥ특별.명확한, 구체적인_ 상태로 변화(變化)시키다 특별.명확하게 하다, 구체화하다
specifiable a.명확한_상태로 변할 수 있는, 명기.명시.상술할 수 있는 specific a.(설명·진술 등이) 명확한, 정확한, 구체적인 specification n.명확한_상태로 변화, 명세서, 상술

35

[0241]

revalue
[rivǽljuˌ]

The government revalued the won as a hedge against inflation.

revalue ⓐ[원인.수단] 인플레이션에 대한 헷지.대비책으로 ⓞ원화를 ⓥ가치 높은, 가치 평가된_ 상태로 변화(變化)시키다 가치 상승시키다, 절상시키다
val r.가치있는(worthy) valuable a.값비싼, 귀중한 revaluation n.평가절상된_상태로 변화, 평가 절상, 재평가

[0242]

devalue
[diːvǽljuː]

When inflation occurs in Korea, it will devalue the Korean won, and imports will become more expensive.

devalue ⓢ[원인.수단] 그것_ 한국에서 인플레이션이 발생하는 것은 ⓞ원화를 ⓥ가치 낮은_ 상태로 변화(變化)시키다 평가절하하다, 낮게 평가하다
val r.가치있는(worthy) valuable a.값비싼, 귀중한 devaluation n.가치가 낮은_상태로 변화, 평가절하 value n.가치

[0243]

depreciate
[diprí:ʃièit]

Thus, the United States government might attempt to depreciate the dollar when our economy is in recession.

depreciate ⓐ우리 경제가 불황일 때 ⓞ달러를 ⓥ가치 낮은, 나쁜_ 상태로 변화(變化)시키다 평가절하시키다
prec,pric r.값, 가치 depreciative a.폄하하는 price n.값 depreciation n.가치가 나쁜_상태로 변화, 저하, 가치하락, 감가상각

[0244]

appreciate
[əprí:ʃièit]

Beijing finally seems ready to appreciate its currency somewhat in response to both foreign demands and its own policy needs.

appreciate ⓐ[원인.수단] 외국의 요구 및 자국의 정책 필요성의 반응으로, 어느 정도 ⓞ자국의 통화를 ⓥ가치 높은_ 상태로 변화(變化)시키다 평가절상시키다
prec,pric r.값, 가치 appreciative a.진가를 아는, 감사하는 appreciation n.가치가 높은_상태로 변화, 가치의 상승, 진가

[0245]

eulogize
[júːlədʒàiz]

Those Web sites eulogize fallen fighters as martyrs in order to recruit radical Muslim youths.

eulogize ⓐ[원인.수단] 급진적인 이슬람 젊은이들을 모집하기 위해, 순교자로 ⓞ전사자들을 ⓥ칭송.찬양된_ 상태로 변화(變化)시키다 칭송.찬양하다
eulogistic a.찬양(칭송)하는, 칭찬하는 eulogist n.찬사를 말하는(칭찬하는) 사람

[0246]

criticize
[krítəsàiz]

Some people criticized us for going on strike.

criticize ⓐ[원인.수단] 계속 파업하는 것에 대해 ⓞ우리를 ⓥ비난.비평된_ 상태 변화(變化)시키다 비난하다
critical a.비판.비평적인, 결정적인 uncritical a.비판력이 없는 criticism n.비판, 비평 critic n.비평.비판가

[0247]

condemn
[kəndém]

She condemned him for his error.

condemn ⓐ[원인.수단] 그의 잘못에 대해 ⓞ그를 ⓥ저주.비난된_ 상태로 변화(變化)시키다 저주.비난하다
condemnable a.비난해야 할 condemnation n.유죄판결, 비난

[0248]

praise
[preiz]

The mayor praised the rescue teams for their courage.

praise ⓐ[원인.수단] 그들의 용기에 대해 ⓞ그 구조팀원들을 ⓥ칭찬된_ 상태로 변화(變化)시키다 칭찬하다
prec,pric r.값, 가치 praise n.칭찬, 찬미

[0249]

disquiet
[diskwáiət]

City life disquieted the poet, so she returned to the countryside.

disquiet ⓢ[원인.수단] 도시 생활은 ⓞ그 시인을 ⓥ고요.평안하지 못한, 불안한_ 상태로 변화(變化)시키다 불안하게 하다
quie r.조용한(calm, silent) quiet a.고요한, 평온한 disquietness n.불안한_상태로 변화, 불안 disquietude n.불안, 동요, 걱정

[0250]

quieten
[kwáiətn]

The riders must quieten their minds so as to not excite their horses.

quieten ⓐ[원인.수단] 그들의 말을 흥분시키지 않기 위해 ⓞ그들의 마음을 ⓥ고요.평온한, 진정된_ 상태로 변화(變化)시키다 진정시키다
quie r.조용한(calm, silent) quiet a.고요한, 평온한 quietness n.고요한_상태로 변화, 조용함, 고요

[0251]

balance
[bǽləns]

This year's profits will balance our previous losses.

balance ⓢ[원인.수단] 올해의 이익은 ⓞ우리의 이전 손실을 ⓥ균형 잡힌, 상쇄된_ 상태로 변화(變化)시키다 균형되게 하다, 상쇄시키다
balance n.균형, 조화 imbalance n.불균형, 불안정

[0252]

unbalance
[ənbǽˈləns]

Doubling the population would unbalance the town.

unbalance ⓢ[원인.수단] 그 인구를 두배로 증가시키는 것은 ⓞ그 도시를 ⓥ불균형, 불안.혼란한_ 상태로 변화(變化)시키다 불균형하게 하다
balance n.균형, 조화 unbalance n.불균형, 마음의 어지러움, 혼란

[0253]

mobilize
[móubəlàiz]

The joint drill mobilized an enormous number of U.S. and South Korean troops.

mobilize ⓢ[원인.수단] 그 연합훈련은 ⓞ수 많은 미국 및 한국의 군대를 ⓥ움직이는, 기동하는_ 상태로 변화(變化)시키다 기동.동원시키다
mot r.이동하다(move) mobile a.움직이는, 기동력 있는 mobilization n.움직이는_상태로 변화, 유동, 동원, 유통 mobility n.움직이기 쉬움, 이동성

[0254]

immobilize
[imóubəlàiz]

We immobilized the patient to reduce patient's motion.

immobilize ⓐ[원인.수단] 환자 움직임을 감소시키기 위해 ⓞ그 환자를 ⓥ고정.정지된, 움직이지 않는_ 상태로 변화(變化)시키다 움직이지 않게 하다, 고정시키다
mot r.이동하다(move) immobile a.움직이지 않는 mobile a.움직이는, 기동력 있는 immobilization n.정지.고정된_상태로 변화, 고정화

[0255]

optimize
[ɑ́ptəmàiz]

You can optimize business processes for peak performance.

optimize ⓐ[원인.수단] 최고의 실적을 위해 ⓞ비즈니스 절차.과정을 ⓥ최적의, 바람직한_ 상태로 변화(變化)시키다 최적화시키다
optimal a.가장 바람직한, 최선의 optimization n.최적의_상태로 변화, 최적화 optimum n.최적

[0256]

exacerbate
[igzǽsərbèit]

Pollution and natural disasters exacerbate the situation.

exacerbate ⓢ[원인.수단] 오염과 자연재해는 ⓞ그 상황을 ⓥ악화된_ 상태로 변화(變化)시키다 악화시키다
acerbic a.신랄.과격한, 매서운 acerbity a.신.쓴.떫은 맛, 과격, 매서움 exacerbation n.악화된_상태로 변화, 악화, 격화

[0257]

stiffen
[stífən]

He stiffened the shirt with starch.

stiffen ⓐ[원인.수단] 풀로 ⓞ그 셔츠를 ⓥ뻣뻣한, 경직된, 굳은_ 상태로 변화(變化)시키다 뻣뻣하게 하다
stiff a.뻣뻣한 stiffness n.뻣뻣한_상태로 변화, 뻣뻣함, 완고함, 단단함

[0258]

relax
[rilǽks]

The massage relaxed my tense back muscles.

relax ⓢ[원인.수단] 그 마사지는 ⓞ나의 긴장된 등근육들을 ⓥ느슨한, 이완된_ 상태로 변화(變化)시키다 이완시키다
relaxant a.이완시키는, 긴장을 푸는 lax a.느슨한 relaxation n.이완된_상태로 변화, 이완, 완화, 휴식

[0259]

assassinate
[əsǽsənèit]

Ahn jung-geun assassinated Ito Hirobumi, then the resident-general of Korea, in Harbin, China, on Oct. 26, 1909.

assassinate ⓢ 안중근 의사는 ⓞ조선 총독, 이토 히로부미를 ⓥ암살된, 죽은_ 상태로 변화(變化)시키다 암살하다
assassination n.암살 assassin n.암살자, 자객

[0260]

resuscitate
[risʌ́sətèit]

He resuscitated the person who almost drowned through CPR.

resuscitate ⓐ[원인.수단] 심폐소생술(CPR)을 통해 ⓞ물에 빠져 거의 죽을 뻔한 그 사람을 ⓥ(다시) 살아 있는, 활기찬_ 상태로 변화(變化)시키다 소생시키다
resuscitation n.활기찬_상태로 변화, 소생.회복.부활

[0261]

straighten
[stréitn]

We'll have to straighten things out before they get worse.

straighten ⓐ그것들이 더 악화된 상태로 되기 전에, 완전하게 ⓞ그것들을 ⓥ똑바른_ 상태로 변화(變化)시키다 바로잡다, 교정시키다
straight a.똑바른 straightness n.곧음

[0262]

distort
[distó:rt]

You must not distort (twist) the facts in order to make your report more exciting.

distort ⓐ[원인.수단] 당신의 기사를 더 흥분시키는 상태로 변화시키기 위해 ⓞ그 사실들을 ⓥ비틀린, 왜곡된_ 상태로 변화(變化)시키다 왜곡시키다
tort r.비틀다(twist) distortion n.비틀린, 왜곡된_상태로 변화, 왜곡, 찌그러짐

[0263]

twist
[twist]

He twisted my words to make me look guilty.

twist ⓐ[원인.수단] 나를 죄가 있어 보이게 변화시키려고 ⓞ나의 말들을 ⓥ꼬인, 비틀린, 왜곡된_ 상태로 변화(變化)시키다 왜곡시키다
twisty a.구불구불한, 굽이치는 twist n.꼬임, 비틀림

[0264]

untwist
[ʌntwíst]

During a typical round of golf, you will twist and untwist your back muscles more than 200 times.

untwist ⓐ200번 이상 ⓞ당신의 등 근육을 ⓥ(꼬인 것을→) 풀린, 꼬임.뒤틀림 없는_ 상태로 변화(變化)시키다 꼬임을 풀다
twist n.꼬임, 비틀림 untwisting n.꼬임풀기

[0265]

humanize
[hjú:mənàiz]

The scientific technician humanized the robot.

humanize ⓢ과학 기술자들은 ⓞ로봇을 ⓥ인간적인, 자비로운_ 상태로 변화(變化)시키다 인간화하다
humane a.인간미 있는, 자비로운 humanization n.인간의_상태로 변화, 인간화 humanity n.인간성, 인류 human n.인간

[0266]

dehumanize
[di:hjú:mən-àiz]

Having spent so long in the jungle dehumanized him.

dehumanize ⓢ[원인.수단] 정글에서 장기간 보낸 것은 ⓞ그를 ⓥ비인간적인_ 상태로 변화(變化)시키다 비인간화시키다, 인간성 잃게하다
humane a.인간미 있는, 자비로운 inhuman a.비인간적인, 냉혹한 dehumanization n.비인간적_상태로 변화, 비인간화

[0267]

masculinize
[mǽskjulinàiz]

Fashion designers masculinized women's looks in the 1990s.

masculinize ⓢ패션 디자이너들은 ⓞ여자의 외모를 ⓥ남성의_ 상태로 변화(變化)시키다 남성화시키다
mascul r.남성의 masculinization n.남성의_상태로 변화, 남성화, 웅성화

[0268]

feminize
[fémənàiz]

This hairstyle feminizes the man.

feminize ⓢ[원인.수단] 이 머리스타일은 ⓞ그 남자를 ⓥ여성의_ 상태로 변화(變化)시키다 여성스럽게 하다
feminization n.여성의_상태로 변화, 여성화, 자성화 feminie n.여성, 부인

[0269]

sensationalize
[senséiʃənəlàiz]

The press companies sensationalized the case to attract people.

sensationalize ⓐ[원인.수단] 사람들을 끌기 위해 ⓞ그 사건을 ⓥ선정적인, 과장된_ 상태로 변화(變化)시키다 선정화하다
sen r.느끼다(feel) sensational a.선정적인 sensation n.지각, 느낌, 센세이션 sensationalism n.선정주의

[0270]

romanticize
[roumǽn-təsàiz]

His poems romanticized women's loyalty and devotion.

romanticize ⓢ[원인.수단] 그의 시는 ⓞ여성의 충실함과 헌신성을 ⓥ낭만적인_ 상태로 변화(變化)시키다 낭만화하다
romantic a.낭만적인 romance n.연애, 로맨스

[0271]
finalize
[fáinəlàiz]

The government recently finalized a deregulation plan to nurture new service businesses.

finalize ⓐ[원인.수단] 새로운 서비스 산업을 육성.발전된_상태로 변화시키기 위해 ⓞ규제철폐 계획을 ⓥ종결된, 끝난_ 상태로 변화(變化)시키다 종결.완결시키다
fin r.끝 final a.마지막의, 최종의 finalization n.종결된_상태로 변화, 완결

[0272]
initiate
[iníʃièit]

We have initiated many measures to try to ameliorate the impact on businesses.

initiate ⓐ[원인.수단] 기업에 미치는 그 영향을 개선하려 노력하기 위해 ⓞ많은 수단.조치들을 ⓥ시작.개시.착수.가입된_ 상태로 변화(變化)시키다 시작.개시.착수하다
it r.가다(go) initiatory a.처음의 initiator n.선도자, 창시자

[0273]
continue
[kəntínju:]

We continued the discussion after lunch.

continue ⓐ점심식사 후에 ⓞ그 토론을 ⓥ계속된_ 상태로 변화(變化)시키다 계속 진행시키다, 계속하다
tain r.유지.보유하다(keep, hold) continual a.계속적인 continuance n.계속, 지속

[0274]
discontinue
[dìskəntínju:]

She was forced to discontinue her studies due to unavoidable circumstances.

discontinue ⓐ[원인.수단] 불가피한 환경 때문에 ⓞ그녀의 학업을 ⓥ중단된_ 상태로 변화(變化)시키다 중단하다
tain r.유지.보유하다(keep, hold) discontinuous a.연속되지 않는 discontinuance n.중단

[0275]
construct
[kənstrʌ́kt]

Venice is hoping to construct an underwater flood barrier to save the city.

construct ⓐ[원인.수단] 그 도시를 안전하게 하기 위해 ⓞ수중 홍수 방벽을 ⓥ구축.건설된, 구축.건설로 만들어진_ 상태로 변화(變化)시키다 건설하여 만들다
stru r.짓다(build) constructible a.건설할 수 있는 construction n.건설, 건조 constructor n.건설자

[0276]
deconstruct
[dìˌkənstrʌ́kt]

Families, relationships and institutions are constructed and deconstructed.

deconstruct ⓞ가족, 관계, 기관들을 ⓥ해체.분해된_ 상태로 변화(變化)시키다 해체.분해시키다
stru r.짓다(build) deconstruction n.해체된_상태로 변화, 해체

[0277]
compose
[kəmpóuz]

More than 17.6 million firms compose the business sector of our economy.

compose ⓢ[원인.수단] 1760만개 이상의 기업들은 ⓞ우리 경제의 비즈니스 부문을 ⓥ진정된, 조립.구성된, 조립.구성되어 만들어진_ 상태로 변화(變化)시키다 구성하여 만들다
pos r.놓다(put) composition n.합성, 혼합물, 작곡 composer n.작곡가, 작가, 구성자

[0278]
decompose
[dìːkəmpóuz]

Living organisms are used to decompose water into hydrogen and oxygen.

decompose ⓐ수소와 산소로 ⓞ물을 ⓥ분해.훼손된_ 상태로 변화(變化)시키다 분해시키다
pos r.놓다(put) decomposition n.분해된_상태로 변화, 분해, 부패

[0279]
entangle
[intæŋgl]

She entangled her colleagues in foolish schemes to get rich.

entangle ⓐ부자가 된다는 바보스러운 계획 안으로 ⓞ그녀의 동료들을 ⓥ얽힌, 연결된_ 상태로 변화(變化)시키다 얽히게 하다, 연루시키다,
entanglement n.얽힌_상태로 변화, 얽힘, 연루 tangle n.얽힌 상태, 혼란

[0280]
disentangle
[dìsentæŋgl]

She has just disentangled herself from a painful relationship.

disentangle ⓐ고통스러운 관계로부터 ⓞ그녀 자신을 ⓥ풀린, 해결.해방된_ 상태로 변화(變化)시키다 해방시키다, 얽힘을 풀다
disentanglement n.해방, 얽힌 것을 푸는 것 tangle n.얽힌 상태, 혼란

[0281]

engage
[ingéidʒ]

She engaged the clutch and the car moved.

engage ⓐ(기어와) ⓞ그 클러치를 ⓥ연결.접촉된, 개입.참여된_ 상태로 변화(變化)시키다 연결시키다
engagement n.참여, 개입, 약속

[0282]

disengage
[dìsengéidʒ]

She disengaged the clutch and the car stopped.

disengage ⓐ(기어로부터) ⓞ그 클러치를 ⓥ분리된, 연결 차단된_ 상태로 변화(變化)시키다 분리시키다
disengagement n.떨어지기, 이탈, 철수

[0283]

couple
[kʌpl]

The two train cars had been coupled together.

couple ⓐ함께 ⓞ그 두 열차를 ⓥ연결.결합된, 짝지어진_ 상태로 변화(變化)시키다 연결.결합시키다
couple n.부부, 커플, 남녀 coupling n.연결, 결합

[0284]

decouple
[di:kʌpl]

First, we cannot decouple economic management from politics.

decouple ⓐ정치로부터 ⓞ경제 관리를 ⓥ분리된_ 상태로 변화(變化)시키다 분리시키다
decouplable a.분리될 수 있는 couple n.부부, 커플, 남녀

[0285]

marry
[mǽri]

The happy pair were married by the bishop of the diocese.

marry ⓢ그 교구의 주교는 ⓞ그 행복한 한 쌍을 ⓥ결혼한_ 상태로 변화(變化)시키다 결혼.결합시키다
marriage n.결혼 생활, 결혼, 결혼식

[0286]

divorce
[divɔ́:rs]

It is difficult to divorce sport from politics.

divorce ⓐ정치로부터 ⓞ스포츠를 ⓥ이혼한, 분리된_ 상태로 변화(變化)시키다 분리시키다
divorce n.이혼, 분리, 단절 divorcee n.이혼한 사람

[0287]

register
[rédʒistər]

Local governments will register their mud flats to UNESCO's World Heritage site list.

register ⓐ유네스코 세계문화유산 목록에 ⓞ그들의 갯벌지대를 ⓥ등록된 (목록 등에)_ 상태로 변화(變化)시키다 등록시키다
registration n.등록 register n.목록, 등록, 등기, 명부

[0288]

deregister
[di:rédʒistər]

In 2005-06, for example, 415 agencies were deregistered and 905 new agencies were registered.

deregister ⓞ415개 기관을 ⓥ목록에서 빠진, 등록 취소된_ 상태로 변화(變化)시키다 등록 취소.해제시키다
deregistration n.등록취소 deregistration n.등록취소 register n.목록, 등록, 등기, 명부

[0289]

impregnate
[imprégneit]

The doctor impregnated the triplets' mother through in-vitro fertilization.

impregnate ⓐ[원인.수단] 시험관 수정을 통해 ⓞ그 세 쌍둥이의 엄마를 ⓥ임신된, 주입된, 충만한_ 상태로 변화(變化)시키다 임신시키다
pregnant a.임신한, 풍부한 impregnable a.임신_상태로 변할 수 있는, 수정 가능한 impregnation n.임신한_상태로 변화, 수태, 수정, 충만

[0290]

abort
[əbɔ́:rt]

The doctor aborted the fetus to save the mother's life.

abort ⓐ[원인.수단] 그 엄마의 생명을 구하기 위해 ⓞ그 태아를 ⓥ낙태.제거된, 취소.중단된_ 상태로 변화(變化)시키다 낙태시키다
abortive a.실패한, 수포로 돌아간 abortion n.낙태, 유산 abortionist n.낙태 지지자 abort n.좌절, 중단, 중절

[0291]
idolize [áidəlàiz]

A huge fan base of teenage girls idolizes the singer. [= The singer is idolized by a huge fan base of teenage girls.]

idolize ⓢ10대 소녀들의 거대한 팬 부대는 ⓞ그 가수를 ⓥ우상의_ 상태로 변화(變化)시키다 우상화하다
idol n.우상, 숭배물, 아이돌 스타 idolization n.우상_상태로 변화, 우상화, 숭배 idolatry n.우상숭배, 심취

[0292]
demonize [díːmənàiz]

Each side will demonise the other for support of their cause.

demonize ⓐ[원인.수단] 자신의 대의명분의 지지를 위해 ⓞ상대 편을 ⓥ악마의_ 상태로 변화(變化)시키다 악마화하다
demonic a.악마의 demonization n.악마_상태로 변화, 악마화 demon n.악마

[0293]
incline [inkláin]

His obvious sincerity inclined me to trust him.

incline ⓢ[원인.수단] 그의 명백한 진실성은 ⓒ그를 신뢰하도록 ⓞ나를 ⓥ수긍된, 긍정적인, 마음 기울인_ 상태로 변화(變化)시키다 마음 기울게 하다
clin r.기대다, 기울이다 inclination n.마음이 기운_상태로 변화, 경향, 성향

[0294]
decline [dikláin]

I have to decline your invitation to the party, for I have a prior appointment.

decline ⓐ[원인.수단] 나는 사전 약속을 가지기 때문에 ⓞ당신의 그 파티 초대를 ⓥ거절.거부된, 부정적인, 부정적 마음 기울인_ 상태로 변화(變化)시키다 거절.거부하다
clin r.기대다, 기울이다 declining a.기우는, 쇠퇴하는 decline n.내리막 경사, (힘·체력 등의) 쇠퇴, 감퇴, 약화, 하락 declination n.정중한 거절, 경사, 쇠퇴 declivity n.하향경사

[0295]
encipher [ensáifər]

The signals were presumably enciphered with the four-rotor Enigma M4 - hence the name of the project.

encipher ⓐ[원인.수단] 4개의 로터 에니그마 M4로 ⓞ그 신호들을 ⓥ암호.부호_ 상태로 변화(變化)시키다 암호화하다
encipherment n.암호_상태로 변화, 암호화 cipher n.암호, 부호

[0296]
decipher [disáifər]

We deciphered the script to answer that question.

decipher ⓐ그 질문.의문에 답하기 위해 ⓞ그 문자를 ⓥ해독된_ 상태로 변화(變化)시키다 해독하다
decipherable a.해독된_상태로 변할 수 있는, 해독 가능한 decipherment n.해독된_상태로 변화, 해독.판독 cipher n.암호, 부호

[0297]
update [ʌpdeɪt]

Always update your computer security program with the latest version.

update ⓐ[원인.수단] 최신판으로 ⓞ당신의 컴퓨터 보안 프로그램을 ⓥ업데이트된, 최신의_ 상태로 변화(變化)시키다 업데이트시키다, 최신화시키다
outdated a.구식의, 시대에 뒤진 date n.날짜, 연월일 update n.최신 정보, 최신판, (컴퓨터) 갱신

[0298]
initialize [iníʃəlàiz]

Selecting the option "Wipe Data/Factory Reset" will initialize all settings and delete all data on the device.

initialize ⓢ[원인.수단] 그 옵션 'Wipe Data/Factory Reset' 을 선택하는 것은 ⓞ모든 셋팅을 ⓥ최초.초기의_ 상태로 변화(變化)시키다 초기화하다
it r.가다(go) initial a.최초의 initialization n.초기의_상태로 변화, 초기화, 최초

[0299]
hire [haiər]

The company has hired many experts to achieve its technological innovations.

hire ⓐ[원인.수단] 자사의 기술적 혁신을 달성하기 위해 ⓞ많은 전문가들을 ⓥ고용.임차된_ 상태로 변화(變化)시키다 고용하다
hire n.고용, 임차

[0300]
retire [ritáiər]

Companies typically retire workers at 60 and then hire about half of them back, often at 50-70% of their previous pay.

retire ⓢ기업들은 ⓞ근로자들을 ⓥ퇴직된, 물러난_ 상태로 변화(變化)시키다 퇴직시키다
retirement n.은퇴.퇴직, 퇴임 retiree n.퇴직자, 은퇴자

[0301]

idealize
[aidíːəlàiz]

His works idealize the rhythm of life and spiritual liberty.

idealize ⓢ[원인.수단] 그의 작품들은 ⓞ삶의 율동과 영적 자유를 ⓥ이상적.관념적인_ 상태로 변화(變化)시키다 이상화.관념화하다
ideal a.이상적인 idealization n.이상적_상태로 변화, 이상화

[0302]

realize
[ríːəlàiz]

She never realized her ambition of winning an Olympic gold medal.

realize ⓢ그녀는 ⓞ올림픽 금메달을 따겠다는 자신의 야망을 ⓥ실현된, 인식된_ 상태로 변화(變化)시키다 실현.현실화시키다
realizable a.현실적_상태로 변할 수 있는, 실현할 수 있는 real a.현실.진짜의 realization n.현실의_상태로 변화, 현실화, 깨달음

[0303]

shrink
[ʃriŋk]

The free trade would shrink the country's exports and industries.

shrink ⓢ[원인.수단] 그 자유 무역은 ⓞ그 나라의 수출 및 산업을 ⓥ위축.수축.억제된_ 상태로 변화(變化)시키다 위축.억제시키다
shrinkable a.수축.감소된_상태로 변할 수 있는, 수축 가능한 shrinkage n.수축, 축소, 감소 shrink n.수축

[0304]

expand
[ikspǽnd]

We want to expand the business, not shrink it.

expand ⓢ우리는 ⓞ그 사업을 ⓥ팽창.확장된_ 상태로 변화(變化)시키다 확장.확대시키다
expansive a.팽창성 있는, 발전적인 expansion n.확장된_상태로 변화, 팽창, 확장

[0305]

treat
[triːt]

Many people actually treat their pets like their family members.

treat ⓐ그들의 가족 구성원처럼, 실제로 ⓞ그들의 애완동물을 ⓥ잘 처리된, 치료된_ 상태로 변화(變化)시키다 잘 다루다, 취급하다
treat n.대접 treatment n.치료, 처리, 대우

[0306]

mistreat
[mistríːt]

We can't mistreat animals just because they can't talk.

mistreat ⓐ단지 동물들이 말을 못한다고 해서 ⓞ동물들을 ⓥ학대된_ 상태로 변화(變化)시키다 학대하다
treat n.대접 mistreatment n.학대, 혹사

[0307]

ventilate
[véntəlèit]

They ventilated the work area with a fan.

ventilate ⓐ[원인.수단] 팬.환풍기로 ⓞ작업장을 ⓥ환기.통풍된_ 상태로 변화(變化)시키다 환기.통풍시키다
ventilative a.환기의, 통풍의 ventilation n.환기된_상태로 변화, 통풍상태, 환기

[0308]

insulate
[ínsəlèit]

Homeowners are being encouraged to insulate their homes to save energy.

insulate ⓐ[원인.수단] 에너지를 절약하기 위해 ⓞ그들의 집을 ⓥ차단.격리.보호된, 단열된_ 상태로 변화(變化)시키다 단열.차단시키다
insulation n.차단.절연된_상태로 변화, 절연 상태, 절연체, 단열재

[0309]

differentiate
[difərénʃièit]

A lot of brands try to differentiate themselves in the market to overcome brand parity.

differentiate ⓐ[원인.수단] 브랜드 동질성을 극복하기 위해, 그 시장에서 ⓞ그들 자신들을 ⓥ다름.차이가 있는, 차별.구별된_ 상태로 변화(變化)시키다 차별.구별시키다
differentiable a.차별.구별된_상태로 변할 수 있는, 구별할 수 있는 different a.다른 differentiation n.구별.구분된_상태로 변화, 차이, 분화 difference n.차이, 다름

[0310]

assimilate
[əsíməlèit]

He assimilated his way of life to that of the surrounding people.

assimilate ⓐ주변을 둘러싼 사람들의 생활 방식에 맞게 ⓞ그의 생활방식을 ⓥ유사.동일한, 동화된_ 상태로 변화(變化)시키다 유사.동일하게 하다, 동화시키다
sem,sim r.유사한, 동일한(same) assimilative a.동화시키는 assimilation n.유사.동일한_상태로 변화, 동화, 소화

[0311]

rationalize
[ræʃənəlàiz]

Because of the sluggish market, we rationalized our domestic sales operation.

rationalize ⓐ[원인.수단] 부진한 시장 때문에 ⓞ우리의 국내판매 운영조직을 ⓥ합리적_ 상태로 변화(變化)시키다 합리화시키다
rational a.합리적인 rationalization n.합리적_상태로 변화, 합리화 rationality n.합리성, 순리성

[0312]

emotionalize
[imóuʃənəlàiz]

You need to emotionalize your product more and more to differentiate between different brands.

emotionalize ⓐ[원인.수단] 다른 브랜드와 차별되기 위해, 더욱 더 ⓞ당신의 제품을 ⓥ감성적_ 상태로 변화(變化)시키다 감성화하다
emotional a.감정적인, 감정에 호소하는 emotion n.감정, 정서, 감동

[0313]

unearth
[ənərˈθ]

He unearthed buried treasures by using the mine detector.

unearth ⓐ[원인.수단] 지뢰탐지기를 사용함에 의해 ⓞ묻혀 있는 보물들을 ⓥ발굴된_ 상태로 변화(變化)시키다 발굴하다
earthy a.땅속의, 세속적인 earth n.땅, 지표, 지구

[0314]

bury
[béri]

We bury the dead in cemeteries.

bury ⓐ공동묘지에 ⓞ그 시체를 ⓥ매장.은익된, 숨겨진_ 상태로 변화(變化)시키다 매장시키다
burial n.매장, 묘소, 장례

[0315]

cover
[kʌvər]

She covered the sleeping child with a blanket.

cover ⓐ[원인.수단] 담요로 ⓞ잠자는 아이를 ⓥ덮개로 덮혀진, 가려진, 커버된_ 상태로 변화(變化)시키다 덮다
coverable a.덮여진_상태로 변할 수 있는, 덮을 수 있는 cover n.덮개, 가리개

[0316]

discover
[diskʌvər]

Chinese archaeologists discovered the emperor's burial site.

discover ⓢ중국 고고학자들은 ⓞ그 황제의 묘지를 ⓥ덮개가 분리된, 드러난, 발견된_ 상태로 변화(變化)시키다 발견하다
discovery n.발견 cover n.덮개, 가리개

[0317]

create
[kriéit]

3D printers create solid objects by solidifying liquid in thin layers.

create ⓐ[원인.수단] 얇은 층 안의 액체를 고체 상태로 변화시킴에 의해 ⓞ고체 물체를 ⓥ창조된_ 상태로 변화(變化)시키다 창조하여 만들다
cre(t) r.성장.증가하다 creative a.창조적인 creation n.창조 creator n.창조자

[0318]

extinguish
[ikstíŋgwiʃ]

Students are extinguishing a fire with a fire hose in a drill.

extinguish ⓐ[원인.수단] 소방호스로, 훈련에서 ⓞ불을 ⓥ소멸된, 꺼진, 무의_ 상태로 변화(變化)시키다 소멸시키다, 끄다
stig r.찌름, 표시 extinguishable a.소멸된_상태로 변할 수 있는, 소멸시킬 수 있는 extinct a.멸종한, 폐지된 extinguishment n.소화, 멸종

[0319]

excite
[iksáit]

Shooting stars excite us because we rarely see them in our lifetimes.

excite ⓐ우리는 일생에서 별똥별을 드물게 보기 때문에 ⓞ우리를 ⓥ흥분된_ 상태로 변화(變化)시키다 흥분시키다
ci r.소리쳐 부르다(call) excitable a.흥분된_상태로 변할 수 있는, 흥분하기 쉬운 excitement n.흥분, 격앙

[0320]

calm
[ka:m]

She calmed him down with her cherished ornament.

calm ⓐ[원인.수단] 그녀의 귀중한 장신구들로 ⓞ그를 ⓥ고요.평온한, 진정된_ 상태로 변화(變化)시키다 달래다, 진정시키다
calm a.고요한 calmness n.고요한_상태로 변화, 고요, 평온

[0321]
open [óupən]

The democratic government must open channels of communication between government officials and citizens.

open ⓢ그 민주정부는 ⓞ공무원들과 시민들 사이의 소통의 통로를 ⓥ열린, 개방된_ 상태로 변화(變化)시키다 개방시키다
open a.열린, 개방된 openness n.개방성

[0322]
close [klouz]

Most drug stores close their doors at night and on Sundays.

close ⓐ밤과 일요일에 ⓞ그들의 문을 ⓥ닫힌, 폐쇄.종결된_ 상태로 변화(變化)시키다 닫다, 폐쇄시키다
closed a.닫힌, 폐쇄된 closure n.폐쇄

[0323]
bleach [bliːʃ]

He bleached his hair white with a hair lightener.

bleach ⓐ[원인.수단] 머리탈색제로 ⓒ하얗게 ⓞ자신의 머리카락을 ⓥ탈색된_ 상태로 변화(變化)시키다 탈색시키다
bleaching a.표백하는, 표백성의 bleach n.표백제, 표백도, 표백

[0324]
tint [tint]

She tinted her nails with violet polish.

tint ⓐ[원인.수단] 보라색 매니큐어로 ⓞ그녀의 손톱들을 ⓥ색깔든, 착색된_ 상태로 변화(變化)시키다 착색시키다, 칠하다
tinting n.착색, 선팅 tint n.빛깔, 색조(hue), 엷은 빛깔

[0325]
militarize [mílitəràiz]

The country will militarize the southern border.

militarize ⓢ그 나라는 ⓞ남쪽 국경지대를 ⓥ군대가 있는, 무장된_ 상태로 변화(變化)시키다 무장시키다
military a.군대의 militarization n.군대가 있는_상태로 변화, 군국주의화, 군비확장

[0326]
demilitarize [diːmílətəràiz]

The two nations at war demilitarized a zone between them.

demilitarize ⓢ전쟁중인 그 두 나라는 ⓞ두 나라 사이의 한 지역을 ⓥ군대가 없는, 비무장된_ 상태로 변화(變化)시키다 비무장시키다
military a.군대의 demilitarization n.군대가 없는_상태로 변화, 비무장화, 비군사화

[0327]
arm [aːrm]

The local farmers have armed themselves with rifles and pistols.

arm ⓐ[원인.수단] 소총과 권총으로 ⓞ그들 자신들을 ⓥ무장된_ 상태로 변화(變化)시키다 무장시키다
armless a.무방비의, 팔이 없는 arm n.무기, 팔 armament n.군비를 갖춤, 무장화 armor n.갑옷, 장갑 army n.군대

[0328]
disarm [disάːrm]

U.N. peacekeepers will disarm both forces.

disarm ⓢ유엔 평화유지군은 ⓞ양쪽 군대를 ⓥ무기 분리된, 무장해제된_ 상태로 변화(變化)시키다 무장해제시키다
arm n.무기, 팔 disarmament n.무장해제

[0329]
oblige [əbláidʒ]

The government obliged him to pay taxes.

oblige ⓒ세금을 지불하도록 ⓞ그를 ⓥ강요.강제된, 의무 있는_ 상태로 변화(變化)시키다 강요.강제하다, 의무화하다
obligation n.의무, 책무

[0330]
exempt [igzémpt]

They can exempt him from military service for reasons such as a medical condition.

exempt ⓐ[원인.수단] 의학적 상태 같은 이유 때문에, 국방의 의무로부터 ⓞ그를 ⓥ면제.배제된_ 상태로 변화(變化)시키다 면제시키다
exempt a.면제된 exemption n.면제된_상태로 변화, 면제, 공제

[0331]

penalize
[píːnəlàiz]

They penalized him for failing to pay his taxes.

penalize ⓐ[원인.수단] 그의 세금 미납부 때문에 ⓞ그를 ⓥ형벌 있는, 처벌된_ 상태로 변화(變化)시키다 형벌.페널티를 주다, 처벌하다
penal a.형벌의 penalization n.형벌이 있는_상태로 변화, 벌칙 가하기 penalty n.벌, 형벌

[0332]

pardon
[páːrdn]

The king at the request of Eleanor de Percy pardoned him and cancelled his abjuration.

pardon ⓢ엘레오노르 드 퍼시의 요청에 따라 왕은 ⓞ그를 ⓥ용서.사면된_ 상태로 변화(變化)시키다 용서.사면하다
da,do r.주다(give) pardonable a.용서할 수 있는 pardon n.용서

[0333]

tie
[tai]

He tied a big elephant to a stake with a flimsy string.

tie ⓐ말뚝에, 가는 끈으로 ⓞ큰 코끼리를 ⓥ묶인, 구속된_ 상태로 변화(變化)시키다 묶다, 속박하다
tie n.(묶기 위한) 끈, 속박, 관계

[0334]

untie
[əntaiˡ]

I quickly untied the rope that was bound around her body.

untie ⓞ그녀의 몸에 묶인 밧줄을 ⓥ(묶인 것을→) 풀린, 자유로운_ 상태로 변화(變化)시키다 풀다
tie n.(묶기 위한) 끈, 속박, 관계

[0335]

bind
[baind]

She bound the package with a bright ribbon.

bind ⓐ[원인.수단] 밝은 리본으로 ⓞ그 소포를 ⓥ묶인, 결합.속박된_ 상태로 변화(變化)시키다 묶다
binding a.구속력 있는, 의무적인 bind n.묶음, 속박, 강제, 제본

[0336]

unbind
[ʌnbáind]

She unbound her hair and let it flow loosely in the wind.

unbind ⓞ그녀의 머리카락을 ⓥ(묶인 것을→) 풀려진, 자유로운_ 상태로 변화(變化)시키다 풀다
bind n.묶음, 속박, 강제, 제본

[0337]

leash
[liːʃ]

Under the new law, they have to leash their pets when taking them outside.

leash ⓐ새로운 법에 따라, 애완동물을 외부로 데리고 나갈 때에 ⓞ애완동물을 ⓥ밧줄로 묶인, 구속.속박된_ 상태로 변화(變化)시키다 개줄로 속박시키다
leash n.밧줄, 구속, 속박, 가죽끈

[0338]

unleash
[ʌnliːʃ]

Be careful when you unleash your dog.

unleash ⓞ당신의 개를 ⓥ밧줄 풀린, 자유로운_ 상태로 변화(變化)시키다 개줄을 풀다, 자유롭게 하다
leash n.밧줄, 구속, 속박, 가죽끈

[0339]

fasten
[fǽsn]

Each country has to fasten its seat belt to prepare for market fluctuation.

fasten ⓐ[원인.수단] 시장 변동에 대비하기 위해 ⓞ안전벨트를 ⓥ견고.팽팽한_ 상태로 변화(變化)시키다 견고하게 하다, 팽팽하게 하다
fast a.견고한, 빠른 fastness n.견고한_상태로 변화, 고착, 정착, 요새

[0340]

unfasten
[ʌnfǽsn]

He unfastened his seat belts.

unfasten ⓢ그는 ⓞ그의 안전벨트를 ⓥ느슨한, 풀린_ 상태로 변화(變化)시키다 느슨하게 하다, 풀다
fast a.견고한, 빠른

[0341]

settle
[sétl]

This medicine can settle your nerves.

settle ⓢ[원인.수단] 이 약은 ⓞ당신의 신경을 ⓥ안정.정착.해결된_ 상태로 변화(變化)시키다 안정시키다
settle v.안정시키다 settlement n.안정된_상태로 변화, 안정시키기, 해결, 조정

[0342]

unsettle
[ənseˈtəl]

The North's vigorous missile development has unsettled its neighbors.

unsettle ⓢ[원인.수단] 북한의 왕성한 미사일 개발은 ⓞ이웃 국가들을 ⓥ불안정한_ 상태로 변화(變化)시키다 불안정하게 하다
settle v.안정시키다 unsettling a.동요시키는, 불안하게 하는

[0343]

block
[blak]

They blocked off the street with barbed wire.

block ⓐ[원인.수단] 철조망으로 ⓞ거리를 ⓥ방해.장애물 있는, 봉쇄.차단된_ 상태로 변화(變化)시키다 봉쇄.차단시키다
blockage n.봉쇄 block n.방해.장애물

[0344]

unblock
[ʌnblák]

Massaging these points unblocked the channels and energy can flow freely again.

unblock ⓢ[원인.수단] 이 지점들을 마사지하는 것은 ⓞ그 채널.기통로를 ⓥ방해.장애물 없는, 원활한_ 상태로 변화(變化)시키다 뚫리게 하다, 원활하게 하다
block n.방해.장애물

[0345]

lock
[lak]

He locked the safe and put the key in his pocket.

lock ⓞ그 금고를 ⓥ잠가진, 폐쇄된_ 상태로 변화(變化)시키다 잠그다, 폐쇄하다
locking n.잠금 lock n.자물쇠

[0346]

unlock
[ənlaˈk]

I unlocked the door of the apartment and found that Edusha was still awake.

unlock ⓞ그 아파트 문을 ⓥ열린, 개방.해제된_ 상태로 변화(變化)시키다 자물쇠로 열다, 잠금 해제시키다
unlockable a.자물쇠를 열 수 있는 lock n.자물쇠

[0347]

inaugurate
[inɔ́:gjurèit]

On 8 January 1959 de Gaulle was inaugurated as the first president of the Fifth Republic.

inaugurate ⓐ5공화국의 초대 대통령으로 ⓞ드골을 ⓥ취임.개시된_ 상태로 변화(變化)시키다 취임시키다
inaugural a.취임의, 최초의 inauguration n.취임, 개업, 개통

[0348]

impeach
[impí:ʃ]

They impeached a governor for taking bribes.

impeach ⓐ[원인.수단] 뇌물을 받은 것 때문에 ⓞ주지사를 ⓥ탄핵된_ 상태로 변화(變化)시키다 탄핵시키다
ped,pes r.발 impeachable a.탄핵되어야 할 impeachment n.탄핵, 비난

[0349]

exclude
[iksklú:d]

They exclude people from their club for the pettiest of reasons.

exclude ⓐ[원인.수단] 가장 사소한 이유로, 그들의 클럽으로부터 ⓞ사람들을 ⓥ배제.제외.탈퇴된_ 상태로 변화(變化)시키다 제거.배제.탈퇴시키다
clude r.격리(separation) exclusive a.배타적인, 독점적인 exclusion n.추방, 배제

[0350]

invite
[inváit]

The warm weather invited me to go out for a walk.

invite ⓢ그 따뜻한 날씨는 ⓒ산책 나가도록 ⓞ나를 ⓥ초대된_ 상태로 변화(變化)시키다 초대하다
ven r.오다(come) invitation n.초대

[0351]
commission
[kəmíʃən]

She commissioned him to paint her portrait.

commission ⓒ그녀의 초상화를 그리도록 ⓞ그를 ⓥ임무.의무.책무가 있는_ 상태로 변화(變化)시키다 의무.책무 지게하다
commission n.의무, 책무 mission n.임무, 사명

[0352]
decommission
[diːkəmíʃən]

They decommissioned the nuclear power stations.

decommission ⓞ그 원자력 발전소를 ⓥ임무.의무가 해제된_ 상태로 변화(變化)시키다 임무 해제시키다, 해체.퇴역시키다
commission n.의무, 책무 mission n.임무, 사명

[0353]
fold
[fould]

She folded up the paper to make a toy plane.

fold ⓐ[원인.수단] 종이비행기를 만들기 위해 ⓞ그 종이를 ⓥ접힌_ 상태로 변화(變化)시키다 접다
foldable a.접을 수 있는, 접혀지는 folding a.접을 수 있는 fold n.접기

[0354]
unfold
[ʌnˈfould]

She unfolded the map and laid it on the table.

unfold ⓞ그 지도를 ⓥ(접힌 것을→) 펼쳐진_ 상태로 변화(變化)시키다 펼치다
foldable a.접을 수 있는, 접혀지는 fold n.접기 unfolding n.중첩플림

[0355]
roll
[roul]

He rolled up the paper and tied it up with thread.

roll ⓞ종이를 ⓥ말린_ 상태로 변화(變化)시키다 말다
rolling a.회전하는 roll n.명부, 두루마리, 목록

[0356]
unroll
[ʌnˈroul]

He unrolled the map and spread it on the table.

unroll ⓢ그는 ⓞ그 지도를 ⓥ(말린 것을→) 펼쳐진_ 상태로 변화(變化)시키다 펼치다
roll n.명부, 두루마리, 목록

[0357]
bend
[bend]

You need a special tool to bend the steel.

bend ⓞ그 강철을 ⓥ구부러진_ 상태로 변화(變化)시키다 구부리다
bend n.굽히기 bending n.구부림, 굽힘, 복종

[0358]
unbend
[ʌnˈbend]

Unbend large paper clips into 'S' shapes.

unbend ⓐS'자 모양으로 ⓞ커다란 페이퍼 클립.핀을 ⓥ(구부러진 것을→) 펼쳐진_ 상태로 변화(變化)시키다 펼치다
unbending a.굽히지 않는, 고집스러운 bend n.굽히기 unbendingness n.불굴, 단호함

[0359]
veil
[veil]

A black kerchief modestly veiled her hair.

veil ⓢ[원인.수단] 검은 수건.스카프는 ⓞ그녀의 머리카락을 ⓥ베일로 가린, 가려진_ 상태로 변화(變化)시키다 베일로 가리다
veil n.베일, 씌우개, 가리개 veiling n.베일로 가리기

[0360]
unveil
[ənveiˈl]

The club has unveiled plans to build a new stadium.

unveil ⓢ그 구단은 ⓞ새 경기장을 지을 계획을 ⓥ베일 벗긴, 드러난_ 상태로 변화(變化)시키다 베일 벗기다, 공개하다
veil n.베일, 씌우개, 가리개 unveiling n.베일을 벗기기, 밝히기

[0361]

mask
[mæsk]

Helen had turned on the radio to mask the noise of the traffic.

mask ⓐ(라디오를 켬에 의해) ⓞ그 교통 소음을 ⓥ가면.복면 착용된, 숨겨진, 감쳐진_ 상태로 변화(變化)시키다 감추다
mask n.마스크, 복면

[0362]

unmask
[ənmæˈsk]

The CIA succeeded in unmasking the spy who sold military secrets.

unmask ⓞ군사기밀을 판 스파이를 ⓥ가면.복면 벗긴, (실체) 드러난_ 상태로 변화(變化)시키다 정체 드러내다, 복면.마스크 벗기다
mask n.마스크, 복면

[0363]

conceal
[kənsíːl]

A wide-brimmed hat concealed her graying hair.

conceal ⓢ[원인.수단] 챙 넓은 모자는 ⓞ그녀의 희끗희끗한 머리카락을 ⓥ숨겨진, 은익된_ 상태로 변화(變化)시키다 숨기다, 은익시키다
concealable a.감출 수 있는 concealment n.은닉, 잠복, 숨기기

[0364]

reveal
[rivíːl]

The reporter revealed the political intrigue on live TV news.

reveal ⓐ생방송 TV 뉴스에서 ⓞ정치적 음모를 ⓥ노출.폭로된_ 상태로 변화(變化)시키다 노출.공개시키다
reveal n.폭로 revelation n.폭로, 공개, 계시

[0365]

synchronize
[síŋkrənàiz]

For example, speakers who synchronise their hand movements with their words communicate more effectively.

synchronize ⓐ그들의 말과 ⓞ그들의 손 움직임을 ⓥ동시화_ 상태로 변화(變化)시키다 동시화하다, 동시에 행하다
synchronous a.동시의, 동시에 일어나는 synchronization n.동시의_상태로 변화, 동기화, 동시녹음

[0366]

stagger
[stǽgər]

The company will stagger working hours to reduce congestion.

stagger ⓐ[원인.수단] 혼잡을 피하기 위해 ⓞ근무 시간을 ⓥ동시가 아닌, 시간 간격 둔, 놀란, 비틀거리는_ 상태로 변화(變化)시키다 시간 간격을 두어 진행시키다 ☞ 근무 시간을 동시간으로 정해 진행하는 것에서 변화시킴
stagger n.비틀거리기, 휘청거리기

[0367]

band
[bænd]

The doors are banded with iron to make them stronger.

band ⓐ[원인.수단] 철로, 그 문들을 더 강하게 변화시키기 위해 ⓞ그 문들을 ⓥ결합.연결된_ 상태로 변화(變化)시키다 결합시키다
band n.악단, 밴드, 무리

[0368]

disband
[disbǽnd]

The death of Osama bin Laden does not mean Al Qaeda is disbanded.

disband ⓐ[원인.수단] 오사마 빈 라덴의 죽음은 ⓞ알카에다를 ⓥ해산.해체된_ 상태로 변화(變化)시키다 해산.해체시키다
band n.악단, 밴드, 무리 disbandment n.해체된_상태로 변화, 해체, 해산

[0369]

silence
[sáiləns]

He silenced the noisy children with a fierce look.

silence ⓐ[원인.수단] 무서운 표정으로 ⓞ시끄러운 어린이들을 ⓥ조용한_ 상태로 변화(變化)시키다 조용하게 만들다, 침묵시키다
silent a.조용한 silence a.고요, 적막

[0370]

sound
[saund]

When I saw the smoke, I tried to sound the alarm.

sound ⓐ내가 그 연기를 보았을 때에 ⓞ그 경보기를 ⓥ소리나는_ 상태로 변화(變化)시키다 소리나게 하다, 울리게하다
sound n.소리

【 동일어근 동사 : [0371] ~ [0400] 】 30단어/문장

[0371]

corrode
[kəróud]

Acid corrodes metal.

corrode ⓢ[원인.수단] 산은 ⓞ금속을 ⓥ부식.침식된_ 상태로 변화(變化)시키다 부식시키다
ra,ro r.갉아먹다, 문지르다(scrape) corrosive a.부식성의 corrosion n.부식된_상태로 변화, 부식화, 침식

[0372]

erode
[iróud]

A stronger Korean won will erode their price competitiveness in global markets.

erode ⓢ[원인.수단] 원화 강세는 ⓞ글로벌 시장에서의 그들의 가격 경쟁력을 ⓥ부식.침식된_ 상태로 변화(變化)시키다 손상.침식시키다
ra,ro r.갉아먹다, 문지르다(scrape) erodible a.침식된_상태로 변할 수 있는, 침식될 수 있는 erosion n.부식.침식된_상태로 변화, 부식, 침식

[0373]

abrade
[əbréid]

The prisoner's manacles abraded his wrists and ankles until they bled.

abrade ⓢ[원인.수단] 그 죄수의 쇠고랑들은 ⓞ그의 손목과 발목을 ⓥ마모.침식된, 긁힌_ 상태로 변화(變化)시키다 마모시키다
ra,ro r.갉아먹다, 문지르다(scrape) abradable a.마모되는 abrasion n.마모.침식된_상태로 변화, 마모, 침식, 찰과상

[0374]

rot
[rat]

Sweets can rot your teeth.

rot ⓢ[원인.수단] 단 것은 ⓞ당신의 치아를 ⓥ부패한_ 상태로 변화(變化)시키다 부패시키다, 썩게 하다
ra,ro r.갉아먹다, 문지르다(scrape) rot n.부패

[0375]

raze
[reiz]

The quake razed the city to the ground.

raze ⓢ[원인.수단] 그 지진은 ⓞ그 도시를 ⓥ파괴된_ 상태로 변화(變化)시키다 파괴시키다
ra,ro r.갉아먹다, 문지르다(scrape)

[0376]

rupture
[rʌptʃər]

The loud noise ruptured his tympanum.

rupture ⓢ[원인.수단] 그 시끄러운 소음은 ⓞ그의 고막을 ⓥ파괴.파열된_ 상태로 변화(變化)시키다 파괴.파열시키다
rupt r.깨뜨리다(break) rupture n.파열

[0377]

corrupt
[kərʌpt]

Careless scholars corrupted the original manuscript.

corrupt ⓢ부주의한 학자들은 ⓞ그 원본 원고를 ⓥ망가진, 부패.타락한_ 상태로 변화(變化)시키다 망가뜨리다, 부패.타락시키다
rupt r.깨뜨리다(break) corruptive a.부패성의, 퇴폐적인 corruption n.타락한_상태로 변화, 타락화, 부패

[0378]

disrupt
[disrʌpt]

Video game addiction can disrupt our normal lives.

disrupt ⓢ[원인.수단] 게임중독은 ⓞ우리의 일상적 삶을 ⓥ파괴.붕괴된_ 상태로 변화(變化)시키다 파괴.붕괴.분열시키다
rupt r.깨뜨리다(break) disruptive a.파괴적인, 분열성의 disruption n.붕괴.분열된_상태로 변화, 붕괴, 분열

[0379]

bankrupt
[bæŋkrʌpt]

Several risky deals bankrupted the company.

bankrupt ⓢ[원인.수단] 몇 가지 위험한 거래는 ⓞ그 회사를 ⓥ파산한_ 상태로 변화(變化)시키다 파산시키다
bankrupt a.파산 선고를 받은, 지급 불능의 bankruptcy n.파산, 부도

[0380]

interrupt
[intərʌpt]

A bad storm interrupted telephone communications between the two islands.

interrupt ⓢ[원인.수단] 심한 폭풍은 ⓞ두 섬 사이의 전화 통신을 ⓥ중간에 깨져 막힌, 중단.방해된_ 상태로 변화(變化)시키다 중단.방해시키다
rupt r.깨뜨리다(break) interruptive a.중단하는, 방해하는 interruption n.중단.방해된_상태로 변화, 차단, 방해

49

[0381]

avert
[əvə́:rt]

The driver tried to avert the accident by bringing the car to a sudden halt.

avert ⓐ[원인.수단] 그 차를 급정거함에 의해 ⓞ그 사고를 ⓥ회피된, 방향전환된_ 상태로 변화(變化)시키다 회피하다
ver(s,t) r.뒤집다, 돌다(turn) avertible a.피할 수 있는

[0382]

divert
[divə́:rt]

The government diverted money from the military into civil channels.

divert ⓐ민간 사업으로 ⓞ국방 관련 자금을 ⓥ방향전환된_ 상태로 변화(變化)시키다 방향전환시키다, 바꾸다
ver(s,t) r.뒤집다, 돌다(turn) diverter n.전환(轉換)자

[0383]

convert
[kənvə́:rt]

The turbines convert kinetic energy from the wind into electrical power.

convert ⓐ전기에너지로 ⓞ바람으로부터의 운동에너지를 ⓥ완전히 바뀐_ 상태로 변화(變化)시키다 전환시키다, 바꾸다
ver(s,t) r.뒤집다, 돌다(turn) convertible a.바뀐_상태로 변할 수 있는, 변환.전환 가능한 convert n.전향자, 개종자 conversion n.바뀐_상태로 변화, 변환, 전환

[0384]

controvert
[kántrəvə̀:rt]

The evidence controverted the plaintiff's allegations.

controvert ⓢ[원인.수단] 그 증거는 ⓞ그 원고의 주장을 ⓥ뒤집힌_ 상태로 변화(變化)시키다 뒤집다, 반박하다
ver(s,t) r.뒤집다, 돌다(turn) incontrovertible a.논쟁의 여지가 없는

[0385]

pervert
[pərvə́:rt]

TV violence perverts the minds of young children.

pervert ⓢ[원인.수단] 텔레비전 폭력은 ⓞ어린 아이들의 마음을 ⓥ완전히 뒤집힌, 왜곡된_ 상태로 변화(變化)시키다 뒤집다, 왜곡시키다
ver(s,t) r.뒤집다, 돌다(turn) perverse a.비뚤어진 pervert n.변태성욕자 perversion n.왜곡된_상태로 변화, 곡해, 왜곡

[0386]

reverse
[rivə́:rs]

He reversed his stance to avert accusations of wrongdoing.

reverse ⓐ[원인.수단] 불법행위의 기소를 피하기 위해 ⓞ그의 입장.태도를 ⓥ뒤집힌, 거꾸로 된_ 상태로 변화(變化)시키다 뒤집다, 번복시키다
ver(s,t) r.뒤집다, 돌다(turn) reversible a.거꾸로의_상태로 변할 수 있는, 가역의 reverse a.거꾸로 된, 반대의 reversal n.반전, 역전

[0387]

invert
[invə́:rt]

They inverted each cup onto a dinner plate.

invert ⓐ저녁접시 위에 ⓞ각각의 컵을 ⓥ거꾸로 뒤집힌_ 상태로 변화(變化)시키다 거꾸로 뒤집다
ver(s,t) r.뒤집다, 돌다(turn) inverse a.정반대의, 역의 inversion n.뒤집힌_상태로 변화, 전도, 역, 도치

[0388]

subvert
[səbvə́:rt]

Arbitrary action and lack of transparency can subvert our society.

subvert ⓢ[원인.수단] 독단적인 행위 및 투명성 부족은 ⓞ우리의 사회를 ⓥ뒤집힌, 전복된_ 상태로 변화(變化)시키다 전복시키다
ver(s,t) r.뒤집다, 돌다(turn) subversive a.파괴적인, 전복시키는 subversion n.뒤집힌_상태로 변화, 전복, 파괴

[0389]

overturn
[ouvərtɜ́:rn]

The strong wind has overturned vehicles.

overturn ⓢ[원인.수단] 그 강한 바람은 ⓞ차량들을 ⓥ뒤집힌, 전복된_ 상태로 변화(變化)시키다 전복시키다, 뒤집히게 하다
overturn n.전복, 와해 turn n.회전, 방향전환, 변화

[0390]

overthrow
[ouˈvərθrouˌ]

The rebel armies overthrew the established government by violence.

overthrow ⓐ[원인.수단] 폭력에 의해 ⓞ그 안정되게 확립된 정부를 ⓥ뒤집힌, 전복된_ 상태로 변화(變化)시키다 전복시키다
overthrow n.전복, 타도

[0391]

occlude
[əklúːd]

Her tongue occluded her airway.

occlude ⓢ[원인.수단] 그녀의 혀는 ⓞ그녀의 기도를 ⓥ차단.봉쇄된, 막힌_ 상태로 변화(變化)시키다 막히게하다
clude r.격리(separation) occlusion n.차단된_상태로 변화, 폐색, 폐쇄

[0392]

preclude
[priklúːd]

A sprained ankle precluded his taking part in the game.

preclude ⓢ[원인.수단] 삔 발목은 ⓞ그의 경기 참석을 ⓥ배제된, 막힌_ 상태로 변화(變化)시키다 배제.억제시키다
clude r.격리(separation) preclusion n.방해된_상태로 변화, 방해, 배제

[0393]

conclude
[kənklúːd]

Ralph Ellis, Managing Director, concluded the conference with a review of the trading year.

conclude ⓐ거래 연도에 대한 평가로 ⓞ그 회의를 ⓥ종결된, 마무리된, 닫힌_ 상태로 변화(變化)시키다 종결시키다, 끝내다
clude r.격리(separation) conclusion n.결론

[0394]

seclude
[siklúːd]

I secluded myself up here for a life of study and meditation.

seclude ⓐ[원인.수단] 공부 및 명상의 삶을 위해, 여기에서, 완전히 ⓞ나 자신을 ⓥ격리.고립된_ 상태로 변화(變化)시키다 격리.고립시키다
clude r.격리(separation) seclusion n.격리, 은둔

[0395]

disclose
[disklóuz]

The spokesman disclosed details of the takeover to the press.

disclose ⓐ그 언론에 ⓞ그 인수의 세부내용을 ⓥ개방.공개된, 드러난_ 상태로 변화(變化)시키다 공개.폭로시키다
closed a.닫힌, 폐쇄된 disclosure n.드러난_상태로 변화, 공개, 폭로, 발표

[0396]

enclose
[inklóuz]

We enclosed the lot with a wire fence.

enclose ⓐ[원인.수단] 철사 울타리로 ⓞ그 장소를 ⓥ봉쇄.폐쇄된, 닫힌_ 상태로 변화(變化)시키다 봉쇄시키다
closed a.닫힌, 폐쇄된 enclosure n.갇힌_상태로 변화, 둘러쌈, 포위

[0397]

solve
[salv]

A more logical approach may solve this problem.

solve ⓢ[원인.수단] 좀 더 논리적 접근이 ⓞ이 문제를 ⓥ용해된, 해결된_ 상태로 변화(變化)시키다 해결시키다
sol r.물에 녹이다 insoluble a.용해되지 않는, 해결할 수 없는 soluble a.녹는, 해결 가능한 solution n.용해.해결된_상태로 변화, 용해, 해결

[0398]

dissolve
[dizálv]

She dissolved two spoons of powder in warm water.

dissolve ⓐ따뜻한 물 속에서 ⓞ두 숟가락의 가루를 ⓥ용해된, 해산.해체된_ 상태로 변화(變化)시키다 용해시키다
sol r.물에 녹이다 dissoluble a.용해된_상태로 변할 수 있는, 분해.용해할 수 있는 soluble a.녹는, 해결 가능한 dissolution n.용해된_상태로 변화, 분해, 해산, 용해

[0399]

resolve
[rizálv]

The upgrade may resolve the problem.

resolve ⓢ[원인.수단] 그 개선은 ⓞ그 문제를 ⓥ(다시) 용해.해결된_ 상태로 변화(變化)시키다 해결시키다
sol r.물에 녹이다 resolvable a.용해.해결된_상태로 변할 수 있는, 해결할 수 있는, 용해성의 soluble a.녹는, 해결 가능한 resolution n.해결된_상태로 변화, 해결, 결의

[0400]

solubilize
[sáljəbəlàiz]

A lipid emulsifier can solubilize lipids.

solubilize ⓢ[원인.수단] 지방 유화제는 ⓞ지방을 ⓥ용해된_ 상태로 변화(變化)시키다 용해시키다
sol r.물에 녹이다 soluble a.녹는, 해결 가능한 solubilization n.용해된_상태로 변화, 가용화, 용해화

【 동일 접미어, 접두어 가지는 동사 : [0401] ~ [0500] 】 100단어/문장 (접미어_ fy, ize, ate, 접두어_ en, be)

[0401]

fortify
[fɔ́:rtəfài]

They fortified the brand identity by modifying the past successful products of the company.

fortify ⓐ[원인.수단] 그 회사의 과거 성공적인 제품들을 변형시킴에 의해 ⓞ브랜드 정체성을 ⓥ요새, 강한_ 상태로 변화(變化)시키다 강화시키다
for(t) r.강한(strong) fort r.강한 fortress n.요새 fortification n.강한_상태로 변화, 강화, 요새화 fort r.강한

[0402]

amplify
[ǽmpləfài]

The tool can amplify our thinking and communication skills.

amplify ⓢ[원인.수단] 그 도구는 ⓞ우리의 사고방식과 의사소통 기술을 ⓥ증폭된, 커진_ 상태로 변화(變化)시키다 확대.증폭시키다
ample a.큰, 넓은, 충분한 amplification n.넓은_상태로 변화, 확대, 확충 amplitude n.넓음, 크기

[0403]

rectify
[réktəfài]

The Enlightenment movement of the late 18th century rectified unreasonable political systems through human rationality, not by religion or tradition.

rectify ⓐ[원인.수단] 종교나 전통이 아닌 인간의 이성을 통해 ⓞ불합리한 정치체계를 ⓥ똑바른_ 상태로 변화(變化)시키다 바로 잡다, 교정하다
rec r.바른(straight) rectification n.똑바른_상태로 변화, 수정.개정.교정 rectitude n.정직, 공정

[0404]

nullify
[nʌ́ləfài]

Recent inflation could nullify the economic growth of the last several years.

nullify ⓢ[원인.수단] 최근의 인플레이션은 ⓞ지난 몇 년간의 경제 성장을 ⓥ무(無)의, 무효의, 취소된_ 상태로 변화(變化)시키다 무효화시키다, 상쇄시키다
nihil,null r.무(無), 무가치한 것 nullification n.무의_상태로 변화, 무효화, 파기 nullity n.무효, 무익

[0405]

pacify
[pǽsəfài]

The manager pacified the customer with a smooth apology for the error.

pacify ⓐ[원인.수단] 실수에 대한 부드러운 사과로 ⓞ그 고객을 ⓥ평온한, 진정된_ 상태로 변화(變化)시키다 평온하게 하다, 진정시키다
peaceful a.평화로운 peace n.평화 pacification n.평화로운_상태로 변화, 평정, 평온, 화해

[0406]

mystify
[místifài]

The magician's tricks mystified the audience.

mystify ⓢ[원인.수단] 마술사의 마술은 ⓞ청중들을 ⓥ신비감 있는, 어리둥절한_ 상태로 변화(變化)시키다 어리둥절하게 하다, 혼란하게 하다
mysterious a.신비의, 모호한 mystery n.불명확성, 신비 mystification n.신비한_상태로 변화, 신비화, 어리둥절하게 함

[0407]

demystify
[di:místəfài]

The course seeks to demystify the loan application process for people buying a home for the first time.

demystify ⓐ[원인.수단] 처음으로 집을 구입한 사람들을 위해 ⓞ대출 신청 절차를 ⓥ신비감 없는, 명확한_ 상태로 변화(變化)시키다 명확하게 하다, 쉽게 설명하다
mystery n.불명확성, 신비 demystification n.명확한_상태로 변화, 해명

[0408]

terrify
[térəfài]

His ghost stories terrified all the children.

terrify ⓢ[원인.수단] 그의 유령이야기는 ⓞ모든 어린이들을 ⓥ공포스러운_ 상태로 변화(變化)시키다 공포스럽게 하다, 두렵게 하다
terrible a.무서운, 끔찍한 terrific a.무서운 terror n.공포, 두려움, 테러

[0409]

stupefy
[stjú:pəfài]

She stupefied him with her beauty.

stupefy ⓐ[원인.수단] 그녀의 아름다움으로 ⓞ그를 ⓥ멍해진, 바보 같은_ 상태로 변화(變化)시키다 멍하게 하다
stupefactive a.마비성의 stupid a.멍해진, 바보 같은 stupefaction n.멍해진_상태로 변화, 마비상태

[0410]

mollify
[mάləfài]

She mollified the angry customer with her kind words.

mollify ⓐ[원인.수단] 그녀의 친절한 말로 ⓞ그 화난 고객을 ⓥ누그러진, 진정.완화된_ 상태로 변화(變化)시키다 누그러뜨리다
mollifiable a.달랠 수 있는, 진정시킬 수 있는 mollification n.완화된_상태로 변화, 달래기, 완화, 경감

[0411]
gratify
[grǽtəfài]

She gratified the old man with this unexpected compliment.

gratify ⓐ[원인.수단] 이런 예상치 못한 찬사로 ⓞ그 노인을 ⓥ기쁜, 유쾌한_ 상태로 변화(變化)시키다 기쁘게하다
grateful a.유쾌한, 고마워하는 gratefulness n.유쾌함, 고마워함 gratification n.유쾌.만족한_상태로 변화, 만족, 희열, 큰 기쁨

[0412]
horrify
[hó:rəfài]

The sight of his murdered friend horrified him.

horrify ⓢ[원인.수단] 그의 살해된 친구의 광경.목격은 ⓞ그를 ⓥ공포스러운, 두려운_ 상태로 변화(變化)시키다 공포스럽게 하다
horrific a.무서운, 끔찍한 horrid a.무서운 horrification n.무서운_상태로 변화, 오싹함.전율 horror n.공포, 소름이 끼침, 강한 반감, 증오

[0413]
electrify
[iléktrəfài]

The news of Osama bin Laden's death has electrified the world.

electrify ⓢ[원인.수단] 오사마빈라덴의 사망 소식은 ⓞ전 세계(사람)를 ⓥ깜짝 놀란, 전기 흐르는_ 상태로 변화(變化)시키다 놀라게 하다
electric a.전기의 electrification n.전기가 흐르는_상태로 변화, 깜짝놀라게 하기, 충전.감전 electricity n.전기

[0414]
certify
[sə́:rtəfài]

This card certifies me as a member of the club.

certify ⓐ그 클럽의 회원으로 ⓞ나를 ⓥ증명.보증된, 확실한_ 상태로 변화(變化)시키다 보증.증명하다
certain a.특정한, 어떤, 확실한 certification n.확실한_상태로 변화, 증명, 보증 certainty n.확실, 확신 certitude n.확실, 확신

[0415]
ratify
[rǽtəfài]

In 2011, U.S. Congress and Korea's National Assembly ratified the Seoul-Washington free trade agreement, signed in 2007.

ratify ⓢ미국 의회와 한국 국회는 ⓞ2007년도에 서명된 한미 FTA를 ⓥ승인.비준.인가된_ 상태로 변화(變化)시키다 승인.비준시키다
ratification n.승인된_상태로 변화, 승인, 비준, 인가

[0416]
modify
[mɑ́dəfài]

They genetically modified adult human skin or fat cells into a type of stem cell.

modify ⓐ줄기세포 형태로 ⓞ성인 피부세포 또는 지방세포를 ⓥ적절.적합하게 변형된_ 상태로 변화(變化)시키다 변형.수정시키다
mo(d) r.적합한(suitable) modifiable a.변형의_상태로 변할 수 있는, 변경 가능한 modification n.모양이 바뀐_상태로 변화, 변경, 수정, 조절 mode n.모양, 양상, 양태

[0417]
deify
[dí:əfài]

After his death, they deified him as a god.

deify ⓐ그의 죽음 후에, 신으로 ⓞ그를 ⓥ신의, 신성한_ 상태로 변화(變化)시키다 신격화.신성화하다
deific a.신격화하는 deification n.신의_상태로 변화, 신격화, 신성시 deity n.신, 신성

[0418]
identify
[aidéntəfài]

The police identified the body through fingerprints.

identify ⓐ[원인.수단] 지문을 통해 ⓞ그 시신을 ⓥ확인.식별.증명.규명된_ 상태로 변화(變化)시키다 확인.증명.규명하다, 밝히다
identifiable a.확인.증명된_상태로 변할 수 있는, 증명.식별 가능한 unidentified a.불확실한, 확인되지 않은 identification n.확인.증명된_상태로 변화, 확인, 증명, 검증, 식별 identity n.신원, 정체

[0419]
quantify
[kwɑ́ntəfài]

We will quantify information in order to understand it.

quantify ⓐ[원인.수단] 정보를 이해하기 위해 ⓞ정보를 ⓥ수량.수치화_ 상태로 변화(變化)시키다 정량화.수량화하다
quantification n.수량_상태로 변화, 정량화(定量化), 수량화 quantity n.수량, 양

[0420]
intensify
[inténsəfài]

His mother's death intensified his loneliness.

intensify ⓢ[원인.수단] 그의 어머니의 죽음은 ⓞ그의 외로움을 ⓥ강렬.격렬한_ 상태로 변화(變化)시키다 강렬.격렬하게 하다
intensive a.강한, 격렬한 intense a.강렬.격렬한 intensification n.강렬.격렬한_상태로 변화, 강화, 격화

[0421]

moisturize
[mɔ́istʃəràiz]

She moisturized her skin with a cream.

moisturize ⓐ[원인.수단] 크림으로 ⓞ그녀의 피부를 ⓥ촉촉한, 습기 있는_ 상태로 변화(變化)시키다 촉촉하게 하다
moisturizing a.촉촉하게 해 주는 moist a.축축한, 습기 있는 moisture n.수분,습기

[0422]

paralyze
[pǽrəlàiz]

The heavy snow paralyzed train services in Seoul.

paralyze ⓢ[원인.수단] 그 폭설은 ⓞ서울의 열차 운행을 ⓥ마비된_ 상태로 변화(變化)시키다 마비시키다
paralympics n.장애인올림픽 paralysis n.마비

[0423]

pulverize
[pʌ́lvəràiz]

In a spice grinder, pulverize red pepper flakes and juniper to a powder.

pulverize ⓐ[원인.수단] 향신료 분쇄기로, 가루상태로 ⓞ빨간 고춧 및 향신료를 ⓥ분쇄된, 가루의_ 상태로 변화(變化)시키다 분쇄시키다, 가루로 만들다
pulverable a.가루로 만들 수 있는, 분쇄할 수 있는 pulverulent a.고운 가루의, 가루가 된 pulverization n.가루로 됨, 분쇄, 타도
pulverizer n.분쇄기

[0424]

criminalize
[krímənəlàiz]

The government proposed a law to criminalize adultery.

criminalize ⓞ간통을 ⓥ범죄화, 불법화_ 상태로 변화(變化)시키다 범죄화.불법화시키다
criminal a.범죄의 crime n.범죄, 죄악 criminalization n.범죄_상태로 변화, 유죄선고 criminality n.유죄, 범행

[0425]

legitimize
[lidʒítəmàiz]

Talking to terrorists may legitimize their violent actions.

legitimize ⓢ[원인.수단] 테러리스트와의 대화는 ⓞ그들의 폭력적 행위를 ⓥ합법의, 정당한_ 상태로 변화(變化)시키다 정당화.합법화하다
legitimate a.합법의, 정당한 legal a.합법적인, 법률상의 legitimization n.합법의_상태로 변화, 합법화, 정당화

[0426]

immunize
[ímjunàiz]

They immunized some mice with a dose of the live vaccine.

immunize ⓐ[원인.수단] 그 생백신의 투여로 ⓞ몇 마리의 쥐를 ⓥ면역된_ 상태로 변화(變化)시키다 면역시키다
immune a.면역이 된 immunization n.면역이 있는_상태로 변화, 면역화, 예방접종 immunity n.면역, 면책

[0427]

sanitize
[sǽnitàiz]

She sanitized the cart handle by using a germ-killing towelette.

sanitize ⓐ[원인.수단] 세균을 죽이는 물수건을 사용함에 의해 ⓞ그 카트 손잡이를 ⓥ소독.살균된, 위생적인_ 상태로 변화(變化)시키다 소독시키다
sanitary a.위생적인 sanitization n.위생적인_상태로 변화, 위생처리, 살균

[0428]

sterilize
[stérəlàiz]

You must sterilize the sterilizable handle before each use.

sterilize ⓐ매번 사용하기 전에 ⓞ소독 가능한 손잡이를 ⓥ소독된, 거세된_ 상태로 변화(變化)시키다 소독시키다
sterile a.살균한, 불임의, 불모의 sterilization n.소독된_상태로 변화, 살균, 불임화 sterility n.불임, 불모, 빈곤

[0429]

fertilize
[fə́:rtəlàiz]

The very nitrogenous manure fertilized this field.

fertilize ⓢ[원인.수단] 그 매우 질소가 많은 비료는 ⓞ이 밭을 ⓥ수정된, 비옥한_ 상태로 변화(變化)시키다 비옥하게 하다
fertile a.비옥한, 번식력 있는 fertilization n.비옥한_상태로 변화, 비옥화, 수정 fertility n.비옥, 풍부, 번식력

[0430]

pasteurize
[pǽstʃəràiz]

The eggs are pasteurized by heating them in warm water.

pasteurize ⓐ[원인.수단] 따뜻한 물 속에서 계란들을 가열함에 의해 ⓞ그 계란들을 ⓥ저온 살균된_ 상태로 변화(變化)시키다 저온 살균시키다
Pasteur n.파스퇴르(프랑스의 화학자, 세균학자) pasteurization n.저온 살균

[0431]

prioritize
[praió:rətàiz]

Developing nations must prioritize economic production in order to ensure opportunities for their citizens.

prioritize ⓐ[원인.수단] 자국민들을 위한 기회를 보장하기 위해 ⓞ경제적 생산을 ⓥ최우선의_ 상태로 변화(變化)시키다 최우선시 하다
prioritization n.최우선_상태로 변화, 우선순위화 priority n.우선하는 것

[0432]

victimize
[víktəmàiz]

The dishonest man victimized an old lady by cheating her.

victimize ⓐ[원인.수단] 그녀를 기만함에 의해 ⓞ나이든 숙녀분을 ⓥ피해자의_ 상태로 변화(變化)시키다 피해자로 만들다, 고통을 주다
victimless a.피해자 없는 victimization n.피해자_상태로 변화, 희생화 victim n.피해자

[0433]

baptize
[bæptáiz]

The priest baptized the infant with holy water in a quiet church.

baptize ⓐ[원인.수단] 성수로, 조용한 교회 안에서 ⓞ그 유아.아기를 ⓥ세례된_ 상태로 변화(變化)시키다 세례시키다
baptismal a.세례의 baptism n.세례 baptizement n.세례, 침례

[0434]

metabolize
[mətǽbəlàiz]

Many of the minerals present in chocolate can better metabolize food into energy.

metabolize ⓢ초콜릿 안에 존재하는 많은 미네랄은 ⓐ에너지로 ⓞ음식을 ⓥ대사작용된, 분해된_ 상태로 변화(變化)시키다 대사작용시키다, 분해하다
metabolic a.신진대사의 metabolism n.신진대사, 물질대사

[0435]

jeopardize
[dʒépərdàiz]

High levels of unemployment jeopardize our social systems.

jeopardize ⓢ[원인.수단] 높은 실업률은 ⓞ우리의 사회 시스템을 ⓥ위험.위태한_ 상태로 변화(變化)시키다 위험.위태하게 하다
jeopardous a.위험한 jeopardy n.위험

[0436]

categorize
[kǽtəgəràiz]

Our ancestors categorized people into four types, considering both appearance and attitude.

categorize ⓐ4개 유형으로, 외모 및 태도를 고려하며서 ⓞ사람들을 ⓥ범주로 분류된_ 상태로 변화(變化)시키다 범주로 분류하다, 범주화시키다 ☞ 소양인, 소음인, 태음인, 태양인
categorization n.범주_상태로 변화, 범주화, 분류 category n.범주, 카다고리

[0437]

demoralize
[dimó:rəlàiz]

The ongoing series of defeats have demoralized the players. [= The players have been demoralized by the ongoing series of defeats.]

demoralize ⓢ[원인.수단] 계속된 일련의 패배는 ⓞ그 선수들을 ⓥ사기 저하된_ 상태로 변화(變化)시키다 사기 저하시키다
morale n.사기, 의욕 demoralization n.사기저하_상태로 변화, 사기저하, 의기소침

[0438]

hypnotize
[hípnətàiz]

The speaker's eloquence hypnotized the audience.

hypnotize ⓢ[원인.수단] 그 연설자의 달변은 ⓞ청중들을 ⓥ최면걸린, 몽롱한, 현혹된_ 상태로 변화(變化)시키다 매료.현혹시키다
hypnotic a.최면상태의 hypnotization n.몽롱한_상태로 변화, 최면상태 hypnosis n.최면상태, 몽환(夢幻) 상태

[0439]

antagonize
[æntǽgənàiz]

He antagonized the villagers with his haughty manner.

antagonize ⓐ[원인.수단] 그의 거만한 태도에 의해 ⓞ마을 사람들을 ⓥ반감.적대감 있는_ 상태로 변화(變化)시키다 적대감.반감을 가지게 하다
antagonistic a.적대.대립하는 antagonization n.적대감 있는_상태로 변화, 적의를 가짐 antagonism n.적대, 적의 agony n.극심한 고통

[0440]

catalyze
[kǽtəlàiz]

Urease can catalyze the hydrolysis of urea to ammonia and carbon dioxide.

catalyze ⓢ[원인.수단] 우레아제는 ⓞ암모니아와 이산화탄소로의 요소의 가수분해를 ⓥ촉진.촉매된_ 상태로 변화(變化)시키다 촉진시키다
catalytic a.촉매작용의 catalysis n.촉매작용 catalyst n.촉매, 자극

[0441]

crystallize
[krístəlàiz]

The animated movie can crystallize my imagination.

crystallize ⓢ[원인.수단] 그 애니메이션 영화는 ⓞ나의 상상력을 ⓥ결정의, 구체적인, 굳은_ 상태로 변화(變化)시키다 구체화하다
crystallization n.결정_상태로 변화, 결정화, 구체화 crystal n.수정

[0442]

authorize
[ɔ́:θəràiz]

Only Congress can authorize the President to declare war.

authorize ⓒ전쟁을 선언하도록 ⓞ대통령을 ⓥ효력.권위.권한 있는, 승인된_ 상태로 변화(變化)시키다 권한있게 하다, 허가.승인하다
authoritative a.권위 있는, 당국의 authorization n.권위 있는_상태로 변화, 권한부여, 인가 authority n.권위

[0443]

familiarize
[fəmíljəràiz]

You must familiarize yourself with advanced vocabulary.

familiarize ⓐ고급 어휘에 ⓞ당신 자신을 ⓥ익숙.친숙한_ 상태로 변화(變化)시키다 익숙.친숙하게 하다
familiar a.익숙한, 친숙한 familiarization n.익숙한_상태로 변화, 익숙하게 함, 통속화 familiarity n.정통, 친밀함

[0444]

polarize
[póulənràiz]

The highly controversial issue has polarized the country.

polarize ⓢ[원인.수단] 크게 논쟁의 여지가 있는 그 쟁점은 ⓞ그 나라를 ⓥ극단적인, 양극화_ 상태로 변화(變化)시키다 극단화.양극화시키다
polar a.극지의 polarization n.양극_상태로 변화, 양극화, 분극, 편광

[0445]

radicalize
[rǽdikəlàiz]

Young people have been radicalized by the struggle with the government.

radicalize ⓢ[원인.수단] 그 정부와의 투쟁은 ⓞ젊은이들을 ⓥ과격한, 급진적_ 상태로 변화(變化)시키다 과격화시키다
radical a.급진적인 radicalization n.급진적_상태로 변화, 급진화, 과격화

[0446]

liberalize
[líbərəlàiz]

The countries will liberalize trade to increase the exchange of goods on both sides.

liberalize ⓐ[원인.수단] 양쪽의 상품 교환을 증가된 상태로 변화시키기 위해 ⓞ무역을 ⓥ자유로운_ 상태로 변화(變化)시키다 자유화하다
liberal a.자유의 liberalization n.자유로운_상태로 변화, 자유화, 자유주의화

[0447]

synergize
[sínərdʒàiz]

Vitamins synergize the effects of cold medicine.

synergize ⓢ[원인.수단] 비타민은 ⓞ감기약의 효과를 ⓥ동반 상승.증가.보완된_ 상태로 변화(變化)시키다 보완상승시키다
synergic a.함께 일하는, 공동 작용의 synergy n.시너지, 상승작용, 협력작용

[0448]

normalize
[nɔ́:rməlàiz]

The government normalized school education by taking revolutionary measures.

normalize ⓐ[원인.수단] 혁신적인 조치를 취함에 의해 ⓞ학교 교육을 ⓥ정상적인_ 상태로 변화(變化)시키다 정상화하다
normal a.정상적인,표준의 normalization n.정상적_상태로 변화, 정상화 normality n.정상상태 norm n.표준, 규범

[0449]

personalize
[pə́:rsənəlàiz]

Helena has personalized her office with things she's collected on her travels.

personalize ⓐ[원인.수단] 그녀가 여행에서 모은 물건들로 ⓞ그녀의 사무실을 ⓥ개성있는, 특별.독특한_ 상태로 변화(變化)시키다 개성있게 하다, 특별화시키다
personality n.성격, 인성, 개성, 인격 person n.사람, 개인

[0450]

tranquilize
[trǽŋkwəlàiz]

A good humour can tranquilize the rage.

tranquilize ⓢ[원인.수단] 좋은 유머는 ⓞ분노를 ⓥ고요.조용.평온한, 진정된_ 상태로 변화(變化)시키다 진정.안정시키다
quie r.조용한(calm, silent) quiet a.고요한, 평온한 tranquil a.고요한, 조용한 tranquilization n.평온한_상태로 변화, 정온화 tranquility n.고요,평안

[0451]

attenuate
[əténjuèit]

The players' injuries have gradually attenuated the team. [= The team has gradually been attenuated by the players' injuries.]

attenuate ⓢ[원인.수단] 선수들의 부상들은 ⓞ그 팀을 ⓥ약한, 묽어진_ 상태로 변화(變化)시키다 약화시키다
attenuate a.약해진, 묽어진 attenuation n.약해진_상태로 변화, 쇠약, 희석

[0452]

illuminate
[ilú:mənèit]

She illuminated the shop window with Christmas lights.

illuminate ⓐ[원인.수단] 크리스마스 전등으로 ⓞ그 가게 유리창을 ⓥ빛 있는, 밝은_ 상태로 변화(變化)시키다 밝게 하다
lu r.빛(light) illuminative a.밝게 하는 luminous a.밝은, 빛을 내는 illumination n.밝은_상태로 변화, 밝게 하기, 계몽

[0453]

elucidate
[ilú:sədèit]

He elucidated the facts by reference to some figures.

elucidate ⓐ[원인.수단] 몇 개의 수치 언급.참조에 의해 ⓞ그 사실들을 ⓥ명료한_ 상태로 변화(變化)시키다 명료하게 하다
lu r.빛(light) lucid a.명료한, 밝은 elucidation n.명료한_상태로 변화, 해명, 설명 lucidity n.명쾌, 밝음

[0454]

dilate
[dailéit]

The drug dilates the pupils of the eyes.

dilate ⓢ[원인.수단] 그 약은 ⓞ눈의 동공을 ⓥ팽창.확장된_ 상태로 변화(變化)시키다 팽창.확장시키다, 넓히다
lat r.넓은 dilatable a.부풀어오르는, 퍼지는, 팽창성의 dilation n.팽창.확장된 상태로 변화, 팽창, 확장

[0455]

lacerate
[læsərèit]

The men lacerate the surface of their faces with a sharp instrument.

lacerate ⓐ[원인.수단] 날카로운 도구.기구로 ⓞ그들의 얼굴 표면을 ⓥ찢어진, 훼손된_ 상태로 변화(變化)시키다 훼손시키다, 찢다
lacerable a.찢을 수 있는, 잘 찢어지는 laceration n.찢어진, 훼손된_상태로 변화, 찢어짐, 상하게 하기 lacerability n.잘 찢기는 성질, 상처를 받을 수 있음

[0456]

amputate
[æmpjutèit]

Two of her toes were amputated because of frostbite.

amputate ⓐ[원인.수단] 동상 때문에 ⓞ그녀의 발가락 두 개를 ⓥ절단된_ 상태로 변화(變化)시키다 절단시키다
amputation n.절단된_상태로 변화, 절단, 잘라내기 amputator n.절단 수술자, 절단기(器)

[0457]

devastate
[dévəstèit]

The earthquake devastated many regions.

devastate ⓢ[원인.수단] 그 지진은 ⓞ많은 지역을 ⓥ황폐화된_ 상태로 변화(變化)시키다 황폐화시키다
devastation n.황폐화된_상태로 변화, 황폐화

[0458]

compensate
[kάmpənsèit]

Employers should compensate their workmen for injuries.

compensate ⓐ[원인.수단] 상해에 대해 ⓞ그들의 노동자들을 ⓥ보상된_ 상태로 변화(變化)시키다 보상하다
pend r.무게를 달기 위한 추를 매달다 compensable a.보상을 받을 만한 compensation n.보상, 대가, 배상

[0459]

alleviate
[əlí:vièit]

This medicine will alleviate (ease, relieve) your pain.

alleviate ⓢ[원인.수단] 이 약은 ⓞ당신의 고통을 ⓥ가벼운, 경감된_ 상태로 변화(變化)시키다 경감.완화시키다
lev r.가벼운, 올리다(raise) alleviation n.가벼운_상태로 변화, 완화, 경감

[0460]

aggravate
[ǽgrəvèit]

Bad air quality and serious air pollution aggravate the situation.

aggravate ⓢ[원인.수단] 나쁜 공기질과 심각한 대기오염은 ⓞ그 상황을 ⓥ악화된_ 상태로 변화(變化)시키다 악화시키다
grave a.위험한, 심각한, 엄숙한 aggravative a.악화시키는 aggravation n.악화된_상태로 변화, 악화, 심화, 화

[0461]

sedate
[sidéit]

The doctor sedated the patient with intravenous use of sedative drugs.

sedate ⓐ[원인.수단] 안정제의 정맥주사 사용으로 ⓞ그 환자를 ⓥ안정.진정된, 안정제 투입된_ 상태로 변화(變化)시키다 안정.진정시키다
sedate a.차분한, 조용한, 활기 없는 sedative a.진정시키는 sedation n.진정된_상태로 변화, 진정작용.상태 sedateness n.조용함, 침착함, 차분함

[0462]

conciliate
[kənsílièit]

He conciliated the Egyptians by the respect which he showed for their religion.

conciliate ⓐ[원인.수단] 그가 그들의 종교에 대해 보여준 존중에 의해 ⓞ그 이집트인들을 ⓥ진정.회유된_ 상태로 변화(變化)시키다 진정.회유시키다, 달래다
conciliatory a.융화적인 council n.위원회(안건을 조정하는 기관) conciliation n.진정된_상태로 변화, 조정, 달래기, 화해

[0463]

confiscate
[kánfəskèit]

The police will be confiscating the vehicle when a drunk driver is caught three or more times.

confiscate ⓐ음주운전자가 3회 이상 단속될 때 ⓞ그 자동차를 ⓥ압수.몰수된_ 상태로 변화(變化)시키다 압수.몰수하다
confiscatory a.몰수하는 confiscation n.압수, 몰수

[0464]

automate
[ɔ́:təmèit]

The plant will automate its production line to reduce production costs.

automate ⓐ[원인.수단] 비용을 감소하기 위해 ⓞ생산 라인을 ⓥ자동의_ 상태로 변화(變化)시키다 자동화시키다
automatic a.자동의 auto a.스스로의 automation n.자동의_상태로 변화, 자동화

[0465]

terminate
[tə́:rmənèit]

Through the hacking program, he terminated the vaccine program on the victim's computer.

terminate ⓐ[원인.수단] 해킹 프로그램을 통해 ⓞ희생자 컴퓨터의 백신 프로그램을 ⓥ끝장난, 종결된_ 상태로 변화(變化)시키다 끝장내다, 완전 파괴시키다
termin r.끝(end) terminal a.끝의, 절망적인 termination n.종결된_상태로 변화, 종료.종결 terminus n.말단, 경계

[0466]

dominate
[dámənèit]

The ruling party came to dominate (control) the National Assembly following its landslide victory in the election.

dominate ⓐ그 선거에서 압승 후에 ⓞ국회를 ⓥ지배.점령.통속.통치된_ 상태로 변화(變化)시키다 지배.점령.통치하다, 종속시키다
dominant a.지배적인, 우세한 domination n.우세, 지배 dominance n.지배, 우세, 우성

[0467]

negate
[nigéit]

One bad deed can negate many good ones.

negate ⓢ[원인.수단] 하나의 나쁜 행위는 ⓞ많은 좋은 행위들을 ⓥ부정된, 무의, 취소.거부된_ 상태로 변화(變化)시키다 부정.취소.무효화시키다
neg r.부정, 거부 negative a.부정적인 negation n.무효한_상태로 변화, 부정, 취소

[0468]

abnegate
[ǽbnigèit]

To not know or to not vote is abnegating a responsibility as an American.

abnegate ⓢ[원인.수단] 무지하거나 투표하지 않는 것은 ⓞ미국인으로서의 책임을 ⓥ포기.단념된, 부정.거부된_ 상태로 변화(變化)시키다 부정.거부.포기.단념하다
abnegation n.포기

[0469]

obliterate
[əblítərèit]

Centuries of wind and rain had obliterated the words carved on the gravestones.

obliterate ⓢ[원인.수단] 수세기의 바람과 비는 ⓞ비석 위에 새겨진 그 단어들을 ⓥ제거.소멸된_ 상태로 변화(變化)시키다 제거.삭제.소멸시키다
obliteration n.제거된_상태로 변화, 제거, 소멸, 말소

[0470]

eradicate
[irǽdəkèit]

The Japanese tried to eradicate (destroy) our national spirit by preventing the use of Korean language.

eradicate ⓐ[원인.수단] 한글 사용을 억제함에 의해 ⓞ우리 민족정신을 ⓥ뿌리채 뽑힌, 근절.제거.박멸된_ 상태로 변화(變化)시키다 뿌리째 뽑아내다, 근절.제거.말살시키다
eradicable a.근절시킬 수 있는 eradication n.뿌리채 뽑힌_상태로 변화, 뿌리채 뽑음, 근절, 박멸

[0471]

eliminate
[ilímənèit]

I want to eliminate (eradicate) poverty from this country.

eliminate ⓐ이 나라로부터 ⓞ가난을 ⓥ제거.배제된_ 상태로 변화(變化)시키다 제거시키다
eliminable a.제거할 수 있는 elimination n.제거, 철폐, 배제, 폐지, 탈락

[0472]

exterminate
[ikstə́ːrmənèit]

Harmful insect-killing pesticides exterminate good insects like fireflies.

exterminate ⓢ[원인.수단] 해로운 해충 박멸 살충제는 ⓞ반딧불이 같은 좋은 곤충들을 ⓥ끝장난, 몰살.전멸된_ 상태로 변화(變化)시키다 몰살.전멸시키다
termin r.끝(end) exterminatory a.박멸.근절.전멸.멸종시키는 extermination n.몰살.박멸된_상태로 변화, 박멸, 전멸

[0473]

cultivate
[kʌ́ltəvèit]

Through taekwondo, students cultivate other important traits such as discipline and mental acuity.

cultivate ⓐ[원인.수단] 태권도를 통해 ⓞ규율, 정신적 영민함 같은 또다른 중요한 특질들을 ⓥ경작.육성.배양된_ 상태로 변화(變化)시키다 육성.배양시키다
cultivatable a.경작.육성된_상태로 변할 수 있는, 경작.육성할 수 있는 cultivation n.양성.육성.재배

[0474]

inundate
[ínəndèit]

The tidal wave inundated vast areas of cropland.

inundate ⓢ[원인.수단] 그 해일은 ⓞ광대한 농경지 지역을 ⓥ범람된, 넘치는_ 상태로 변화(變化)시키다 범람시키다
inundation n.범람된_상태로 변화, 범람, 충만, 쇄도

[0475]

saturate
[sǽtʃərèit]

We will saturate the market with foreign people.

saturate ⓐ외국인들로 ⓞ그 시장을 ⓥ포화된, 가득찬_ 상태로 변화(變化)시키다 포화시키다, 붐비게 하다
sat r.충분한 saturable a.포화된_상태로 변할 수 있는, 포화시킬 수 있는 saturation n.포화된_상태로 변화, 포화, 충만

[0476]

correlate
[kɔ́ːrəlèit]

He tried to correlate the knowledge of history with that of geography.

correlate ⓐ지리 지식과 ⓞ그 역사 지식을 ⓥ서로 연결.연관된_ 상태로 변화(變化)시키다 서로 연결.연관시키다
la(t) r.반대로 나르다(carry back)

[0477]

relate
[riléit]

Try to relate new information in the text to something you already understand.

relate ⓐ당신이 이미 이해하고 있는 어떤 것에 ⓞ그 텍스트의 새로운 정보를 ⓥ연결.연관된_ 상태로 변화(變化)시키다 연결.연관시키다
la(t) r.반대로 나르다(carry back) relatable a.연결되어 있다고 느끼는, 공감대를 형성하는 relation n.(두 사람·집단·국가 사이의) 관계, 친척

[0478]

celebrate
[séləbrèit]

The team celebrated their victory by trashing their hotel rooms.

celebrate ⓐ[원인.수단] 자신들의 호텔 방을 엉망으로 만듦에 의해 ⓞ자신의 승리를 ⓥ축하.경축.칭송된_ 상태로 변화(變化)시키다 축하하다
celebratory a.축하하는, 기념하는 celebration n.축하, 칭송, 찬양, 축하행사의 거행 celebrity n.유명(저명) 인사, 명사

[0479]

infuriate
[infjúərièit]

Her racist attitudes infuriated her co-workers.

infuriate ⓢ[원인.수단] 그녀의 인종 차별적인 태도는 ⓞ그녀의 동료들을 ⓥ분노.격분한_ 상태로 변화(變化)시키다 분노.격분시키다
furious a.격노한 infuriated a.격노한 fury n.분노 infuriation n.격분한_상태로 변화, 격분시킴, 격노

[0480]

pollinate
[pálənèit]

They pollinate flowers by carrying lots of pollen on their bodies.

pollinate ⓐ[원인.수단] 그들 몸에 많은 꽃가루를 실어 나름에 의해 ⓞ꽃들을 ⓥ수정.수분된_ 상태로 변화(變化)시키다 수정.수분시키다
pollination n.수정.수분된_상태로 변화, (식물)수정.수분 pollen n.꽃가루

[0481]

enact
[inǽkt]

World leaders enacted new global policies to reduce greenhouse gas emissions.

enact ⓐ[원인.수단] 온실가스 배출을 감소시키기 위해 ⓞ새로운 글로벌 정책을 ⓥ시행된, 활동적_ 상태로 변화(變化)시키다 시행하다
act n.행동, 행위 enaction = enactment n.활동적, 유효한_상태로 변화, 입법화

[0482]

empower
[impáuər]

The Internet can empower small and medium-sized companies by enabling access to world markets.

empower ⓢ[원인.수단] 인터넷은 ⓐ세계시장 접근을 가능하게 함에 의해 ⓞ중소규모 크기의 기업들을 ⓥ힘.권한 있는_ 상태로 변화(變化)시키다 강력하게 하다
powerful a.강력한 empowerment n.권한 있는_상태로 변화, 권한부여, 인가 power n.힘, 권력

[0483]

entitle
[intáitl]

The warrant entitles the company to buy 300,000 common shares for $18.50 each.

entitle ⓒ보통주 30만주를 각각 18.5달러에 살 수 있도록 ⓞ그 회사를 ⓥ자격.제목 있는_ 상태로 변화(變化)시키다 자격있게 하다
entitlement n.자격이 있는_상태로 변화, 자격.권리 부여 title n.자격, 제목, 직함

[0484]

enchant
[intʃǽnt]

The queen of the ice enchanted figure skating fans.

enchant ⓢ그 얼음 여왕은 ⓞ피겨스케이팅 팬들을 ⓥ매혹된, 황홀한_ 상태로 변화(變化)시키다 매혹시키다, 황홀하게 하다
chant n.노래, (새의) 지저귐 enchantment n.매혹된_상태로 변화, 넋을 잃게 하는 것, 매혹, 매력

[0485]

enthrall
[inθrɔ́:l]

The soldier's story enthralled the boy.

enthrall ⓢ[원인.수단] 그 군인의 이야기는 ⓞ그 소년을 ⓥ매혹.속박된_ 상태로 변화(變化)시키다 매혹시키다
thrall n.속박, 노예, 사로잡혀 있는 사람 enthrallment n.매혹된_상태로 변화, 마음을 사로잡음

[0486]

embellish
[imbéliʃ]

He embellished the garden with flowers.

embellish ⓐ꽃들로 ⓞ그 정원을 ⓥ장식.치장된, 미화된_ 상태로 변화(變化)시키다 아름답게 하다, 꾸미다
unembellished a.꾸밈없는, 수수한 embellishment n.장식, 꾸미기 belle n.미녀

[0487]

ensure
[inʃúər]

Careful preparations ensure success.

ensure ⓢ[원인.수단] 세심한 준비는 ⓞ성공을 ⓥ보장된, 확실한_ 상태로 변화(變化)시키다 보장하다, 확실하게 하다
sure a.확실한 surety n.보증, 담보

[0488]

endorse
[indɔ́:rs]

Entertainers endorse political candidates to attract more votes.

endorse ⓒ더 많은 표를 유인하도록 ⓞ정치 후보들을 ⓥ지지된, 배서된_ 상태로 변화(變化)시키다 지지.후원하다
endorsable a.지지.보증할 수 있는, 배서할 수 있는 dorsal a.등의, 등부분의 endorsement n.지지, 이서, 보증, 승인

[0489]

enhance
[inhǽns]

The organization works to enhance peace and security through education, science, and culture.

enhance ⓐ[원인.수단] 교육, 과학, 문화를 통해 ⓞ평화와 안보를 ⓥ높아진, 증가.강화된_ 상태로 변화(變化)시키다 고양.증가.강화시키다
high a.높은 enhancement n.증대, 강화

[0490]

envelop
[invéləp]

The mother enveloped her children in her skirt and escaped from the flames.

envelop ⓐ[원인.수단] 그녀의 치마 안에 ⓞ자신의 자식들을 ⓥ감싸진, 포위된_ 상태로 변화(變化)시키다 감싸다
envelopment n.싸기, 봉입, 포장지 envelope n.봉투, 싸는 것, 씌우개

[0491]

belie
[bilái]

Her energy and youthful good looks belie her 65 years.

belie ⓢ[원인.수단] 그녀의 에너지와 젊음 가득한 외모는 ⓞ그녀의 65살 나이를 ⓥ거짓된_ 상태로 변화(變化)시키다 거짓처럼 보이게하다, 믿을 수 없게하다
lie n.거짓말, 허언(虛言)

[0492]

bewitch
[biwítʃ]

She bewitched him with her ravishing beauty.

bewitch ⓐ[원인.수단] 그녀의 매혹적인 아름다움으로 ⓞ그를 ⓥ현혹.매혹된, 마법에 걸린_ 상태로 변화(變化)시키다 매혹시키다, 황홀하게 하다
bewitchment n.매혹, 마력 witch n.마녀

[0493]

bewilder
[biwíldər]

Growing public opposition bewildered the government.

bewilder ⓢ[원인.수단] 증가하는 대중들의 반대는 ⓞ그 정부(사람)를 ⓥ혼란.당황한_ 상태로 변화(變化)시키다 당황하게 하다
wilder v.(고어·시어) 길을 잃(게 하)다, 어찌할 바를 모르(게 하)다 bewilderment n.당황, 당혹

[0494]

beguile
[bigáil]

You tried to beguile me with love stories.

beguile ⓐ[원인.수단] 사랑 이야기로 ⓞ나를 ⓥ기만.현혹된_ 상태로 변화(變化)시키다 현혹시키다
beguilement n.기만, 속이기 guile n.속임, 술책

[0495]

bedazzle
[bidǽzl]

Many ads try to bedazzle the foolish consumer with a lot of hype.

bedazzle ⓐ많은 과장광고로 ⓞ그 어리석은 소비자를 ⓥ현혹된, 눈부신_ 상태로 변화(變化)시키다 현혹.혼란시키다
bedazzlement n.현혹된_상태로 변화, 매혹시킴, 눈부시게 하기 dazzle n.눈부심

[0496]

besmirch
[bismə́ːrtʃ]

He has besmirched his noble birth by behaving like a common criminal.

besmirch ⓐ[원인.수단] 일반적인 범죄자 처럼 행동함에 의해 ⓞ그의 고귀한 태생을 ⓥ오점.더러움 있는_ 상태로 변화(變化)시키다 더럽게 하다
besmirchment n.더러운_상태로 변화, 더럽힘 smirch n.오점, 더러움

[0497]

bedevil
[bidévəl]

These problems do bedevil our lives generally.

bedevil ⓢ[원인.수단] 이러한 문제들은 ⓞ우리의 삶을 ⓥ괴로운_ 상태로 변화(變化)시키다 괴롭게하다
bedevilment n.고뇌, 혼란

[0498]

befuddle
[bifʌ́dl]

French, Italian, and African names with apostrophes can befuddle computer systems, too.

befuddle ⓢ[원인.수단] 아포스트로피를 가지는 프랑스어, 이탈리아어, 아프리카어 이름은 ⓞ컴퓨터 시스템을 ⓥ혼란.당황한_ 상태로 변화(變化)시키다 혼란하게 하다
fuddle n.만취.혼란 상태 befuddlement n.혼란, 당황함, 머뭇거림

[0499]

besiege
[bisíːdʒ]

Fans should besiege the box office for a rare chance to hear a wonderful opera.

besiege ⓐ[원인.수단] 멋진 오페라를 들을 수 있는 드문 기회를 얻기 위해 ⓞ그 매표소를 ⓥ포위된, 괴로운_ 상태로 변화(變化)시키다 빙둘러싸다, 포위시키다
siege n.포위공격 besiegement n.포위

[0500]

bemuse
[bimjúːz]

His questions bemused slightly her.

bemuse ⓢ[원인.수단] 그의 질문은 ⓞ그녀를 ⓥ당황한_ 상태로 변화(變化)시키다 당황하게 하다, 어리둥절하게 하다
bemusement n.당혹, 당황

핵심개념 2 이동동사

[Point 04] 이동동사_ 이동대상 위치 (4가지)

- 이동동사 : 이동대상을 ⓥ이동시키는 동사 → 어떤 장소로
  - 이동대상 위치 : ⓞ목적어, ⓐ부사어, ⓥ동사, ⓞ직접목적어 (4가지)
    - ☞ 변화동사_ 변화대상 위치 : ⓞ목적어 (1가지)
  - 이동대상_ ⓐ부사어 : with / of 해석에 유의 (ⓞ목적어 안으로, ⓞ목적어 밖으로)

    - ☞ 동사마다 이동대상 위치 다름 (각각의 문장구조 파악 → 해석 용이)
      - √ feed : ⓞ목적어, ⓐ부사어, ⓥ동사, ⓞ직접목적어 (4가지)
      - √ provide : ⓞ목적어, ⓐ부사어 ⓞ직접목적어 (3가지)
      - √ give : ⓞ목적어, ⓞ직접목적어 (2가지)
      - √ export : ⓞ목적어 (1가지)
      - √ water : ⓥ동사 (1가지)

    - ☞ 동사를 어렵게 하는 중요 사항, 이동대상 위치 별 추가 예문 수록

P_ [0041]

Several children were feeding bread to the ducks.

[0721] feed ⓐ그 오리들에게 ⓞ빵을 ⓥ음식.사료로_ 이동(移動)시키다 먹이로 주다, 먹이다 ☞ 이동대상_ ⓞ목적어, 이동장소_ ⓐ부사어

P_ [0042]

Don't feed the ducks with meat.

[0721] feed ⓐ[이동대상] 고기를 ⓞ[이동장소] 오리들에게 ⓥ음식.사료로_ 이동(移動)시키다 먹이로 주다, 먹이다 ☞ 이동대상_ ⓐ부사어, 이동장소_ ⓞ목적어

P_ [0043]

She fed them nutritious meals and provided them with a clean environment.

[0721] feed ⓞ[이동대상] 영양이 있는 음식을 ⓞ[이동장소] 그들에게 ⓥ음식.사료로_ 이동(移動)시키다 음식.먹이로 주다, 먹이다
☞ 이동대상_ ⓞ직접목적어, 이동장소_ ⓞ간접목적어
[9999] provide ⓐ[이동대상] 깨끗한 환경을 ⓞ[이동장소] 그들에게 ⓥ앞으로, 제공.공급으로_ 이동(移動)시키다 제공.공급하다
☞ 이동대상_ ⓐ부사어, 이동장소_ⓞ목적어

P_ [0044]

The prison is required to feed and clothe the prisoners.

[0721] feed ⓞ그 죄수들에게 ⓥ음식.사료로_ 이동(移動)시키다 음식을 주다 ☞ 이동대상_ ⓥ동사, 이동장소_ ⓞ목적어
[0722] clothe ⓞ그 죄수들에게 ⓥ옷으로_ 이동(移動)시키다 옷을 주다 ☞ 이동대상_ ⓥ동사, 이동장소_ ⓞ목적어

P_ [0045]

He fed the heater with oil. [= He fed oil to the heater. = He fed the heater.]

[0721] feed ⓐ[이동대상] 기름을 ⓞ[이동장소] 그 히터에 ⓥ음식.사료로_ 이동(移動)시키다 급여하다, 주입하다

P_ [0046]

Would you mind watering my plants while I'm away?

[0723] water ⓐ내가 멀리 있는 동안에 ⓞ나의 식물들에게 ⓥ(이동대상) 물을_ 이동(移動)시키다 물을 주다

P_ [0047]

It's illegal to drug horses before a race.

[9999] drug ⓐ경주 전에 ⓞ말에 ⓥ(이동대상) 약을_ 이동(移動)시키다 약을 먹이다, 투약하다

P_ [0048]

He invested his son with power of attorney. [= He invested power of attorney in his son.]

[0550] invest ⓐ[이동대상] 대리권을 ⓞ[이동장소] 그의 아들에게 ⓥ위.안에, 투자로, 경건하게_ 이동(移動)시키다 부여하다

P_ [0049]

Lots of entertainers invest their incomes in real estate.

[0550] invest ⓐ부동산에 ⓞ자신의 수입을 ⓥ위.안에, 투자로, 경건하게_ 이동(移動)시키다 투자하다

P_ [0050]
The trustee company then moved to vest the property of the trust in the children.

[0548] vest ⓐ그 아이들에게 ⓑ그 신탁 재산을 ⓥ경건하게_ 이동(移動)시키다 귀속시키다, 주다

P_ [0051]
The Constitution vests the people with the right to assembly and demonstration.

[0548] vest ⓐ[이동대상] 집회 및 시위할 권리를 ⓑ[이동장소] 사람들에게 ⓥ경건하게_ 이동(移動)시키다 부여하다

P_ [0052]
Divest prejudice from your mind.

[0549] divest ⓐ당신의 마음 밖으로 ⓑ편견.선입견을 ⓥ나쁘게, 벗듯이, 박탈로_ 이동(移動)시키다 벗어버리다, 버리다

P_ [0053]
We cannot divest ourselves of that responsibility. [= We cannot divest that responsibility from ourselves.]

[0549] divest ⓐ[이동대상] 그 책임을 ⓑ[이동장소] 우리 자신들 밖으로 ⓥ나쁘게, 벗듯이, 박탈로_ 이동(移動)시키다 벗어 던지다

P_ [0054]
Winter divested their foliage from the trees. [= Winter divested the trees of their foliage.]

[0549] divest ⓐ그 나무 밖으로 ⓑ자신의 나뭇잎을 ⓥ나쁘게, 벗듯이, 박탈로_ 이동(移動)시키다 떨어뜨리다, 벗겨내다

P_ [0055]
Do you charge children with adult fares as well?

[0611] charge ⓐ[이동대상] 성인 요금을 ⓑ[이동장소] 어린이들에게 ⓥ짐.부담.전하.혐의.청구 등으로_ 이동(移動)시키다 부담시키다, 청구하다

P_ [0056]
They discharged the ship of the cargo. [= They discharged the cargo from the ship.]

[0616] discharge ⓐ[이동대상] 그 화물을 ⓑ[이동장소] 그 배 밖으로 ⓥ분리하여, 짐.부담.전하.혐의.청구 등으로_ 이동(移動)시키다 하역시키다, 내리다

P_ [0057]
Be careful when you recharge your smartphone in the airport.

[0612] recharge ⓑ당신의 스마트폰에 ⓥ다시, 짐.부담.전하.혐의.청구 등으로_ 이동(移動)시키다 재충전하다 ☞ 이동대상_ ⓥ동사, 이동장소_ ⓑ목적어

P_ [0058]
He burdened them with the extra responsibility of working part-time.

[0617] burden ⓐ[이동대상] 파트타임으로 일하는 추가의 책임을 ⓑ[이동장소] 그들에게 ⓥ짐.부담으로_ 이동(移動)시키다 부담으로 주다

P_ [0059]
Perhaps you could unburden yourself of any guilt.

[0620] unburden ⓐ[이동대상] 어떤 죄책감을 ⓑ[이동장소] 당신 자신 밖으로 ⓥ바깥.아래로, 짐.부담으로_ 이동(移動)시키다 덜어 내다

P_ [0060]
He purged the party of undesirable members. [= He purged undesirable members from the party.]

[9999] purge ⓐ[이동대상] 바람직하지 않은 당원들을 ⓑ[이동장소] 그 정당 밖으로 ⓥ정화를 위해_ 이동(移動)시키다 숙청시키다, 쫓아내다

[0501]

import
[impɔ́:rt]

Import pictures and videos from your device to your computer.

import ⓐ당신의 (저장)장치로부터 당신의 컴퓨터로 ⓞ사진과 동영상을 ⓥ위.안에, 날라서_ 이동(移動)시키다 실어 나르다, 전송하다
port r.나르다(carry) importable a.안으로_이동시킬 수 있는, 수입할 수 있는 importation n.(상품 등의) 안으로_이동시킴, 수입 import n.수입

[0502]

export
[ikspɔ́:rt]

We exported the products to Japan.

export ⓐ일본에 ⓞ그 제품들을 ⓥ바깥으로, 날라서_ 이동(移動)시키다 수출하다
port r.나르다(carry) exportable a.밖으로_이동시킬 수 있는, 수출할 수 있는 exportation n.(상품 등의) 밖으로_이동시킴, 수출 export n.수출

[0503]

transport
[trænspɔ́:rt]

They transported goods to London by plane.

transport ⓐ런던에, 비행기로 ⓞ상품을 ⓥ가로질러, 날라서_ 이동(移動)시키다 수송하다
port r.나르다(carry) transportable a.가로질러_이동시킬 수 있는, 수송할 수 있는 transportation n.가로질러_이동시킴, 운송, 이동수단, 교통 transport n.수송

[0504]

deport
[dipɔ́:rt]

They deported the criminals (illegal aliens, illegal immigrant workers) from their country.

deport ⓐ그들 나라 밖으로 ⓞ그 범죄자(불법 외국인, 불법 이주노동자)를 ⓥ나쁘게, 날라서_ 이동(移動)시키다 추방시키다
port r.나르다(carry) deportable a.나쁘게_이동시킬 수 있는, 추방할 수 있는 deportation n.나쁘게_이동시킴, 국외 추방, 이송

[0505]

teleport
[téləpɔ̀:rt]

They have teleported him to the past, through the time machine.

teleport ⓐ과거로, 타임머신을 통해 ⓞ그를 ⓥ멀리, 날라서_ 이동(移動)시키다 순간이동시키다
port r.나르다(carry) teleportage n.염력이동 teleportation n.멀리_이동시킴, 순간이동

[0506]

inject
[indʒékt]

The doctor injected medicine into a vein. [= The doctor injected a vein with medicine.]

inject ⓐ정맥 안으로 ⓞ약을 ⓥ위.안에, 던지듯, 주사하듯_ 이동(移動)시키다 주입.주사하다
jec r.던지다(throw) injectable a.안으로_이동시킬 수 있는, 주사 가능한 injection n.안으로_이동시킴, 주사, 투입

[0507]

eject
[idʒékt]

Volcanoes eject aerosols into the atmosphere.

eject ⓐ대기 안으로 ⓞ연무질을 ⓥ바깥으로, 던지듯_ 이동(移動)시키다 방출.분출하다, 내뿜다
jec r.던지다(throw) ejective a.내뿜는, 방출성의, 추방의 ejection n.밖으로_이동시킴, 추방, 배출, 분출

[0508]

project
[prɑ́dʒekt]

They projected a missile to the East.

project ⓐ동해에 ⓞ미사일을 ⓥ앞으로, 던지듯_ 이동(移動)시키다 발사시키다
jec r.던지다(throw) project n.계획, 과제 projectile n.발사체 projection n.앞으로_이동시킴, 내던지기, 발사, 투사, 추정

[0509]

interject
[ìntərdʒékt]

He frequently interjects his opinions into the documentary.

interject ⓐ그 서류.기록물 안으로, 자주 ⓞ그의 견해.의견을 ⓥ사이.중간에, 던지듯_ 이동(移動)시키다 사이에 첨부시키다
jec r.던지다(throw) interjection n.감탄사

[0510]

subject
[sʌ́bdʒikt]

The Roman Empire subjected most of Europe to its rule.

subject ⓐ로마의 지배하에 ⓞ대부분의 유럽 지역.국가를 ⓥ아래로, 던지듯_ 이동(移動)시키다 아래에 두다, 복종시키다
jec r.던지다(throw) subjection n.(나라, 사람 등을) 아래로_이동시킴, 복종시키기, 정복하기

[0511]

send
[send]

He sent you that package by airmail.

send ⓐ[이동대상] 그 포장물을 ⓞ[이동장소] 당신에게 ⓥ보내서_ 이동(移動)시키다 보내주다
sender n.발송인

[0512]

emit
[imít]

Air-conditioners emit heat outside the buildings.

emit ⓐ그 건물 밖으로 ⓞ열을 ⓥ바깥으로, 보내듯_ 이동(移動)시키다 방출시키다
mi(t,s) r.보내다(send) emissive a.방사.방출의 emission n.밖으로_이동시킴, 방출, 배출, 사정

[0513]

transmit
[trænsmít]

This canal transmits water to the fields for irrigation.

transmit ⓐ그 경작지에, 관개를 위해 ⓞ물을 ⓥ가로질러, 보내듯_ 이동(移動)시키다 전달.전송시키다
mi(t,s) r.보내다(send) transmission n.가로질러_이동시킴, 전송, 전염

[0514]

submit
[səbmít]

Seoul submitted an application to UNESCO in early June to register Arirang as an intangible world heritage asset.

submit ⓐ유네스코에, 세계무형문화유산으로 아리랑을 등록시키기 위해, 6월초에 ⓞ신청서를 ⓥ아래로, 보내듯, 제출.복종으로_ 이동(移動)시키다 제출하다
mi(t,s) r.보내다(send) submissive a.순종적인 submission n.아래로_이동시킴, (서류·제안서 등의) 제출, 복종, 항복

[0515]

commit
[kəmít]

He committed the bill to the committee.

commit ⓐ그 위원회에 ⓞ그 법안을 ⓥ완전히, 보내듯_ 이동(移動)시키다 보내다
mi(t,s) r.보내다(send) commitment n.온전히_이동시킴, 구금, 투옥, 위탁, 약속, 몰두

[0516]

dismiss
[dismís]

The principal dismissed the bad boy from school.

dismiss ⓐ학교 밖으로 ⓞ비행 소년을 ⓥ분리하여, 보내듯_ 이동(移動)시키다 퇴학시키다
mi(t,s) r.보내다(send) dismissal n.분리로_이동시킴, 해고, 퇴학, 해방, 퇴거

[0517]

remit
[rimít]

I remitted 2 million won to my friend in the US.

remit ⓐ미국에 있는 나의 친구에게 ⓞ2백만원을 ⓥ다시, 뒤로, 보내듯_ 이동(移動)시키다 송금시키다
mi(t,s) r.보내다(send) remittance n.돈의 이동, 송금, 전금

[0518]

omit
[oumít]

She omitted a sentence from a paragraph.

omit ⓐ단락으로부터 ⓞ한 문장을 ⓥ반대로, 보내듯, 제거.삭제를 위해_ 이동(移動)시키다 제거.삭제시키다
mi(t,s) r.보내다(send) omissible a.생략할 수 있는 omission n.반대 방향으로_이동시킴, 생략, 삭제, 누락

[0519]

admit
[ədmít]

They admitted two crash victims to the local hospital.

admit ⓐ그 지역 병원으로 ⓞ2명의 충돌 희생자들을 ⓥ입장.허용으로, 보내듯_ 이동(移動)시키다 입원시키다
mi(t,s) r.보내다(send) admissible a.허용으로_이동시킬 수 있는, 허용될 수 있는 admission n.입장.허용으로_이동시킴, 입장, 입학, 입원, 시인

[0520]

permit
[pərmít]

The bill would permit workers 12 weeks of unpaid leave for family emergencies.

permit ⓞ[이동대상] 가족 비상사태를 위한 12주간의 무급휴가를 ⓞ[이동장소] 근로자들에게 ⓥ온전히, 허가.허용.용인으로, 보내듯_ 이동(移動)시키다 허용.허가.용인해 주다
mi(t,s) r.보내다(send) impermissible a.허용할 수 없는 permissible a.허가할 수 있는 permission n.허용, 허가

[0521]

induct
[indʌkt]

The pump inducted the water into the tank.

induct ⓐ탱크 안으로 ⓞ물을 ⓥ위.안에, 유도로_ 이동(移動)시키다 유입시키다
duc r.이끌다(lead) induction n.유도, 제시, 제출, 취임, 귀납(법)

[0522]

induce
[indjúːs]

The tower's sway has been known to induce motion sickness in people working at the top.

induce ⓐ꼭대기에서 일하는 사람들 안으로 ⓞ멀미를 ⓥ위.안에, 유도.유인으로_ 이동(移動)시키다 유도.유인시키다
duc r.이끌다(lead) inductive a.귀납의, 유도적인 induction n.유도, 제시, 제출, 취임, 귀납(법)

[0523]

deduct
[didʌkt]

The government deducts 5% from my salary for income tax.

deduct ⓐ나의 급여 밖으로, 소득세를 위하여 ⓞ(급여의) 5% 해당액을 ⓥ나쁘게, 유도로, 공제하기 위해_ 이동(移動)시키다 공제로 빼내다
duc r.이끌다(lead) deduction n.추론, 연역법, 공제

[0524]

deduce
[didjúːs]

We deduced unknown truths from principles already known.

deduce ⓐ벌써 알려진 원리로부터 ⓞ알려지지 않은 진실을 ⓥ유도.연역.추론으로_ 이동(移動)시키다 추론.추정으로 끄집어내다, 연역하다
duc r.이끌다(lead) deductive a.연역적인, 추리의 deduction n.추론, 연역법, 공제

[0525]

introduce
[intrədjúːs]

The province will introduce the no-exam school system to other schools if it turns out to be helpful and effective.

introduce ⓐ여타 학교들에게, 만약 그 제도가 도움이 되고 효과적인 것으로 판명난다면 ⓞ그 무시험 학교제도를 ⓥ안으로, 유도로, 도입.소개를 위해_ 이동(移動)시키다 도입시키다
duc r.이끌다(lead) introductory a.소개의 introduction n.안으로_이동시킴, 도입, 소개

[0526]

conduct
[kɑ́ndʌkt]

He conducted the box up the mountain.

conduct ⓐ그 산 위에 ⓞ그 박스를 ⓥ온전히, 유도로_ 이동(移動)시키다 이동시키다, 옮기다
duc r.이끌다(lead) conductive a.전도(성)의 conduction n.온전히_이동시킴, 전도, 이동 conductivity n.전도성

[0527]

abduct
[æbdʌkt]

He abducted a child from its home.

abduct ⓐ어린이의 집.가정 밖으로 ⓞ어린이를 ⓥ분리.이탈하여, 납치.유도로_ 이동(移動)시키다 유괴.납치하다
duc r.이끌다(lead) abduction n.유괴, 납치

[0528]

adduce
[ədjúːs]

She adduced several facts to support her thesis.

adduce ⓐ그녀의 논문을 뒷받침하기 위해 ⓞ몇 가지 사실을 ⓥ가까이, 유도로_ 이동(移動)시키다 제시하다
duc r.이끌다(lead) adduction n.(증거 등의) 제시

[0529]

seduce
[sidjúːs]

The warm weather seduced me to the beach.

seduce ⓐ해안가에 ⓞ나를 ⓥ분리하여, 유도.유혹으로_ 이동(移動)시키다 유혹하여 끌어당기다
duc r.이끌다(lead) seduction n.유혹, 매력

[0530]

produce
[prədjúːs]

He produced an ID card from his pocket.

produce ⓐ그의 주머니 밖으로 ⓞ신분증을 ⓥ앞으로, 유도.생산으로_ 이동(移動)시키다 끄집어 내다
duc r.이끌다(lead) production n.산출, 제출, 상연 product n.생산물, 성과, 작품

67

[0531]

infer
[infə́:r]

We inferred an unknown fact from a known fact.

infer ⓐ알려진 사실로부터 ⓞ알려지지 않은 사실을 ⓥ위.안에, 날라서, 추론으로_ 이동(移動)시키다 추론으로 끄집어내다, 추론.추정하다
fer r.나르다(carry) inferential a.추리의 inference n.추론

[0532]

transfer
[trænsfə́:r]

She transferred sweet potatoes to a large bowl.

transfer ⓐ커다란 그릇에 ⓞ고구마를 ⓥ가로질러, 날라서_ 이동(移動)시키다 옮기다
fer r.나르다(carry) transferable a.이전할 수 있는, 양도할 수 있는 transfer n.이송, 이전, 양도 transference n.가로질러_이동시킴, 양도

[0533]

offer
[ɔ́:fər]

They offer their seat to an elderly person.

offer ⓐ노인에게 ⓞ자신의 좌석을 ⓥ날라서, 제안.제공으로_ 이동(移動)시키다 제안.제공하다
fer r.나르다(carry) offer n.제공 offering n.제공된 것

[0534]

proffer
[prɑ́fər]

We proffered the information to them.

proffer ⓐ그들에게 ⓞ그 정보를 ⓥ앞으로, 날라서, 제공으로_ 이동(移動)시키다 제공하다
fer r.나르다(carry) profferer n.제공자, 증정자

[0535]

confer
[kənfə́:r]

The king conferred knighthoods on several distinguished men.

confer ⓐ몇 명의 뛰어난 사람들에게 ⓞ기사작위를 ⓥ온전히, 날라서_ 이동(移動)시키다 수여하다
fer r.나르다(carry) conferment n.(학위 등의) 수여 conference n.(자격 등의) 수여, 회담, 회의

[0536]

refer
[rifə́:r]

They referred the dispute to the United Nations.

refer ⓐ유엔에 ⓞ그 분쟁사항을 ⓥ다시, 날라서, 위탁.조회.참조로_ 이동(移動)시키다 회부.위탁시키다
fer r.나르다(carry) reference n.참고, 언급 referral n.보내기(소개.위탁)

[0537]

prefer
[prifə́:r]

I prefer a vegetable diet to meat food.

prefer ⓐ고기 음식 앞으로 ⓞ야채음식을 ⓥ앞으로, 날라서, 선호로_ 이동(移動)시키다 선호도에서 앞으로 놓다, 더 좋아하다
fer r.나르다(carry) preference n.선호

[0538]

defer
[difə́:r]

The department deferred the decision for six months.

defer ⓐ6개월 동안 ⓞ결정을 ⓥ아래로, 날라서, 미래 시간으로_ 이동(移動)시키다 연기해 놓다, 미루다
fer r.나르다(carry) deferrable a.연기할 수 있는 deferment n.연기, 순연(順延)

[0539]

lead
[li:d]

The guide will lead you to the monument.

lead ⓐ그 기념물로 ⓞ당신을 ⓥ선도.주도하여_ 이동(移動)시키다 인도하다
leader n.지도자, 선도자 lead n.선두

[0540]

mislead
[misli:d]

Japan should not mislead other countries.

mislead ⓢ일본은 ⓞ다른 나라들을 ⓥ잘못되게, 선도.주도하여_ 이동(移動)시키다 잘못 인도하다
misleading a.오해하게 하는 lead n.선두

[0541]

infuse [infjú:z]

He infused patriotism into the hearts of his sons.

infuse ⓐ그의 아들들의 마음 속으로 ⓞ애국심을 ⓥ위.안에, 붓듯_ 이동(移動)시키다 주입시키다
fus r.붓다 infusion n.안으로_이동시킴, 주입, 투입

[0542]

effuse [ifjú:z]

Each bloom effuses a scent as soft as its appearance.

effuse ⓐ(공기.대기 안으로) ⓞ그것의 외관만큼 부드러운 향기를 ⓥ바깥으로, 붓듯_ 이동(移動)시키다 방출.분출.하다, 내뿜다
fus r.붓다 effusive a.뿜어 나오는, 넘쳐흐르는 effusion n.밖으로_이동시킴, 유출, 분출

[0543]

transfuse [trænsfjúːz]

The surgeon transfused my blood into him.

transfuse ⓐ그의 몸 안으로 ⓞ나의 피를 ⓥ가로질러, 붓듯_ 이동(移動)시키다 수혈시키다, 옮겨 붓다
fus r.붓다 transfusion n.가로질러_이동시킴, 수혈, 투입

[0544]

diffuse [difjú:z]

They diffused their culture in remote lands.

diffuse ⓐ멀리 떨어진 지역에 ⓞ그들의 문화를 ⓥ분리하여, 붓듯_ 이동(移動)시키다 확산.살포.전파시키다
fus r.붓다 diffusion n.보급, 유포, 전파 diffuser n.살포자, 보급자, 살포기

[0545]

perfuse [pərfjú:z]

The doctor perfused a liver with a salt solution.

perfuse ⓐ[이동대상] 소금용액을 ⓞ[이동장소] 간에 ⓥ완전하게, 붓듯_ 이동(移動)시키다 살포시키다
fus r.붓다 perfusion n.전면 살포

[0546]

suffuse [səfjú:z]

The chef suffused each fragrant dish with a different herb.

suffuse ⓐ[이동대상] 여러 가지 허브를 ⓞ[이동장소] 각각의 향기로운 음식에 ⓥ아래로, 붓듯_ 이동(移動)시키다 가득차게 하다, 충만시키다
fus r.붓다 suffusion n.가득 차게_이동시킴, 충만

[0547]

refuse [rifjú:z]

The user must either accept or refuse the name change.

refuse ⓐ(그 사용자 밖으로, 멀리) ⓞ그 이름 변경을 ⓥ반대.꺼꾸로, 붓듯, 거절.거부를 위해_ 이동(移動)시키다 거절.거부하다
fus r.붓다 refusable a.거절.거부할 수 있는 refusal n.뒤쪽으로_이동시킴, 거절, 거부

[0548]

vest [vest]

The Speaker vested him with a rich purple robe.

vest ⓐ[이동대상] 풍부한 자주색 가운을 ⓞ[이동장소] 그에게 ⓥ경건하게_ 이동(移動)시키다 수여하다, 입히다
vestment n.성직복, 예복 vest n.제의, 법의, 조끼

[0549]

divest [divést]

Members may divest themselves of their upper garments.

divest ⓐ[이동대상] 그들의 상의를 ⓞ[이동장소] 그들 자신들 밖으로 ⓥ나쁘게, 벗듯이, 박탈로_ 이동(移動)시키다 벗기다
divestible a.박탈할 수 있는 vest n.제의, 법의, 조끼 divestiture n.빼앗기, 박탈

[0550]

invest [invést]

He invested his money in the stocks.

invest ⓐ주식 안으로 ⓞ그의 돈을 ⓥ위.안에, 투자로, 경건하게_ 이동(移動)시키다 투자.투입하다
investment n.투자 vest n.제의, 법의, 조끼

[0551]

expel
[ikspél]

Our troops expelled the enemy from the land.

expel ⓐ그 지역 밖으로 ⓞ그 적을 ⓥ바깥으로, 강압적으로_ 이동(移動)시키다 몰아내다
pel r.강압적으로 달리게 하다(drive) expellable a.배출(방출)할 수 있는, 추방.축출할 수 있는 expulsion n.방출, 배출, 제명, 추방 expellee n.추방당한 사람 expeller n.쫓아내는 사람

[0552]

dispel
[dispél]

I cannot dispel you from my mind.

dispel ⓐ나의 마음 밖으로 ⓞ당신을 ⓥ분리하여, 강압적으로_ 이동(移動)시키다 쫓아내다, 떨쳐버리다
pel r.강압적으로 달리게 하다(drive) dispellable a.떨쳐버릴(없앨) 수 있는, 쫓아버릴 수 있는

[0553]

propel
[prəpél]

The changes happening will propel you into a new phase.

propel ⓢ일어나고 있는 변화는 ⓐ새로운 단계 안으로 ⓞ당신을 ⓥ앞으로, 강압적으로_ 이동(移動)시키다 전진.발전시키다
pel r.강압적으로 달리게 하다(drive) propellent a.추진하는 propulsion n.추진, 추진력

[0554]

impel
[impél]

Poverty impelled him to this crime.

impel ⓐ이 범죄를 저지르는 방향으로 ⓞ그를 ⓥ위.안에, 강압적으로_ 이동(移動)시키다 몰아 붙이다, 압박하다
pel r.강압적으로 달리게 하다(drive) impellent a.밀어붙이는, 추진하는 impulsion n.충동, 충격, 자극

[0555]

compel
[kəmpél]

Her illness compelled her to give up her studies.

compel ⓒ그녀의 공부를 포기하는 방향으로 ⓞ그녀를 ⓥ완전히, 강압적으로_ 이동(移動)시키다 몰아 붙이다, 강요하다
pel r.강압적으로 달리게 하다(drive) compelling a.강제적인 compulsion n.강요, 충동

[0556]

repel
[ripél]

The troops repelled the enemy from their country.

repel ⓐ그들 나라 밖으로 ⓞ그 적을 ⓥ반대.뒤로, 강압적으로_ 이동(移動)시키다 쫓아내다, 몰아내다
pel r.강압적으로 달리게 하다(drive) repellent a.쫓아버리는, 물리치는

[0557]

repulse
[ripʌ́ls]

He repulsed an offer of friendship.

repulse ⓞ우정의 제공을 ⓥ반대로, 강압적으로_ 이동(移動)시키다 거절.거부하다
pel r.강압적으로 달리게 하다(drive) repulsive a.뒤로 이동시키는, 혐오스러운, 반발하는 repulsion n.뒤.반대 방향으로 이동시킴, 격퇴, 반감, 반발력

[0558]

contribute
[kəntríbju:t]

The students with various backgrounds contributed their diverse skills to society.

contribute ⓐ사회에 ⓞ그들의 다양한 기술을 ⓥ온전히, 공헌으로_ 이동(移動)시키다 공헌.기부하다
tribu r.제공하다(offer) contributory a.기여(공헌)하는 contribution n.기여, 공헌, 기부 contributor n.공헌자

[0559]

distribute
[distríbju:t]

She distributed apples to the children.

distribute ⓐ아이들에게 ⓞ사과를 ⓥ분리하여, 분배로_ 이동(移動)시키다 나누어 주다
tribu r.제공하다(offer) distributive a.분배(배당, 배급)의, 유통의 distribution n.분포, 분배, 유통

[0560]

attribute
[ətríbju:t]

Some scientists attribute these unusual migrations to climate change.

attribute ⓐ기후변화에 ⓞ이런 이상한 이동을 ⓥ핑계.이유.탓으로_ 이동(移動)시키다 귀속시키다, 이유.탓으로 돌리다
tribu r.제공하다(offer) attributable a.원인을 돌릴 수 있는 attribution n.(원인.성질.작품 등을) (...에) 돌리기

[0561]

extract
[ikstrǽkt]

He extracted a cork from a bottle.

extract ⓐ병 밖으로 ⓞ코르크 마개를 ⓥ바깥으로, 당겨서_ 이동(移動)시키다 뽑아내다, 추출하다
trac r.끌어당기다(draw) extractive a.뽑아내는, 추출하는, 발췌하는 extract n.뽑아낸 것, 추출물, 발췌 extraction n.뽑아냄, 발췌, 추출, 적출

[0562]

attract
[ətrǽkt]

The program will attract many people to the center.

attract ⓐ그 센터로 ⓞ많은 사람들을 ⓥ가까이, 당겨서_ 이동(移動)시키다 끌어당기다, 유인하다
trac r.끌어당기다(draw) attractive a.(남의) 마음.흥미를 끌어당기는, 매력적인 attractiveness n.매력적인 것, 매력 attraction n.사람(의 마음·흥미)을 끌어당기는 장소.것, 매력

[0563]

abstract
[ǽbstrækt]

She abstracted the main points from the argument.

abstract ⓐ그 논쟁으로부터 ⓞ그 요점을 ⓥ분리하여, 당겨서_ 이동(移動)시키다 추출해 내다
trac r.끌어당기다(draw) abstraction n.분리, 제거, 추출

[0564]

distract
[distrǽkt]

TV can distract your attention and focus from studying.

distract ⓐ공부로부터 먼 곳으로 ⓞ당신의 주의와 집중을 ⓥ분리하여, 당겨서_ 이동(移動)시키다 다른 곳으로 돌리다, 산만하게 하다, 방해하다
trac r.끌어당기다(draw) distraction n.주의산만, 혼란, 기분전환, 오락

[0565]

detract
[ditrǽkt]

This detracted the child from his or her own interest in formal education.

detract ⓐ정규 교육에서, 어린이들의 흥미가 없는 곳으로 ⓞ어린이를 ⓥ나쁘게, 당겨서_ 이동(移動)시키다 딴 데로 돌리다, 멀어지게 하다
trac r.끌어당기다(draw)

[0566]

subtract
[səbtrǽkt]

Subtract eight hundred thousand won for expenses from sales of one million two hundred thousand, and there's only four hundred thousand won left.

subtract ⓐ120만원의 판매액 밖으로 ⓞ비용 80만원을 ⓥ아래로, 공제하기 위해_ 이동(移動)시키다 공제시키다, 감하다
trac r.끌어당기다(draw) subtractive a.빼는, 감하는 subtraction n.빼냄

[0567]

retract
[ritrǽkt]

He retracted a paper from U.S. scientific journal 'Science'.

retract ⓐ미국 과학잡지 '사이언스'지 밖으로 ⓞ논문을 ⓥ반대로, 철회.취소를 위해_ 이동(移動)시키다 철회.취소시키다
trac r.끌어당기다(draw) retractive a.수축성의 retraction n.취소, 철회

[0568]

subcontract
[sʌbkántrækt]

We subcontracted the work to a small engineering firm.

subcontract ⓐ소규모 엔지니어링 회사에 ⓞ그 작업을 ⓥ아래로, 하도급으로_ 이동(移動)시키다 하도급시키다
trac r.끌어당기다(draw) subcontract n.하도급, 하청 계약 subcontractor n.하청 회사(업자, 공장)

[0569]

delegate
[déligət]

The president delegated two members to the convention.

delegate ⓐ그 회의에 ⓞ2명의 멤버를 ⓥ대리.대표로_ 이동(移動)시키다 대리.대표로 파견하다
leg r.대리(depute) delegation n.대표파견, (권한·임무 등의) 위임

[0570]

relegate
[réləgèit]

The president relegated much of his administrative power to the prime minister.

relegate ⓐ국무총리에게 ⓞ그의 행정권한의 많은 것을 ⓥ뒤로, 대리.대표로_ 이동(移動)시키다 위임.이양시키다
leg r.대리(depute) relegation n.좌천, 추방

[0571]

place

[pleis]

His resignation placed us in a difficult position.

place ⓐ어려운 처지.입장 안에 ⓞ우리를 ⓥ자리 잡기 위해_ 이동(移動)시키다 자리잡아 놓다
place n.장소 placement n.놓기, 설치

[0572]

misplace

[mispleiˈs]

I misplace my book on the other desk.

misplace ⓐ다른 책상 위에 ⓞ나의 책을 ⓥ잘못되게_ 이동(移動)시키다 잘못 놓다
place n.장소 misplacement n.잘못 두기

[0573]

displace

[displéis]

The war displaced many people from their villages.

displace ⓐ그들의 마을 밖으로 ⓞ많은 사람들을 ⓥ분리하여_ 이동(移動)시키다 떠나게하다, 추방시키다
displaceable a.대신.대체할 수 있는, 옮길 수 있는 place n.장소 displacement n.추방, 해고, 전치(轉置), 바꾸어 놓음, 치환

[0574]

replace

[ripléis]

She replaced the defective TV with a new one.

replace ⓐ[이동대상] 새로운 TV를 ⓞ[이동장소] 그 고장난 TV 있는 장소에 ⓥ반대로, 대체를 위해_ 이동(移動)시키다 바꾸어 놓다, 대체.교체시키다
place n.장소 replacement n.대체, 교체

[0575]

supplant

[səplænt]

They supplanted teachers with unqualified staffs.

supplant ⓐ[이동대상] 자격없는 직원들을 ⓞ[이동장소] 선생님들 자리에 ⓥ아래에, 대체를 위해_ 이동(移動)시키다 대체로 집어넣다
plant n.식물

[0576]

plant

[plænt]

Children planted seeds in the soil.

plant ⓐ토양 안에 ⓞ씨를 ⓥ심기 위해_ 이동(移動)시키다 심어놓다
plant n.식물 planting n.심기

[0577]

implant

[implǽnt]

The scientists implanted genetic material into the salmon, making it grow faster and bigger.

implant ⓐ연어 안으로 ⓞ유전 물질을 ⓥ위.안에, 이식으로_ 이동(移動)시키다 이식시키다
implantable a.이식할 수 있는, 옮겨 심을 수 있는 implant n.(암 등의 치료를 위해 환자의 체내에) 삽입함, 임플란트 plant n.식물
implantation n.심기, 주입, 이식

[0578]

transplant

[trænzplænt]

They transplant their traditions to the new world.

transplant ⓐ새로운 세계에 ⓞ그들의 전통을 ⓥ가로질러, 이식으로_ 이동(移動)시키다 이식.이전시키다
transplantable a.이식할 수 있는 plant n.식물 transplant n.이식(移植) transplantation n.가로질러_이동시킴, 이식(移植)

[0579]

draw

[drɔː]

She drew money from her account.

draw ⓐ그녀의 계정.통장 밖으로 ⓞ돈을 ⓥ끌어당겨_ 이동(移動)시키다 인출하다
drawing n.인출, 빼기 draw n.잡아당기기, 끌기 drawer n.서랍

[0580]

withdraw

[wiðdrɔ́ː]

The country withdrew its forces from the region in 1975.

withdraw ⓐ그 지역 밖으로, 1975년에 ⓞ군대를 ⓥ반대로, 당겨_ 이동(移動)시키다 철수시키다
draw n.잡아당기기, 끌기 withdrawal n.반대로_이동시킴, 철수, 인출, 퇴진

[0581]

pay
[pei]

The company will pay him $350 in salary.

pay ⓞ[이동대상] 급여로 $350을 ⓞ[이동장소] 그에게 ⓥ지불.보답으로_ 이동(移動)시키다 지불.보답하다
payment n.지불 pay n.지불, 보수

[0582]

underpay
[ʌ̀ndərpéi]

I don't overcharge clients and I especially don't underpay the people who work with me.

underpay ⓢ나는 ⓞ나와 일한 그 사람에게 ⓥ보수.지불금으로, 과소하게_ 이동(移動)시키다 과소하게 지불하다
underpayment n.적게 지불 pay n.지불, 보수

[0583]

overpay
[òuvərpéi]

The pleasure of success overpaid me for all my sufferings.

overpay ⓢ성공의 그 기쁨은 ⓐ나의 모든 고통에 대해 ⓞ나에게 ⓥ보수.지불금으로, 지나치게_ 이동(移動)시키다 과다한 대가로 주다
overpayment n.초과 지불 pay n.지불, 보수

[0584]

repay
[ripéi]

I repaid the loan to the bank.

repay ⓐ은행에 ⓞ그 대출금을 ⓥ반대로, 상환.보답으로_ 이동(移動)시키다 상환하다
repayable a.상환할 수 있는 repayment n.상환 pay n.지불, 보수

[0585]

fund
[fʌnd]

They funded the brutal regime by buying its oil.

fund ⓐ기름을 구매함에 의해 ⓞ그 잔인한 정권에 ⓥ자금.기금으로_ 이동(移動)시키다 자금.기금으로 주다
funding n.자금 제공 fund n.자금, 기금

[0586]

refund
[rifʌnd]

The company refunded her 2 million won.

refund ⓞ[이동대상] 2백만 원을 ⓞ[이동장소] 그녀에게 ⓥ반대로, 반환.환불로_ 이동(移動)시키다 반환.환불로 주다
refundment n.환불 fund n.자금, 기금 refund n.반환, 변상, 환불

[0587]

consign
[kənsáin]

We have consigned these goods to our agent.

consign ⓐ우리의 대리점에 ⓞ이런 제품을 ⓥ온전히, 위탁으로_ 이동(移動)시키다 건네주다, 위탁하다
consignment n.위탁, 탁송 sign n.기호, 신호, 표시

[0588]

assign
[əsáin]

The company assigned him to the publicity department.

assign ⓐ홍보부에 ⓞ그를 ⓥ배치.배정.지정으로_ 이동(移動)시키다 배정시키다
unassigned a.할당되지 않은 assignment n.(특별한 임무·일 등의) 할당, 부여, 숙제 sign n.기호, 신호, 표시

[0589]

reassign
[rì:əsáin]

The company reassigned her to headquarters.

reassign ⓐ본사로 ⓞ그녀를 ⓥ다시, 배치.배정으로_ 이동(移動)시키다 재 배정시키다
reassignment n.재배치 sign n.기호, 신호, 표시

[0590]

resign
[rizáin]

She resigned her soul to God.

resign ⓐ신에게 ⓞ그녀의 영혼을 ⓥ뒤로, 단념.복종으로_ 이동(移動)시키다 맡겨놓다, 바치다
sign n.기호, 신호, 표시 resignation n.단념, 복종

[0591]

deposit
[dipázit]

She deposited the money in her account.

deposit ⓐ그녀의 계정.통장 안에 ⓞ그 돈을 ⓥ아래로, 적립으로_ 이동(移動)시키다 예금하다
pos r.놓다(put) deposition n.면직, 폐위 deposit n.예금, 침전물, 퇴적물

[0592]

depose
[dipóuz]

The people deposed the corrupt king from power.

depose ⓐ권력 밖으로 ⓞ그 부패한 왕을 ⓥ아래로, 나쁘게_ 이동(移動)시키다 퇴위시키다
pos r.놓다(put) deposition n.면직, 폐위 deposal n.면직, 폐위

[0593]

impose
[impóuz]

The teacher usually imposed heavy tasks on us.

impose ⓐ우리에게 ⓞ어려운 과제를 ⓥ위.안에, 부과를 위해_ 이동(移動)시키다 부과시키다
pos r.놓다(put) imposition n.부과

[0594]

expose
[ikspóuz]

She exposed a plant to sunlight.

expose ⓐ햇볕 비치는 곳에 ⓞ식물을 ⓥ바깥으로, 노출로_ 이동(移動)시키다 노출시켜 놓다
pos r.놓다(put) expository a.설명.해설적인 exposition n.전시, 진열 exposure n.드러내기, 폭로, 노출, 진열

[0595]

dispose
[dispóuz]

She disposed furniture tastefully around the room.

dispose ⓐ그 방 여기저기에, 취향에 맞게 ⓞ가구들을 ⓥ분리하여, 배치.처분으로_ 이동(移動)시키다 배치해 놓다
pos r.놓다(put) disposal n.배치, 폐기, 처분

[0596]

repose
[ri:póuz]

She reposed her head on a pillow.

repose ⓐ베개 위에 ⓞ그녀의 머리를 ⓥ뒤로, 편안히_ 이동(移動)시키다 뒤로 놓다
pos r.놓다(put) repose n.휴식, 평화

[0597]

Postpone
[poustpóun]

We'll postpone the meeting until next week.

postpone ⓐ다음 주 까지 ⓞ그 회의를 ⓥ뒤로_ 이동(移動)시키다 연기하다
pos r.놓다(put) postponement n.연기

[0598]

propose
[prəpóuz]

He proposed an urgent motion to Congress.

propose ⓐ의회에 ⓞ긴급 발의를 ⓥ앞으로, 제안으로_ 이동(移動)시키다 제안해 놓다
pos r.놓다(put) proposal n.제안, 제의, 프러포즈

[0599]

interpose
[ìntərpóuz]

They will interpose some trees between two buildings.

interpose ⓐ두 건물 사이에 ⓞ몇 그루의 나무를 ⓥ사이.중간에, 설치를 위해_ 이동(移動)시키다 사이에 심어 놓다
pos r.놓다(put) interposition n.사이에 넣음

[0600]

propound
[prəpáund]

The pupil propounds the difficulties to the teacher.

propound ⓐ선생님에게 ⓞ어려움을 ⓥ앞으로_ 이동(移動)시키다 털어놓다
pos r.놓다(put) propounder n.제기자

[0601]

position
[pəzíʃən]

They positioned Apache copters near the buffer border of the two Koreas.

position ⓐ한반도 휴전선 근처에 ⓞ아파치 헬기를 ⓥ배치.위치시키기 위해_ 이동(移動)시키다 배치.위치시켜 놓다
pos r.놓다(put) positional a.위치의, 지위의 position n.위치

[0602]

impound
[impáund]

They impounded water in a reservoir.

impound ⓐ저수지 안으로 ⓞ물을 ⓥ위.안에, 공공목적으로_ 이동(移動)시키다 법.직권으로 수용시키다, 몰수하다
pos r.놓다(put) impoundment n.압수, 저수

[0603]

pose
[pouz]

He posed a question to his students. [= He posed his students a question.]

pose ⓐ그의 학생에게 ⓞ질문을 ⓥ단순하게_ 이동(移動)시키다 던지다
pos r.놓다(put) pose n.자세

[0604]

predispose
[priˌdispóuz]

Features of the modern lifestyle predispose us to those diseases.

predispose ⓐ이런 질병 방향으로 ⓞ우리를 ⓥ기울여서, 경향으로_ 이동(移動)시키다 걸리기 쉽게 하다
pos r.놓다(put) predisposition n.경향

[0605]

superimpose
[suˌpərəmpóuz]

He superimposed a blurry picture of Marilyn Monroe on top of a detailed picture of Albert Einstein.

superimpose ⓐ알버트 아인슈타인의 상세한 사진의 위에 ⓞ마릴린 먼로의 흐릿한 사진을 ⓥ위에, 겹쳐서_ 이동(移動)시키다 겹쳐 놓다
pos r.놓다(put) superimposition n.합성(合成)

[0606]

juxtapose
[dʒʌkstəpòuz]

The exhibition juxtaposes Picasso's early drawings with some of his later works.

juxtapose ⓐ[이동대상] 그의 후기 작품 몇 개를 ⓞ[이동장소] 피카소의 초기 작품들에 ⓥ나란히, 병치식으로_ 이동(移動)시키다 병렬.병치하여 놓다
pos r.놓다(put) juxtaposition n.병렬, 병치

[0607]

donate
[dóuneit]

She donated the money to an orphanage.

donate ⓐ고아원에 ⓞ그 돈을 ⓥ기부하기 위해_ 이동(移動)시키다 기부.기증.희사하다
da,do r.주다(give) donative a.기부의 donation n.기부, 기증

[0608]

endow
[indáu]

He endowed the museum with a million dollars.

endow ⓐ백만 달러를 ⓞ그 박물관에 ⓥ수여.기부하기 위해_ 이동(移動)시키다 기부하다
da,do r.주다(give) endowment n.기부, 기증, (타고난)재능 donation n.기부, 기증

[0609]

cede
[si:d]

He ceded management right to me. [= He ceded me management right.]

cede ⓐ나에게 ⓞ경영권을 ⓥ양보.양도로_ 이동(移動)시키다 양보해 주다
ce(d,s) r.가다(go) ceder n.양도인

[0610]

concede
[kənsí:d]

He conceded better working conditions to the employees.

concede ⓐ직원들에게 ⓞ더 좋은 작업환경을 ⓥ완전히, 인정.양보.허용으로_ 이동(移動)시키다 양보.허용해 주다
ce(d,s) r.가다(go) cede v.양도하다 concessive a.양보하는, 양보를 나타내는, 양여의 concession n.양보, 인정, 이권 concessionaire n.양수인, 특허권 소유자, 영업권 소유자

[0611]

charge
[tʃɑːrdʒ]

They're going to charge him with dangerous driving.

charge ⓐ[이동대상] 위험한 운전을 한 것을 ⓑ[이동장소] 그에게 ⓥ짐.부담.전하.혐의.청구 등으로_ 이동(移動)시키다 기소.혐의로 부여하다
chargeable a.부과되어야 할, 책임.부담 져야 할 charger n.충전기, 장전기 charge n.부담, 전하, 무거운 짐

[0612]

recharge
[riːtʃɑːrdʒ]

He recharged his phone with electricity.

recharge ⓐ[이동대상] 전기를 ⓑ[이동장소] 그의 전화기에 ⓥ다시, 짐.부담.전하.혐의.청구 등으로_ 이동(移動)시키다 재충전하다
rechargeable a.재충전 가능한 charge n.부담, 전하, 무거운 짐 recharge n.재충전, 재장전

[0613]

overcharge
[ouˈvərtʃɑːrdʒ]

He overcharged the battery with electricity.

overcharge ⓐ전기를 ⓑ그 배터리에 ⓥ지나치게, 짐.부담.전하.혐의.청구 등으로_ 이동(移動)시키다 과다 충전시키다
charge n.부담, 전하, 무거운 짐

[0614]

undercharge
[ʌndərtʃɑːrdʒ]

The store attendant undercharged me for the book.

undercharge ⓐ그 책에 대해 ⓑ나에게 ⓥ과소하게, 짐.부담.전하.혐의.청구 등으로_ 이동(移動)시키다 과소 청구하다
charge n.부담, 전하, 무거운 짐 undercharge n.대가 이하의 청구, 불충분한 장전.충전

[0615]

surcharge
[səːrtʃɑːrdʒ]

The accident surcharged her heart with grief.

surcharge ⓐ[이동대상] 슬픔을 ⓑ[이동장소] 그녀의 마음에 ⓥ지나치게, 짐.부담.전하.혐의.청구 등으로_ 이동(移動)시키다 과다 이동시키다
charge n.부담, 전하, 무거운 짐

[0616]

discharge
[distʃɑːrdʒ]

They discharged the cargo from a ship. [= They discharged a ship of the cargo.]

discharge ⓐ선박 밖으로 ⓑ그 화물을 ⓥ분리하여, 짐.부담.전하.혐의.청구 등으로_ 이동(移動)시키다 하역시키다, 내리다
dischargeable a.석방.방면할 수 있는 discharger n.하역장비, 방전기 charge n.부담, 전하, 무거운 짐 discharge n.분리로_이동시킴, 방출, 해고, 퇴학, 짐 내리기, 면제

[0617]

burden
[bəːrdn]

They burdened him with the extra responsibility.

burden ⓐ추가의 책임을 ⓑ그에게 ⓥ짐.부담으로_ 이동(移動)시키다 부담으로 주다
burden n.짐, 부담

[0618]

disburden
[disbəːrdn]

The conversation with him disburdened her mind of suspicion.

disburden ⓐ[이동대상] 의심을 ⓑ[이동장소] 그녀의 마음 밖으로 ⓥ분리하여, 짐.부담으로_ 이동(移動)시키다 덜어 내다
burden n.짐, 부담 disburdenment n.짐을 내림

[0619]

overburden
[ouˈvərbərdən]

The new government overburdened tax payers with heavy tax.

overburden ⓐ[이동대상] 과다한 세금을 ⓑ[이동장소] 납세자에게 ⓥ지나치게, 짐.부담으로_ 이동(移動)시키다 과다 부담시키다
overburdensome a.짐이 너무 무거운, 과중한 burden n.짐, 부담

[0620]

unburden
[ənbərdən]

She unburdened him of his bags.

unburden ⓐ[이동대상] 그의 가방을 ⓑ[이동장소] 그의 밖으로 ⓥ바깥.아래로, 짐.부담으로_ 이동(移動)시키다 덜어 내다
burden n.짐, 부담

[0621]

lodge
[lɑdʒ]

The money was lodged in an account in Hamburg.

lodge ⓐ함부르크의 한 계좌에 ⓞ그 돈을 ⓥ항의로_ 이동(移動)시키다 예치시키다
lodge n.숙박장소, 오두막집

[0622]

dislodge
[dislɑ́dʒ]

We dislodged the enemy from their position.

dislodge ⓐ그들의 진지 밖으로 ⓞ그 적을 ⓥ분리하여_ 이동(移動)시키다 몰아내다, 제거시키다
lodge n.숙박장소, 오두막집 dislodgement n.제자리를 벗어나게 만듦, 몰아냄, 축출

[0623]

load
[loud]

Participants load antique furniture, household items, or fruit on top of their jeeps.

load ⓐ그들의 짚차 꼭대기에 ⓞ고가구, 가정용품 또는 과일을 ⓥ짐.부담으로_ 이동(移動)시키다 실어 놓다
load n.짐, 장전

[0624]

unload
[ənlouˈd]

They unloaded goods from a truck.

unload ⓐ트럭 밖으로 ⓞ상품을 ⓥ바깥.아래로, 짐.부담으로_ 이동(移動)시키다 내려 놓다
unloading n.짐 내리기 load n.짐, 장전

[0625]

upload
[ʌplòud]

I will upload my pictures on my blogs.

upload ⓐ나의 블로그 위로 ⓞ나의 사진을 ⓥ위로, 짐.부담으로_ 이동(移動)시키다 올려 놓다
uploading n.업로딩(데이터를 하위 시스템(개인 PC)에서 상위 시스템(호스트 컴퓨터)으로 전송) load n.짐, 장전

[0626]

download
[dáunlòud]

They have downloaded the mobile app on their phones.

download ⓐ그들의 전화기에 ⓞ모바일 엡을 ⓥ아래로, 짐.부담으로_ 이동(移動)시키다 다운로드 하다, 내려 받다
downloadable a.다운로드(내려 받을) 할 수 있는 downloading n.다운로딩(데이터를 상위 시스템(호스트 컴퓨터)에서 하위 시스템(개인 PC)으로 전송) load n.짐, 장전

[0627]

reload
[rilouˈd]

He reloaded the gun with new cartridges.

reload ⓐ[이동대상] 새로운 탄창을 ⓞ[이동장소] 총에 ⓥ다시, 짐.부담으로_ 이동(移動)시키다 재장착시키다
load n.짐, 장전

[0628]

offload
[ɔːfloʊd]

They offloaded waste from oil tankers into the sea.

offload ⓐ기름 탱크에서 바다 속으로 ⓞ폐기물을 ⓥ분리하여, 짐.부담으로_ 이동(移動)시키다 배출시키다
load n.짐, 장전

[0629]

input
[ínpùt]

He inputted the new data into his computer.

input ⓐ그의 컴퓨터 안에 ⓞ새로운 데이터를 ⓥ위.안에, 입력으로_ 이동(移動)시키다 입력시키다
put v.놓다 input n.투입, 입력

[0630]

output
[aʊtpʊt]

The app almost instantly outputs the answer to a complicated equation and all of the steps needed to reach the result on smartphone screens.

output ⓐ스마트폰의 화면 위에 ⓞ복잡한 공식에 대한 답과, 그 결과에 도달하기 위해 필요된 그 모든 단계를 ⓥ바깥으로, 결과로_ 이동(移動)시키다 출력시키다
put v.놓다 output n.산출, 출력

[0631]

extrude
[ikstrúːd]

She extruded toothpaste from the tube.

extrude ⓐ그 튜브 밖으로 ⓞ치약을 ⓥ바깥으로, 밀어서_ 이동(移動)시키다 밀어내다, 짜내다
trud r.밀다(push) extrudable a.밀어낼 수 있는 extrusive a.밀어내는, 분출한 extrusion n.분출, 추방, 밀어냄

[0632]

intrude
[intrúːd]

He intruded his opinions on(upon) others.

intrude ⓐ다른 사람 위에 ⓞ그의 견해를 ⓥ위.안에, 밀어서_ 이동(移動)시키다 밀어 부치다, 강요하다
trud r.밀다(push) intruder n.침입자 intrusion n.강요, 침입

[0633]

obtrude
[əbtrúːd]

He obtruded his views upon others.

obtrude ⓐ다른 사람 위에 ⓞ그의 견해를 ⓥ강하게, 밀어서_ 이동(移動)시키다 밀어 부치다, 강요하다
trud r.밀다(push) obtruder n.주제넘게 나서는 사람 obtrusion n.(의견 등의) 강요

[0634]

protrude
[proutrúːd]

The naughty boy protruded his tongue and ran away.

protrude ⓐ(입 밖으로) ⓞ그의 혀를 ⓥ앞으로, 밀어서_ 이동(移動)시키다 앞으로 내밀다
trud r.밀다(push) protrusible a.내밀 수 있는 protrudent a.돌출한, 불쑥 나온 protrusion n.내밀기, 튀어나옴, 돌출

[0635]

apply
[əplái]

Apply the cream evenly over the skin.

apply ⓐ그 피부 위에, 골고루 ⓞ그 크림을 ⓥ가까이, 사용.적용.응용.바르기 위해_ 이동(移動)시키다 발라 놓다
pl r.사용하다(use), 접다(bend) applicable a.적용(응용)할 수 있는 applicant n.응모자, 지원자, 신청자 application n.바르는 약, 원서, 신청서, 적용, 사용

[0636]

reapply
[riːəplái]

You must reapply the sunscreen every two to three hours to your body.

reapply ⓐ당신의 몸에, 2-3시간 마다 ⓞ자외선 차단제를 ⓥ다시, 사용.적용.응용.바르기 위해_ 이동(移動)시키다 다시 발라 놓다
pl r.사용하다(use), 접다(bend) reapplication n.재신청, 재적용

[0637]

imply
[implái]

The free market implies voluntary exchange to us.

imply ⓐ우리(마음)에게 ⓞ자율적인 상호교환을 ⓥ위.안에, 암시를 위해_ 이동(移動)시키다 넌지시 전하다
pl r.사용하다(use), 접다(bend) implication n.연루, 관련, 밀접한 관계

[0638]

supply
[səplái]

They supplied cheap panels to Chinese and Japanese TV manufacturers.

supply ⓐ중국과 일본 TV제조업체에 ⓞ값싼 판넬을 ⓥ공급으로_ 이동(移動)시키다 공급.제공하다
pli r.복잡한, 채우다 supplier n.공급하는 사람 supply n.공급

[0639]

deflect
[diflékt]

He deflected the ball into his own net.

deflect ⓐ그 자신의 네트.골대 안으로 ⓞ그 공을 ⓥ나쁘게, 굴절로_ 이동(移動)시키다 굴절시키다, 자살골 넣다
flec r.구부리다(bend) deflection n.벗어남, 비뚤어짐, 치우침, 휘어짐

[0640]

reflect
[riflékt]

When the sun's rays hit the earth, it reflected a lot of the heat back into space.

reflect ⓐ태양광선이 지구에 도달할 때, 우주 공간 안으로, 반대로 ⓞ많은 열을 ⓥ반대로, 반사.반영으로_ 이동(移動)시키다 반사시키다
flec r.구부리다(bend) reflective a.반사하는 reflection n.반사

[0641]
award
[əwɔ́ːrd]

They awarded the Nobel prize for literature to William Faulkner.

award ⓐWilliam Faulkner에게 ⓞ노벨문학상을 ⓥ상으로_ 이동(移動)시키다 상으로 수여하다
ward v.이동시키다 awardable a.수여할 수 있는 award n.상 awardee n.수상자

[0642]
reward
[riwɔ́ːrd]

He rewarded his granddaughter with a five-pound note.

reward ⓐ5파운드 지폐를 ⓞ그의 손녀에게 ⓥ반대로, 보상.보답으로_ 이동(移動)시키다 보상으로 주다
ward v.이동시키다 rewarding a.보상이 이동되는 reward n.보상, 보수, 사례금

[0643]
forward
[fɔ́ːrwərd]

He forwarded a book to her. [= He forwarded her a book.]

forward ⓐ그녀에게 ⓞ책을 ⓥ전송.발송으로_ 이동(移動)시키다 전송.발송해 주다
ward v.이동시키다 forwarding n.발송

[0644]
ward
[wɔːrd]

Stone sheep sculptures placed around royal tombs ward off evil spirits.

ward ⓐ떨어뜨려(off) ⓞ악령들을 ⓥ쫓아내기 위해_ 이동(移動)시키다 쫓아내다
ward v.이동시키다

[0645]
delay
[diléi]

The judge will delay his verdict until he receives medical reports on the offender.

delay ⓐ그 범죄자에 대한 의료보고서를 받을 때까지 ⓞ그의 판결을 ⓥ미래의 시간으로_ 이동(移動)시키다 연기해 놓다, 미루다
lay v.놓다 delaying n.지연 delay n.연기, 유예, 지연, 지체

[0646]
lay
[lei]

He laid his head on a pillow.

lay ⓐ베개 위에 ⓞ그의 머리를 ⓥ놓기 위해_ 이동(移動)시키다 눕혀놓다
lay v.놓다

[0647]
inlay
[ínlèi]

She inlaid gems into a ring.

inlay ⓐ반지 안에 ⓞ보석을 ⓥ위.안에, 놓기 위해_ 이동(移動)시키다 박아 놓다
lay v.놓다 inlay n.상감

[0648]
mislay
[mɪsˈleɪ]

I have mislaid my camera somewhere.

mislay ⓐ어딘가에 ⓞ나의 카메라를 ⓥ잘못되게_ 이동(移動)시키다 잘못 놓다
lay v.놓다 mislayer n.어디에 두고 잊어버리는 사람

[0649]
overlay
[òuvərléi]

He overlaid the graphs in the same data region.

overlay ⓐ동일 데이터 영역 안에 ⓞ그 그래프를 ⓥ겹쳐서_ 이동(移動)시키다 겹쳐 놓다
lay v.놓다 overlay n.위에 덧대는 것, 오버레이: 군용 지도 위에 대는 투명한 종이 overlayer n.위에 까는 것

[0650]
relay
[ríːlei]

He relayed Washington's position to the North Korean.

relay ⓐ북한에게 ⓞ워싱턴.미국의 입장을 ⓥ다시, 전달.중계로_ 이동(移動)시키다 중계.전달하다
lay v.놓다 relay n.릴레이. 교대, 교체

[0651]

append
[əpénd]

She appended an ornament to the tree.

append ⓐ그 나무에 ⓑ장식물을 ⓥ부착.첨가.매달기 위해_ 이동(移動)시키다 부착시키다
pend r.무게를 달기 위한 추를 매달다 appendant a.부수하는, 부대적인 appendage n.첨가(부가)물 appendix n.부록, 추가, 부가물, 맹장

[0652]

dispense
[dispéns]

They dispensed alms to (among) the poor.

dispense ⓐ가난한 사람들에게 ⓑ빈민 구호품을 ⓥ분리하여, 분배로_ 이동(移動)시키다 분배해 주다
pend r.무게를 달기 위한 추를 매달다 dispensable a.분배할 수 있는 dispenser n.분배자, 자동판매기

[0653]

spend
[spend]

Some people willingly spend a lot of money on their pets.

spend ⓐ그들의 애완동물에 ⓑ많은 돈을 ⓥ소비.사용으로_ 이동(移動)시키다 소비.사용하다
pend r.무게를 달기 위한 추를 매달다 spend n.지출, 비용

[0654]

expend
[ikspénd]

He expended time on making model airplanes.

expend ⓐ모델 비행기를 만드는 데에 ⓑ시간을 ⓥ바깥으로, 시간.돈 등으로, 사용.소모로_ 이동(移動)시키다 보내다, 소비시키다
pend r.무게를 달기 위한 추를 매달다 expensive a.비싼, 고가의 expense n.지출, 비용 expenditure n.지출, 소비, 비용

[0655]

demote
[dimóut]

They demoted him from being a section head to the status of ordinary employee.

demote ⓐ부서장에서 평직원의 상태로 ⓑ그를 ⓥ나쁘게, 아래로_ 이동(移動)시키다 강등시키다
mot r.이동하다(move) demotion n.강등, 좌천

[0656]

promote
[prəmóut]

They promoted her from sergeant to inspector.

promote ⓐ경사에서 경위로 ⓑ그녀를 ⓥ앞으로, 승진.촉진으로_ 이동(移動)시키다 승진시키다
mot r.이동하다(move) promotional a.촉진 장려용의 promotion n.승진, 촉진, 홍보

[0657]

move
[mu:v]

They are using a lever to move a refrigerator into a truck.

move ⓐ트럭 안으로 ⓑ냉장고를 ⓥ단순하게_ 이동(移動)시키다 이동시키다, 싣다
mot r.이동하다(move) move n.이동, 운동

[0658]

remove
[rimú:v]

He removed the books from the desk.

remove ⓐ책상 밖으로 ⓑ책을 ⓥ반대로, 제거를 위해_ 이동(移動)시키다 제거시키다, 치우다
mot r.이동하다(move) removable a.제거할 수 있는 removal n.제거, 해임

[0659]

sneak
[sni:k]

The sons occasionally sneaked the father out of the hospital for "fresh air".

sneak ⓐ병원 밖으로, 신성한 공기를 위해, 때때로 ⓑ아버지를 ⓥ은밀하게, 몰래_ 이동(移動)시키다 은밀하게.몰래 이동시키다
sneaky a.살금살금 하는, 비열한 sneak a.은밀한, 몰래(슬그머니) 하는 snake n.뱀

[0660]

smuggle
[smʌgl]

He had smuggled the drugs from overseas and regularly used them in violation of the law.

smuggle ⓐ해외로부터 ⓑ마약을 ⓥ은밀하게, 몰래_ 이동(移動)시키다 몰래 이동시키다, 밀수하다
smuggling n.밀수 smuggler n.밀수범

[0661]

lend
[lend]

He lent $25 to his brother.

lend ⓐ그의 형제에게 ⓞ$25을 ⓥ대여로_ 이동(移動)시키다 빌려주다
lend n.대여, 차용 lending n.대출, 대부

[0662]

loan
[loun]

Since the 1950s, China has given away or loaned pandas to other countries to boost relations.

loan ⓐ1950년대 이래로, 관계를 촉진시키기 위해, 다른 나라에 ⓞ판다곰을 ⓥ대여.대출로_ 이동(移動)시키다 빌려주다, 임대하다
loanee n.빌리는 사람, 채무자 loaner n.빌려주는 사람, 대여자 loan n.대여, 대출

[0663]

lease
[li:s]

He wants to buy a small apartment and lease it out to newly-weds.

lease ⓐ신혼부부에게 ⓞ그것_ 작은 아파트를 ⓥ임대로_ 이동(移動)시키다 임대하다
lease n.임대, 리스

[0664]

rent
[rent]

She rented a house to him.

rent ⓐ그에게 ⓞ집을 ⓥ임대로_ 이동(移動)시키다 임대하다
rental a.임대의 rent n.임대료, 집세, 지대

[0665]

secrete
[sikrí:t]

The body secretes higher amounts of melatonin from cells called melanocytes.

secrete ⓐ멜라노사이트라 불리는 세포 밖으로 ⓞ많은 양의 멜라토닌을 ⓥ분리하여, 분비로_ 이동(移動)시키다 분비하다
secretion n.분비

[0666]

excrete
[ikskrí:t]

The snails excrete the slime from their bodies.

excrete ⓐ그들의 몸 밖으로 ⓞ점액을 ⓥ바깥으로, 분비.배설로_ 이동(移動)시키다 분비.배설하다
excretal a.배설물의 excretion n.배설

[0667]

leak
[li:k]

He leaked confidential secrets to a close friend.

leak ⓐ친한 친구에게 ⓞ기밀을 ⓥ누설로_ 이동(移動)시키다 유출.누설시키다
leakage n.누출, 누설 leak n.누출, 누설

[0668]

divulge
[divʌldʒ]

He divulged a military secret to the enemy.

divulge ⓐ적에게 ⓞ군사비밀을 ⓥ분리하여, 폭로.누설로_ 이동(移動)시키다 폭로.누설하다
divulgation n.비밀 누설, 폭로 divulgence n.폭로

[0669]

deploy
[diplói]

The government will deploy 500 professional counselors to schools across the nation.

deploy ⓐ전국의 학교에 ⓞ500명의 전문 상담원을 ⓥ아래로, 배치하기 위해_ 이동(移動)시키다 배치시키다
deployable a.배치할 수 있는 deployment n.배치

[0670]

dispatch
[dispǽtʃ]

The government made the decision to dispatch (send) troops to Iraq.

dispatch ⓐ이라크에 ⓞ군대를 ⓥ분리하여, 급하게, 파견으로_ 이동(移動)시키다 급파.파병시키다
dispatcher n.발송자 dispatch n.파견, 운송

[0671]

deprive
[dipráiv]

The military dictatorship deprived people of their freedom.

deprive ⓐ[이동대상] 그들의 자유를 ⓞ[이동장소] 국민들 밖으로 ⓥ나쁘게, 박탈로_ 이동(移動)시키다 박탈시키다, 빼앗다
deprivation n.박탈, 몰수, 파면

[0672]

rob
[rab]

Her first husband had robbed her of her fortune.

rob ⓐ[이동대상] 그녀의 재산을 ⓞ[이동장소] 그녀 밖으로 ⓥ강탈로_ 이동(移動)시키다 강탈하다, 빼앗다
robber n.강도

[0673]

strip
[strip]

She stripped him of his money.

strip ⓐ[이동대상] 그의 돈을 ⓞ[이동장소] 그의 밖으로 ⓥ옷.껍질 벗기듯_ 이동(移動)시키다 박탈하다, 빼앗다
stripshow n.스트립쇼 stripper n.벗기는.긁어내는 도구

[0674]

bereave
[birí:v]

The god bereft him of all his strength.

bereave ⓐ[이동대상] 그의 모든 힘을 ⓞ[이동장소] 그의 밖으로 ⓥ빼앗아_ 이동(移動)시키다 앗아가다, 빼앗다
bereavement n.사별, 여읨

[0675]

dispossess
[dìspəzés]

They dispossessed the farmer of his land.

dispossess ⓐ[이동대상] 그의 땅을 ⓞ[이동장소] 그 농부 밖으로 ⓥ분리하여, 힘으로, 빼앗아_ 이동(移動)시키다 몰수하다, 빼앗다
dispossessory a.빼앗는, 몰수하는 dispossession n.강탈, 탈취

[0676]

acquit
[əkwít]

The jury acquitted him of the murder charge.

acquit ⓐ[이동대상] 그 살인 혐의를 ⓞ[이동장소] 그의 밖으로 ⓥ면제.무죄로_ 이동(移動)시키다 면제시켜 주다, 무죄로 하다
quie r.조용한(calm, silent)

[0677]

plunder
[plʌ́ndər]

They plundered the palace of its treasures.

plunder ⓐ[이동대상] 궁전의 보물들을 ⓞ[이동장소] 그 궁전 밖으로 ⓥ약탈로_ 이동(移動)시키다 약탈.강탈하다, 빼앗다
plunder n.약탈, 강탈 plunderer n.약탈자

[0678]

steal
[sti:l]

He stole the money from the safe.

steal ⓐ그 금고 밖으로 ⓞ그 돈을 ⓥ훔쳐서_ 이동(移動)시키다 훔쳐 빼내다
stealage n.훔치기 steal n.도둑질

[0679]

swindle
[swíndl]

He teamed up with his friends to swindle a large sum of money out of the old man.

swindle ⓐ그 노인 밖으로 ⓞ많은 돈을 ⓥ속여서_ 이동(移動)시키다 속여서 빼내다
swindle n.속이기, 사기 행위

[0680]

snatch
[snætʃ]

He snatched a child from the flames.

snatch ⓐ화염 밖으로 ⓞ어린이를 ⓥ잡아채서_ 이동(移動)시키다 잡아채다, 낚아채다
snatch n.잡아채기, 날치기, 강탈

[0681]
sell
[sel]

He sold the camera to me for $3. [= He sold me the camera for $3.]

sell ⓐ나에게, 3달러로 ⓞ카메라를 ⓥ팔아서_ 이동(移動)시키다 팔아 넘기다
sale n.판매 seller n.판매자

[0682]
peddle
[pédl]

He peddled cigarettes to young children.

peddle ⓐ어린 아이들에게 ⓞ담배를 ⓥ행상.불법으로_ 이동(移動)시키다 불법적으로 팔다
peddling n.행상 peddler n.행상인, 판매원

[0683]
trade
[treid]

They traded Babe Ruth to another team.

trade ⓐ다른 팀에 ⓞ베이브 루스를 ⓥ거래.무역.교환으로_ 이동(移動)시키다 이적시키다, 트레이드 하다
trade n.거래, 무역, 교환 trader n.무역업자, 트레이더

[0684]
exchange
[ikstʃéindʒ]

The country exchanged goods with foreign countries.

exchange ⓐ외국과 ⓞ상품을 ⓥ바깥으로, 상호교환으로_ 이동(移動)시키다 상호교환하다, 주고 받다
exchangeable a.교환(교역)할 수 있는, 맞바꿀 수 있는 change n.변화, 수정, 교환 exchange n.상호교환

[0685]
interchange
[ìntərtʃéiŋdʒ]

We interchanged gifts with each other.

interchange ⓐ서로에게 ⓞ선물을 ⓥ상호교환으로_ 이동(移動)시키다 상호교환하다, 주고받다
interchangeable a.교환할 수 있는 change n.변화, 수정, 교환 interchange n.교환

[0686]
barter
[bɑ́ːrtər]

They bartered weapons for food with the natives.

barter ⓐ그 원주민들과, 식량을 위해 ⓞ무기들을 ⓥ교환으로_ 이동(移動)시키다 물물교환하다
barterer n.물물 교환자 barter n.물물 교환

[0687]
swap
[swap]

You can also swap your toys, books and even clothes with your friends.

swap ⓐ당신의 친구들과 ⓞ당신의 장난감, 책, 심지어 옷들을 ⓥ교환으로_ 이동(移動)시키다 맞바꾸다, 교환하다
swap n.교환, 바꾸기

[0688]
inhale
[inhéil]

It makes you inhale air suddenly into your throat.

inhale ⓐ당신의 목구멍 안으로 ⓞ공기를 ⓥ흡입으로_ 이동(移動)시키다 들이 마시다
inhalant a.빨아들이는, 흡입용의 inhalation n.흡입, 빨아들이기

[0689]
exhale
[ekshéil]

When you exhale air from your body, you release carbon dioxide.

exhale ⓐ당신의 몸 밖으로 ⓞ공기를 ⓥ내뿜어_ 이동(移動)시키다 내뿜다
exhalant a.발산의 exhalation n.증발, 내쉬기, 내뿜기

[0690]
breathe
[briːð]

Plus immigrants can breathe new life into dying towns.

breathe ⓐ죽어가는 마을 안으로 ⓞ새로운 생기를 ⓥ호흡하듯이_ 이동(移動)시키다 불어 넣다
breathless a.숨도 못 쉬는 breath n.숨, 호흡

[0691]

mail
[meil]

How much is it to mail a letter airmail to China?

mail ⓐ중국에 ⓞ항공 편지를 ⓥ(이동수단) 우편으로_ 이동(移動)시키다 메일.우편으로 보내다
mail n.우편, 우편물

[0692]

airmail
[eˈrmeiˌl]

I'd like to airmail this package to China.

airmail ⓐ중국에 ⓞ그 소포를 ⓥ(이동수단) 항공우편으로_ 이동(移動)시키다 항공우편으로 보내다
airmail n.항공 우편

[0693]

email
[ˈiːmeɪl]

I'll e-mail you the rough draft of the plan.

email ⓞ[이동대상] 그 계획의 초안을 ⓐ[이동장소] 당신에게 ⓥ(이동수단) 이메일로_ 이동(移動)시키다 이메일로 보내다
email n.전자 우편, 이메일

[0694]

pump
[pʌmp]

The government pumped money into the textile industry.

pump ⓐ섬유산업 안으로 ⓞ돈을 ⓥ(이동수단) 펌프로_ 이동(移動)시키다 투입하다
pump n.펌프, 양수기

[0695]

scoop
[skuːp]

Bedford scooped potatoes from a serving dish onto his plate.

scoop ⓐ서빙 접시에서 자신의 접시에 ⓞ감자를 ⓥ(이동수단) 숟갈로_ 이동(移動)시키다 국자로 퍼내다
scoopful a.한 scoop 가득한 scoop n.국자, 큰 숟가락, 퍼내기, 떠내기

[0696]

shovel
[ʃʌvəl]

The workmen shoveled gravel onto the road.

shovel ⓐ그 길 위에 ⓞ자갈을 ⓥ(이동수단) 삽으로_ 이동(移動)시키다 삽으로 퍼내다
shovelful a.한 삽 가득한 shovel n.삽, 한 삽 가득(한 분량)

[0697]

ladle
[léidl]

He ladled soup into his bowl.

ladle ⓐ그의 사발 안으로 ⓞ수프를 ⓥ(이동수단) 국자로_ 이동(移動)시키다 국자로 퍼내다
ladle n.국자

[0698]

funnel
[fʌnl]

The pipes funnel irrigation water into the soil.

funnel ⓐ그 토양 안에 ⓞ관개용수를 ⓥ(이동수단) 깔대기.관으로_ 이동(移動)시키다 흘려 보내다
funnel n.깔때기, 굴뚝

[0699]

channel
[tʃænl]

Many lakes channel water into the massive river.

channel ⓐ거대한 강안으로 ⓞ물을 ⓥ(이동수단) 수로.배관으로_ 이동(移動)시키다 흘려 보내다
channeler n.도랑파는 사람 channel n.수로, 전달경로, 통로, 채널

[0700]

catapult
[kǽtəpʌlt]

The war helped catapult the U.S. from being a debtor nation to a creditor one.

catapult ⓐ채무국에서 채권국으로 ⓞ미국을 ⓥ투석기로, 내던지듯_ 이동(移動)시키다 투척시키다
catapultic a.투석기의, 새총의 catapult n.투석기, 쇠뇌

[0701]

strew
[stru:]

The wind strews the yard with leaves. [= The wind strews leaves on the yard.]

strew ⓐ[이동대상] 나뭇잎들을 ⓞ[이동장소] 그 마당에 ⓥ뿌려서_ 이동(移動)시키다 퍼뜨리다, 흩뿌리다
strewn a.흩뿌려진

[0702]

bestrew
[bistrú:]

They bestrewed the path with flowers.

bestrew ⓐ꽃을 ⓞ그 통로에 ⓥ뿌려서_ 이동(移動)시키다 흩뿌리다
strew v.흩뿌리다

[0703]

scatter
[skǽtər]

Scatter a pinch of salt and pepper over the shrimp.

scatter ⓐ그 새우 위에 ⓞ조금의 소금과 후추를 ⓥ뿌려서, 살포로_ 이동(移動)시키다 살포시키다, 뿌리다
scatteration n.분산, 산란 scatter n.뿌리기, 살포

[0704]

seed
[si:d]

He seeded the field with corn.

seed ⓐ[이동대상] 옥수수 씨를 ⓞ[이동장소] 밭에 ⓥ뿌려서_ 이동(移動)시키다 살포하다
seed n.씨 seeding n.씨뿌리기

[0705]

sow
[sou]

We sowed seeds over the field.

sow ⓐ그 밭 위로 ⓞ씨를 ⓥ뿌려서_ 이동(移動)시키다 살포하다
sowing n.씨뿌리기, 파종

[0706]

spread
[spred]

We spread fertilizer over the soil.

spread ⓐ토양 위에 ⓞ비료를 ⓥ뿌려서, 퍼뜨려_ 이동(移動)시키다 퍼뜨리다, 살포시키다
spreadable a.넓힐 수 있는 spread n.퍼짐, 보급 spreadability n.퍼짐성

[0707]

sprinkle
[spríŋkl]

He sprinkled some salt on the meat.

sprinkle ⓐ그 고기 위에 ⓞ다소의 소금을 ⓥ뿌려서_ 이동(移動)시키다 흩뿌리다, 살포시키다
sprinkling n.(흩)뿌리기, 살포 sprinkle n.뿌리기 sprinkler n.스프링클러, 살수기

[0708]

splash
[splæʃ]

He splashed holy water on the elephants in order to bless each of them.

splash ⓐ코끼리를 축복하기 위해, 코끼리에게 ⓞ성수를 ⓥ튀겨서_ 이동(移動)시키다 튀기듯 뿌리다
splash n.튀기기

[0709]

spray
[sprei]

He sprayed paint on the wall. [= He sprayed the wall with paint.]

spray ⓐ벽에 ⓞ물감을 ⓥ분사하듯, 분무기로_ 이동(移動)시키다 살포.분사시키다
spray n.스프레이, 분무, 물보라 sprayer n.분무기

[0710]

dissipate
[dísəpèit]

He dissipated his time and energy on too many different things.

dissipate ⓐ너무 많은 여러 가지 것들에 ⓞ그의 시간과 에너지를 ⓥ분리하여, 여기저기에_ 이동(移動)시키다 탕진하다, 흩뜨리다
dissipative a.낭비적인, 소산하는 dissipation n.탕진, 소멸

85

[0711]

exile
[égzail]

The government exiled him from his country.

exile ⓐ그의 나라 밖으로 ⓞ그를 ⓥ바깥으로, 추방으로_ 이동(移動)시키다 추방시키다
exile n.국외 추방, 망명, 유배

[0712]

extradite
[ékstrədàit]

Canada may not extradite people to countries where they may face torture.

extradite ⓐ사람들이 고문을 직면할 수도 있는 나라에 ⓞ사람들을 ⓥ바깥으로, 송환으로_ 이동(移動)시키다 인도하다, 송환하다
extraditable a.(관할국 등으로) 인도될 extradition n.(타국으로부터의 도주범 등의) 본국 송환

[0713]

evict
[ivíkt]

He evicted us from our apartment for non-payment of rent.

evict ⓐ우리의 아파트 밖으로, 월세 미지급 때문에 ⓞ우리를 ⓥ바깥으로, 쫓아내기 위해_ 이동(移動)시키다 퇴거시키다, 쫓아내다
eviction n.바깥으로_이동시킴, 쫓아냄, 퇴거 evictee n.쫓겨난 사람, 퇴거 당한 사람

[0714]

elicit
[ilísit]

He elicited aid and funds from non-governmental organizations.

elicit ⓐ비정부 단체 밖으로 ⓞ도움과 기금을 ⓥ바깥으로, 뽑아내듯_ 이동(移動)시키다 끌어내다
elicitation n.(정보·반응 등의) 뽑아내기, 도출

[0715]

banish
[bǽniʃ]

The government banished him from (out of) Russia.

banish ⓐ러시아 밖으로 ⓞ그를 ⓥ추방으로_ 이동(移動)시키다 추방시키다
banishment n.추방, 떨쳐버림

[0716]

oust
[aust]

The umpire ousted the player from the game.

oust ⓐ그 경기.게임 밖으로 ⓞ그 선수를 ⓥ바깥으로, 추방.배척으로_ 이동(移動)시키다 추방.퇴장시키다
sti,sis r.서있다(stand) ouster n.추방, 배척

[0717]

guide
[gaid]

A light in the distance guided him to the village.

guide ⓐ그 마을로 ⓞ그를 ⓥ안내로_ 이동(移動)시키다 안내하다
guider n.안내자 guide n.안내인, 가이드, 안내서 guidance n.안내, 지도, 길잡이

[0718]

misguide
[misgaiˈd]

She misguided him for personal gain.

misguide ⓐ개인적 이득 때문에 ⓞ그를 ⓥ잘못되게, 안내로_ 이동(移動)시키다 잘못 안내하다
guide n.안내인, 가이드, 안내서 misguidance n.틀린 안내.지도

[0719]

waste
[weist]

Bill wastes all his money on beer and cigarettes.

waste ⓐ맥주와 담배에 ⓞ그의 모든 돈을 ⓥ낭비.소모로_ 이동(移動)시키다 낭비.소모시키다
wasteful a.낭비적인 wastage n.소모, 낭비 waste n.낭비, 허비

[0720]

squander
[skwάndər]

His son had squandered the family fortune on gambling and women.

squander ⓐ노름과 여자에 ⓞ그 가족의 자산을 ⓥ낭비로_ 이동(移動)시키다 낭비시키다, 탕진하다
squander n.낭비(행위) squandermania n.낭비광

[0721]

feed
[fiːd]

She fed her last two coins into the machine for a cup of coffee.

feed ⓐ그 기계 안으로, 커피 한 잔을 뽑기 위해 ⓞ그녀의 마지막 동전 두 개를 ⓥ음식.사료로_ 이동(移動)시키다 투입하다
feeding a.사료를 주는 feed n.먹이. 사료

[0722]

clothe
[klouð]

Parents feed and clothe their children.

clothe ⓢ부모들은 ⓞ자신의 자식들에게 ⓥ옷으로_ 이동(移動)시키다 옷을 입히다
unclothed a.알몸의, 의복을 입지 않은 clothes n.옷, 의복

[0723]

water
[wɔ́ːtər]

Keep watering the plants until vines sprout.

water ⓐ발아할 때까지 ⓞ그 식물들에게 ⓥ(이동대상) 물을_ 이동(移動)시키다 물을 뿌리다
watery a.물의, 물이 많은 water n.물

[0724]

bribe
[braib]

Smugglers bribed North Korean border guards with cash and DVDs.

bribe ⓐ현금과 DVD를 ⓞ북한 국경 경비군인들에게 ⓥ(이동대상) 뇌물을_ 이동(移動)시키다 뇌물로 주다
bribee n.뇌물 받는 사람 briber n.뇌물을 준 사람 bribery n.뇌물수수 bribe n.뇌물

[0725]

spice
[spais]

Spice your English learning with a bit of imagination!

spice ⓐ[이동대상] 약간의 상상력을 ⓞ[이동장소] 당신의 영어 학습에 ⓥ양념으로, 뿌리듯_ 이동(移動)시키다 양념첨가하듯 자극시키다
spicy a.향료를 넣은 spice n.양념, 향신료

[0726]

season
[síːzn]

She seasoned the dish with some salt and pepper.

season ⓐ[이동대상] 조금의 소금과 후추를 ⓞ[이동장소] 그 요리에 ⓥ양념으로, 뿌리듯_ 이동(移動)시키다 양념으로 첨가하다
seasoning n.조미료

[0727]

list
[list]

They will list the seawall in the Guinness Book of World Records.

list ⓐ기네스북 안으로 ⓞ그 방파제를 ⓥ(이동장소) 명부.목록에_ 이동(移動)시키다 리스트에 등록시키다
list n.목록, 명부

[0728]

delist
[diːlíst]

They delisted the bank shares from the Korea Stock Exchange.

delist ⓐ코스닥거래소 밖으로 ⓞ그 은행 주식을 ⓥ(이동장소) 명부.목록 바깥에_ 이동(移動)시키다 등록 취소.해제시키다, 상장폐지시키다
list n.목록, 명부

[0729]

blacklist
[blǽkˌlist]

The credit card company blacklisted him.

blacklist ⓢ그 신용카드 회사는 ⓞ그를 ⓥ(이동장소) 블랙리스트에_ 이동(移動)시키다 블랙리스트에 등록시키다
blacklist n.블랙리스트 list n.목록, 명부

[0730]

pocket
[pákit]

One inspector had pocketed up to $500,000 in bribes.

pocket ⓢ한 검사관은 ⓞ뇌물 50만 달러 이상을 ⓥ(이동장소) 주머니로_ 이동(移動)시키다 호주머니에 넣다, 착복하다
pocket n.주머니

[0731]

drip
[drip]

She dripped liquids from a spoon.

drip ⓐ숟가락 밖으로 ⓞ액체를 ⓥ똑똑 떨어뜨려_ 이동(移動)시키다 똑똑 떨어뜨리다
drippy a.방울져 떨어지는 dripping n.방울져 떨어지기 drip n.방울져 떨어지는 것

[0732]

drop
[drap]

She dropped liquid vitamins into milk.

drop ⓐ우유 안으로 ⓞ액상 비타민제를 ⓥ떨어뜨려_ 이동(移動)시키다 떨어뜨리다
dropping n.낙하, 강하 drop n.(물)방울, 방울져 떨어지기

[0733]

shower
[ʃáuər]

The teacher showered questions on him. [= The teacher showered him with questions.]

shower ⓐ그에게 ⓞ질문을 ⓥ쏟아 붓듯_ 이동(移動)시키다 쏟아 붓다
showery a.소나기의 shower n.소나기, 샤워, 다량

[0734]

pour
[pɔːr]

She poured water out of a jug into a glass.

pour ⓐ주전자 밖에서 유리잔 안으로 ⓞ물을 ⓥ쏟아 붓듯_ 이동(移動)시키다 쏟아 붓다
pouring a.억수로 쏟아지는 pour n.대량의 흐름, 호우, 폭우

[0735]

dump
[dʌmp]

We dump millions of tons of garbage into the oceans every year.

dump ⓐ해양바다 속으로, 매년 ⓞ수 백만 톤의 쓰레기를 ⓥ털썩 쏟아_ 이동(移動)시키다 퍼붓다, 쏟아내다
dumping n.(짐·쓰레기를) 쏟아버리기, 투기, 덤핑, 투매 dump n.덤프차(트럭)

[0736]

lavish
[lǽviʃ]

He lavished money on the poor.

lavish ⓐ가난한 사람들에게 ⓞ돈을 ⓥ쏟아 붓듯, 풍부하게_ 이동(移動)시키다 아낌없이 주다, 퍼주다
lavish a.풍부한, 넉넉한

[0737]

entrust
[intrʌ́st]

He entrusted the task to his aides.

entrust ⓐ그의 보좌관에게 ⓞ그 과업을 ⓥ믿음으로_ 이동(移動)시키다 믿고 맡기다
entrustment n.위임, 위탁 trust n.신뢰, 믿음, 신탁

[0738]

accredit
[əkrédit]

The government accredited an ambassador to (at) the foreign country.

accredit ⓐ외국에 ⓞ대사를 ⓥ신임장을 주어, 신뢰.탓으로_ 이동(移動)시키다 신임장을 주어 보내다, 파견하다
credit n.신뢰, 신용 accreditment n.공.탓으로 돌림

[0739]

confide
[kənfáid]

She confided to me that she hated her husband.

confide ⓐ나에게 ⓞ그녀는 그녀의 남편을 증오한다는 것을 ⓥ믿음.신뢰로_ 이동(移動)시키다 믿고 말하다
confident a.확신하는 confidence n.신뢰, 신임

[0740]

con
[kan]

A man pretending to be a faith healer has conned around £20,000 out of desperately sick people.

con ⓐ절망적인 병자들 밖으로 ⓞ약 2만 파운드를 ⓥ기만.속여서_ 이동(移動)시키다 기만하여 빼내다
con n.신용 사기

[0741]

throw
[θrou]

She threw her coat carelessly onto the chair.

throw ⓐ의자 위로, 부주의하게 ⓑ그녀의 코트를 ⓥ던져서_ 이동(移動)시키다 던져버리다
throw n.던지기(cast, fling)

[0742]

fling
[fliŋ]

The boy flung rocks into a pond.

fling ⓐ연못에 ⓑ돌을 ⓥ내던져_ 이동(移動)시키다 내던지다
flinger n.던지는 사람, 투수 fling n.내던지기

[0743]

pelt
[pelt]

They pelted snowballs at one another.

pelt ⓐ서로를 향해 ⓑ눈뭉치를 ⓥ던져서_ 이동(移動)시키다 던지다
pelt n.(사람·물건을) 세게 때림, 강타 pelter n.투척자

[0744]

sling
[sliŋ]

He slung his knapsack over his shoulder.

sling ⓐ그의 어깨 위에 ⓑ그의 배낭을 ⓥ던져서_ 이동(移動)시키다 내던지다
slinger n.던지는 사람 sling n.투석기, 고무줄 새총, 내던지기

[0745]

pitch
[pitʃ]

He pitched a bottle into the trash.

pitch ⓐ쓰레기통 안으로 ⓑ병을 ⓥ집어 던져_ 이동(移動)시키다 던지다
pitcher n.투수 pitching n.투구, 피칭 pitch n.집어 던지기

[0746]

toss
[tɔːs]

He tossed a coin to the beggar.

toss ⓐ거지에게 ⓑ동전을 ⓥ내던져_ 이동(移動)시키다 던져주다
toss n.던지기, 토스하기

[0747]

hurl
[həːrl]

The boy hurled a stone at the dog.

hurl ⓐ개를 향해 ⓑ돌멩이를 ⓥ내던져_ 이동(移動)시키다 던지다
hurler n.던지는 사람, 투수

[0748]

grant
[grænt]

The university granted a scholarship to the student. [= The university granted the student a scholarship.]

grant ⓐ그 학생에게 ⓑ장학금을 ⓥ교부.하사로_ 이동(移動)시키다 수여.하사.교부하여 주다
grant n.수여.하사.교부된 것 grantee n.수혜자, 양수인, 피양도인 granter n.수여자

[0749]

bring
[briŋ]

She brought an apple to me. [= She brought me an apple.]

bring ⓐ나에게 ⓑ사과를 ⓥ가져와_ 이동(移動)시키다 가져다 주다
bringer n.가져오는 사람

[0750]

hand
[hænd]

He handed the letter to me.

hand ⓐ나에게 ⓑ그 편지를 ⓥ손으로_ 이동(移動)시키다 손으로 건네주다
hand n.손

핵심개념 3 표현동사

[Point 05] 표현동사_ 표현내용 위치 (5가지)

■ 표현동사 : 표현내용을 ⓥ표현하는 동사 → 누구에게
- 표현내용 위치 : ⓞ목적어, ⓐ부사어, ⓥ동사, ⓞ직접목적어, ⓒ목적보어 (5가지)
- 표현수단 : 말(목소리), 글, 신호, 상징, 몸짓 등 다양
- 이동동사와 유사성 : 표현내용을 + ⓥ전달.이동시킴 + 누구에게

☞ 이동동사, 표현동사 : 이동대상, 표현대상 위치 다양 (변화동사, 주어중심동사는 ⓞ목적어 1가지)

P_ [0061]
Please notify the changes to the personnel department.

[0832] notify ⓐ그 인사부에 ⓞ그 변경사항들을 ⓥ통지하는_ 표현(表現)하다 통지하다, 알리다 ☞ 표현내용_ ⓞ목적어, 표현대상_ ⓐ부사어

P_ [0062]
I will notify you of the details later.

[0832] notify ⓐ그 세부사항을, 나중에 ⓞ당신에게 ⓥ통지하는_ 표현(表現)하다 통지하다, 알리다 ☞ 표현내용_ ⓐ부사어, 표현대상_ ⓞ목적어

P_ [0063]
We will individually notify you the results of your interview.

[0832] notify ⓞ당신의 인터뷰 결과를 ⓞ당신에게 ⓥ통지하는_ 표현(表現)하다 통지하다, 알리다 ☞ 표현내용_ ⓞ직접목적어, 표현대상_ ⓞ간접목적어

P_ [0064]
The teacher notified pupils to assemble in the auditorium.

[0832] notify ⓒ그 강당에 모이도록 ⓞ학생들에게 ⓥ통지하는_ 표현(表現)하다 통지하다, 알리다 ☞ 표현내용_ ⓒ목적보어, 표현대상_ ⓞ목적어

P_ [0065]
She notified him in writing.

[0832] notify ⓐ서면으로 ⓞ그에게 ⓥ통지하는_ 표현(表現)하다 통지하다, 알리다 ☞ 표현내용_ ⓥ동사(또는 생략), 표현대상_ ⓞ목적어

P_ [0066]
We will notify you as soon as your order is ready for shipment.

[0832] notify ⓐ당신의 주문이 배송 준비되는 대로 ⓞ당신에게 ⓥ통지하는_ 표현(表現)하다 통지하다, 알리다 ☞ 표현내용_ ⓥ동사(또는 생략), 표현대상_ ⓞ목적어

P_ [0067]
She told him the news. [= She told the news to him.]

[0801] tell ⓞ그 소식을 ⓞ그에게 ⓥ말로, 단순하게_ 표현(表現)하다 말하다, 표현하다

P_ [0068]
The teacher told them to sit down.

[0801] tell ⓒ자리에 앉도록 ⓞ그들에게 ⓥ말로, 단순하게_ 표현(表現)하다 말하다, 표현하다

P_ [0069]
Please advise us of any change of address.

[0826] advise ⓐ어떤 주소 변경을 ⓞ우리에게 ⓥ조언.권고.충고.경고하는, 알리는_ 표현(表現)하다 알려주다

P_ [0070]
His doctor advised him not to take any strenuous exercise.

[0826] advise ⓒ어떤 격렬한 운동을 하지 말도록 ⓞ그에게 ⓥ조언.권고.충고.경고하는, 알리는_ 표현(表現)하다 조언.충고로 말하다
[0891] take ⓞ어떤 격렬한 운동을 ⓥ적극적으로_ 소유(所有)하다 하다, 취하다

[0751]

announce
[ənáuns]

They announced his death to some friends only.

announce ⓐ몇몇 친구에게만 ⓞ그의 죽음에 대해 ⓥ발표.공표하는_ 표현(表現)하다 발표.공표하다
noun r.알리다(report) announceable a.발표할 수 있는 announcement n.발표, 고지

[0752]

denounce
[dináuns]

The opposition denounced the decree as undemocratic.

denounce ⓐ비 민주적인 것으로 ⓞ그 법령을 ⓥ나쁘게, 비난.고발하는_ 표현(表現)하다 비난하다
noun r.알리다(report) denouncement n.비난, 고발

[0753]

pronounce
[prənáuns]

The doctor pronounced the patient (to be) dead.

pronounce ⓒ죽었다고 ⓞ그 환자에 대해 ⓥ선언.판결하는_ 표현(表現)하다 선언하다
noun r.알리다(report) pronouncement n.선언, 판결, 발표

[0754]

renounce
[rináuns]

He renounced smoking and drinking.

renounce ⓢ그는 ⓞ흡연 및 음주를 ⓥ포기.단념하겠다는_ 표현(表現)하다 포기.단념하겠다고 말하다
noun r.알리다(report) renouncement n.단념, 파기

[0755]

acclaim
[əkléim]

We acclaimed him (as) the greatest poet of his generation.

acclaim ⓒ그의 시대의 가장 위대한 시인으로 ⓞ그에 대해 ⓥ환호.칭송하는_ 표현(表現)하다 환호.칭송하다
claim r.주장, 청구 acclamatory a.환호의, 갈채의 acclamation n.환호, 발수갈채

[0756]

claim
[kleim]

He claimed to have been working late. [= He claimed (that) he had been working late.]

claim ⓢ그는 ⓞ늦게까지 작업하고 있었다는 것을 ⓥ주장.단언하는_ 표현(表現)하다 단언.주장하다
claim r.주장, 청구 unclaimed a.요구.청구되지 않은

[0757]

declaim
[dikléim]

He declaimed his famous speech on her death.

declaim ⓢ그는 ⓞ그녀의 죽음에 대한 그의 유명한 연설을 ⓥ열변 토하며, 낭랑하게_ 표현(表現)하다 낭랑하게 말하다, 열변 토하다
claim r.주장, 청구 declaimer n.열변을 토하는 사람

[0758]

disclaim
[diskléim]

He disclaimed being involved in the affair.

disclaim ⓢ그는 ⓞ그 사건에 연루된 것을 ⓥ부인.부정.포기하는_ 표현(表現)하다 부인하는 표현하다
claim r.주장, 청구 disclaimer n.부인, 거부

[0759]

exclaim
[ikskléim]

"Are you out of your mind!" exclaimed he in surprise.

exclaim ⓐ놀라서 ⓞthat 이하를 ⓥ절규하듯, 고함치듯_ 표현(表現)하다 큰소리로 말하다, 절규하다
claim r.주장, 청구 exclamatory a.감탄하는 exclamation n.외침, 절규 exclamatorysentence n.감탄문

[0760]

proclaim
[proukléim]

We proclaim our country (to be) a republic.

proclaim ⓒ공화국이라고 ⓞ우리 나라에 대해 ⓥ선언.공표하는_ 표현(表現)하다 선언.공표하다
claim r.주장, 청구 proclamatory a.선언의 proclamation n.선언, 공표

[0761]
contradict
[kàntrədíkt]

I contradicted this in the strongest terms.

contradict ⓐ가장 강력한 말로 ⓞ이것을 ⓥ반박하는, 모순 있다는_ 표현(表現)하다 반박하다
dic r.말하다(speak) contradictory a.모순되는 contradiction n.모순, 반박

[0762]
dictate
[díkteit]

He dictated terms to a vanquished enemy.

dictate ⓐ정복당한 적에게 ⓞ조건들을 ⓥ지시.명령하는_ 표현(表現)하다 지시.명령하다
dic r.말하다(speak) dictate n.명령, 지시 dictation n.명령, 지시, 구술, 받아쓰기 dictator n.독재자

[0763]
indicate
[índikèit]

He indicated his approval with a nod.

indicate ⓐ고개의 끄덕임으로 ⓞ그의 승인을 ⓥ암시.표시하는_ 표현(表現)하다 암시.표시하다
dic r.말하다(speak) indicative a.표시하는, 풍기는 indication n.표시하는 것, 징조

[0764]
indict
[indáit]

The prosecution indicted him on charges of drug abuse.

indict ⓐ마약 남용 혐의로 ⓞ그를 ⓥ기소.고발.비난하는_ 표현(表現)하다 기소.고발.비난하다
dic r.말하다(speak) indictment n.고발, 비난 indictee n.피고, 피기소자

[0765]
predict
[pridíkt]

He can predict everything that will happen in the future.

predict ⓢ그는 ⓞ미래에 일어날 모든 것을 ⓥ예언하는_ 표현(表現)하다 예언하다
dic r.말하다(speak) predictable a.예언 가능함 predictability a.예측할 수 없는 prediction n.예언할 수 있는

[0766]
predicate
[prédəkèit]

We have predicated dogs as faithful friends of humans.

predicate ⓐ인간의 충실한 친구로 ⓞ개들을 ⓥ단정하는_ 표현(表現)하다 단정짓다, 규정하다
dic r.말하다(speak) predicable a.단정할 수 있는 predication n.단언, 단정

[0767]
abdicate
[ǽbdəkèit]

Czar Nicolas II has to abdicate the throne because of the riots.

abdicate ⓢ황제 니콜라스 2세는 ⓐ그 폭동 때문에 ⓞ그 왕위를 ⓥ포기.단념한다는_ 표현(表現)하다 포기.단념하겠다고 표현하다, 포기.단념하다
dic r.말하다(speak) abdication n.(권력의) 포기, 기권

[0768]
abrogate
[ǽbrəgèit]

Taiwan abrogated the aviation pact to protest Korea's establishment of diplomatic relations with China.

abrogate ⓐ한국의 중국과의 외교관계 확립에 대항하기 위해 ⓞ항공협정을 ⓥ폐지.철폐.포기한다는_ 표현(表現)하다 폐지.철폐.단념하겠다고 표현하다
rog r.묻다(ask) abrogation n.폐지.철폐된_상태로 변화, 폐지, 철폐

[0769]
interrogate
[intérəgèit]

The police interrogated him about the crime.

interrogate ⓐ그 범죄에 대해 ⓞ그에게 ⓥ심문하는_ 표현(表現)하다 심문하다
rog r.묻다(ask) interrogative a.묻고 싶어하는 interrogation n.질문, 심문

[0770]
derogate
[dérəgèit]

Her parents are constantly derogating her achievements.

derogate ⓢ그녀의 부모님은 ⓞ그녀의 업적을 ⓥ나쁘게, 헐뜯는, 깔보는_ 표현(表現)하다 헐뜯어 말하다, 깔보며 말하다
rog r.묻다(ask) derogatory a.경멸하는, 비판적인 derogation n.폄하

[0771]

describe
[diskráib]

She described details with vivid descriptions.

describe ⓐ생생한 표현으로 ⓞ세부사항을 ⓥ글자로, 묘사하는_ 표현(表現)하다 묘사하다
scrib r.쓰다(write) describable a.묘사할 수 있는 descriptive a.서술적인 description n.묘사, 기술

[0772]

inscribe
[inskráib]

They inscribed a eulogy of his achievements on the stone.

inscribe ⓐ그 석판 위에 ⓞ그의 성취에 대한 칭송을 ⓥ글자로, 안에 새겨서_ 표현(表現)하다 새겨놓다
scrib r.쓰다(write) inscriptive a.비문의 inscription n.비문

[0773]

prescribe
[priskráib]

The doctor prescribed a strict diet to her. [= The doctor prescribed her a strict diet.]

prescribe ⓐ그녀에게 ⓞ엄격한 다이어트를 ⓥ글자로, 처방.지시.규정으로_ 표현(表現)하다 처방.지시.규정하다
scrib r.쓰다(write) prescription n.지시, 명령, 규정, 처방

[0774]

proscribe
[prouskráib]

The government will not proscribe the sale of alcoholic beverages, but they post warning signs in liquor stores.

proscribe ⓢ정부는 ⓞ술의 판매에 대해 ⓥ글자로, 금하는_ 표현(表現)하다 금하는 표현을 하다
scrib r.쓰다(write) proscription n.금지

[0775]

transcribe
[trænskráib]

I have transcribed the Korean into Roman characters.

transcribe ⓐ로마 문자로 ⓞ그 한국어를 ⓥ가로질러, 다르게, 글로_ 표현(表現)하다 옮겨 쓰다, 전사시키다
scrib r.쓰다(write) transcription n.글자가 바뀐_상태로 변화, 전사, 베끼기

[0776]

ascribe
[əskráib]

The politician ascribed the failing economy to high taxes.

ascribe ⓐ높은 세금 방향으로 ⓞ실패중인 경제를 ⓥ핑계.이유.탓하는, 글로_ 표현(表現)하다 탓으로 돌리다, 귀속시키다
scrib r.쓰다(write) ascribable a.(...에) 기인하는, 돌려야 할 ascription n.(실패.죄 등을) (...에) 원인.속성이 있다고 여김

[0777]

scribble
[skríbl]

He scribbled a note to his sister before leaving.

scribble ⓐ그의 누이에게 ⓞ메모를 ⓥ휘갈겨 써서_ 표현(表現)하다 휘갈겨 쓰다
scrib r.쓰다(write) scribbler n.기자, 작가, 저자

[0778]

judge
[dʒʌdʒ]

The court judged him guilty.

judge ⓒ유죄라고 ⓞ그에 대해 ⓥ판결.판단하는_ 표현(表現)하다 판결.판단 내리다
judge n.재판관

[0779]

adjudge
[ədʒʌdʒ]

The court adjudged the criminal (to be) guilty. [= The court adjudged that the criminal is guilty.]

adjudge ⓒ유죄라고 ⓞ그 범죄자에 대해 ⓥ선고.판결하는_ 표현(表現)하다 선고.판결 내리다
judge n.재판관 adjudgment n.판결, 선고

[0780]

adjudicate
[ədʒúːdikèit]

The court adjudicated him (to be) bankrupt.

adjudicate ⓒ파산했다고 ⓞ그에 대해 ⓥ선고.판결하는_ 표현(表現)하다 선고.판결 내리다
judicial a.재판의 adjudicative a.판결의 judge n.재판관 adjudication n.판결, 선고

[0781]

demand
[dimænd]

She demanded an answer from him.

demand ⓐ그로부터 ⓞ대답을 ⓥ요구하는_ 표현(表現)하다 요구하다
man r.법(law), 명령(order) demandable a.요구할 수 있는 demand n.요구, 수요

[0782]

reprimand
[réprəmænd]

They reprimanded 2 businesses for false advertising.

reprimand ⓐ거짓 광고 때문에 ⓞ2개의 기업을 ⓥ비난.질책하는_ 표현(表現)하다 비난.징계하다
man r.법(law), 명령(order) reprimand n.질책, 비난

[0783]

countermand
[kàuntərmænd]

She countermanded every desegregation order issued by him.

countermand ⓢ그녀는 ⓞ그에 의하여 발행된 모든 차별철폐 명령을 ⓥ취소.철회하는_ 표현(表現)하다 취소하다, 철회하다
man r.법(law), 명령(order) countermandable a.철회.취소할 수 있는 countermand n.철회명령, 주문취소

[0784]

command
[kəmænd]

The general commanded the troops to withdraw. [= The general commanded that the troops (should) withdraw.]

command ⓒ철수하도록 ⓞ그 부대에 ⓥ명령하는_ 표현(表現)하다 명령하다
man r.법(law), 명령(order) command n.명령, 지휘 commander n.지휘관 commandment n.명령, 지령

[0785]

commend
[kəménd]

She is an excellent worker and I commend her to you without reservation.

commend ⓐ당신에게, 거리낌없이 ⓞ그녀를 ⓥ칭찬.추천하는_ 표현(表現)하다 추천하다
man r.법(law), 명령(order) commendable a.칭찬할 만한 commendation n.칭찬, 추천

[0786]

recommend
[rèkəménd]

They recommended not paying these taxes.

recommend ⓢ그들은 ⓞ이러한 세금을 지불하지 않는 것을 ⓥ권장.추천하는_ 표현(表現)하다 추천하다, 권하다
man r.법(law), 명령(order) recommendable a.추천할 수 있는 recommendation n.추천

[0787]

remand
[rimænd]

They remanded him to his country.

remand ⓐ그의 나라에 ⓞ그를 ⓥ다시, 송환.반송하는 명령으로_ 표현(表現)하다 돌려보내라고 명령하다
man r.법(law), 명령(order) remand n.송환

[0788]

note
[nout]

His report notes the economic problems facing the company.

note ⓢ그의 보고서는 ⓞ그 회사와 직면하고 있고 있는 경제적 문제들을 ⓥ지적.통지하는_ 표현(表現)하다 지적.통지하다
note n.기록, 주석, 통지, 주목

[0789]

connote
[kənóut]

White connotes purity.

connote ⓢ흰색은 ⓞ순수를 ⓥ확실히, 함축하여_ 표현(表現)하다 함축하여 표현하다
connotation n.함축, 내포 note n.기록, 주석, 통지, 주목

[0790]

denote
[dinóut]

A smile often denotes pleasure.

denote ⓢ웃음은 ⓞ기쁨을 ⓥ명확하게_ 표현(表現)하다 명시하다
denotation n.명시적 의미, 명칭 note n.기록, 주석, 통지, 주목

[0791]

state
[steit]

He stated the importance of the proposal shouldn't be overstated.

state ⓢ그는 ⓞ그 제안의 중요성은 과장되게 표현되어서는 안된다는 것을 ⓥ분명하게_ 표현(表現)하다 말하다, 표현하다
state a.공식의 statement n.발표, 진술, 성명서

[0792]

overstate
[òuvərstéit]

The company overstated its operating profit.

overstate ⓢ그 회사는 ⓞ회사의 영업이익을 ⓥ과장하여_ 표현(表現)하다 과장하여 표현하다
state a.공식의 overstatement n.과장하여 말하기

[0793]

understate
[əˈndərsteiˌt]

The newspaper understates the casualties of war.

understate ⓢ그 신문은 ⓞ전쟁 사상자들에 대해 ⓥ아래로, 삼가하여_ 표현(表現)하다 과소로 표현하다
state a.공식의 understatement n.삼가하여 말하기

[0794]

misstate
[misstéit]

He misstated something about her faith.

misstate ⓢ그는 ⓞ그녀의 믿음에 대한 어떤 것을 ⓥ그릇되게, 잘못_ 표현(表現)하다 그릇되게 진술하다
state a.공식의 misstatement n.허위 진술

[0795]

restate
[risteiˈt]

I restated my objections to this ridiculous plan.

restate ⓢ나는 ⓞ이 웃기는 계획에 대한 나의 반대입장을 ⓥ다시, 재차_ 표현(表現)하다 재차 말하다
state a.공식의 restatement n.다시 말함, 재성명

[0796]

voice
[vois]

The central figure of this novel voices the author's own opinions.

voice ⓢ이 소설의 주인공은 ⓞ저자 자신의 견해를 ⓥ목소리로_ 표현(表現)하다 말하다, 표현하다
voc r.소리치다(call) vocal a.목소리의, 음성의, 구두의 voiceful a.울려 퍼지는 voice n.목소리, 음성

[0797]

advocate
[ǽdvəkit]

She advocated equal rights for women.

advocate ⓢ그녀는 ⓞ여성을 위한 평등권을 ⓥ옹호.주장하는_ 표현(表現)하다 주창하다
voc r.소리치다(call) advocacy n.옹호, 지지, 변호 advocate n.지지자, 옹호자, 주창자 advocator n.주장(창)자

[0798]

vociferate
[vousífərèit]

They vociferated their demands.

vociferate ⓢ그들은 ⓞ그들의 요구를 ⓥ큰 소리로_ 표현(表現)하다 소리높여 말하다
voc r.소리치다(call) vociferous a.큰 소리로 외치는 vociferation n.외침, 고함

[0799]

vouch
[vautʃ]

I can vouch that the house is not yet sold.

vouch ⓢ나는 ⓞthat 이하를 ⓥ단언.보증하는_ 표현(表現)하다 단언.보증하다
voc r.소리치다(call) vouchee n.피보증인 voucher n.보증인

[0800]

avouch
[əváutʃ]

He avouched his innocence. [= He avouched that he is innocent.]

avouch ⓢ그는 ⓞ그의 무죄를 ⓥ장담.주장하는_ 표현(表現)하다 장담.주장하다
voc r.소리치다(call) avouchment n.보증, 장담, 인정 avoucher n.보증.장담.인정하는 사람

[0801]
tell
[tel]

She told the news to him. [= She told him the news.]

tell ⓐ그에게 ⓞ그 소식.뉴스에 대해 ⓥ말로, 단순하게_ 표현(表現)하다 말하다, 표현하다
tellable a.말 상대가 되는

[0802]
foretell
[fɔrteˈl]

The witch foretold that she would marry a prince.

foretell ⓢ그 마녀는 ⓞthat 이하를 ⓥ예언하는_ 표현(表現)하다 예언하다
foreteller n.예언자, 예지자

[0803]
profess
[prəfés]

We profess our feelings to our loved ones and friends.

profess ⓐ우리의 사랑하는 사람들과 친구들에게 ⓞ우리의 감정.느낌을 ⓥ고백.공언하는_ 표현(表現)하다 고백하다
fes r.말하다(speak) profession n.공언, 고백, 전문직업

[0804]
confess
[kənfés]

He confessed to me (that) he had stolen a car.

confess ⓐ나에게 ⓞ그가 차를 훔쳤다는 것을 ⓥ자백.고백하는_ 표현(表現)하다 자백.고백하다
fes r.말하다(speak) confession n.고백, 자백

[0805]
purport
[pərpɔ́ːrt]

The book does not purport to be a complete history of the period.

purport ⓢ그 책은 ⓞ그 시대의 완전한 역사임을 ⓥ주장하는_ 표현(表現)하다 주장하다
port r.나르다(carry) purport n.요지, 취지

[0806]
report
[ripɔ́ːrt]

He reported the UFO to have appeared in New Zealand.

report ⓒ뉴질랜드에 출현했다고 ⓞUFO에 대해 ⓥ보고.보도식으로_ 표현(表現)하다 보고.보도하다, 알리다
port r.나르다(carry) unreported a.공표되지 않은 report n.보고(서), 기록

[0807]
abjure
[æbdʒúər]

He abjured (renounced) his religion.

abjure ⓢ그는 ⓞ그의 종교를 ⓥ포기.단념.부인하는_ 표현(表現)하다 포기.단념하겠다고 선서.표현하다
jur r.맹세하다 abjuration n.포기의 선서 abjurer n.(신념·주장 등을) 철회.포기하는 사람

[0808]
adjure
[ədʒúər]

The judge adjured me to answer truthfully.

adjure ⓒ진실되게 대답하도록 ⓞ나에게 ⓥ명령.요구하는_ 표현(表現)하다 명령.요구하다
jur r.맹세하다 adjuratory a.엄명의 adjuration n.간청, 엄명

[0809]
conjure
[kɑ́ndʒər]

I conjure you to care for my family when I am gone.

conjure ⓒ내가 멀리 갔을 때 나의 가족을 보살주도록 ⓞ당신에게 ⓥ간청하는_ 표현(表現)하다 간청하다
jur r.맹세하다 conjury n.주술, 마법, 요술

[0810]
perjure
[pə́ːrdʒər]

The witness perjured himself.

perjure ⓢ그 목격자는 ⓞ그 자신을 ⓥ위증하는_ 표현(表現)하다 위증하다
jur r.맹세하다 perjurious a.위증의 perjury n.위증

[0811]

testify

[téstəfài]

She testified that she saw him shoot her friend.

testify ⓢ그녀는 ⓞthat 이하_ 그가 그의 친구를 총으로 쏘는 것을 그녀가 보았다는 것을 ⓥ증언하는_ 표현(表現)하다 증언하다
test n.시험, 테스트 testifier n.증언자 testification n.증명(입증, 증언)하기

[0812]

attest

[ətést]

He attested having seen her in June.

attest ⓢ그는 ⓞ6월에 그녀를 보았다는 것을 ⓥ증명.증언하는_ 표현(表現)하다 증언.증명하다
tes(t) r.증명.증언하다(witness) attestation n.증명, 입증

[0813]

protest

[próutest]

I protest my innocence. [= I protest that I am innocent.]

protest ⓢ나는 ⓞ나의 무죄를 ⓥ주장.항의하는_ 표현(表現)하다 주장하다
tes(t) r.증명.증언하다(witness) protest n.항의 protestation n.이의제기, 항의

[0814]

contest

[kántest]

Lawyers are expected to contest the legitimacy of the warrant during the trial.

contest ⓢ변호사들은 ⓐ그 재판 동안에 ⓞ그 영장의 정당성을 ⓥ이의 제기하는, 반박하는_ 표현(表現)하다 이의 제기하다, 반박하며 말하다
tes(t) r.증명.증언하다(witness) contestant n.경쟁자, 논쟁자 contest n.다툼, 경쟁, 경주

[0815]

vow

[vau]

They vowed to God that they would raise a cathedral there.

vow ⓐ하나님에게 ⓞthat 이하_ 그들은 거기에 성당을 세울 것이라는 것을 ⓥ맹세.공언하는_ 표현(表現)하다 맹세.공언하다
vow n.맹세, 서약

[0816]

avow

[əváu]

We avow our principles explicitly to Russia and France.

avow ⓐ러시아와 프랑스에 ⓞ우리의 신념을 ⓥ공언.고백하는_ 표현(表現)하다 공언.고백.언명하다
vow n.맹세, 서약 avowal n.공언, 자백, 시인 avower n.맹세(공언)하는 사람

[0817]

disavow

[dìsəváu]

They disavowed claims of a split in the party.

disavow ⓢ그들은 ⓞ당내의 분열 주장에 대해 ⓥ부인.부정.거부하는_ 표현(表現)하다 부인.부정.거부하다
vow n.맹세, 서약 disavowal n.부인, 부정, 거부

[0818]

cite

[sait]

I shall cite two examples of time wasting.

cite ⓢ나는 ⓞ시간을 낭비하는 2가지 사례를 ⓥ인용하여_ 표현(表現)하다 인용하다
ci r.소리쳐 부르다(call)

[0819]

recite

[risáit]

He will recite a poem in front of the entire class.

recite ⓐ전 학급학생들 앞에서 ⓞ시를 ⓥ다시, 반복하여_ 표현(表現)하다 낭송하다
ci r.소리쳐 부르다(call)

[0820]

solicit

[səlísit]

We solicited him for contribution.

solicit ⓐ기부.공헌을 위해 ⓞ그에게 ⓥ간청하는_ 표현(表現)하다 간청하다
ci r.소리쳐 부르다(call) solicitor n.간청(간원)자

[0821]

swear
[swɛər]

He swore on his mother's tombstone that he would mend his way.

swear ⓐ그의 어머니 묘비에서 ⓑthat 이하_ 그는 자신의 방식.길을 개선할 것이라는 것을 ⓥ맹세하는_ 표현(表現)하다 맹세하다
sworn a.맹세한, 선서한 swearer n.선서자, 욕하는 사람

[0822]

forswear
[fo:rswɛ́ər]

People joining the armed forces forswear their human rights.

forswear ⓢ군대에 입대하는 사람들은 ⓞ그들의 인권을 ⓥ포기.단념하는_ 표현(表現)하다 포기하겠다고 표현하다
swear n.욕설, 저주, 독설

[0823]

implore
[implɔ́:r]

She implored him not to leave her.

implore ⓒ그녀에게서 떠나가지 말도록 ⓞ그에게 ⓥ애원.간청하는_ 표현(表現)하다 애원.간청하다
plor r.울다 imploring a.애원.탄원하는 imploratory a.애원.탄원하는 imploration n.애원, 탄원

[0824]

deplore
[diplɔ́:r]

We cannot but deplore the corrupt conditions of this society.

deplore ⓞ이 사회의 부패한 환경에 대해 ⓥ한탄.개탄.슬퍼하는_ 표현(表現)하다 한탄.개탄.슬퍼하다
plor r.울다 deplorable a.비통한, 비참한, 지독한, 개탄스러운

[0825]

beseech
[bisí:tʃ]

She besought the king that the captive's life might be saved.

beseech ⓑthat 이하를 ⓞ그 왕에게 ⓥ간청하는_ 표현(表現)하다 간청하다
seek v.추구하다 beseeching a.간청(탄원)하는 듯한

[0826]

advise
[ædváiz]

She advised him to start early.

advise ⓒ일찍 출발하라고 ⓞ그에게 ⓥ조언.권고.충고.경고하는, 알리는_ 표현(表現)하다 조언.권고.충고.경고하다, 알리다
advisable a.충고할만한, 바람직한 advice n.조언, 충고 advisory n.자문, 권고, 상담

[0827]

warn
[wɔ:rn]

The doctor warned me of the dangers of smoking.

warn ⓐ흡연의 위험성을 ⓞ나에게 ⓥ경고하는_ 표현(表現)하다 경고하다
warning n.경고, 주의

[0828]

accuse
[əkjú:z]

The woman accused him of stealing her car. [= The woman accused him that he had stolen her car.]

accuse ⓐ그녀의 차를 훔친 것에 대해 ⓞ그를 ⓥ고발.비난하는_ 표현(表現)하다 고발.비난하다
accusation n.비난, 고발 accuser n.고소인, 원고

[0829]

convict
[kənvíkt]

You can't convict a man of a crime on circumstantial evidence alone.

convict ⓐ범죄로, 정황증거 만으로 ⓞ한 사람을 ⓥ유죄선고하는_ 표현(表現)하다 유죄선고하다
convict n.유죄선고를 받은 사람, 죄수 conviction n.유죄판결, 설득, 확신

[0830]

inform
[infɔ́:rm]

He informed me that he had decided. [= He informed me of his decision.]

inform ⓑthat 이하를 ⓞ나에게 ⓥ통지하는, 알리는_ 표현(表現)하다 알리다, 통지하다
form r.모양(shape) information n.통지, 전달, 정보 informer n.정보제공자, 밀고자

[0831]

apprise [əpráiz]

I'll apprise her of the situation.

apprise ⓐ그 상황에 대해 ⓑ그녀에게 ⓥ통지하는_ 표현(表現)하다 통지하다, 알리다
prehen,pris r.가지다, 잡다(take) unapprised a.알려지지 않은

[0832]

notify [nóutəfài]

She notified his family of his death.

notify ⓐ그의 죽음을 ⓑ그의 가족들에게 ⓥ통지하는_ 표현(表現)하다 통지하다, 알리다
notice n.주의, 주목, 통지, 통보 notification n.알림, 통지 note n.기록, 주석, 통지, 주목

[0833]

alert [ələ́:rt]

I will alert you of any additional changes as they occur.

alert ⓐ추가 변화.변동사항을 ⓑ당신에게 ⓥ경고하는_ 표현(表現)하다 경고로 전달하다, 알리다
alert n.경계경보 alertness n.(문제·위험 등에 대한) 경계

[0834]

question [kwéstʃən]

She questioned him on two matters.

question ⓐ두 문제에 관하여 ⓑ그에게 ⓥ질문.심문하는_ 표현(表現)하다 질문.심문하다
questionable a.의문의 여지가 있는 question n.질문, 의문

[0835]

query [kwíəri]

The judge queried the criminal's motives.

query ⓢ그 판사는 ⓞ그 범죄자의 동기를 ⓥ질문하는, 캐묻는_ 표현(表現)하다 질문하다
query n.의문, 질문 querist n.질문자

[0836]

quiz [kwiz]

She quizzed me about my interests.

quiz ⓐ나의 관심사항에 대해 ⓑ나에게 ⓥ질문.심문하는_ 표현(表現)하다 질문하다
quiz n.퀴즈, 질문 quizzer n.시험하는 사람

[0837]

inquire [inkwáiər]

The waiter inquired whether we would like to sit near the window.

inquire ⓢ그 웨이터는 ⓐ(우리에게) ⓑwhether 이하_ 우리가 그 창문 근처에 앉고 싶은지를 ⓥ묻는_ 표현(表現)하다 문의하다
inquiry n.문의, 탐구, 조사

[0838]

answer [ǽnsər]

They correctly answered the questions.

answer ⓢ그들은 ⓞ그 질문에 대해 ⓥ대답하는_ 표현(表現)하다 대답하다
answerer n.응답자 answer n.대답

[0839]

respond [rispánd]

"I can't marry you." she responded sadly.

respond ⓐ슬프게 ⓑthat 이하를 ⓥ대답.응답하는_ 표현(表現)하다 대답.응답하다
respondent a.응답.반응하는 responsive a.반응.응답하는 response n.대답, 응답

[0840]

require [rikwáiər]

He requires the students to present their papers. [= He requires that the students (should) present their papers.]

require ⓒ자신의 논문을 제출.발표하도록 ⓞ그 학생들에게 ⓥ요구하는_ 표현(表現)하다 요구하다
requirement n.요구, 요건, 필요

[0841]
brief
[bri:f]

They briefed the spy on his mission.

brief ⓐ그의 임무에 관하여 ⓞ그 첩보원에게 ⓥ간결하게_ 표현(表現)하다 브리핑하다
brief a.간결한(concise), 간명한 briefing n.간단한 보고, 요약 brevity n.짧음, 간결함, 간결성

[0842]
detail
[ditéil]

The brochure details all the hotels in the area and their facilities.

detail ⓢ그 안내서는 ⓞ그 지역내의 모든 호텔과 시설들을 ⓥ상세하게_ 표현(表現)하다 상술하다
tail r.자르다(cut) detail n.세부, 자세함

[0843]
depict
[dipíkt]

The advertisements depict smoking as glamorous and attractive.

depict ⓐ화려하고 매력적인 것으로 ⓞ흡연을 ⓥ그림 그리듯_ 표현(表現)하다 묘사하다
depiction n.묘사, 서술 picture n.그림, 사진

[0844]
comment
[kάment]

A spokesperson commented that levels of carbon dioxide were very high.

comment ⓢ대변인은 ⓞthat 이하를 ⓥ논평.비평.해설하는_ 표현(表現)하다 논평.해설하다
commentary n.주석, 논평, 주해 comment n.주석, 논평, 의견

[0845]
mention
[ménʃən]

He mentioned an example in regard to the matter.

mention ⓢ그는 ⓞ그 문제와 관련된 실례를 ⓥ언급하는_ 표현(表現)하다 언급.진술하다
mention n.언급, 진술

[0846]
declare
[diklέər]

He declared himself King.

declare ⓒ왕이라고 ⓞ자기 자신에 대해 ⓥ명확하게, 선언하는_ 표현(表現)하다 선언하다, 명확히 밝히다
declarative a.선언하는 declaration n.선언, 발표, 천명

[0847]
decree
[dikrí:]

The government decreed a state of emergency.

decree ⓢ정부는 ⓞ비상 상태를 ⓥ포고.선언.결정하는_ 표현(表現)하다 선언.포고하다
decree n.(정부·교회 등이 내리는) 법령, 포고, 신의 뜻, 천명

[0848]
mutter
[mΛtər]

He muttered a curse at the other driver.

mutter ⓐ다른 운전자에게 ⓞ욕을 ⓥ작은 소리로_ 표현(表現)하다 중얼거리며 말하다, 투덜거리다
muttering n.불평불만 mutter n.중얼중얼[투덜투덜] 말하기[말하는 소리]

[0849]
shout
[ʃaut]

The two men were shouting abuse at each other and finally exchanged blows.

shout ⓐ서로에게 ⓞ욕설을 ⓥ고함치듯, 함성으로_ 표현(表現)하다 큰 소리로 외치다
shouting n.외침, 갈채, 고함 소리 shout n.외침, 큰 소리, 고함

[0850]
complain
[kəmpléin]

She complained that the room is too small.

complain ⓢ그녀는 ⓞthat 이하_ 그 방은 너무 작다는 것을 ⓥ불평하는_ 표현(表現)하다 불만.불평으로 표현하다
complaint n.불평, 불만 complainer n.불평 분자

핵심개념 4. 주어중심동사

4-1. 주어소유동사

4-2. 주어이동동사

4-3. 주어심리동사

4-1 주어소유동사

[Point 06] 주어소유동사_ 이동동사 차이 이해

- 주어소유동사 : ⓢ주어가 ⓞ목적어를 ⓥ소유하는 동사
  - ⓞ목적어 = 주어소유대상

- 주어소유동사 & 이동동사 : 예문으로 의미차이 파악.이해
  - 이 동 동 사 : ⓢ주어가 ⓞ목적어(이동대상)를 ⓐ부사어에 ⓥ이동시킴 (ⓐ부사어가 소유)
  - 주어소유동사 : ⓢ주어가 ⓞ목적어(주어소유대상)를 ⓥ소유함 (ⓢ주어가 소유)

P_ [0081]
He presented the gift to me.

[9999] present ⓐ나에게 ⓞ그 선물을 ⓥ앞으로, 선사.발표.제출로_ 이동(移動)시키다 선사하다 ☞ 선물은 ⓐ로 이동

P_ [0082]
I received the gift from him.

[0866] receive ⓢ나는 ⓞ그 선물을 ⓥ반대로, 받아_ 소유(所有)하다 받아 가지다 ☞ 선물은 ⓢ로 이동

P_ [0083]
She rented a car to him.

[0664] rent ⓐ그에게 ⓞ자동차를 ⓥ임대로_ 이동(移動)시키다 빌려주다

P_ [0084]
He rented a car from her.

[9999] rent ⓐ그녀로부터 ⓞ자동차를 ⓥ빌려서, 임차하여_ 소유(所有)하다 빌리다

P_ [0085]
She leased the house to him.

[0663] lease ⓐ그에게 ⓞ그 집을 ⓥ임대로_ 이동(移動)시키다 빌려주다, 임대하다

P_ [0086]
He leased the house from her.

[9999] lease ⓐ그녀로부터 ⓞ그 집을 ⓥ빌려서, 임차하여_ 소유(所有)하다 빌리다, 임차하다

P_ [0087]
He sold the doll to me.

[0681] sell ⓐ나에게 ⓞ그 인형을 ⓥ팔아서_ 이동(移動)시키다 팔아 넘기다

P_ [0088]
I bought the doll from him.

[9999] buy ⓐ그로부터 ⓞ그 인형을 ⓥ사서_ 소유(所有)하다 구입하다, 사다

P_ [0089]
She transferred the responsibility for the loss to him.

[0532] transfer ⓐ그에게 ⓞ그 손실에 대한 책임을 ⓥ가로질러, 날라서_ 이동(移動)시키다 전가하다

P_ [0090]
He assumed the whole responsibility for the loss.

[0875] assume ⓢ그는 ⓞ그 손실에 대한 모든 책임을 ⓥ가까이, 떠맡아_ 소유(所有)하다 떠맡다

P_ [0091]
We assigned an important position to him.

[0588] assign ⓐ그에게 ⓞ중요한 직책을 ⓥ배치.배정.지정으로_ 이동(移動)시키다 배정.부여하다

P_ [0092]
He occupies an important position in the government.

[0864] occupy ⓐ그 정부에서 ⓞ중요한 직위를 ⓥ강하게, 차지하여_ 소유(所有)하다 차지하다

P_ [0093]
The school lent books to the students.

[0661] lend ⓐ학생들에게 ⓞ책을 ⓥ대여로_ 이동(移動)시키다 빌려주다

P_ [0094]
The students borrowed books at school.

[0896] borrow ⓢ그 학생은 ⓞ책들을 ⓥ빌려서_ 소유(所有)하다 빌리다

P_ [0095]
They infuse the nutrients into the solution.

[0541] infuse ⓐ그 용액 안에 ⓞ그 영양성분들을 ⓥ위.안에, 붓듯_ 이동(移動)시키다 주입시키다

P_ [0096]
The solution contains the nutrients.

[0851] contain ⓢ그 용액은 ⓞ그 영양성분들을 ⓥ온전히, 포함하여_ 소유(所有)하다 담다, 포함하다

P_ [0097]
Her father bequeathed vast amounts of wealth to her.

[9999] bequeath ⓐ그녀에게 ⓞ막대한 양의 부를 ⓥ유산.유언으로_ 이동(移動)시키다 유산으로 주다

P_ [0098]
She inherited vast amounts of wealth from her father.

[0900] inherit ⓢ그녀는 ⓞ막대한 양의 부를 ⓥ유산.상속으로_ 소유(所有)하다 상속 받다

P_ [0099]
Reading conveys a lot of knowledge to us.

[9999] convey ⓐ우리에게 ⓞ많은 지식을 ⓥ온전히_ 이동(移動)시키다 전달해 주다

P_ [0100]
We obtain a lot of knowledge through reading.

[0852] obtain ⓐ독서를 통해 ⓞ많은 지식을 ⓥ확실히, 획득으로_ 소유(所有)하다 획득하다, 얻다

[0851]
contain
[kəntéin]

Carbonated beverages contain a lot of sugar.

contain ⓢ탄산 음료들은 ⓞ많은 당분을 ⓥ온전히, 포함하여_ 소유(所有)하다 담다, 포함하다
tain r.유지.보유하다(keep, hold) containable a.포함되는, 수용이 가능한 container n.컨테이너, 용기

[0852]
obtain
[əbtéin]

She obtained knowledge through readings.

obtain ⓐ독서를 통해 ⓞ지식을 ⓥ확실히, 획득으로_ 소유(所有)하다 획득하다
tain r.유지.보유하다(keep, hold) obtainable a.획득.입수할 수 있는 obtainment n.획득, 얻기

[0853]
attain
[ətéin]

We can attain (get, gain, win) excellent results with the roughest means.

attain ⓐ가장 거친 수단.방법으로 ⓞ훌륭한 결과들을 ⓥ가까이, 달성.성취로_ 소유(所有)하다 달성하여 취하다
tain r.유지.보유하다(keep, hold) attainment n.획득, 달성

[0854]
retain
[ritéin]

Please retain this receipt for your records.

retain ⓐ당신의 기록을 위해 ⓞ이 영수증을 ⓥ다시, 계속.지속적으로_ 소유(所有)하다 보유.보관하다
tain r.유지.보유하다(keep, hold) retainer n.보유자

[0855]
sustain
[səstéin]

Our business will sustain its growth trend for next year.

sustain ⓢ우리 사업은 ⓐ내년 동안에도 ⓞ성장추세를 ⓥ지속적으로, 지탱하여_ 소유(所有)하다 지속.유지하다
tain r.유지.보유하다(keep, hold) sustainable a.유지.지속할 수 있는 sustainment n.지탱

[0856]
maintain
[meintéin]

I maintain my health by taking vitamin supplements.

maintain ⓐ비타민 보충제를 섭취함에 의해 ⓞ나의 건강을 ⓥ손안에, 유지로_ 소유(所有)하다 유지하다
tain r.유지.보유하다(keep, hold) maintainable a.유지할 수 있는 maintenance n.유지하기, 지속

[0857]
detain
[ditéin]

The police have detained two men for questioning at the police station.

detain ⓐ그 경찰서에서 심문을 위해 ⓞ두 남자를 ⓥ나쁘게, 억류.구금으로_ 소유(所有)하다 구금.억류하다
tain r.유지.보유하다(keep, hold) detainment n.구금, 억류 detainee n.억류자

[0858]
ascertain
[æsərtéin]

The detective tried to ascertain the facts about the robbery.

ascertain ⓢ그 형사는 ⓞ그 강도 사건에 대한 사실을 ⓥ가까이, 확실히_ 소유(所有)하다 확인.확신하다
tain r.유지.보유하다(keep, hold) certain a.특정한, 어떤, 확실한 ascertainable a.확인할 수 있는 ascertainment n.확인, 탐지 certainty n.확실, 확신

[0859]
accept
[æksépt]

They accept the risks as part of the job.

accept ⓐ그 직업의 일부로 ⓞ그 위험을 ⓥ가까이, 받아들여_ 소유(所有)하다 받아들이다, 감수하다
cep,cap r.가지다, 잡다(take, seize) acceptable a.받아들일 수 있는 acceptance n.받아들임, 수용

[0860]
intercept
[intərsépt]

Clay intercepted nine passes during the game.

intercept ⓐ그 경기 중에 ⓞ9개의 패스를 ⓥ중간에서, 가로채어_ 소유(所有)하다 중간에 가로채다
cep,cap r.가지다, 잡다(take, seize) interception n.도중에 잡기, 차단 interceptor n.가로채는 사람

[0861]

capture
[kǽptʃər]

Cameras capture special memories.

capture ⓢ카메라는 ⓞ특별한 기억.추억들을 ⓥ잡아서, 움켜, 포착하여_ 소유(所有)하다 잡아 취하다, 포착하다
cep,cap r.가지다, 잡다(take, seize) capturable a.사로잡을 수 있는 capture n.포획, 약탈

[0862]

recapture
[rikǽptʃər]

The police recaptured the escaped criminal.

recapture ⓢ경찰은 ⓞ그 도망간 범인을 ⓥ다시, 잡아서_ 소유(所有)하다 다시 잡다
recapture n.회복, 탈환, 되찾은 사람[것]

[0863]

conceive
[kənsíːv]

He conceived an affection for her.

conceive ⓢ그는 ⓞ그녀에 대한 애정을 ⓥ확실히, 임신으로, 마음속에_ 소유(所有)하다 마음속에 가지다, 품다
cep,cap r.가지다, 잡다(take, seize) conceivable a.생각할 수 있는, 상상할 수 있는

[0864]

occupy
[άkjupài]

The child would occupy her love and attention.

occupy ⓢ그 아이는 ⓞ그녀의 사랑과 관심을 ⓥ강하게, 차지하여_ 소유(所有)하다 차지하다
cep,cap r.가지다, 잡다(take, seize) occupational a.점유의 occupation n.점유

[0865]

preoccupy
[priɑːkjupaɪ]

The university preoccupied the domestic fundraising market.

preoccupy ⓢ그 대학은 ⓞ국내 자금조달 시장을 ⓥ미리, 선점하여_ 소유(所有)하다 미리 취하다, 선점하다
cep,cap r.가지다, 잡다(take, seize) preoccupation n.몰두, 열중

[0866]

receive
[risíːv]

In addition to receiving gifts at Christmas, children receive gifts on September 1.

receive @크리스마스에 선물을 받는 것에 더불어, 9월1일에 ⓞ선물을 ⓥ반대로, 받아_ 소유(所有)하다 다시 취하다, 받다
cep,cap r.가지다, 잡다(take, seize) receptive a.받아들이는 reception n.수령, 수용

[0867]

encapsulate
[inkǽpsjuleit]

The present encapsulates the past and a promise for the future.

encapsulate ⓢ현재는 ⓞ과거와 미래의 징후.전망을 ⓥ압축하여_ 소유(所有)하다 압축하여 가지다
cep,cap r.가지다, 잡다(take, seize) encapsulation n.응축, 요약 capsule n.캡슐

[0868]

anticipate
[æntísəpèit]

We anticipate much pleasure from our trip to London.

anticipate @우리의 런던 여행으로부터 ⓞ많은 기쁨을 ⓥ미리, 기대.예상으로_ 소유(所有)하다 예상.기대하다
cep,cap r.가지다, 잡다(take, seize) anticipant a.예상.기대하는 anticipation n.예상, 기대

[0869]

perceive
[pərsíːv]

I perceived an approaching object on the radar screen.

perceive @그 레이더 화면에서 ⓞ접근하는 물체를 ⓥ완전히, 인식.지각하여_ 소유(所有)하다 인식.지각하다
cep,cap r.가지다, 잡다(take, seize) perception n.인식, 지각

[0870]

achieve
[ətʃíːv]

You can only achieve success through hard work.

achieve @열심히 일함에 의해 ⓞ성공을 ⓥ성취로_ 소유(所有)하다 성취.달성하다
achievable a.달성할 수 있는 achievement n.성취

[0871]
conserve
[kənsə́:rv]

We must conserve natural resources.

conserve ⓢ우리는 ⓞ천연자원을 ⓥ완전히, 유지.보존으로_ 소유(所有)하다 보존.보호.유지하다
serve r.보유.유지하다(hold) conservative a.보수적인 conservation n.보호, 유지

[0872]
preserve
[prizə́:rv]

We must preserve historic sites.

preserve ⓢ우리는 ⓞ역사적 장소를 ⓥ온전히, 유지.보존하기 위해_ 소유(所有)하다 보존.보호하다
serve r.보유.유지하다(hold) preservable a.보존할 수 있는 preservation n.보존

[0873]
reserve
[rizə́:rv]

We must reserve money for future needs.

reserve ⓐ미래의 필요성을 위해 ⓞ돈을 ⓥ예비.저장하기 위해_ 소유(所有)하다 보유.저장하다
serve r.보유.유지하다(hold) reservation n.예약

[0874]
deserve
[dizə́:rv]

All lives deserve protection and dignity.

deserve ⓢ모든 생명체는 ⓞ보호와 존엄을 ⓥ마땅히, 당연히_ 소유(所有)하다 받을 만하다, 받을 자격이 있다
serve r.보유.유지하다(hold) deserver n.적격자, 유자격자

[0875]
assume
[əsú:m]

She had to assume her boss's responsibilities.

assume ⓢ그녀는 ⓞ그녀 상사의 책임을 ⓥ가까이, 떠맡아_ 소유(所有)하다 떠맡다
sum r.가지다, 잡다(take) assumptive a.가정의 assumption n.가정, 추측

[0876]
consume
[kənsú:m]

Your body will consume fat as fuel.

consume ⓐ당신의 몸은 ⓞ연료로 지방을 ⓥ완전히, 사용.소비로_ 소유(所有)하다 확실히 취하다, 소비.사용하다
sum r.가지다, 잡다(take) consumable a.소비.소모 가능한 consumer n.소비자

[0877]
resume
[rizú:m]

In March, he resumed his position as the best golfer in the world.

resume ⓐ3월에 ⓞ세계1위 골퍼로서의 그의 위치를 ⓥ다시_ 소유(所有)하다 다시 차지하다
sum r.가지다, 잡다(take) resumption n.되찾음

[0878]
comprehend
[kàmprihénd]

Even scientists do not comprehend these phenomena.

comprehend ⓢ심지어 과학자들도 ⓞ이런 현상을 ⓥ완전히, 잡아서, 이해로_ 소유(所有)하다 이해하다
prehen,pris r.가지다, 잡다(take) comprehensible a.이해할 수 있는 comprehension n.포함, 이해

[0879]
apprehend
[æprihénd]

She apprehended the significance of the matter.

apprehend ⓢ그녀는 ⓞ그 문제의 중요성을 ⓥ가까이, 잡아서, 이해로_ 소유(所有)하다 이해하다
prehen,pris r.가지다, 잡다(take) apprehensible a.이해할 수 있는 apprehensibility n.파악 가능성

[0880]
comprise
[kəmpráiz]

The committee comprises ten members.

comprise ⓢ그 위원회는 ⓞ10명의 멤버를 ⓥ구성.포함으로_ 소유(所有)하다 포함하다, 구성원으로 가지다
prehen,pris r.가지다, 잡다(take) comprisable a.구성할 수 있는

[0881]

collect
[kəlékt]

He collected traditional Korean artworks with his inherited fortune.

collect ⓐ그의 상속받은 재산으로 ⓞ전통적인 한국 예술품을 ⓥ함께, 선택하여, 모아서_ 소유(所有)하다 수집하여 가지다
lect r.선택하다(choose) collectable a.수집 가능한 collection n.수집, 징수

[0882]

elect
[ilékt]

Korea will elect a new president.

elect ⓢ한국은 ⓞ새 대통령을 ⓥ선출.선거로_ 소유(所有)하다 선출하다
lect r.선택하다(choose) elective a.선거의 election n.선거, 선택

[0883]

reelect
[riːilékt]

The nation reelected him as president.

reelect ⓐ대통령으로 ⓞ그를 ⓥ다시, 선출.선거로_ 소유(所有)하다 재선출하다
lect r.선택하다(choose) reelection n.재선

[0884]

select
[silékt]

He selected the best among many works.

select ⓐ많은 작품 중에서 ⓞ가장 좋은 작품을 ⓥ선택하여_ 소유(所有)하다 선택하여 가지다
lect r.선택하다(choose) selective a.선택의 selection n.선택, 선발

[0885]

recollect
[rèkəlékt]

She could no longer recollect the details of the letter.

recollect ⓢ그녀는 ⓞ그 편지의 세부사항을 ⓥ다시 모아, 회상으로_ 소유(所有)하다 회상하다, 다시 기억하다
lect r.선택하다(choose) recollection n.회상

[0886]

neglect
[niglékt]

Modern historians have neglected many of these ideas.

neglect ⓢ현대 역사가들은 ⓞ이러한 생각들 중 많은 것들을 ⓥ무.부정으로, 무시로_ 소유(所有)하다 취하지 않다, 무시하다
lect r.선택하다(choose) neglectful a.태만한, 소홀한, 무관심한 neglect n.누락, 무시, 태만

[0887]

lack
[læk]

The child lacks the ability to perceive objects.

lack ⓢ그 아이는 ⓞ사물을 인식하는 능력을 ⓥ부족하게, 적게_ 소유(所有)하다 적게 가지다, 부족하다
lack n.부족

[0888]

lose
[luːz]

I have lost interest in this work.

lose ⓢ나는 ⓞ이 작업에 흥미를 ⓥ부정.반대.마이너스로_ 소유(所有)하다 가지지 않다, 잃다
losable a.잃어버리기 쉬운 lost a.잃은, 패배한, 감량한 loss n.잃음, 손실, 패배, 감소

[0889]

choose
[tʃuːz]

He chose one among many things.

choose ⓐ많은 것들 중에서 ⓞ하나를 ⓥ선택하여_ 소유(所有)하다 선택하여 가지다
choosy a.까다로운 chosen a.선택된 choice n.선택, 고르기 chooser n.선택자

[0890]

adopt
[ədɑ́(ɔ́)pt]

She adopted a foreign word to express a new concept.

adopt ⓐ새로운 개념을 표현하기 위해 ⓞ외국 단어를 ⓥ채택하여_ 소유(所有)하다 채택하다
opt v.선택하다 adoptive a.선택의, 채용의 adoption n.선택, 채택 option n.선택, 옵션

[0891]
take
[teik]

They take orders from customers and serve them food and drinks.

take ⓐ고객으로부터 ⓞ주문을 ⓥ적극적으로_ 소유(所有)하다 받다, 취하다
taking n.취득, 획득, 체포

[0892]
undertake
[ʌndərtéɪk]

I'll undertake the task of remodeling the house.

undertake ⓢ나는 ⓞ집을 개조하는 그 일을 ⓥ아래로, 떠맡아_ 소유(所有)하다 떠맡다
undertaking n. 약속, 보증, 보장

[0893]
mistake
[mistéik]

She mistook my meaning entirely.

mistake ⓞ나의 의미하는 바를 ⓥ잘못되게, 실수로_ 소유(所有)하다 잘못 취하다, 오해하다
unmistakable a.명백한, 틀림없는 mistaken a.오해한, 잘못된 mistake n.잘못, 틀리기, 실수, 오해

[0894]
intake
[íntei̯k]

Koreans tend to intake 12.5 grams of sodium daily, which is three times higher than the recommended level stipulated by WHO.

intake ⓢ한국인들은 ⓞ매일 12.5g의 나트륨을 ⓥ안으로_ 소유(所有)하다 섭취하다
intake n.섭취, 흡입, 수용

[0895]
possess
[pəzés]

She possesses a delightful mezzo-soprano voice.

possess ⓢ그녀는 ⓞ멋진 메조소프라노 목소리를 ⓥ강하게, 소유로_ 소유(所有)하다 소유하다, 가지다
possessive a.소유의 possession n.소유

[0896]
borrow
[bárou]

I borrowed a pair of black sunglasses from my dad.

borrow ⓢ나는 ⓞ선글라스를 ⓥ빌려서_ 소유(所有)하다 빌리다
borrowing n.차용금, 차용 borrower n.차용자, 표절자

[0897]
purchase
[pə́ːrtʃəs]

I purchased a book from the Internet.

purchase ⓐ인터넷으로부터 ⓞ책을 ⓥ구입하여_ 소유(所有)하다 구입하다
purchase n.구매, 매입 purchaser n.구매자, 사는 사람

[0898]
share
[ʃɛər]

They were able to share their common joys and griefs.

share ⓢ그들은 ⓞ그들의 공통의 기쁨과 슬픔을 ⓥ공유로, 나누어서_ 소유(所有)하다 공유하다, 나누어 가지다
shared a.공유의 share n.몫, 분담

[0899]
feature
[fíːtʃər]

The new textbooks will feature a variety of multimedia, including videos and animations.

feature ⓐ동영상, 애니메이션을 포함하여 ⓞ다양한 멀티미디어를 ⓥ특징으로_ 소유(所有)하다 특징으로 가지다
featureless a.특색이 없는 feature n.특징

[0900]
inherit
[inhérit]

His children will inherit vast amounts of wealth from their father.

inherit ⓐ그들의 아버지로부터 ⓞ막대한 양의 부를 ⓥ유산.상속으로_ 소유(所有)하다 상속 받다
inheritable a.상속할 수 있는 inheritance n.상속

4-2 주어이동동사

[Point 07] 주어이동동사_ 이동동사 차이 이해

- 주어이동동사 : ⓢ주어가 ⓞ목적어에 ⓥ이동하는 동사
  - ⓞ목적어 = 주어이동장소
  - ⓞ주어이동장소_ 이동방향 : 안으로, 밖으로, 넘어, 추월하여, 주변에 등 다양

- 주어이동동사 & 이동동사 : 예문으로 의미차이 이해.파악
  - 이 동 동 사 : ⓢ주어가 ⓞ목적어(이동대상)를 ⓐ부사어로 ⓥ이동시킴
  - 주어소유동사 : ⓢ주어가 ⓞ목적어(주어이동장소)에 ⓥ이동함

P_ [0101]
She passed a cup of tea to the headmaster.

[9999] pass ⓐ그 교장선생님에게 ⓞ한 잔의 차를 ⓥ통과하여, 지나서_ 이동(移動)시키다 건네주다

P_ [0102]
You'll pass a bank on the way to the train station.

[0914] pass ⓐ그 기차역에 가는 길에 ⓞ은행에 ⓥ통과하여, 지나서_ 이동(移動)하다 지나쳐 가다

P_ [0103]
They tried to infiltrate assassins into the White House.

[9999] infiltrate ⓐ백악관 안으로 ⓞ암살자들을 ⓥ침입으로, 안에_ 이동(移動)시키다 침입.침투시키다

P_ [0104]
Such particles infiltrate the blood stream through the respiratory system.

[9999] infiltrate ⓢ그러한 입자는 ⓐ호흡계를 통해 ⓞ혈류에 ⓥ위.안에, 침입.침투로_ 이동(移動)하다 침입.침투하다

P_ [0105]
He chased all fear from his mind.

[9999] chase ⓐ그의 마음 밖으로 ⓞ모든 두려움을 ⓥ쫓아 내려고_ 이동(移動)시키다 쫓아내다, 몰아내다

P_ [0106]
For 90 minutes, two teams of 11 players chase a ball.

[0933] chase ⓢ11명의 선수로 구성된 두 팀원들은 ⓞ공에 ⓥ뒤를 쫓아_ 이동(移動)하다 쫓아 가다

P_ [0107]
He sent me to the meeting.

[0511] send ⓐ그 회의에 ⓞ나를 ⓥ보내서_ 이동(移動)시키다 보내주다

P_ [0108]
I attended the meeting.

[9999] attend ⓢ나는 ⓞ그 회의에 ⓥ참석하기 위해_ 이동(移動)하다 참석하러 가다

P_ [0109]
The President dispatched the Foreign Minister to the U.N. General Assembly.

[0670] dispatch ⓐ유엔총회에 ⓞ외무부장관을 ⓥ분리하여, 급하게, 파견으로_ 이동(移動)시키다 급파.파견시키다

P_ [0110]
The Foreign Minister entered the U.N. General Assembly.

[0901] enter ⓢ그 외무장관은 ⓞ유엔 총회에 ⓥ안으로_ 이동(移動)하다 들어 가다, 입장하다

[0901]
enter
[éntər]

You may not enter the security area without authorization.

enter ⓐ허가 없이 ⓞ그 보안 구역에 ⓥ안으로_ 이동(移動)하다 들어 가다
entrant n.들어가는 사람, 신입생, 참가자   entrance n.들어가기, 입장, 입구   entry n.들어감, 입장, 참가

[0902]
exit
[égzit]

He exited the courtroom in a fury.

exit ⓐ화가 나서 ⓞ그 법정에서 ⓥ바깥으로_ 이동(移動)하다 빠져 나가다
it r.가다(go)   exit n.출구, 퇴장

[0903]
visit
[vízit]

I visit my grandparents at least once a month.

visit ⓐ적어도 한 달에 한 번 ⓞ나의 조부모님에게 ⓥ보기 위해, 방문하기 위해_ 이동(移動)하다 방문하러 가다
it r.가다(go)   visit n.방문

[0904]
access
[ǽkses]

This means that 42 percent of China's population can access the Internet.

access ⓢ중국 인구의 42%는 ⓞ인터넷에 ⓥ가까이, 접근하여_ 이동(移動)하다 가까이 가다, 접근하다
ce(d,s) r.가다(go)   accessible a.접근할 수 있는   access n.접근   accessibility n.접근할 수 있음

[0905]
exceed
[iksíːd]

She exceeded him in knowledge.

exceed ⓐ지식에 있어서 ⓞ그를 ⓥ초월하여, 앞서서_ 이동(移動)하다 초월.능가하다
ce(d,s) r.가다(go)   exceeding a.지나치게 앞서서 가는, 과도한, 대단한, 보통 아닌   excess n.초과, 도를 지나침

[0906]
precede
[prisíːd]

A flash of lightning precedes the thunder.

precede ⓢ번개의 번쩍거림은 ⓞ그 천둥에 ⓥ앞서서_ 이동(移動)하다 앞서 가다, 먼저 가다, 먼저 일어나다
ce(d,s) r.가다(go)   precedent a.앞서는, 선행하는   precedence n.앞섬, 선행

[0907]
supersede
[sùːpərsíːd]

Electric stoves have superseded wood-burning stoves. [= Wood-burning stoves have been superseded by electric stoves.]

supersede ⓢ전기 난로는 ⓞ나무를 태우는 난로에 ⓥ위로, 대체를 위해_ 이동(移動)하다 대체하다
ce(d,s) r.가다(go)   supersedure n.교체, 대용

[0908]
succeed
[səksíːd]

Smith succeeded Jones as governor.

succeed ⓐ주지사로 ⓞ존에 ⓥ아래로, 계승으로_ 이동(移動)하다 계승하다, 후임자로 대신하다
ce(d,s) r.가다(go)   successive a.(순서로서) 다음에 이어지는   succession n.승계, 계승, 잇따라 일어나기   successor n.후계자, 상속인

[0909]
ascend
[əsénd]

He began to ascend the stairs slowly.

ascend ⓢ그는 ⓞ그 계단에 ⓥ위쪽으로_ 이동(移動)하다 올라 가다
scend r.오르다(climb)   ascendant a.상승하는   ascending a.상승하는, 올라가는   ascent n.오르기, 상승

[0910]
descend
[disénd]

She slowly descended the stairs.

descend ⓐ천천히 ⓞ그 계단에 ⓥ아래쪽으로_ 이동(移動)하다 내려 가다
scend r.오르다(climb)   descending a.하강(낙하)하는, 아래로 향한   descendant n.자손, 후예, 제자, 문하생   descent n.하강, 추락

[0911]

transcend
[trænsénd]

The best films are those which transcend national or cultural barriers.

transcend ⓢ최고의 영화는 ⓞ국가적 또는 문화적 장벽에 ⓥ가로질러, 초월하여_ 이동(移動)하다 초월하다
scend r.오르다(climb) transcendent a.탁월한, 초월적인 transcendence n.초월, 탁월

[0912]

aggress
[əgrés]

They aggressed other nations of the region.

aggress ⓢ그들은 ⓞ그 지역의 다른 나라에 ⓥ가까이, 공격하기 위해_ 이동(移動)하다 공격하러 가다, 침입하다
gres,grad r.가다(go) aggressive a.공격적인 aggression n.침략행위, 공격 aggressor n.침략자

[0913]

transgress
[trænsgrés]

In many cases, of course, they will transgress existing criminal law.

transgress ⓢ그들은 ⓞ기존 형법에 ⓥ가로질러_ 이동(移動)하다 위반하다, 뛰어넘다
gres,grad r.가다(go) transgressive a.초월하는 transgression n.위반 transgressor n.위반자, 죄인

[0914]

pass
[pæs]

You always pass failure on the way to success. (Mickey Rooney)

pass ⓐ성공으로 가는 길에 ⓞ실패에 ⓥ통과하여, 지나서_ 이동(移動)하다 지나쳐 가다, 만나다
pass n.패스, 통과, 통행 passer n.통행인

[0915]

overpass
[ouˈvərpæˌs]

He overpassed the border.

overpass ⓢ그는 ⓞ그 국경에 ⓥ위로 넘어_ 이동(移動)하다 넘어가다
pass n.패스, 통과, 통행

[0916]

surpass
[sərpǽs]

He surpassed all the competitors in speed.

surpass ⓐ속도에서 ⓞ모든 경쟁자들에 ⓥ위로 넘어, 초월.능가하여_ 이동(移動)하다 추월.능가하다
surpassable a.극복할 수 있는 pass n.패스, 통과, 통행

[0917]

trespass
[tréspəs]

He trespassed her rights.

trespass ⓢ그는 ⓞ그녀의 권리를 ⓥ가로질러, 침해하러_ 이동(移動)하다 침해하다
pass n.패스, 통과, 통행 trespasser n.불법 침입자, 위반자

[0918]

bypass
[baiˈpæˌs]

Maybe the thief knew how to bypass the system.

bypass ⓢ그 도둑은 ⓞ그 보안 시스템에 ⓥ우회하여, 옆을 지나쳐_ 이동(移動)하다 우회하여 가다, 생략.무시하다
bypass n.우회로, 바이패스, 무시하기 pass n.패스, 통과, 통행

[0919]

invade
[invéid]

The cancer cells may invade other parts of the body.

invade ⓢ그 암세포는 ⓞ신체의 다른 부분에 ⓥ침략하기 위해, 안으로_ 이동(移動)하다 침입.침략하러 가다
vad r.가다(go) invasive a.침입하는 invader n.침략자 invasion n.침입

[0920]

evade
[ivéid]

We can still evade the new danger zones.

evade ⓢ우리는 ⓞ새로운 위험 지대에서 ⓥ바깥.반대 방향으로, 벗어나_ 이동(移動)하다 피해 가다, 벗어나가다
vad r.가다(go) evasive a.회피하는 evader n.기피자 evasion n.탈출, 회피

[0921]

pervade
[pərvéid]

Digital technologies pervade every aspect of modern society.

pervade ⓢ디지털 기술은 ⓞ현대 사회의 모든 측면에 ⓥ완전히, 통과.침투하여_ 이동(移動)하다 꿰뚫고 가다, 침투하다
vad r.가다(go) pervasive a.스며드는 pervasion n.침투

[0922]

mount
[maunt]

She slowly mounted the steps.

mount ⓢ그녀는 ⓞ그 계단에 ⓥ위로, 오르기 위해_ 이동(移動)하다 올라 가다
mon(t) r.오르기 mountable a.오를 수 있는 mountain n.산

[0923]

dismount
[dismáunt]

He dismounted the horse.

dismount ⓢ그는 ⓞ그 말에서 ⓥ아래로, 내리기 위해_ 이동(移動)하다 내려 가다
mon(t) r.오르기 dismountable a.내릴(떼어낼) 수 있는 dismount n.말에서 내림, 하차

[0924]

surmount
[sərmáunt]

He surmounted incredible difficulties.

surmount ⓢ그는 ⓞ믿을 수 없는 어려움에 ⓥ위로 넘어, 극복하려_ 이동(移動)하다 넘어 가다, 극복하다
mon(t) r.오르기 surmountable a.극복할 수 있는

[0925]

climb
[klaim]

They climbed the mountain despite the bad weather.

climb ⓐ궂은 날씨에도 불구하고 ⓞ산에 ⓥ올라, 등반으로_ 이동(移動)하다 오르다, 등반하다
climb n.오르기 climbing n.등산, 등반

[0926]

approach
[əpróutʃ]

The craft is now approaching our airport to make a landing.

approach ⓢ그 항공기는 ⓐ착륙을 하기 위해 ⓞ우리의 공항에 ⓥ근처로_ 이동(移動)하다 접근해 가다
approachable a.가까이 갈수 있는 unapproachable a.접근하기 어려운 approach n.다가옴, 접근

[0927]

stalk
[stɔ:k]

The lion will often stalk its prey for hours.

stalk ⓢ그 사자는 ⓞ자신의 먹이에 ⓥ스토킹하기 위해, 몰래_ 이동(移動)하다 몰래 접근하다
stalk n.살그머니 다가가기 stalker n.스토커, 밀렵자

[0928]

accost
[əkɔ́:st]

Two men accosted her in front of her apartment building.

accost ⓢ두 남자는 ⓐ그녀의 아파트 건물 앞에서 ⓞ그녀에게 ⓥ가까이_ 이동(移動)하다 가까이 가다, 접근하다

[0929]

sidestep
[saidstep]

He always manages to sidestep (dodge) the issue of salary increases.

sidestep ⓢ그는 ⓞ그 임금 인상 문제에서 ⓥ옆으로, 벗어나, 피해서_ 이동(移動)하다 비껴 나가다, 회피하다
step n.(발)걸음

[0930]

escape
[iskéip]

You cannot escape the responsibility of tomorrow by evading it today. (Abraham Lincoln)

escape ⓐ그것에 피해감에 의해 ⓞ내일의 책임에서 ⓥ바깥으로, 벗어나, 도피로_ 이동(移動)하다 도피.도망가다, 모면하다
inescapable a.도망칠 수 없는 escape n.도망, 탈출, 피난 escapism n.현실도피 escaper n.도망자

[0931]

storm
[stɔ:rm]

Candlelit protesters stormed the streets.

storm ⓢ촛불 집회자들은 ⓞ그 거리에 ⓥ폭풍처럼_ 이동(移動)하다 폭풍처럼 가다
stormer n.습격자, 급습자   storm n.폭풍

[0932]

mob
[mab]

The crowd mobbed the embassy.

mob ⓢ군중들은 ⓞ대사관에 ⓥ떼지어_ 이동(移動)하다 몰려 가다
mob n.폭도, 군중

[0933]

chase
[tʃeis]

The policeman chased the criminal.

chase ⓢ그 경찰은 ⓞ그 범인에 ⓥ뒤를 쫓아_ 이동(移動)하다 쫓아 가다, 추적하다
chase n.추적, 추구   chaser n.쫓는 사람, 추적자, 사냥꾼

[0934]

follow
[fálou]

All the teachers at each school should follow the complete standardization.

follow ⓢ각 학교의 모든 교사는 ⓞ완전한 표준화에 ⓥ뒤를 따라_ 이동(移動)하다 따라 가다, 쫓아 가다
follow n.쫓기, 추구   follower n.쫓기, 추구

[0935]

contravene
[kàntrəví:n]

The sale of untreated milk may contravene public health regulations.

contravene ⓢ미처리 우유의 판매는 ⓞ공중 보건 규정에 ⓥ반대로, 역행하여_ 이동(移動)하다 역행해 가다, 위반하다
ven r.오다(come)   contravention n.위반 (행위), 반대, 반박   contravener n.반대(반박)하는 사람, 위반하는 사람

[0936]

circumvent
[sà:rkəmvént]

The tobacco industry will try to circumvent this new legislation.

circumvent ⓢ그 담배 산업계는 ⓞ이 새로운 법안에 ⓥ빙둘러, 회피를 위해, 원모양으로_ 이동(移動)하다 우회.회피하다
ven r.오다(come)   circumventive a.(어려움·법 등을) 피해 가는   circumvention n.빙 둘러가기, 회피

[0937]

traverse
[trǽvə:rs]

Many cars traverse the bridge daily.

traverse ⓢ많은 차들이 ⓞ그 다리에 ⓥ가로질러, 횡단하여_ 이동(移動)하다 가로질러 가다
ver(s,t) r.뒤집다, 돌다(turn)   traversable a.가로지를 수 있는   traverse n.가로지르기, 횡단   traversal n.횡단하기

[0938]

cross
[krɔ:s]

She crossed the street carefully.

cross ⓐ조심스럽게 ⓞ그 거리에 ⓥ가로질러, 횡단하여_ 이동(移動)하다 건너가다
crossing n.횡단, 교차   cross n.십자가, 교차점

[0939]

patrol
[pətróul]

The coast guard patrols the coastline.

patrol ⓢ해안 경비원은 ⓞ해안가에 ⓥ순찰하기 위해_ 이동(移動)하다 순찰하러 가다
patrolman n.순찰 경찰관   patrol n.순회, 순시

[0940]

haunt
[hɔ:nt]

People say ghosts haunt that old house.

haunt ⓢ유령은 ⓞ저 오래된 집에 ⓥ괴롭히기 위해, 자주_ 이동(移動)하다 자주 나타나다
haunter n.자주 찾는 사람

4-3 주어심리동사

[Point 08] 주어심리동사_ (심리)변화동사 차이 이해

- 주어심리동사 : ⓢ주어가 ⓞ목적어에 대해 ⓥ어떤 심리.마음 가지는 동사
  - ❶ ⓞ목적어 = 주어심리대상

- 주어심리동사 & (심리)변화동사 : 예문으로 의미차이 파악.이해
  - ❶ (심리)변화동사 : ⓞ목적어(변화대상)를 ⓥ어떤 심리.마음_ 상태로 변화시킴
  - ❶ 주어소유동사 : ⓢ주어가 ⓞ목적어(주어심리대상)에 대해 ⓥ어떤_ 심리.마음 가짐

P_ [0071]
The dead bodies horrified me.

[0412] horrify ⓢ[원인.수단] 그 시체들은 ⓞ나_ 나의 마음을 ⓥ공포스러운, 두려운_ 상태로 변화(變化)시키다 공포스럽게 하다

P_ [0072]
I dreaded the dead bodies.

[0974] dread ⓢ나는 ⓞ그 시체들에 대해 ⓥ두려워.무서워하는_ 심리(心理)가지다 무서운.두려운 마음을 가지다

P_ [0073]
The movie amused the audience.

[0124] amuse ⓢ[원인.수단] 그 영화는 ⓞ그 관객들을 ⓥ즐거운_ 상태로 변화(變化)시키다 즐겁게.흥겁게 하다

P_ [0074]
The audience enjoyed the movie.

[0958] enjoy ⓢ그 관객들은 ⓞ그 영화에 대해 ⓥ즐거운_ 심리(心理)가지다 즐거운 마음을 가지다, 즐기다

P_ [0075]
The smell of the blood sickened her and she ran out of the room.

[9999] sicken ⓢ[원인.수단] 그 피 냄새는 ⓞ그녀를 ⓥ역겨운, 아픈_ 상태로 변화(變化)시키다 역겹게 하다

P_ [0076]
She hates, loathes, despises and abominates the smell of the blood.

[0959] hate ⓢ그녀는 ⓞ피 냄새에 대해 ⓥ싫어하는_ 심리(心理)가지다 싫어하다
[0964] loathe ⓢ그녀는 ⓞ피 냄새에 대해 ⓥ혐오.싫어하는_ 심리(心理)가지다 혐오.싫어하다
[0961] despise ⓢ그녀는 ⓞ피 냄새에 대해 ⓥ경멸.싫어하는_ 심리(心理)가지다 경멸.싫어하다
[0965] abominate ⓢ그녀는 ⓞ피 냄새에 대해 ⓥ혐오하는_ 심리(心理)가지다 혐오하다

P_ [0077]
The losses to our community sadden us, but they also must renew our commitment to this mission.

[9999] sadden ⓢ[원인.수단] 우리 공동체의 손실은 ⓞ우리(마음)를 ⓥ슬픈_ 상태로 변화(變化)시키다 슬프게 하다
[9999] renew ⓢ[원인.수단] 우리 공동체의 손실은 ⓞ이 임무에 대한 우리의 헌신을 ⓥ(다시) 새로운, 갱신된_ 상태로 변화(變化)시키다 갱신시키다

P_ [0078]
They lament the loss of their close community and resent having to give up their homes in the heart of the city.

[0956] lament ⓢ그들은 ⓞ그들의 친밀한 공동체를 잃은 것에 대해 ⓥ슬픈_ 심리(心理)가지다 슬픈 마음을 가지다
[9999] resent ⓢ그들은 ⓞ도심 한복판의 그들의 집을 완전히 주어야 하는 것에 대해 ⓥ분노.격분하는_ 심리(心理)가지다 분노.격분하다

P_ [0079]
And most importantly, the prosecutors' recent decision will enrage the public.

[0123] enrage ⓢ[원인.수단] 검찰의 최근 결정은 ⓞ대중을 ⓥ분노.격분한_ 상태로 변화(變化)시키다 분노.격분시키다

P_ [0080]
I resent you for spreading that lousy rumor.

[9999] resent ⓐ그 형편없는 소문을 퍼뜨린 것 때문에 ⓞ당신에 대해 ⓥ분노.격분하는_ 심리(心理)가지다 분노.격분하다
[0706] spread ⓐ(다른 사람들에게) ⓞ그 형편없는 소문을 ⓥ뿌려서, 퍼뜨려_ 이동(移動)시키다 퍼뜨리다, 살포시키다

[0941]
believe
[bilíːv]

We believe company profits will exceed expectations this year.

believe ⓢ우리는 ⓞthat 이하_ 회사 수익은 올해 예상치를 초과할 것이라는 것에 대해 ⓥ믿는_ 심리(心理)가지다 믿다, 여기다
believable a.믿을 수 있는 unbelievable a.믿을 수 없는 belief n.믿음, 신뢰

[0942]
disbelieve
[dìsbilíːv]

I disbelieve reports of UFO sightings.

disbelieve ⓢ나는 ⓞUFO 목격 보도에 대해 ⓥ믿지 않는_ 심리(心理)가지다 믿지 않다, 불신하다
belief n.믿음, 신뢰 disbelief n.불신

[0943]
discredit
[diskrédit]

We discredit a statement made under coercion.

discredit ⓢ우리는 ⓞ강압 아래 만들어진 진술에 대해 ⓥ불신하는_ 심리(心理)가지다 불신하다
discreditable a.불신스러운 credit n.신뢰, 신용 discredit n.불신, 불신임, 의혹

[0944]
credit
[krédit]

The cheetah is generally credited as the world's fastest animal.

credit ⓐ세상에서 가장 빠른 동물로 ⓞ치타에 대해 ⓥ신뢰하는, 여기는_ 심리(心理)가지다 여기다
credible a.믿을 수 있는 incredulous a.믿으려 하지 않는 credit n.신뢰, 신용 credibility n.믿을 수 있음

[0945]
regard
[rigάːrd]

The people in the room seemed to regard her as an unwelcome intruder.

regard ⓐ반갑지 않은 침입자로 ⓞ그녀에 대해 ⓥ고려.간주하는_ 심리(心理)가지다 간주하다, 여기다
regardful a.주의하는, 경의를 표하는 regard n.고려, 관심, 배려, 존경

[0946]
disregard
[dìsrigάːrd]

The board completely disregarded my recommendations.

disregard ⓢ이사회는 ⓞ나의 권고에 대해 ⓥ고려하지 않는, 무시하는_ 심리(心理)가지다 무시하다
disregardful a.무시하는, 묵살하는 disregard n.무관심, 무시 regard n.고려, 관심, 배려, 존경

[0947]
respect
[rispékt]

He respected his master because he didn't despise the poor.

respect ⓐ그의 주인은 가난한 사람들을 경멸하지 않았기 때문에 ⓞ그의 주인에 대해 ⓥ존경.존중하는_ 심리(心理)가지다 존경.존중하다
respectable a.존경할 만한, 훌륭한 respectful a.존경.존중하는 마음이 가득한 respect n.존경, 존중 respectability n.존경할 만함

[0948]
disrespect
[dìsrispékt]

He disrespected the Muslim culture or religion.

disrespect ⓢ그는 ⓞ이슬람 문화나 종교에 대해 ⓥ존경하지 않는_ 심리(心理)가지다 경멸.무시하다
disrespectful a.경의를 표하지 않는 disrespect n.존경.존중심이 없음, 무례, 경멸 respect n.존경, 존중

[0949]
like
[laik]

I like playing (to play) tennis.

like ⓢ나는 ⓞ테니스 치는 것에 대해 ⓥ좋아하는_ 심리(心理)가지다 좋아하다
likable a.호감이 가는, 마음에 드는 like n.좋아하는 것 likability n.호감도

[0950]
dislike
[disláik]

She disliked him who tried to evade his responsibility.

dislike ⓢ그녀는 ⓞ자신의 책임을 회피하려고 하는 그에 대해 ⓥ싫어하는_ 심리(心理)가지다 싫어하다
dislikable a.싫어하는 dislike n.싫음, 혐오, 반감 like n.좋아하는 것

[0951]
trust [trʌst]

I trust (that) you have no objections to our proposals.

trust ⓢ나는 ⓞthat 이하에 대해 ⓥ믿는, 신뢰하는_ 심리(心理)가지다 믿다, 신뢰하다
trustworthy a.신뢰(신용)할 수 있는   trustee n.피신탁인, 보관자   trustor n.신탁인   trust n.신뢰, 믿음, 신탁

[0952]
distrust [distrʌst]

More and more people distrust the press.

distrust ⓢ점점 더 많은 사람들은 ⓞ그 언론에 대해 ⓥ불신하는_ 심리(心理)가지다 불신하다
distrustful a.불신하는   distrust n.불신, 의혹, 의심   trust n.신뢰, 믿음, 신탁

[0953]
grieve [griːv]

She grieved the loss of her only son.

grieve ⓢ그녀는 ⓞ그녀의 유일한 아들의 죽음에 대해 ⓥ슬픈_ 심리(心理)가지다 슬퍼하다
grievous a.슬픈, 비통한   grief n.슬픔, 비탄, 애도   grievance n.불평, 불만

[0954]
bemoan [bimóun]

When the economy is bad, they bemoan the lack of jobs.

bemoan ⓢ그들은 ⓐ경제가 나쁠때에 ⓞ그 일자리 부족에 대해 ⓥ슬픈_ 심리(心理)가지다 슬퍼하다
moan n.슬픈 듯한 소리

[0955]
mourn [mɔːrn]

It is human nature to mourn the death of loved ones.

mourn ⓞ사랑하는 사람의 죽음에 대해 ⓥ애도,슬퍼하는_ 심리(心理)가지다 애도,슬퍼하다
mournful a.슬퍼하는   mourning n.비탄, 슬퍼하기, 애도   mourner n.슬퍼하는(한탄하는) 사람, 장례식 참석자

[0956]
lament [ləmént]

She lamented the loss of her child.

lament ⓢ그녀는 ⓞ그녀 자식의 죽음에 대해 ⓥ슬픈_ 심리(心理)가지다 슬퍼하다
lamentable a.슬픈, 통탄할   lament n.슬픔, 비탄   lamentation n.슬퍼함, 비탄

[0957]
bewail [biwéil]

He bewailed the lamentable rural public transport services in Essex.

bewail ⓢ그는 ⓞ에식스의 한탄스러운 시골 대중교통 서비스에 대해 ⓥ한탄,슬퍼하는_ 심리(心理)가지다 한탄,슬퍼하다
wail n.울부짖음, 통곡   bewailment n.비통, 애통

[0958]
enjoy [indʒɔ́i]

You can enjoy (relish) the finest French cuisine in this restaurant.

enjoy ⓢ당신은 ⓞ최고급 프랑스 요리에 대해 ⓥ즐거운_ 심리(心理)가지다 즐거움을 느끼다, 즐기다
enjoyment n.즐거움   joy n.기쁨, 환희

[0959]
hate [heit]

She almost hated them for ruining her life.

hate ⓢ그녀는 ⓐ자신의 인생을 망친 것 때문에 ⓞ그들에 대해 ⓥ싫어하는_ 심리(心理)가지다 싫어하다
hateful a.몹시 싫은   hate n.강한 혐오

[0960]
detest [ditést]

I detest people who tell lies.

detest ⓢ나는 ⓞ거짓말하는 사람들에 대해 ⓥ싫어하는_ 심리(心理)가지다 싫어하다
detestable a.증오할만한, 몹시 싫은   detestation n.혐오, 증오

[0961]

despise
[dispáiz]

Industrious people despise laziness.

despise ⓢ부지런한 사람들은 ⓞ게으름에 대해 ⓥ경멸.싫어하는_ 심리(心理)가지다 경멸.싫어하다
despicable a.경멸할 수 있는, 비열한 despisement n.경멸

[0962]

disdain
[disdéin]

She disdained the person for his snobbishness.

disdain ⓢ그녀는 ⓐ그의 속물근성 때문에 ⓞ그 사람에 대해 ⓥ경멸하는, 싫어하는_ 심리(心理)가지다 경멸하다
disdainful a.경멸(모멸)적인, 무시하는 disdain n.경멸, 멸시

[0963]

abhor
[æbhɔ́:r]

The president abhorred all forms of racism.

abhor ⓢ그 대통령은 ⓞ모든 형태의 인종차별에 대해 ⓥ증오.싫어하는_ 심리(心理)가지다 증오.싫어하다
abhorrent a.질색인, 혐오할 만한 abhorrence n.혐오, 증오, 질색 horror n.공포, 소름이 끼침, 강한 반감, 증오

[0964]

loathe
[louð]

Many conservatives loathe the current president.

loathe ⓢ많은 보수주의자들은 ⓞ현 대통령에 대해 ⓥ혐오.싫어하는_ 심리(心理)가지다 혐오.싫어하다
loath a.싫은, 꺼림칙한 loathsome a.미운, 염증 나는, 역겨운 loathing n.강한 혐오

[0965]

abominate
[əbámənèit]

The people abominated him as a national traitor.

abominate ⓢ그 사람들은 ⓐ국가 반역자로서 ⓞ그에 대해 ⓥ혐오하는_ 심리(心理)가지다 혐오하다
abominable a.가증스러운, 진저리 나는 ominous a.불길한, 험악한 abomination n.혐오

[0966]

scorn
[skɔ:rn]

I scorn them because they habitually lie.

scorn ⓢ나는 ⓐ그들은 습관적으로 거짓말을 말하기 때문에 ⓞ그들에 대해 ⓥ경멸하는_ 심리(心理)가지다 경멸하다
scornful a.경멸하는 마음이 가득 찬 scorn n.경멸, 업신여기기, 깔보기

[0967]

doubt
[daut]

We began to doubt his morality because of his lies.

doubt ⓐ그의 거짓말 때문에 ⓞ그의 도덕성에 대해 ⓥ의심하는_ 심리(心理)가지다 의심하다
doubtless a.의심 없는, 확실한 doubtful a.의심스러운 doubt n.의심, 불신

[0968]

wonder
[wʌ́ndər]

I wonder if my car can ascend such a steep acclivity.

wonder ⓢ나는 ⓞif 이하_ 나의 자동차가 그런 가파른 경사에 올라갈지 어떨지에 대해 ⓥ놀라워 하는, 의아한_ 심리(心理)가지다 궁금한 마음을 가지다
wonderful a.놀라운 마음이 가득한 wondering a.놀라운 마음을 가지는 wonder n.놀라움, 감탄, 경이

[0969]

admire
[ædmáiər]

Many people around the world also admired her for her great dedication.

admire ⓐ그녀의 위대한 헌신 때문에 ⓞ그녀에 대해 ⓥ존경.동경.감탄하는_ 심리(心理)가지다 존경.감탄하다
admirable a.감탄할만한 admiring a.감탄,탄복하는 admiration n.존경, 감탄, 찬양

[0970]

adore
[ədɔ́:r]

And many people adore his musical talents and his love for music.

adore ⓢ많은 사람들은 ⓞ그의 음악적 재능과 음악에 대한 그의 사랑에 대해 ⓥ흠모.숭배.동경하는, 몹시 좋아하는_ 심리(心理)가지다 흠모.숭배.동경하다, 매우 좋아하다
adorable a.숭배.흠모할 만한 adoration n.숭배, 동경

[0971]

revere
[rivíər]

We all revere Shakespeare's plays as great literature.

revere ⓐ위대한 문학으로서 ⓑ셰익스피어의 희곡에 대해 ⓥ공경.존경하는_ 심리(心理)가지다 공경.존경하다
reverent a.숭배.공경하는 reverence n.존경, 숭배

[0972]

favor
[féivər]

She favored her eldest daughter.

favor ⓢ그녀는 ⓑ그녀의 맏딸에 대해 ⓥ더 좋아하는_ 심리(心理)가지다 선호하다
favorable a.호감을 주는, 호의적인 favorite a.마음에 드는, 좋아하는 favor n.편애, 애호, 찬성

[0973]

fear
[fiər]

My son fears touching a dog.

fear ⓢ나의 아들은 ⓑ개를 만지는 것에 대해 ⓥ두려워하는_ 심리(心理)가지다 두려운 마음을 가지다
fearless a.무서워하지 않는, 용감한 fearful a.무서운, 소름 끼치는, 두려워하는 fear n.무서움, 공포, 두려움, 근심, 걱정

[0974]

dread
[dred]

Children dread going to the dentist.

dread ⓢ아이들은 ⓑ치과에 가는 것에 대해 ⓥ두려워.무서워하는_ 심리(心理)가지다 무서운.두려운 마음을 가지다
dreadful a.무서운, 가혹한 dread n.근심, 불안, 큰 공포 dreadfulness n.무시무시함

[0975]

regret
[rigrét]

I regret not having worked harder. [= I regret that I did not work harder.]

regret ⓢ나는 ⓑ더 열심히 일하지 않는 것에 대해 ⓥ유감의, 후회하는_ 심리(心理)가지다 후회하다, 유감스럽게 생각하다
regretful a.후회하고 있는, 애석하게 여기는 regret n.후회, 유감, 낙심

[0976]

consider
[kənsídər]

We consider him (to be) a hero.

consider ⓒ영웅이라고 ⓑ그에 대해 ⓥ고려.간주하는, 여기는_ 심리(心理)가지다 여기다
considerate a.사려 깊은, 신중한 consideration n.고려, 숙고

[0977]

ponder
[pándər]

He pondered the problem as he walked home.

ponder ⓐ그가 집으로 걸어갈 때에 ⓑ그 문제에 대해 ⓥ숙고하는_ 심리(心理)가지다 숙고하다
pend r.무게를 달기 위한 추를 매달다 ponderable a.숙고할 만한

[0978]

expect
[ikspékt]

I will be expecting letters from you.

expect ⓢ나는 ⓑ당신으로부터의 편지에 대해 ⓥ기대.예상하는_ 심리(心理)가지다 기대하다
unexpected a.예기치 않은 expectation n.기대, 예상, 고대 expectancy n.기대, 예상, 가망

[0979]

guess
[ges]

You should be able to guess the meaning of the word from the context.

guess ⓐ그 문맥으로부터 ⓑ그 단어의 의미에 대해 ⓥ추측하는_ 심리(心理)가지다 추측하다
guess n.추측, 억측, 어림짐작 guesswork n.어림짐작

[0980]

imagine
[imǽdʒin]

I can imagine your success in the near future.

imagine ⓐ가까운 미래에 ⓑ당신의 성공에 대해 ⓥ상상.추측하는_ 심리(心理)가지다 상상.추측하다
imaginary a.상상의 imaginable a.상상할 수 있는 imaginative a.상상력이 풍부한 imagination n.상상, 공상

5 기타동사

[0981]
see
[siː]

I can see why people all over the world love Paris.

see ⓢ나는 ⓞwhy 이하를 ⓥ보고 알다, 보다 보고 알다, 보다
see v.보다 seeing n.보기

[0982]
view
[vjuː]

Many analysts view the shares as expensive.

view ⓢ많은 분석가들은 ⓐ비싼 것으로 ⓞ그 주식을 ⓥ보고 여기다 보고 여기다, 보다
view n.바라보기, 견해 viewing n.보기 viewer n.보는 사람

[0983]
watch
[watʃ]

Students watch video lectures and study the material, mainly online.

watch ⓢ학생들은 ⓞ동영상 강의를 ⓥ시청하다, 보다 시청하다, 보다
watchdog n.감시인 watcher n.감시인

[0984]
hear
[hiər]

I heard a rumor that he was getting married soon.

hear ⓢ나는 ⓞ그가 곧 결혼한다는 소문.루머를 ⓥ들어 알다, 듣다 들어 알다, 듣다
hearing n.의견 청취

[0985]
taste
[teist]

She tasted the soup for salt.

taste ⓐ소금을 넣기 위해 ⓞ그 수프를 ⓥ맛보아 알다, 맛보다 맛보아 알다, 맛보다
tasting n.시음회 taste n.시식, 맛, 풍미 taster n.맛의 감정인

[0986]
smell
[smel]

She could smell that the eggs were rotten.

smell ⓢ그녀는 ⓞthat 이하_ 그 계란들은 썩은 상태로 변화되었다는 것을 ⓥ냄새맡아 알다, 냄새맡다 냄새맡아 알다, 냄새맡다
smelly a.악취가 나는, 역한 smeller n.냄새 맡아 식별하는 사람

[0987]
feel
[fiːl]

I can feel how sharp the edge of this knife is.

feel ⓢ나는 ⓞhow 이하_ 이 칼 끝이 얼마나 날카로운지를 ⓥ느껴 알다, 느끼다 느껴 알다, 느끼다
feeling n.느낌, 감정

[0988]
sense
[sens]

I sensed that her actions were friendly.

sense ⓢ나는 ⓞthat 이하_ 그의 행위가 우호적이라는 것을 ⓥ느껴 알다, 느끼다 느껴 알다, 느끼다
sen r.느끼다(feel) sensory a.감각의 sense n.감각, 분별 sensor n.감지기

[0989]
witness
[wítnis]

He witnessed some appalling acts of barbarism during the war.

witness ⓐ그 전쟁 동안에 ⓞ몇가지 끔찍한 야만 행위들을 ⓥ목격하다 목격하다
witness n.목격자, 증인

[0990]
battle
[bætl]

Firefighters battled the flames.

battle ⓢ소방관들은 ⓞ그 불길과 ⓥ싸우다, 전투하다 맞서다, 싸우다
battle n.전투, 투쟁 battler n.선전 분투(악전 고투)하는 사람, 단호하게 싸우는 사람

[0991]

outweigh
[auˈtweiɪ]

The advantages of this plan far outweigh the disadvantages.

outweigh ⓢ이 계획의 장점들은 ⓞ그 단점들을 ⓥ보다 무겁다, 더 중하다 보다 무겁다, 더 중하다
weigh v.무게.체중을 달다, 저울질하다

[0992]

overstay
[ˌəʊvəˈsteɪ]

And students and tourists overstay their visas.

overstay ⓢ학생들과 관광객들은 ⓞ그들의 비자를 ⓥ한도를 넘어 오래 머무르다 한도를 넘어 오래 머무르다
overstayer n.비자 기한 초과 체류자 stay n.머무름, 방문

[0993]

outdo
[autdu]

Sometimes small firms can outdo big businesses when it comes to customer care.

outdo ⓢ중소기업들은 ⓐ고객관리에 있어서 ⓞ대기업을 ⓥ보다 잘하다, 능가.초월하다 능가.초월하다, 보다 잘하다
do v.(어떤 동작이나 행위를) 하다

[0994]

browse
[brauz]

Go to your local bookstore and browse the business section.

browse ⓞ비즈니스 섹션을 ⓥ검색하다, 훑어보다 둘러보다, 훑어보다
browsable a.이것저것 뒤져 볼 수 있는, (컴퓨터) 검색.열람할 수 있는 browser n.브라우저(인터넷의 자료들을 읽을 수 있게 해 주는 프로그램), 둘러보는 사람

[0995]

await
[əwéit]

I will await your instructions about returning the item.

await ⓢ나는 ⓞ그 품목의 반품에 대한 당신의 지시를 ⓥ기다리다 기다리다
awaiter n.기다리는 사람, 대기자 wait n.기다리기, 기다림

[0996]

scavenge
[skǽvindʒ]

Crows scavenge carrion left on the roads.

scavenge ⓢ그 까마귀들은 ⓞ그 도로위에 남겨진 썩은 고기를 ⓥ뒤지다, 찾아.뒤져 먹다 뒤지다, 뒤져 먹다
scavengery n.거리 청소 scavenger n.쓰레기 더미를 뒤지는 사람.동물

[0997]

survive
[sərváiv]

They miraculously survived the plane crash.

survive ⓢ그들은 ⓐ기적적으로 ⓞ그 비행기 사고에서 ⓥ살아남다, 생존하다 살아남다, 생존하다
vi r.생명(life) survivable a.살아남을 수 있는, 생존 가능한 survival n.생존, 유물

[0998]

outlive
[autˈlɪv]

He outlived his wife by three years.

outlive ⓐ3년 정도 ⓞ그의 아내보다 ⓥ보다 오래 살다, 살아남다 오래 살다
live a.살아 있는, 생기 있는

[0999]

inhabit
[inhǽbit]

Countless bad bacteria inhabit our mouths.

inhabit ⓢ수많은 나쁜 세균들은 ⓞ우리의 입에서 ⓥ살다, 거주하다 살다, 거주하다
inhabitable a.살기에 적합한 inhabitant n.주민, 서식 동물 inhabitation n.주거, 서식, 주소

[1000]

resemble
[rizémbl]

You resemble your mother very closely.

resemble ⓐ매우 많이 ⓞ당신의 엄마를 ⓥ닮다, 유사하다 닮다, 유사하다
resemblant a.닮은, 유사한 resemblance n.닮음, 비슷함, 유사함

포인트 학습

[Point 09] 『변화동사 & 이동동사』 2가지 개념의 동사 (다개념동사)

■ 동사 clear : 『변화동사 & 이동동사』 2가지 개념 해석 (◎목적어에 따라 달라짐)
  ◐ 변화동사 : ⓐ잔해를 치움에 의해 ◎도로를 ⓥ깨끗한_ 상태로 변화시키다
  ◐ 이동동사 : ⓐ도로 밖으로 ◎잔해를 ⓥ깨끗함을 위해_ 이동시키다
  ◐ 변화동사 : ⓐ접시들을 치움에 의해 ◎식탁을 ⓥ깨끗한_ 상태로 변화시키다
  ◐ 이동동사 : ⓐ식탁 밖으로 ◎접시들을 ⓥ깨끗함을 위해_ 이동시키다

  ☞ √ 목적어에 따라 동사개념 변화 → 독해 및 동사가 어려운 이유, 상상의 중요성
     √ 동사는 개념(변화, 이동 등)으로 해석해야 의미 명확

P_ [0111]
Firefighters cleared the road by picking up the debris of the streetlight for safety.

[9999] clear ⓐ[원인.수단] 안전을 위해 신호등 파편을 주워 치움에 의해 ◎그 도로를 ⓥ분명.명료.깨끗한_ 상태로 변화(變化)시키다 깨끗하게 하다
[9999] pick ⓐ(그 도로 밖으로), 안전을 위해 ◎신호등의 파편을 ⓥ꼭 집어_ 이동(移動)시키다 집어 치우다

P_ [0112]
Firefighters cleared the wreckage from the road.

[9999] clear ⓐ그 도로 밖으로 ◎그 잔해를 ⓥ깨끗함을 위해_ 이동(移動)시키다 깨끗이 치우다

P_ [0113]
He cleared the table by picking up the dishes.

[9999] clear ⓐ[원인.수단] 그 접시들을 치움에 의해 ◎그 식탁을 ⓥ분명.명료.깨끗한_ 상태로 변화(變化)시키다 깨끗하게 하다
[9999] pick ⓐ(그 식탁 밖으로) ◎그 접시들을 ⓥ꼭 집어_ 이동(移動)시키다 집어 치우다

P_ [0114]
He cleared the dishes from the table.

[9999] clear ⓐ그 식탁 밖으로 ◎그 접시들을 ⓥ깨끗함을 위해_ 이동(移動)시키다 깨끗이 치우다

P_ [0115]
She cleansed her hair with shampoo.

[9999] cleanse ⓐ[원인.수단] 샴푸로 ◎자신의 머리카락을 ⓥ청결한_ 상태로 변화(變化)시키다 깨끗하게 하다

P_ [0116]
By asking for forgiveness for stealing, she could cleanse her soul of sin.

[9999] cleanse ⓐ[이동대상] 죄를, 도둑질에 대한 용서를 구함에 의해 ◎[이동장소] 그녀의 영혼 밖으로 ⓥ청결을 위해_ 이동(移動)시키다 깨끗이 사하게하다

P_ [0117]
Could you empty the wastebasket - it's getting pretty full.

[0131] empty ◎그 쓰레기통을 ⓥ빈_ 상태로 변화(變化)시키다 말끔히 비우다

P_ [0118]
She emptied the contents of the tin into a pan.

[9999] empty ⓐ팬 안으로 ◎그 깡통의 내용물들을 ⓥ비우기 위해_ 이동(移動)시키다 말끔히 쏟아내다

P_ [0119]
The rain soon emptied the street.

[0131] empty ⓢ[원인.수단] 그 비는 ◎그 거리를 ⓥ빈_ 상태로 변화(變化)시키다 비게 하다

P_ [0120]
We must empty our minds of traditional thinking. [= We must empty traditional thinking out of our minds.]

[9999] empty ⓐ[이동대상] 전통적인 사고를 ◎[이동장소] 우리의 마음 밖으로 ⓥ비우기 위해_ 이동(移動)시키다 말끔히 비워내다, 떨쳐내다

P_ [0121]
Strange thoughts and worries were crowding his mind.

    [0132] crowd ⓢ[원인.수단] 이상한 생각과 걱정들이 ⓞ그의 마음을 ⓥ붐비는_ 상태로 변화(變化)시키다 붐비게 하다, 어지럽히다

P_ [0122]
They crowded children into a bus. [= They crowded a bus with children.]

    [9999] crowd ⓐ버스 안으로 ⓞ어린들을 ⓥ떼지어, 채우기.붐비기 위해_ 이동(移動)시키다 떼지어 데려가다, 붐비게하다, 몰아가다

P_ [0123]
We should drain the swamps to get more land for crops.

    [9999] drain ⓐ[원인.수단] 곡식을 위한 더 많은 땅을 얻기 위해 ⓞ그 습지를 ⓥ(물 등이) 배출.탈수된, 고갈된_ 상태로 변화(變化)시키다 물을 빼내다
    [9999] get ⓐ곡식을 위해 ⓞ더 많은 땅을 ⓥ단순히_ 소유(所有)하다 얻다, 획득하다

P_ [0124]
That ditch drains water from the swamp.

    [9999] drain ⓢ그 도랑은 ⓐ그 늪 밖으로 ⓞ물을 ⓥ배출.유출로_ 이동(移動)시키다 배출.유출시키다

P_ [0125]
The countries disarmed the defeated country.

    [0328] disarm ⓢ그 나라들은 ⓞ그 패전국을 ⓥ무기 분리된, 무장해제된_ 상태로 변화(變化)시키다 무장해제시키다

P_ [0126]
The police officer disarmed him of his weapons.

    [9999] disarm ⓐ[이동대상] 그의 무기를 ⓞ[이동장소] 그의 밖으로 ⓥ무기 빼앗듯_ 이동(移動)시키다 빼앗아 무장해제시키다

P_ [0127]
I squeezed my wet socks.

    [9999] squeeze ⓞ나의 젖은 양말을 ⓥ압착.압박.착취된, 쥐어 짜진_ 상태로 변화(變化)시키다 쥐어짜다

P_ [0128]
I squeezed water out of my wet socks.

    [9999] squeeze ⓐ나의 젖은 양말 밖으로 ⓞ그 물을 ⓥ쥐어 짜서_ 이동(移動)시키다 쥐어 짜내다

P_ [0129]
Wring the cloth to remove excess solution.

    [9999] wring ⓐ[원인.수단] 과한 용액을 제거하기 위해 ⓞ그 옷을 ⓥ비틀린, 쥐어짜진_ 상태로 변화(變化)시키다 비틀어 짜다
    [0658] remove ⓐ(그 옷 밖으로) ⓞ과한 용액을 ⓥ반대로, 제거를 위해_ 이동(移動)시키다 제거시키다

P_ [0130]
She wrung water out of the wet clothes.

    [9999] wring ⓐ그 젖은 옷 밖으로 ⓞ물을 ⓥ비틀어_ 이동(移動)시키다 비틀어 짜내다

[Point 10] 타동사 & 자동사 의미 차이

- 타동사 의미 파악 → 자동사 의미 저절로 파악
  - 자동사/타동사 모두 수록 시, 내용이 방대, 혼잡 → 타동사에 집중

【 변화동사 】

P_ [0131]
Exposure to the sun can accelerate the aging process.

[0145] accelerate ⓢ[원인.수단] 태양에 노출은 ⓞ노화 과정을 ⓥ빨라진, 가속된_ 상태로 변화(變化)시키다 가속화시키다, 빠르게 하다

P_ [0132]
The car accelerated to overtake me.

[9999] accelerate ⓐ나를 따라 잡기 위해 ⓢ그 자동차는 ⓘ빨라진, 가속된_ 상태로 변화되다 빨라지다, 가속되다

P_ [0133]
The skyrocketing oil price decelerated our economy.

[0146] decelerate ⓢ[원인.수단] 그 치솟는 유가는 ⓞ우리의 경제를 ⓥ느려진, 감속된_ 상태로 변화(變化)시키다 느리게 하다, 감속.억제시키다

P_ [0134]
The train began to decelerate as it approached the station.

[9999] decelerate ⓐ기차가 그 역에 접근했을 때에 ⓢ그 기차는 ⓘ느려진, 감속된_ 상태로 변화되다 느려지다, 감속하다

P_ [0135]
Freeze the meat in the freezer.

[0027] freeze ⓐ[원인.수단] 그 냉동실 안에서 ⓞ그 고기를 ⓥ동결된_ 상태로 변화(變化)시키다 얼리다, 동결시키다

P_ [0136]
When a thermometer is below zero, water will freeze.

[9999] freeze ⓐ온도계가 영하일 때에 ⓢ물은 ⓘ동결된_ 상태로 변화되다 얼다, 동결되다

P_ [0137]
The loan was intended to help unfreeze Iceland's economy.

[0028] unfreeze ⓐ[원인.수단] 그 대출은 ⓞ아이슬란드의 경제를 ⓥ해동된_ 상태로 변화(變化)시키다 해동시키다, 풀리게 하다

P_ [0138]
When the markets unfreeze, our business model will evolve.

[9999] unfreeze ⓢ그 시장은 ⓘ해동된_ 상태로 변화되다 풀리다, 해동되다
[9999] evolve ⓢ우리의 사업모델은 ⓘ진화.발달된_ 상태로 변화되다 진화.발전되다

P_ [0139]
The school has evolved its own style of teaching.

[9999] evolve ⓢ그 학교는 ⓞ학교 자체의 교수 방식을 ⓥ진화.발달된_ 상태로 변화(變化)시키다 진화.발달시키다

P_ [0140]
Many scientists now believe that birds evolved from dinosaurs.

[9999] evolve ⓐ공룡으로부터 ⓢ새들은 ⓘ진화.발달된_ 상태로 변화되다 진화되다

P_ [0141]
Please fold the ballot paper twice and put it in the ballot box.

[0353] fold ⓐ두 번 ⓞ그 투표용지를 ⓥ접힌_ 상태로 변화(變化)시키다 접다
[9999] put ⓐ투표함 안에 ⓞ그것_ 투표용지를 ⓥ놓기 위해_ 이동(移動)시키다 놓다

P_ [0142]
The paper doesn't fold well because it is too thick.

[9999] fold ⓐ종이가 너무 두껍기 때문에, 잘 ⓢ그 종이는 ⓘ접힌_ 상태로 변화되다 접히다

P_ [0143]
They began to unfold the sail.

[0354] unfold ⓞ그 돛을 ⓥ(접힌 것을→) 펼쳐진_ 상태로 변화(變化)시키다 펼치다

P_ [0144]
The secret story will unfold soon.

[9999] unfold ⓐ곧 ⓢ그 비밀 이야기는 ⓘ(접힌 것을→) 펼쳐진_ 상태로 변화되다 펼쳐지다, 드러나다

P_ [0145]
A rest in the shade will cool you off.

[0030] cool ⓢ[원인.수단] 그늘에서의 휴식은 ⓞ당신을 ⓥ시원한_ 상태로 변화(變化)시키다 시원하게 하다

P_ [0146]
He'd cool off while he took a walk.

[9999] cool ⓐ산책하는 동안에 ⓢ그는 ⓘ시원한_ 상태로 변화되다 시원해지다, 진정되다

P_ [0147]
We aim to increase the speed of delivery.

[0040] increase ⓞ그 배송 속도를 ⓥ증가된_ 상태로 변화(變化)시키다 증가시키다

P_ [0148]
Revenue and profits have increased dramatically this year.

[9999] increase ⓐ올해, 극적으로 ⓢ수입과 수익은 ⓘ증가된_ 상태로 변화되다 증가되다

P_ [0149]
Birth control pills decrease the chances of getting pregnant.

[0039] decrease ⓢ[원인.수단] 피임약은 ⓞ임신의 기회.가능성을 ⓥ감소된_ 상태로 변화(變化)시키다 감소시키다

P_ [0150]
Import is increasing, on the other hand, export is decreasing.

[9999] increase ⓢ수입은 ⓘ증가된_ 상태로 변화되다 증가되다
[9999] decrease ⓢ수출은 ⓘ감소된_ 상태로 변화되다 감소되다

【 이동동사 】

P_ [0151]
My parents rushed me to the emergency room.

[9999] rush ⓐ그 응급실에 ⓑ나를 ⓥ급하게_ 이동(移動)시키다 급히 이동시키다

P_ [0152]
The audience rushed for the exit.

[9999] rush ⓐ비상구를 향해 ⓢ그 청중들은 ⓘ급하게_ 이동하다 급히 가다, 돌진해 가다

P_ [0153]
As the U.S. withdrew a majority of its troops from Afghanistan in August, the Taliban have once again taken power in the country.

[0580] withdraw ⓐ아프가니스탄 밖으로 ⓑ미군 병력 대부분을 ⓥ반대로, 당겨_ 이동(移動)시키다 철수시키다
[0891] take ⓐ그 나라에서, 다시 한번 ⓑ권력을 ⓥ적극적으로_ 소유(所有)하다 취하다, 가지다

P_ [0154]
The Taliban demanded that South Korean soldiers immediately withdraw from Afghanistan.

[9999] withdraw ⓐ아프가니스탄 밖으로, 즉시 ⓢ한국군은 ⓘ반대로, 당겨_ 이동하다 철수하다

P_ [0155]
This button will eject the pilot from the airplane.

[0507] eject ⓐ그 비행기 밖으로 ⓑ그 조종사를 ⓥ바깥으로, 던지듯_ 이동(移動)시키다 방출.탈출시키다

P_ [0156]
The pilot ejected from the plane and safely parachuted to the ground

[9999] eject ⓐ그 비행기 밖으로 ⓢ그 조종사는 ⓘ바깥으로, 던지듯_ 이동하다 탈출하다, 빠져나가다
[9999] parachute ⓐ안전하게, 지상에 ⓢ그 조종사는 ⓘ낙하산으로_ 이동하다 낙하산으로 착륙하다

P_ [0157]
He spread Korean culture through the website.

[0706] spread ⓐ(전 세계에), 그 웹사이트를 통해 ⓑ한국 문화를 ⓥ뿌려서, 퍼뜨려_ 이동(移動)시키다 퍼뜨리다, 살포시키다

P_ [0158]
Rumors spread quickly.

[9999] spread ⓐ빠르게 ⓢ루머들은 ⓘ뿌려서, 퍼뜨려_ 이동하다 퍼져가다

P_ [0159]
We had to drain the oil out of the engine.

[9999] drain ⓐ그 엔진 밖으로 ⓑ그 오일을 ⓥ배출.유출로_ 이동(移動)시키다 배출.유출시키다

P_ [0160]
The water drained slowly out of the sink.

[9999] drain ⓐ그 싱크대 밖으로, 천천히 ⓢ그 물은 ⓘ배출.유출로_ 이동하다 빠져나가다

[Point 11] 5형식문장

■ 변화동사, 이동동사, 표현동사, 주어심리동사
☞ 주어소유동사, 주어이동동사 : 5형식문장 사용 안함

【 변화동사 】

P_ [0161]
Books allow readers to imagine the stories in their heads.

[0185] allow ⓒ자신의 머리속에 그 이야기를 상상하도록 ⓞ독자들을 ⓥ가능한, 허용.인정된_ 상태로 변화(變化)시키다 가능하게 하다, 허용.인정해 주다
[0980] imagine ⓐ자신의 머리속에 ⓞ그 이야기를 ⓥ상상.추측하는_ 심리(心理)가지다 상상하다

P_ [0162]
It allows you to streamline your business processes.

[0185] allow ⓒ당신의 사업 프로세스를 효율화하도록 ⓞ당신을 ⓥ가능한, 허용.인정된_ 상태로 변화(變化)시키다 가능하게 하다, 허용.인정해 주다
[9999] streamline ⓞ당신의 사업 프로세스를 ⓥ유선형, 효율적인_ 상태로 변화(變化)시키다 효율화.합리화시키다

P_ [0163]
The purpose of the practical exercise is to enable students to acquire the necessary skills.

[0181] enable ⓒ필요 기술을 획득하도록 ⓞ학생들을 ⓥ가능한, 능력있는_ 상태로 변화(變化)시키다 가능하게 하다
[9999] acquire ⓢ학생들은 ⓞ필요한 기술을 ⓥ획득하여_ 소유(所有)하다 획득하다

P_ [0164]
The environmental group is encouraging the shoppers to reuse plastic bags.

[0105] encourage ⓒ비닐봉지를 재사용하도록 ⓞ그 쇼핑객들을 ⓥ고무.격려.촉진된, 용감한_ 상태로 변화(變化)시키다 고무.격려시키다
[9999] reuse ⓞ비닐봉지를 ⓥ재사용된_ 상태로 변화(變化)시키다 재사용하다

P_ [0165]
It authorizes you to withdraw money from an account.

[0442] authorize ⓒ계좌로부터 돈을 인출하도록 ⓞ당신을 ⓥ효력.권위.권한 있는, 승인된_ 상태로 변화(變化)시키다 허가.승인하다
[0580] withdraw ⓒ계좌 밖으로 ⓞ돈을 ⓥ반대로, 당겨_ 이동(移動)시키다 인출하다, 빼내다

P_ [0166]
Unexpectedly poor sales have forced the company to postpone planned wage increases indefinitely.

[9999] force ⓒ계획된 임금인상을 무기한으로 연기하도록 ⓞ그 회사를 ⓥ강요.압박된_ 상태로 변화(變化)시키다 강요시키다, 불가피하게 만들다
[0597] postpone ⓐ무기한으로 ⓞ계획된 임금 인상을 ⓥ뒤로_ 이동(移動)시키다 연기하다, 뒤로 미루다

P_ [0167]
The organization may coerce her to do the work.

[9999] coerce ⓒ그 작업을 하도록 ⓞ그녀를 ⓥ강요.압박된_ 상태로 변화(變化)시키다 강요.압박시키다

P_ [0168]
Earthquakes can cause the soil to move like liquid, which makes buildings and roads crumble.

[9999] cause ⓢ[원인.수단] 지진은 ⓒ액체처럼 움직이도록 ⓞ토양.흙을 ⓥ야기된, 원인.결과로 생성된_ 상태로 변화(變化)시키다 야기시키다, 원인.결과로 만들다
[9999] make ⓒ허물어지도록 ⓞ건물과 도로들을 ⓥ어떤, 만들어진_ 상태로 변화(變化)시키다 변화시키다, 만들다

P_ [0169]
Should school graduates be obligated to transfer their school uniforms to incoming students?

[9999] obligate ⓒ신입생들에게 자신들의 교복을 물려주도록 ⓞ학교 졸업생들을 ⓥ강요.강제된, 의무 있는_ 상태로 변화(變化)시키다 의무화.강제화하다
[0532] transfer ⓐ신입생들에게 ⓞ자신들의 학교 교복을 ⓥ가로질러, 날라서_ 이동(移動)시키다 물려주다, 전달하다

P_ [0170]
The President was obliged to concede power to the army.

[0329] oblige ⓒ군부에 권력을 넘기도록 ⓞ대통령을 ⓥ강요.강제된, 의무 있는_ 상태로 변화(變化)시키다 강제.강요하다
[0610] concede ⓐ그 군대.군부에 ⓞ권력을 ⓥ완전히, 인정.양보.허용으로_ 이동(移動)시키다 양보.허용해 주다

P_ [0171]
Her smile emboldened him to speak to her.

[9999] embolden ⓒ그녀에게 말을 걸 수 있도록 ⓞ그를 ⓥ용감.대담한_ 상태로 변화(變化)시키다 용감.대담하게 하다, 고무시키다

P_ [0172]
The law is intended to empower the president to reject the parliament's decision.

[0482] empower ⓒ의회의 결정을 거부할 수 있도록 ⓞ대통령을 ⓥ힘.권한 있는_ 상태로 변화(變化)시키다 힘.권한있게 하다, 가능하게 하다
[9999] reject ⓞ의회의 결정을 ⓥ반대.꺼꾸로, 던지듯, 거절.거부를 위해_ 이동(移動)시키다 거절.거부하다

P_ [0173]
A serpent enticed Eve to eat an apple from the Tree of Knowledge in the Garden of Eden.

[9999] entice ⓒ에덴 동산에 있는 지식의 나무의 사과를 먹도록 ⓞ이브를 ⓥ현혹.매혹된_ 상태로 변화(變化)시키다 유혹.현혹시키다

P_ [0174]
Full-time employees are entitled to receive health insurance.

[0483] entitle ⓒ건강보험을 가지도록 ⓞ정규직 직원들을 ⓥ자격.제목 있는_ 상태로 변화(變化)시키다 자격있게 하다
[0866] receive ⓢ정규직 직원들은 ⓞ건강보험을 ⓥ반대로, 받아_ 소유(所有)하다 받아 가지다

P_ [0175]
He importuned me to give him more money.

[9999] importune ⓒ그에게 더 많은 돈을 주도록 ⓞ나를 ⓥ성가신, 괴로운_ 상태로 변화(變化)시키다 성가시게 하다, 괴롭히다
[9999] give ⓞ[이동대상] 더 많은 돈을 ⓞ[이동장소] 그에게 ⓥ주기 위해, 단순히_ 이동(移動)시키다 주다

P_ [0176]
What prompted you to buy that suit?

[9999] prompt ⓒ그 양복을 사도록 ⓞ당신을 ⓥ자극.고무.활성화된_ 상태로 변화(變化)시키다 자극.촉발시키다
[9999] buy ⓞ그 양복을 ⓥ사서_ 소유(所有)하다 구입하다, 사다

P_ [0177]
This does not incline me to trust them.

[0293] incline ⓒ그들을 믿도록 ⓞ나를 ⓥ수긍된, 긍정적인, 마음 기울인_ 상태로 변화(變化)시키다 마음 기울게 하다
[0951] trust ⓢ나는 ⓞ그들에 대해 ⓥ믿는, 신뢰하는_ 심리(心理)가지다 믿는 마음을 가지다, 신뢰하다

P_ [0178]
Mentoring inspires and motivates people to achieve and excel.

[0101] inspire ⓒ성취하고 앞서 가도록 ⓞ사람들을 ⓥ생기.활기 있는, 영감.고무된_ 상태로 변화(變化)시키다 고무시키다, 영감 주다
[9999] motivate ⓒ성취하고 앞서 가도록 ⓞ사람들을 ⓥ자극.활성화된_ 상태로 변화(變化)시키다 자극.활성화시키다

P_ [0179]
He tempted me to take those drugs.

[9999] tempt ⓒ그 약들을 먹도록 ⓞ나를 ⓥ현혹.유혹.매혹된_ 상태로 변화(變化)시키다 현혹.유혹시키다
[0891] take ⓢ나는 ⓞ그 약들을 ⓥ적극적으로_ 소유(所有)하다 먹다

P_ [0180]
The director is planning to commission her to compose the music for his new movie.

[0351] commission ⓒ자신의 새 영화의 음악을 작곡하도록 ⓞ그녀를 ⓥ임무.의무.책무가 있는_ 상태로 변화(變化)시키다 의무.책무 지게 하다
[0277] compose ⓞ그의 새 영화에 사용할 음악을 ⓥ진정된, 조립.구성된, 조립.구성되어 만들어진_ 상태로 변화(變化)시키다 작곡하여 만들다

【 이동동사 】 ⓒ목적보어로 to부정사를 가지며, 이동장소로 해석 (변화동사로 해석 가능)

P_ [0181]
Hunger impelled the garrison to surrender.

[0554] impel ⓒ항복하는 방향으로 ⓞ그 수비대를 ⓥ위.안에, 강압적으로_ 이동(移動)시키다 몰아 붙이다, 압박.강요하다

P_ [0182]
Her conscience impelled Sue to confess her sin.

[0554] impel ⓒ그녀의 죄를 고백하는 방향으로 ⓞSue를 ⓥ위.안에, 강압적으로_ 이동(移動)시키다 몰아 붙이다, 압박.강요하다
[0804] confess ⓞ그녀의 죄를 ⓥ자백.고백하는_ 표현(表現)하다 자백.고백하다

P_ [0183]
The law will compel employers to provide health insurance.

[0555] compel ⓒ의료 보험을 제공하는 방향으로 ⓞ고용주들을 ⓥ완전히, 강압적으로_ 이동(移動)시키다 몰아 붙이다, 강요하다
[9999] provide ⓐ(직원들에게) ⓞ의료 보험을 ⓥ앞으로, 제공.공급으로_ 이동(移動)시키다 제공.공급하다

P_ [0184]
The law can compel fathers to make regular payments for their children.

[0555] compel ⓒ자녀들에게 정기적으로 돈을 지불하는 방향으로 ⓞ아버지를 ⓥ완전히, 강압적으로_ 이동(移動)시키다 몰아 붙이다, 강요하다

P_ [0185]
It is illegal to induce people to go to a specific hospital.

[0522] induce ⓒ특정 병원에 가는 방향으로 ⓞ사람들을 ⓥ위.안에, 유도.유인으로_ 이동(移動)시키다 유도.유인하다

P_ [0186]
Safety concerns have led them to halt work on the dam.

[0539] lead ⓒ댐 공사를 중단하는 방향으로 ⓞ그들을 ⓥ선도.주도하여_ 이동(移動)시키다 인도하다, 이끌고 가다
[9999] halt ⓞ그 댐에서의 작업을 ⓥ중단된, 멈춘_ 상태로 변화(變化)시키다 중단시키다

P_ [0187]
This leads the callous husband to craft a plan for his wife's death.

[0539] lead ⓒ그의 아내의 죽음에 대한 계획을 공들여 만드는 방향으로 ⓞ그 냉담한 남편을 ⓥ선도.주도하여_ 이동(移動)시키다 인도하다, 이르게 하다
[9999] craft ⓞ그의 아내의 죽음에 대한 계획을 ⓥ공들여 만들어진_ 상태로 변화(變化)시키다 공들여 만들다

P_ [0188]
She guides foreigners to get tickets and change their money.

[0717] guide ⓒ표를 구입하고 돈을 환전하는 방향으로 ⓞ외국인들을 ⓥ안내로_ 이동(移動)시키다 안내해 주다
[9999] change ⓞ그들의 돈을 ⓥ어떤_ 상태로 변화(變化)시키다 바꾸다, 환전하다

P_ [0189]
Their endorsement of a product will misguide the consumer to buy the product.

[0718] misguide ⓒ그 제품을 사는 방향으로 ⓞ그 소비자를 ⓥ잘못되게, 안내로_ 이동(移動)시키다 잘못 안내하다
[9999] buy ⓢ그 소비자는 ⓞ그 제품을 ⓥ사서_ 소유(所有)하다 구입하다, 사다

P_ [0190]
Permit me to offer you some advice.

[0520] permit ⓒ당신에게 조언을 좀 드리는 방향으로 ⓞ나를 ⓥ온전히, 허가.허용.용인으로, 보내듯_ 이동(移動)시키다 허용.허가.용인해 주다
[0533] offer ⓞ[이동대상] 몇가지 조언을 ⓞ[이동장소] 당신에게 ⓥ날라서, 제안.제공으로_ 이동(移動)시키다 제공해 주다

131

【 표현동사 】 ⓒ목적보어는 표현내용

P_ [0191]
The will was adjudged (to be) void (valid). [= They adjudged that the will was void (valid).]

[0779] adjudge ⓒ무효라고 ⓞ그 유언에 대해 ⓥ선고.판결하는_ 표현(表現)하다 선고.판결 내리다

P_ [0192]
The judge adjured him to answer truthfully.

[0808] adjure ⓒ진실하게 대답하도록 ⓞ그에게 ⓥ명령.요구하는_ 표현(表現)하다 명령.요구하다

P_ [0193]
I advise you to think very carefully before making any decision.

[0826] advise ⓒ결정을 내리기 전에 신중하게 생각하도록 ⓞ당신에게 ⓥ조언.권고.충고.경고하는, 알리는_ 표현(表現)하다 조언.권고.충고.경고하다, 알리다
[9999] make ⓞ어떤 결정을 ⓥ어떤, 만들어진_ 상태로 변화(變化)시키다 만들다, 하다

P_ [0194]
My boss asked me to condense five pages of the report into two pages.

[9999] ask ⓒ그 보고서 5페이지를 두 페이지로 압축하도록 ⓞ나에게 ⓥ요청, 질문하는_ 표현(表現)하다 요청하다
[0063] condense ⓐ2페이지로 ⓞ그 보고서의 5페이지를 ⓥ농축.압축.요약된_ 상태로 변화(變化)시키다 압축.요약시키다

P_ [0195]
We all begged him not to drive in the storm, but he wouldn't listen to us.

[9999] beg ⓒ폭풍우 속에서 운전하지 말라고 ⓞ그에게 ⓥ간청.구걸하는_ 표현(表現)하다 간청하다

P_ [0196]
Calling himself a political prisoner is merely an attempt to aggrandize and legitimize his actions.

[9999] call ⓒ정치범이라고 ⓞ자기 자신을 ⓥ촉구하는, 부르는, 명명하는, 전화로_ 표현(表現)하다 부르다
[0140] aggrandize ⓞ그의 행동을 ⓥ확대된, 커진_ 상태로 변화(變化)시키다 확대.과장시키다
[0425] legitimize ⓞ그의 행위를 ⓥ합법의, 정당한_ 상태로 변화(變化)시키다 정당화.합법화하다

P_ [0197]
Do you have any advice about how I can convince Mr. Shillings to accept the position as the new creative director?

[9999] convince ⓒ크리에이티브 디렉터 자리를 받아들이도록 ⓞ쉴링스 씨에게 ⓥ설득.납득.확신시키는_ 표현(表現)하다 납득.설득시키다
[0859] accept ⓢ쉴링스 씨가 ⓞ새로운 크리에이티브 디렉터로의 그 직위.자리를 ⓥ가까이, 받아들여_ 소유(所有)하다 받아들이다

P_ [0198]
The opposition group declared the new decree null and void.

[0846] declare ⓒ무효라고 ⓞ그 새 법령에 대해 ⓥ명확하게, 선언하는_ 표현(表現)하다 명확히 밝히다, 선언하다

P_ [0199]
They denounced him (as) a traitor.

[0752] denounce ⓒ반역자로 ⓞ그에 대해 ⓥ나쁘게, 비난.고발하는_ 표현(表現)하다 비난.고발하다

P_ [0200]
The police officer directed me to stop the car. [= The police officer directed that I (should) stop the car.]

[9999] direct ⓒ그 자동차를 멈추도록 ⓞ나에게 ⓥ곧장, 직접, 지시하는_ 표현(表現)하다 지시하다

【 주어심리동사 】

P_ [0201]
Congress is considering a bill to loosen restrictions on federal funding of stem cell research.

[0976] consider ⓒ줄기세포 연구의 연방 기금에 대한 규제를 완화하리라고 ⓞ법안에 대해 ⓥ고려.간주하는, 여기는_ 심리(心理)가지다 고려.간주하다, 여기다
[0222] loosen ⓞ줄기세포 연구의 연방 기금에 대한 규제를 ⓥ느슨한, 이완된_ 상태로 변화(變化)시키다 완화시키다, 느슨하게 하다

P_ [0202]
Many people consider politics irrelevant to their lives.

[0976] consider ⓒ자신의 삶과 무관하다고 ⓞ정치에 대해 ⓥ고려.간주하는, 여기는_ 심리(心理)가지다 고려.간주하다, 여기다

P_ [0203]
I deem it a great honor to accept your invitation.

[9999] deem ⓒ커다란 명예라고 ⓞ그것_ 당신의 초대 수락에 대해 ⓥ간주.여기는_ 심리(心理)가지다 간주하다, 여기다
[0859] accept ⓞ당신의 초대를 ⓥ가까이, 받아들여_ 소유(所有)하다 받아들이다

P_ [0204]
I deem him (to be) a fool.

[9999] deem ⓒ바보라고 ⓞ그에 대해 ⓥ간주.여기는_ 심리(心理)가지다 간주하다, 여기다

P_ [0205]
Rising taxes and other expenditures are expected to further erode their income, he added.

[0978] expect ⓒ그들의 수입을 한층 더 잠식시킬 것이라고 ⓞ세금과 다른 비용의 상승에 대해 ⓥ기대.예상하는_ 심리(心理)가지다 기대.예상하다
[0372] erode ⓐ한층 더 ⓞ그들의 수입을 ⓥ부식.침식된_ 상태로 변화(變化)시키다 손상.침식시키다
[9999] add ⓢ그는 ⓞthat 이하를 ⓥ추가로, 덧붙여_ 표현(表現)하다 덧붙여 말하다

P_ [0206]
Most expected the French voters to disapprove the EU's new constitution.

[0978] expect ⓒEU의 새로운 헌법을 반대할 것이라고 ⓞ프랑스 유권자에 대해 ⓥ기대.예상하는_ 심리(心理)가지다 예상.기대하다
[0088] disapprove ⓞEU의 새로운 헌법을 ⓥ불승인된, 승인취소된_ 상태로 변화(變化)시키다 불승인하다

P_ [0207]
Exercise is supposed to speed up your metabolism.

[9999] suppose ⓒ당신의 신진대사를 빠르게 하리라고 ⓞ운동에 대해 ⓥ가정.추정하는_ 심리(心理)가지다 추정.가정하다
[9999] speed ⓢ[원인.수단] 운동은 ⓞ당신의 신진대사를 ⓥ빠른, 신속한_ 상태로 변화(變化)시키다 빠르게 하다, 촉진시키다

P_ [0208]
You can trust me not to tell anyone.

[0951] trust ⓒ어느 누구에게 말하지 않을 것이라고 ⓞ나에 대해 ⓥ믿는, 신뢰하는_ 심리(心理)가지다 믿다, 신뢰하다
[0801] tell ⓞ어느 누구에게 ⓥ말로, 단순하게_ 표현(表現)하다 말하다, 표현하다

P_ [0209]
They want their son to go to a good university.

[9999] want ⓒ좋은 대학에 갈 것이라고 ⓞ자신의 아들에 대해 ⓥ원하는_ 심리(心理)가지다 원하다

P_ [0210]
I wish the work to be finished quickly.

[9999] wish ⓒ빨리 완료되리라고 ⓞ그 작업에 대해 ⓥ소원하는_ 심리(心理)가지다 바라다, 원하다
[9999] finish ⓞ그 작업을 ⓥ종료된_ 상태로 변화(變化)시키다 완료하다, 끝내다

[Point 12] 4형식문장

■ 이동동사, 표현동사
- ◐ 이동동사 : ⓞ직접목적어_ 이동대상, ⓞ간접목적어_ 이동장소
- ◐ 표현동사 : ⓞ직접목적어_ 표현내용, ⓞ간접목적어_ 표현대상

☞ 변화동사, 주어중심동사 : 4형식문장 사용 안함

【 이동동사 】 ⓞ직접목적어_ 이동대상, ⓞ간접목적어_ 이동장소

P_ [0211]
I can give you something to alleviate the pain.

[9999] give ⓞ[이동대상] 통증을 완화할 수 있는 어떤 것을 ⓞ[이동장소] 당신에게 ⓥ주기 위해, 단순히_ 이동(移動)시키다 주다
[0459] alleviate ⓞ그 고통을 ⓥ가벼운, 경감된_ 상태로 변화(變化)시키다 경감.완화시키다

P_ [0212]
I wanted to send you a quick e-mail to give you my schedule.

[0511] send ⓞ[이동대상] 빠른 이메일을 ⓞ[이동장소] 당신에게 ⓥ보내서_ 이동(移動)시키다 보내주다
[9999] give ⓞ[이동대상] 나의 일정을 ⓞ[이동장소] 당신에게 ⓥ주기 위해, 단순히_ 이동(移動)시키다 주다

P_ [0213]
He presented the ambassador his card. [= He presented his card to the ambassador.]

[9999] present ⓞ[이동대상] 그의 명함을 ⓞ[이동장소] 그 대사에게 ⓥ앞으로, 선사.발표.제출로_ 이동(移動)시키다 제시해 주다

P_ [0214]
We will advance you the money.

[9999] advance ⓞ[이동대상] 그 돈을 ⓞ[이동장소] 당신에게 ⓥ가까이, 앞당겨, 앞으로_ 이동(移動)시키다 선불로 주다, 앞당겨 주다

P_ [0215]
It afforded her the opportunity to improve her tennis skills.

[9999] afford ⓞ[이동대상] 그녀의 테니스 실력을 향상시킬 수 있는 기회를 ⓞ[이동장소] 그녀에게 ⓥ여유있게_ 이동(移動)시키다 여유롭게 주다
[9999] improve ⓞ그녀의 테니스 실력을 ⓥ개선.향상된_ 상태로 변화(變化)시키다 개선.향상시키다

P_ [0216]
Can you e-mail me a copy of the contract before tomorrow's meeting?

[0693] email ⓞ[이동대상] 그 계약서 사본을 ⓞ[이동장소] 나에게 ⓥ(이동수단) 이메일로_ 이동(移動)시키다 이메일로 보내다

P_ [0217]
Don't forget to mail your mother that letter.

[0691] mail ⓞ[이동대상] 그 편지를 ⓞ[이동장소] 당신의 어머니에게 ⓥ(이동수단) 우편으로_ 이동(移動)시키다 우편으로 보내다

P_ [0218]
The teacher assigned each of the children a different task. [= The teacher assigned a different task to each of the children.]

[0588] assign ⓞ[이동대상] 각기 다른 과제.일을 ⓞ[이동장소] 각자의 아이들에게 ⓥ배치.배정.지정으로_ 이동(移動)시키다 배정해 주다

P_ [0219]
She brought me an apple. [= She brought an apple to me.]

[0749] bring ⓞ[이동대상] 사과를 ⓞ[이동장소] 나에게 ⓥ가져와_ 이동(移動)시키다 가져다 주다

P_ [0220]
The university granted the student a scholarship. [= The university granted a scholarship to the student.]

[0748] grant ⓞ[이동대상] 장학금을 ⓞ[이동장소] 그 학생에게 ⓥ교부.하사로_ 이동(移動)시키다 수여.하사.교부하여 주다

【 표현동사 】 ⓞ직접목적어_ 표현내용, ⓞ간접목적어_ 표현대상

P_ [0221]
They asked him several questions.

　　[9999] ask ⓞ몇 가지 질문을 ⓞ그에게 ⓥ요청, 질문하는_ 표현(表現)하다 질문하다

P_ [0222]
You may want to notify the certification authority that this request has been canceled.

　　[0832] notify ⓞthat 이하를 ⓞ그 인증기관에 ⓥ통지하는_ 표현(表現)하다 통지하다, 알리다
　　[0090] cancel ⓞ이 요청을 ⓥ취소된_ 상태로 변화(變化)시키다 취소시키다

P_ [0223]
I admonished him that it was not wise.

　　[9999] admonish ⓞthat 이하를 ⓞ그에게 ⓥ질타.훈계.충고하는_ 표현(表現)하다 질타.훈계.충고하다

P_ [0224]
The doctor prescribed her a strict diet. [= The doctor prescribed a strict diet to her.]

　　[0773] prescribe ⓞ엄격한 식사를 ⓞ그녀에게 ⓥ글자로, 처방.지시.규정으로_ 표현(表現)하다 처방.지시하다

P_ [0225]
Last night we advised them that we were cancelling our subscription.

　　[0826] advise ⓞthat 이하를 ⓞ그들에게 ⓥ조언.권고.충고.경고하는, 알리는_ 표현(表現)하다 알리다
　　[0090] cancel ⓞ우리의 구독을 ⓥ취소된_ 상태로 변화(變化)시키다 취소시키다

P_ [0226]
The lawyer quoted the judge an example.

　　[9999] quote ⓞ하나의 예시를 ⓞ그 판사에게 ⓥ인용하여_ 표현(表現)하다 인용하여 표현하다

P_ [0227]
I had tried to convince my company's president that these ideas were viable.

　　[9999] convince ⓞthat 이하_ 이 아이디어들은 실현가능하다는 것을 ⓞ나의 회사 사장에게 ⓥ설득.납득.확신시키는_ 표현(表現)하다 납득.설득시키다

P_ [0228]
He didn't show his wife any affection.

　　[9999] show ⓞ어떤 애정을 ⓞ그의 아내에게 ⓥ보여주며, 자세히_ 표현(表現)하다 보여주다

P_ [0229]
She told him the news. [= She told the news to him.]

　　[0801] tell ⓞ그 소식을 ⓞ그에게 ⓥ말로, 단순하게_ 표현(表現)하다 말하다, 표현하다

P_ [0230]
She wrote him the details of her trip.

　　[9999] write ⓞ자신의 여행 세부일정을 ⓞ그에게 ⓥ글로_ 표현(表現)하다 글로 써서 보내다

[Point 13] 3형식문장_ 이동대상 or 표현내용 위치 : ⓐ부사어

- 이동동사_ 이동대상 위치 : ⓐ부사어 → ⓞ목적어 = 이동장소
  - with 사용 : ⓐ『with + 이동대상』 → ⓞ목적어 안으로 ⓥ이동시킴
  - of 사용 : ⓐ『of + 이동대상』 → ⓞ목적어 밖으로 ⓥ이동시킴

- 표현동사_ 표현내용 위치 : ⓐ부사어 → ⓞ목적어 = 표현대상

【 이동동사 】 ⓞ목적어_ 이동장소, ⓐ부사어_ 이동대상 (of 또는 with 사용)

P_ [0231]
The ambassador is vested with full powers to conclude the treaty.

[0548] vest ⓐ[이동대상] 그 조약을 체결할 수 있는 전권을 ⓞ[이동장소] 그 대사에게 ⓥ경건하게_ 이동(移動)시키다 부여하다
[0393] conclude ⓞ그 조약을 ⓥ종결된, 마무리된, 닫힌_ 상태로 변화(變化)시키다 종결시키다, 끝내다

P_ [0232]
The local planning authorities are vested with powers to regulate land use and development.

[0548] vest ⓐ[이동대상] 토지 이용과 개발을 규제할 권한을 ⓞ[이동장소] 그 지방 계획 당국에게 ⓥ경건하게_ 이동(移動)시키다 부여하다
[0217] regulate ⓞ토지 이용 및 개발을 ⓥ규제.조절.통제된_ 상태로 변화(變化)시키다 규제.통제.조절하다

P_ [0233]
The new position invested her with a good deal of responsibility.

[0550] invest ⓐ[이동대상] 상당한 책임을 ⓞ[이동장소] 그녀에게 ⓥ위.안에, 투자로, 경건하게_ 이동(移動)시키다 부여하다

P_ [0234]
No statutory provision invests the Governor in Council with the power of removing members of the police force from office.

[0550] invest ⓐ[이동대상] 경찰관들을 면직시키는 권한을 ⓞ[이동장소] 그 위원회의 주지사에게 ⓥ위.안에, 투자로, 경건하게_ 이동(移動)시키다 부여하다
[0658] remove ⓐ직위.사무실 밖으로 ⓞ경찰집단의 구성원들을 ⓥ반대로, 제거를 위해_ 이동(移動)시키다 해임.해고시키다

P_ [0235]
The investors divested themselves of the company's stock.

[0549] divest ⓐ[이동대상] 그 회사 주식을 ⓞ[이동장소] 그들 자신 밖으로 ⓥ나쁘게, 벗듯이, 박탈로_ 이동(移動)시키다 처분하다

P_ [0236]
Winter divested the trees of their foliage. [= Winter divested their foliage from the trees.]

[0549] divest ⓐ[이동대상] 그들의 나뭇잎을 ⓞ[이동장소] 나무 밖으로 ⓥ나쁘게, 벗듯이, 박탈로_ 이동(移動)시키다 떨어뜨리다, 벗겨내다

P_ [0237]
There is a growing movement to divest the monarchy of its remaining constitutional power.

[0549] divest ⓐ[이동대상] 남아있는 헌법상 권력을 ⓞ[이동장소] 그 국왕 밖으로 ⓥ나쁘게, 벗듯이, 박탈로_ 이동(移動)시키다 박탈하다, 빼앗다

P_ [0238]
I don't want to burden you with my worries.

[0617] burden ⓐ[이동대상] 나의 근심.걱정들을 ⓞ[이동장소] 당신에게 ⓥ짐.부담으로_ 이동(移動)시키다 부담으로 주다

P_ [0239]
She disburdened him of grief.

[0618] disburden ⓐ[이동대상] 슬픔을 ⓞ[이동장소] 그의 밖으로 ⓥ분리하여, 짐.부담으로_ 이동(移動)시키다 덜어 내다

P_ [0240]
You totally overburden your teams with expectations.

[0619] overburden ⓐ[이동대상] 부담.기대치를 ⓞ[이동장소] 당신의 팀에 ⓥ지나치게, 짐.부담으로_ 이동(移動)시키다 과다 부담시키다

P_ [0241]
The organizers of the march were charged with assault and riotous assembly.

[0611] charge ⓐ[이동대상] 폭행과 소란스러운 집회를 ⓞ[이동장소] 그 행진의 주최자들에게 ⓥ짐.부담.전하.혐의.청구 등으로_ 이동(移動)시키다 기소.혐의로 부여하다

P_ [0242]
If you punish your child physically these days, you can be charged with child abuse.

[9999] punish ⓐ육체적으로, 요즘에 ⓞ당신의 아이를 ⓥ처벌된_ 상태로 변화(變化)시키다 처벌하다, 벌주다
[0611] charge ⓐ[이동대상] 아동학대를 ⓞ[이동장소] 당신에게 ⓥ짐.부담.전하.혐의.청구 등으로_ 이동(移動)시키다 혐의로 부담시키다

P_ [0243]
And in my case, I need to recharge batteries with a variety of activities as well.

[0612] recharge ⓐ[이동대상] 다양한 활동들을 ⓞ[이동장소] 배터리에 ⓥ다시, 짐.부담.전하.혐의.청구 등으로_ 이동(移動)시키다 재충전으로 이동시키다

P_ [0244]
She loaded up the car with camping gear.

[0623] load ⓐ[이동대상] 캠핑 장비를 ⓞ[이동장소] 그 자동차에 ⓥ짐.부담으로_ 이동(移動)시키다 실어 놓다, 적재시키다

P_ [0245]
If you load your computer with a lot of software upgrades, you will inevitably accumulate a lot of extraneous files.

[0623] load ⓐ[이동대상] 많은 소프트웨어 업그레이드를 ⓞ[이동장소] 당신의 컴퓨터에 ⓥ짐.부담으로_ 이동(移動)시키다 로딩하다
[9999] accumulate ⓐ불가피하게 ⓞ많은 관련 없는 파일들을 ⓥ축적.증가된, 축적으로 형성된_ 상태로 변화(變化)시키다 축적.증가시키다

P_ [0246]
Don't overload your buyer with too much information.

[9999] overload ⓐ[이동대상] 너무 많은 정보를 ⓞ[이동장소] 당신의 구매자에게 ⓥ지나치게, 짐.부하 등을_ 이동(移動)시키다 과다 전달하다

P_ [0247]
She has overloaded her schedule with work, study, and family responsibilities.

[9999] overload ⓐ[이동대상] 일, 공부 가족 책임을 ⓞ[이동장소] 그녀의 스케쥴에 ⓥ지나치게, 짐.부하 등을_ 이동(移動)시키다 과다하게 집어넣다

P_ [0248]
The economy was overloaded with so much debt that a real depression was possible.

[9999] overload ⓐ[이동대상] 실제 불황이 가능한 너무 많은 부채.빚을 ⓞ[이동장소] 경제에 ⓥ지나치게, 짐.부하 등을_ 이동(移動)시키다 과다 부담시키다

P_ [0249]
The court absolved him of all responsibility for the accident.

[9999] absolve ⓐ[이동대상] 그 사고에 대한 모든 책임을 ⓞ[이동장소] 그의 밖으로 ⓥ면제.사면.해결을 위해_ 이동(移動)시키다 면제해 주다, 해소시키다

P_ [0250]
War drains a nation of its youth and its wealth.

[9999] drain ⓐ[이동대상] 나라의 젊음 및 부를 ⓞ[이동장소] 나라 밖으로 ⓥ배출.유출로_ 이동(移動)시키다 고갈시키다

【 表現動詞 】 ⓞ목적어_ 표현대상, ⓐ부사어_ 표현내용 (of 주로 사용)

P_ [0251]
We'll advise you of any changes in the delivery dates.

[0826] advise ⓐ배달 날짜의 어떤 변경을 ⓞ당신에게 ⓥ조언.권고.충고.경고하는, 알리는_ 표현(表現)하다 알려주다

P_ [0252]
Your teacher will be able to advise you about what qualifications you will need.

[0826] advise ⓐ당신에게 무슨 자격요건이 필요한지에 대해 ⓞ당신에게 ⓥ조언.권고.충고.경고하는, 알리는_ 표현(表現)하다 조언해 주다

P_ [0253]
The auto company mailed letters to owners of that model car, alerting them of safety risks.

[0691] mail ⓐ그 모델 차의 소유주들에게 ⓞ편지를 ⓥ(이동수단) 우편으로_ 이동(移動)시키다 우편으로 보내다
[0833] alert ⓐ안전상의 위험을 ⓞ그들에게 ⓥ경고하는_ 표현(表現)하다 경고로 전달하다, 알리다

P_ [0254]
We encourage parents to alert the school about any concerns or difficulties at home.

[0105] encourage ⓒ가정에서의 걱정이나 어려움에 대해 학교에 알리도록 ⓞ부모님을 ⓥ고무.격려.촉진된, 용감한_ 상태로 변화(變化)시키다 고무.촉진시키다
[0833] alert ⓐ가정에서의 걱정이나 어려움에 대해 ⓞ그 학교에 ⓥ경고하는_ 표현(表現)하다 경고로 전달하다, 알리다

P_ [0255]
Lee's opponents accused him of corruption and tax evasion.

[0828] accuse ⓐ부패 및 세금 탈루로 ⓞ그를 ⓥ고발.비난하는_ 표현(表現)하다 고발.비난하다

P_ [0256]
He accused union leaders of instigating the disturbances.

[0828] accuse ⓐ그 소요를 선동했다고 ⓞ노조 간부들을 ⓥ고발.비난하는_ 표현(表現)하다 고발.비난하다
[9999] instigate ⓞ그 소동을 ⓐ자극.활성화된, 촉발된_ 상태로 변화(變化)시키다 자극.촉진.활성화시키다

P_ [0257]
We have to apprise them of our situation.

[0831] apprise ⓐ우리의 상황을 ⓞ그들에게 ⓥ통지하는_ 표현(表現)하다 통지하다, 알리다

P_ [0258]
They assured him of their full confidence.

[9999] assure ⓐ자신의 전폭적인 신임.신뢰를 ⓞ그에게 ⓥ보증.확신하는_ 표현(表現)하다 확언.보증하다

P_ [0259]
I humbly do beseech you of your pardon for too much loving you.

[0825] beseech ⓐ당신의 용서를, 당신을 너무 많이 사랑하는 것에 대해 ⓞ당신에게 ⓥ간청하는_ 표현(表現)하다 간청하다

P_ [0260]
That does not certify us of the truth of any event in the future.

[9999] certify ⓐ미래의 어떤 사건의 진실을 ⓞ우리에게 ⓥ보증.증명하는_ 표현(表現)하다 보증.증명으로 표현하다

P_ [0261]
One could construe you of being a racist yourself.

[9999] construe ⓐ인종 차별주의사라고 ⓑ당신을 ⓥ해석하는_ 표현(表現)하다 해석하다

P_ [0262]
He was convicted of charges that he swindled clients and partners out of £3.5 million.

[0829] convict ⓐ그는 고객들과 파트너들을 기만하여 350만 파운드를 탈취했다는 혐의로 ⓑ그를 ⓥ유죄선고하는_ 표현(表現)하다 유죄선고하다
[9999] swindle ⓐ350만 파운드의 돈을 갈취하도록 ⓑ고객들과 파트너들을 ⓥ기만된, 속은_ 상태로 변화(變化)시키다 기만하다, 속이다

P_ [0263]
In 1977 he was convicted of murder and sentenced to life imprisonment.

[0829] convict ⓐ살인죄로 ⓑ그를 ⓥ유죄선고하는_ 표현(表現)하다 유죄선고하다
[9999] sentence ⓐ종신형에 처하도록 ⓑ그에게 ⓥ선고.판결하는_ 표현(表現)하다 선고.판결내리다

P_ [0264]
In the end, she convinced the jury of her innocence.

[9999] convince ⓐ그녀의 무죄를 ⓑ그 배심원에게 ⓥ설득.납득.확신시키는_ 표현(表現)하다 납득.설득시키다

P_ [0265]
He convinced us of his fitness for the task.

[9999] convince ⓐ그 일에 대한 자신의 적합성을 ⓑ우리에게 ⓥ설득.납득.확신시키는_ 표현(表現)하다 납득.설득시키다

P_ [0266]
Please inform us of any changes of address.

[0830] inform ⓐ어떤 주소 변경을 ⓑ우리에게 ⓥ통지하는, 알리는_ 표현(表現)하다 알리다, 통지하다

P_ [0267]
The company will notify us of the news by post.

[0832] notify ⓐ그 소식을, 우편으로 ⓑ우리에게 ⓥ통지하는_ 표현(表現)하다 통지하다, 알리다

P_ [0268]
You should notify me of any change of (in) address.

[0832] notify ⓐ어떠한 주소 변경을 ⓑ나에게 ⓥ통지하는_ 표현(表現)하다 통지하다, 알리다

P_ [0269]
I suspect him of hatching some sort of plot.

[9999] suspect ⓐ모종의 음모를 꾸미고 있다고 ⓑ그에 대해 ⓥ의심.짐작하는_ 표현(表現)하다 의심.짐작하여 표현하다
[9999] hatch ⓐ모종의 음모를 ⓥ부화.성숙된_ 상태로 변화(變化)시키다 부화하듯 만들다

P_ [0270]
It seems only right to warn you of the risk.

[0827] warn ⓐ그 위험성에 대해 ⓑ당신에게 ⓥ경고하는_ 표현(表現)하다 경고하다

[Point 14] 이동동사 & 표현동사 유사성

■ 이동장소 or 표현대상의 ⓐ부사어 전치사 이해 (3형식문장)
◐ 표현동사 : 표현내용을 표현대상에게 이동.표현함 (이동동사와 유사)

【 이동동사 】 ⓐ이동장소에 사용된 전치사 다양 : from, out of, into, in, under, over, for, with, near 등

P_ [0271]
I added 5 beads into (in, to) the pouch.

[9999] add ⓐ그 주머니 안으로 ⓞ구슬 5개를 ⓥ가까이, 추가.첨가로_ 이동(移動)시키다 추가하다
☞주머니 속으로 구슬 5개를 추가하여, 주머니에는 구슬 105개가 있음 (주머니에 구슬 100개 있다고 가정)

P_ [0272]
I drew 5 beads out of (from) the pouch.

[0579] draw ⓐ그 주머니 밖으로 ⓞ구슬 5개를 ⓥ끌어당겨_ 이동(移動)시키다 빼내다
☞주머니 밖으로 구슬 5개를 빼내어, 주머니에는 구슬 95개가 있음 (주머니에 구슬 100개 있다고 가정)

P_ [0273]
I have remitted (sent) a million won to you through the bank (by check).

[0517] remit ⓐ당신에게, 그 은행을 통해 ⓞ100만 원을 ⓥ다시, 뒤로, 보내듯_ 이동(移動)시키다 송금하다
[0511] send ⓐ당신에게, 그 은행을 통해 ⓞ100만 원을 ⓥ보내서_ 이동(移動)시키다 송금시키다, 보내주다

P_ [0274]
That wind carries enormous dust particles into the Korean atmosphere.

[9999] carry ⓐ한국 대기 안으로 ⓞ수많은 먼지 입자들을 ⓥ날라서_ 이동(移動)시키다 실어 나르다, 운반하다

P_ [0275]
In the crowd, a thief abstracted my purse from my pocket.

[0563] abstract ⓐ나의 호주머니 밖으로 ⓞ나의 지갑을 ⓥ분리하여, 당겨서_ 이동(移動)시키다 빼내다

P_ [0276]
The spices were brought by ship from Indonesia through the eastward trade route, around the Cape of Good Hope at the southern tip of Africa.

[0749] bring ⓐ인도네시아로부터, 배에 의해, 그 동쪽 교역로를 통해, 아프리카 최남단 희망봉을 돌아서 ⓞ향신료를 ⓥ가져와_ 이동(移動)시키다 가져다 주다

P_ [0277]
She was looking to deflect his anger from her to George Auchterlonie.

[0639] deflect ⓐ그녀로부터 조지 오크테로니에게로 ⓞ그의 분노를 ⓥ나쁘게, 굴절로_ 이동(移動)시키다 굴절시키다, 교묘히 돌리다

P_ [0278]
He dragged a table over to the door.

[9999] drag ⓐ그 문 쪽으로 ⓞ테이블을 ⓥ끌어서_ 이동(移動)시키다 끌고 가다

P_ [0279]
The planned measures to induce money to capital markets away from the property market should add further growth momentum to the bullish run in the local bourse, he said.

[0522] induce ⓐ부동산 시장으로부터 자본시장으로 ⓞ돈.자금을 ⓥ위.안에, 유도.유인으로_ 이동(移動)시키다 유도.유인시키다
[9999] add ⓐ국내 금융시장 안에 뛰어든_황소.상승세에 ⓞ돈.자금을 ⓥ가까이, 추가.첨가로_ 이동(移動)시키다 추가하다

P_ [0280]
The government will invest 5.2 trillion won into the project.

[0550] invest ⓐ그 프로젝트 안으로 ⓞ5조 2천억 원을 ⓥ위.안에, 투자로, 격건하게_ 이동(移動)시키다 투자.투입하다

P_ [0281]
He placed the bottle under the staircase in his house.
   [0571] place ⓐ그의 집 계단 아래에 ⓞ병을 ⓥ자리 잡기 위해_ 이동(移動)시키다 자리잡아 놓다

P_ [0282]
She poured some milk into a glass.
   [0734] pour ⓐ유리잔 안으로 ⓞ약간의 우유를 ⓥ쏟아 붓듯_ 이동(移動)시키다 쏟아 붓다

P_ [0283]
He took her arm and propelled her towards the door.
   [0891] take ⓢ그는 ⓞ그녀의 팔을 ⓥ적극적으로_ 소유(所有)하다 잡다
   [0553] propel ⓐ그 문 쪽으로 ⓞ그녀를 ⓥ앞으로, 강압적으로_ 이동(移動)시키다 몰아붙이다, 끌고가다

P_ [0284]
I put my feet near the radiator to warm them.
   [9999] put ⓐ그 난방기 근처에, 발을 따뜻하게 하기 위해 ⓞ나의 발을 ⓥ놓기 위해_ 이동(移動)시키다 놓다
   [0029] warm ⓞ그들_ 내 발을 ⓥ따뜻한_ 상태로 변화(變化)시키다 따뜻하게 하다

P_ [0285]
We must redistribute wealth from the rich to the poor.
   [9999] redistribute ⓐ부유한 사람으로부터 가난한 사람에게로 ⓞ부를 ⓥ다시, 분배로_ 이동(移動)시키다 재분배해 주다

P_ [0286]
He was dragged out of the court, spitting abuse at the judge and jury.
   [9999] drag ⓐ그 법정 밖으로 ⓞ그를 ⓥ끌어서_ 이동(移動)시키다 끌고 가다
   [9999] spit ⓐ그 판사와 배심원을 향해 ⓞ욕을 ⓥ뱉듯_ 이동(移動)시키다 뱉어내다

P_ [0287]
Transfer the pea mixture to a saucepan and add the water and salt and pepper to taste.
   [0532] transfer ⓐ소스팬 안에 ⓞ그 완두콩 혼합물을 ⓥ가로질러, 날라서_ 이동(移動)시키다 옮겨담다
   [9999] add ⓐ(소스팬 안에), 맛을 위해 ⓞ물, 소금, 후추를 ⓥ가까이, 추가.첨가로_ 이동(移動)시키다 추가하다

P_ [0288]
They have regular seminars and exchange their ideas with their students.
   [0684] exchange ⓐ그들의 학생들과 ⓞ그들의 생각을 ⓥ바깥으로, 상호교환으로_ 이동(移動)시키다 상호 교환하다, 주고 받다

P_ [0289]
Water delivers the nutrients from your food to every part of your body.
   [9999] deliver ⓐ당신의 몸 모든 부분으로 ⓞ음식의 영양분을 ⓥ배달.전달.구조로_ 이동(移動)시키다 전달.배달시키다

P_ [0290]
Scatter the grass seed over the lawn. [= Scatter the lawn with the grass seed.]
   [0703] scatter ⓐ잔디밭 위에 ⓞ잔디씨를 ⓥ뿌려서, 살포로_ 이동(移動)시키다 살포시키다, 뿌리다

【 표현동사 】 ⓐ표현대상에 사용된 전치사 단순 : to, at

P_ [0291]
She announced the news to us.

  [0751] announce ⓐ우리에게 ⓑ그 소식을 ⓥ발표.공표하는_ 표현(表現)하다 발표.공표하다

P_ [0292]
His secretary blabbed his secret love affairs to the office.

  [9999] blab ⓐ사무실 사람들에게 ⓑ그의 비밀 연애사를 ⓥ주절거리며_ 표현(表現)하다 주절거리며 말하다

P_ [0293]
Confess your sins to God and he will forgive you.

  [0804] confess ⓐ하나님에게 ⓑ당신의 죄를 ⓥ자백.고백하는_ 표현(表現)하다 자백.고백하다
  [9999] forgive ⓢ하나님은 ⓑ당신을 ⓥ용서된_ 상태로 변화(變化)시키다 용서하다

P_ [0294]
Mr. Darcy exclaimed to Elizabeth: "In vain I have struggled."

  [0759] exclaim ⓐ엘리자베스에게 ⓑthat 이하_ " 발버둥쳤지만 소용이 없었소"를 ⓥ절규하듯, 고함치듯_ 표현(表現)하다 큰소리로 말하다, 절규하다

P_ [0295]
He expounded his views on the subject to me at great length.

  [9999] expound ⓐ나에게, 매우 길게 ⓑ그 문제에 대한 자신의 견해를 ⓥ상세히 설명하는_ 표현(表現)하다 상세히 설명하다

P_ [0296]
He inscribed these poems to (for) his patron.

  [0772] inscribe ⓐ그의 후원자에게 ⓑ이 시들을 ⓥ글자로, 안에 새겨서_ 표현(表現)하다 글로 써서주다

P_ [0297]
She muttered a prayer of thanks to God.

  [0848] mutter ⓐ하나님에게 ⓑ감사의 기도를 ⓥ작은 소리로_ 표현(表現)하다 중얼거리며 말하다

P_ [0298]
In the United States, Feb. 14 is the day when we profess our feelings to our loved ones and friends.

  [0803] profess ⓐ우리의 사랑하는 사람과 친구에게 ⓑ우리의 감정을 ⓥ고백.공언하는_ 표현(表現)하다 고백하다

P_ [0299]
Yoshinaka rapped an order at his men.

  [9999] rap ⓐ그의 부하들에게 ⓑ명령을 ⓥ속사포처럼_ 표현(表現)하다 속사포처럼 말하다

P_ [0300]
He remarked to me that tomorrow would be a cold day.

  [9999] remark ⓐ나에게 ⓑthat 이하를 ⓥ언급하는_ 표현(表現)하다 말하다, 표현하다

[Point 15] 이동동사_ 이동대상 위치 : ⓥ동사 (3형식 문장)

■ 이동대상 위치 : ⓥ동사 → ⓞ목적어 = 이동장소
● 명사형 동사가 대부분

P_ [0301]
Water the young plants well, but don't swamp them.

[0723] water ⓞ어린 식물에 ⓥ(이동대상) 물을_ 이동(移動)시키다 물을 뿌리다
[9999] swamp ⓞ그들_ 어린 식물을 ⓥ범람된, 넘치는_ 상태로 변화(變化)시키다 범람시키다

P_ [0302]
Can you dress the kids while I make breakfast?

[9999] dress ⓐ내가 아침식사를 만드는 동안에 ⓞ그 아이들에게 ⓥ옷으로_ 이동(移動)시키다 옷을 입히다

P_ [0303]
Welfare spending aids economic development in three ways.

[9999] aid ⓢ복지 지출은 ⓞ경제 발전에 ⓥ도움.원조를_ 이동(移動)시키다 도움.원조를 주다

P_ [0304]
It is education policies that privilege the children of wealthy parents.

[9999] privilege ⓢ교육정책은 ⓞ그 부잣집 자녀에게 ⓥ특권.특혜를_ 이동(移動)시키다 특권.특혜을 주다

P_ [0305]
A police officer ticketed a driver for speeding.

[9999] ticket ⓐ과속 때문에 ⓞ운전자에게 ⓥ벌금딱지.티켓으로_ 이동(移動)시키다 벌금딱지를 발부하다

P_ [0306]
The new tax law benefits large businesses.

[9999] benefit ⓢ그 새로운 세법은 ⓞ대기업에게 ⓥ(이동대상) 이익.혜택을_ 이동(移動)시키다 이익을 주다

P_ [0307]
They blindfolded Mrs. Dyer, roped her neck, and expected her to recant.

[9999] blindfold ⓢ그들은 ⓞDyer 부인에게 ⓥ(이동대상) 눈가리개를_ 이동(移動)시키다 눈가리개로 씌워 놓다
[9999] rope ⓢ그들은 ⓞ그녀의 목에 ⓥ밧줄로_ 이동(移動)시키다 밧줄로 묶다
[0978] expect ⓒ신념을 버리도록 ⓞ그녀에 대해 ⓥ기대.예상하는_ 심리(心理)가지다 기대.예상하다

P_ [0308]
She seasoned the dish highly.

[0726] season ⓐ진하게 ⓞ그 요리에 ⓥ양념으로, 뿌리듯_ 이동(移動)시키다 양념으로 첨가하다

P_ [0309]
Millions have bought the book to spice up their sex lives.

[9999] buy ⓐ자신의 성생활을 즐기기 위해 ⓞ그 책을 ⓥ사서_ 소유(所有)하다 구입하다, 사다
[0725] spice ⓞ그들의 성생활에 ⓥ양념으로, 뿌리듯_ 이동(移動)시키다 양념 첨가하다, 즐겁게 하다

P_ [0310]
Sign and date the form at the bottom completely and retain the pink copy for your records.

[9999] sign ⓞ아래의 양식에 ⓥ서명.신호로_ 이동(移動)시키다 서명하다
[9999] date ⓞ아래의 양식에 ⓥ날짜를_ 이동(移動)시키다 날짜를 기입하다
[0854] retain ⓐ당신의 기록을 위해 ⓞ분홍색 복사본을 ⓥ다시, 계속.지속적으로_ 소유(所有)하다 보유하다

[Point 16] 이동동사_ 유의할 표현

【 이동장소로 시간.날짜 사용 】 이동대상이 회의일 경우, 시간.날짜를 이동장소로 사용, 회의를 미루거나 앞당김

P_ [0311]
We advanced the time of the meeting from 3 o'clock to 1 o'clock.

[9999] advance ⓐ3시에서 1시로 ⓞ그 회의 시간을 ⓥ가까이, 앞당겨, 앞으로_ 이동(移動)시키다 앞 당기다

P_ [0312]
I advanced 50 dollars to her.

[9999] advance ⓐ그녀에게 ⓞ50달러를 ⓥ가까이, 앞당겨, 앞으로_ 이동(移動)시키다 선불로 주다, 앞당겨 주다

P_ [0313]
Many immigrants regularly remit money to their families.

[0517] remit ⓐ그들의 가족에게, 정기적으로 ⓞ돈을 ⓥ다시, 뒤로, 보내듯_ 이동(移動)시키다 송금해 주다

P_ [0314]
They remitted the consideration of a bill to (until) the next session.

[0517] remit ⓐ다음 회기로 ⓞ법안의 숙고를 ⓥ다시, 뒤로, 보내듯_ 이동(移動)시키다 연기하다, 미루다

P_ [0315]
Why don't we postpone our appointment to seven o'clock?

[0597] postpone ⓐ7시 정각으로 ⓞ우리의 약속을 ⓥ뒤로_ 이동(移動)시키다 연기하다, 뒤로 미루다

P_ [0316]
They postpone individual freedom to the national good.

[0597] postpone ⓐ국가의 이익에 ⓞ개인의 자유를 ⓥ뒤로_ 이동(移動)시키다 뒤에 놓다
☞ ⓞ개인의 자유를 ⓐ국가의 이익 뒤로 이동, 즉 개인의 자유보다 국가의 이익을 우선한다는 의미

P_ [0317]
Rain delayed the final match by one and a half hours.

[0645] delay ⓐ1시간30분 정도로 ⓞ결승전을 ⓥ미래의 시간으로_ 이동(移動)시키다 연기하다, 미루다

P_ [0318]
Parliament may defer the vote until the next sitting.

[0538] defer ⓐ다음 회기까지로 ⓞ그 투표를 ⓥ아래로, 날라서, 미래 시간으로_ 이동(移動)시키다 연기하다, 미루다

P_ [0319]
The members of the club voted to adjourn the meeting until the following day.

[9999] adjourn ⓐ다음 날까지로 ⓞ그 회의를 ⓥ가까이, 시간을 미루려고_ 이동(移動)시키다 미루다, 연기하다

P_ [0320]
The game on April 1 has been moved back to April 5.

[0657] move ⓐ4월 5일로 ⓞ4월 1일의 그 경기를 ⓥ단순하게_ 이동(移動)시키다 연기하다, 미루다 ☞ back_ 뒤로 를 통해 연기됨을 알 수 있음.

【 실행.완수 의미로 사용 】 이동대상을 '시작부터 완료까지' 이동시키면, 일을 완수하는 것

P_ [0321]
Brady committed a series of brutal murders.

　　[0515] commit ⓢ브래디는 ⓞ일련의 잔인한 살인들을 ⓥ완전히, 보내듯_ 이동(移動)시키다 저지르다, 행하다

P_ [0322]
The troops were committed to the front line.

　　[0515] commit ⓐ전방에 ⓞ그 부대원들을 ⓥ완전히, 보내듯_ 이동(移動)시키다 투입시키다

P_ [0323]
The police officers conducted a school violence prevention campaign in Incheon on Mar. 9.

　　[0526] conduct ⓢ그 경찰관들은 ⓞ학교폭력예방 캠페인을 ⓥ온전히, 유도로_ 이동(移動)시키다 완수.실행하다

P_ [0324]
The guide conducted us around the ruins of the ancient city.

　　[0526] conduct ⓐ고대 도시의 유적지 주변으로 ⓞ우리를 ⓥ온전히, 유도로_ 이동(移動)시키다 데리고 가다, 안내하다

P_ [0325]
The trustees failed to discharge their duties properly.

　　[0616] discharge ⓞ자신들의 의무를 ⓥ분리하여, 짐.부담.전하.혐의.청구 등으로_ 이동(移動)시키다 완수.실행.이행하다

P_ [0326]
A lot of factories discharge poisons into the water.

　　[0616] discharge ⓐ그 물속으로 ⓞ독성물질을 ⓥ분리하여, 짐.부담.전하.혐의.청구 등으로_ 이동(移動)시키다 배출.방류하다

P_ [0327]
We need to carry out more research.

　　[9999] carry ⓢ우리는 ⓞ더 많은 연구를 ⓥ날라서_ 이동(移動)시키다 실행.완수하다

P_ [0328]
The veins carry blood to the heart.

　　[9999] carry ⓐ심장에 ⓞ피를 ⓥ날라서_ 이동(移動)시키다 실어 나르다, 운반하다

P_ [0329]
The company carried out a special operation to transport them safely.

　　[9999] carry ⓐ그것들을 안전하게 수송하기 위해, 완전히 ⓞ특별 조치.작전을 ⓥ날라서_ 이동(移動)시키다 완수.실행하다
　　[0503] transport ⓐ(어떤 장소에), 안전하게 ⓞ그들을 ⓥ가로질러, 날라서_ 이동(移動)시키다 수송하다, 옮기다

P_ [0330]
We are conducting a survey of consumer attitudes toward organic food.

　　[0526] conduct ⓢ우리는 ⓞ유기농 식품에 대한 소비자 태도 설문조사를 ⓥ온전히, 유도로_ 이동(移動)시키다 완수.실행하다

【 핑계.이유.탓.기원 의미로 사용 】 이동대상을 핑계.이유.탓.기원으로 이동시킴

P_ [0331]
I attribute my success to hard work.

    [0560] attribute ⓐ열심히 일한 것에 ⓞ나의 성공을 ⓥ핑계.이유.탓으로_ 이동(移動)시키다 이유.탓으로 돌리다

P_ [0332]
They attribute (ascribe) the increase in the infant death rate to environmental pollution.

    [0560] attribute ⓐ환경오염에 ⓞ유아 사망률의 증가를 ⓥ핑계.이유.탓으로_ 이동(移動)시키다 이유.탓으로 돌리다
    [0776] ascribe ⓐ환경오염에 ⓞ유아 사망률의 증가를 ⓥ핑계.이유.탓하는, 글로_ 표현(表現)하다 탓으로 돌리다, 귀속시키다

P_ [0333]
He stated that he would like to attribute this glory to Admiral Yi Sun-shin, his role in the movie, after receiving his award.

    [0791] state ⓞthat 이하를 ⓥ분명하게_ 표현(表現)하다 말하다, 표현하다
    [0560] attribute ⓐ이순신 장군에게 ⓞ이 영광을 ⓥ핑계.이유.탓으로_ 이동(移動)시키다 귀속시키다, 이유.탓으로 돌리다
    [0866] receive ⓞ그의 상을 ⓥ반대로, 받아_ 소유(所有)하다 받아 가지다

P_ [0334]
Officials accredit the popularity of buses to the new transfer system, which allows passengers to take both Seoul and Gyeonggi buses.

    [0738] accredit ⓐ새로운 운송체계에 ⓞ그 버스의 인기를 ⓥ신임장을 주어, 신뢰.탓으로_ 이동(移動)시키다 귀속시키다, 믿음으로 돌리다
    [0185] allow ⓒ서울 및 경기버스 모두를 탈 수 있도록 ⓞ승객들을 ⓥ가능한, 허용.인정된_ 상태로 변화(變化)시키다 가능하게 하다, 허용.인정해 주다

P_ [0335]
We accredit the invention of the telephone to Bell. [= We accredit Bell with the invention of the telephone.]

    [0738] accredit ⓐBell에게 ⓞ전화기 발명을 ⓥ신임장을 주어, 신뢰.탓으로_ 이동(移動)시키다 귀속시키다, 믿음으로 돌리다, 여기다

P_ [0336]
He is also credited with developing the modern scientific method.

    [9999] credit ⓐ[이동대상] 현대의 과학적 방법을 개발한 것을 ⓞ[이동장소] 그에게 ⓥ믿음.신뢰로_ 이동(移動)시키다 여기다, 인정하여 여기다
    [9999] develop ⓞ현대적인 과학적 방법을 ⓥ발전.향상된, 개발로 만들어진_ 상태로 변화(變化)시키다 개발하여 만들다

P_ [0337]
The company is credited with inventing the industrial robot.

    [9999] credit ⓐ[이동대상] 산업용 로봇을 발명한 것을 ⓞ[이동장소] 그 회사에 ⓥ믿음.신뢰로_ 이동(移動)시키다 여기다, 인정하여 여기다
    [9999] invent ⓞ산업용 로봇을 ⓥ발명.창조된_ 상태로 변화(變化)시키다 발명으로 만들다

P_ [0338]
The police impute the accident to the bus driver's carelessness.

    [9999] impute ⓐ버스 운전사의 부주의에 ⓞ그 사고를 ⓥ위.안에, 핑계.이유.탓으로_ 이동(移動)시키다 탓으로 돌리다, 귀속시키다

P_ [0339]
He imputed his fault to me.

    [9999] impute ⓐ나에게 ⓞ그의 잘못을 ⓥ위.안에, 핑계.이유.탓으로_ 이동(移動)시키다 탓으로 돌리다, 귀속시키다

P_ [0340]
He put his failure to my carelessness.

    [9999] put ⓐ나의 부주의에 ⓞ자신의 실패를 ⓥ놓기 위해_ 이동(移動)시키다 놓다, 돌리다, 탓하다

【 대체.대신 의미로 사용 】 이동대상을 대체물에 이동시키면, 이동대상이 그 자리를 대신.대체

P_ [0341]
They replaced the permanent staff with part-timers.

[0574] replace ⓐ[이동대상] 시간제 사람을 ⓞ[이동장소] 그 정규직에 ⓥ반대로, 대체를 위해_ 이동(移動)시키다 바꾸어 놓다, 대체.교체시키다
☞ 정규직원 자리에 시간제 직원을 이동.채용

P_ [0342]
Education's purpose is to replace an empty mind with an open one. (Malcolm Forbes)

[0574] replace ⓐ[이동대상] 열린 마음을 ⓞ[이동장소] 텅빈 마음에 ⓥ반대로, 대체를 위해_ 이동(移動)시키다 바꾸어 놓다, 대체.교체시키다

P_ [0343]
New laws will soon replace existing legislation.

[0574] replace ⓢ새로운 법은 ⓞ기존 법을 ⓥ반대로, 대체를 위해_ 이동(移動)시키다 대체.교체시키다

P_ [0344]
The new design will eventually replace all existing models.

[0574] replace ⓢ그 새 디자인은 ⓞ기존의 모든 모델을 ⓥ반대로, 대체를 위해_ 이동(移動)시키다 바꾸어 놓다, 대체.교체시키다

P_ [0345]
He tried to supplant free labor groups with a government-controlled union.

[0575] supplant ⓐ[이동대상] 정부가 통제하는 노조를 ⓞ[이동장소] 자유 노동 집단에 ⓥ아래에, 대체를 위해_ 이동(移動)시키다 대체로 집어넣다

P_ [0346]
Digital technology began to supplant analogue with Bell's invention of transistors.

[0575] supplant ⓐ[이동대상] 벨의 트랜지스터 발명품을 ⓞ[이동장소] 아날로그에 ⓥ아래에, 대체를 위해_ 이동(移動)시키다 대체시키다

P_ [0347]
When the railroads penetrated these areas, imported coal supplanted locally-produced charcoal.

[9999] penetrate ⓢ[원인.수단] 그 철로는 ⓞ이 지역을 ⓥ구멍난, 관통된_ 상태로 변화(變化)시키다 관통시키다
[0575] supplant ⓢ수입 석탄은 ⓞ국산 숯을 ⓥ아래에, 대체를 위해_ 이동(移動)시키다 대체시키다

P_ [0348]
It will also gradually substitute all 14 Namsan shuttle buses with eco-friendly electric buses.

[9999] substitute ⓐ[이동대상] 환경친화적 전기버스를 ⓞ[이동장소] 모든 14대의 남산셔틀버스에 ⓥ아래로, 대체를 위해_ 이동(移動)시키다 대체로 사용하다
☞ 남산셔틀버스는 다른 장소로 치워지고, 그 자리에 전기차를 이동시킴

P_ [0349]
They will often substitute animal products with vegan alternatives, like fake leather shoes and "meat" made of soy.

[9999] substitute ⓐ[이동대상] 가짜 가죽 신발이나 콩으로 만든 "고기"와 같은 채식주의 대체품들을 ⓞ[이동장소] 동물성 제품에 ⓥ아래로, 대체를 위해_ 이동(移動)시키다 대체로 사용하다

P_ [0350]
I substitute olive oil for butter in cooking.

[9999] substitute ⓐ요리에서, 버터 대신에 ⓞ올리브 오일을 ⓥ아래로, 대체를 위해_ 이동(移動)시키다 대체로 집어넣다

[Point 17] 변화동사_ 유의할 표현

【 창조.생성 ↔ 소멸.삭제 】 유(有) ↔ 무(無) 변화, 변화대상이 창조되거나, 소멸되는 변화

P_ [0351]
When God created man, he made him in the likeness of God.

[0317] create ⓢ하나님은 ⓞ인간을 ⓥ창조된_ 상태로 변화(變化)시키다 창조하여 만들다
[9999] make ⓐ하나님의 형상.모습으로 ⓞ그_ 인간을 ⓥ어떤, 만들어진_ 상태로 변화(變化)시키다 만들다

P_ [0352]
A communicable disease can exterminate an entire species.

[0472] exterminate ⓢ[원인.수단] 전염성 질병은 ⓞ종 전체를 ⓥ끝장난, 몰살.전멸된_ 상태로 변화(變化)시키다 전멸.멸종시키다

P_ [0353]
These governments may even exterminate the minority culture by killing all the people.

[0472] exterminate ⓐ[원인.수단] 모든 사람들을 죽임에 의해 ⓞ소수자 문화를 ⓥ끝장난, 몰살.전멸된_ 상태로 변화(變化)시키다 멸종.전멸시키다
[9999] kill ⓞ모든 사람들을 ⓥ죽은_ 상태로 변화(變化)시키다 죽이다

P_ [0354]
It took two years to construct (build) the bridge.

[0275] construct ⓞ그 다리를 ⓥ구축.건설된, 구축.건설로 만들어진_ 상태로 변화(變化)시키다 건설하여 만들다
[9999] build ⓞ그 다리를 ⓥ건설.건축된, 조성된_ 상태로 변화(變化)시키다 건설.건축하여 만들다

P_ [0355]
He destroyed the bridge with the bomb.

[9999] destroy ⓐ[원인.수단] 폭탄으로 ⓞ그 다리를 ⓥ파괴된_ 상태로 변화(變化)시키다 파괴시키다

P_ [0356]
Some creams numb the pain by creating a hot or cool sensation.

[9999] numb ⓐ[원인.수단] 뜨겁거나 시원한 느낌을 만듦에 의해 ⓞ그 고통을 ⓥ마비된, 무감각한, 무의_ 상태로 변화(變化)시키다 마비시키다, 무감각하게 하다
[0317] create ⓞ뜨겁거나 시원한 느낌을 ⓥ창조된_ 상태로 변화(變化)시키다 생성시키다, 만들다

P_ [0357]
Wind turbines generate electricity for the local community.

[9999] generate ⓢ[원인.수단] 풍력 터빈은 ⓞ지역 사회를 위한 전기를 ⓥ생성.발생.창출된_ 상태로 변화(變化)시키다 생성.발생하여 만들다

P_ [0358]
Reacting with more bombs will only breed more hatred and spawn more violence.

[9999] breed ⓢ[원인.수단] 더 많은 폭탄으로 반응하는 것은 ⓞ더 많은 증오를 ⓥ새끼 낳듯 만들어진_ 상태로 변화(變化)시키다 생성.발생시키다
[9999] spawn ⓢ[원인.수단] 더 많은 폭탄으로 반응하는 것은 ⓞ더 많은 폭력을 ⓥ알 낳듯 만들어진_ 상태로 변화(變化)시키다 알낳듯 대량 발생시키다

P_ [0359]
He managed to extinguish the flames with his coat.

[0318] extinguish ⓐ[원인.수단] 자신의 외투로 ⓞ그 화염을 ⓥ소멸된, 꺼진, 무의_ 상태로 변화(變化)시키다 소멸시키다, 끄다

P_ [0360]
Japanese imperialists instituted a policy to obliterate Korean culture.

[9999] institute ⓢ일제는 ⓞ한국 문화를 말살하는 정책을 ⓥ설치하여 만들어진, 조직.구성된_ 상태로 변화(變化)시키다 조성하여 만들다
[0469] obliterate ⓞ한국 문화를 ⓥ제거.소멸된_ 상태로 변화(變化)시키다 제거.삭제.소멸시키다

【 적응.순응.동화 의미로 사용 】

P_ [0361]
Children assimilate themselves very easily to the culture and environment around them.

[0310] assimilate ⓐ그들 주변의 문화 및 환경에 맞게 ⓞ그들 자신들을 ⓥ유사.동일한, 동화된_ 상태로 변화(變化)시키다 유사.동일하게 하다, 동화시키다

P_ [0362]
Familiarize yourself with the regulations of our company through this orientation.

[0443] familiarize ⓐ우리 회사의 규정에, 이 오리엔테이션을 통해 ⓞ당신 자신을 ⓥ익숙.친숙한_ 상태로 변화(變化)시키다 익숙.친숙하게 하다

P_ [0363]
These programs familiarize trainees with the production line, company policies and procedures, and the requirements of the job.

[0443] familiarize ⓐ생산라인, 회사 정책 및 절차, 직무 요구 사항에 ⓞ교육생들을 ⓥ익숙.친숙한_ 상태로 변화(變化)시키다 익숙.친숙하게 하다

P_ [0364]
We acclimated ourselves to the hot weather in Arizona.

[9999] acclimate ⓐ아리조나의 뜨거운 날씨에 ⓞ우리 자신을 ⓥ풍토.분위기에 적응된, 적합한_ 상태로 변화(變化)시키다 적응.순응시키다

P_ [0365]
A good language learner should acquaint oneself with writing, reading, listening and speaking all four skills.

[9999] acquaint ⓐ쓰고, 읽고, 듣고, 말하는 것에 ⓞ자기 자신을 ⓥ익숙한, 숙지된_ 상태로 변화(變化)시키다 익숙하게하다, 숙지시키다

P_ [0366]
The plants have adapted themselves to desert conditions.

[9999] adapt ⓐ사막 환경에 ⓞ그들 자신을 ⓥ적합한, 각색.조절된_ 상태로 변화(變化)시키다 적응.순응시키다

P_ [0367]
It took time to adjust myself to motherhood.

[0891] take ⓢ모성애에 나 자신을 적응시키는 것은 ⓞ시간을 ⓥ적극적으로_ 소유(所有)하다 필요로 하다, 취하다
[9999] adjust ⓐ엄마가 되는 것에 ⓞ나 자신을 ⓥ적합.적절한, 바르게 조정된_ 상태로 변화(變化)시키다 적응시키다, 적절히 조절.조정하다

P_ [0368]
We must conform ourselves to the laws.

[9999] conform ⓐ그 법에 ⓞ우리 자신들을 ⓥ동화.순응된_ 상태로 변화(變化)시키다 순응.동화시키다

P_ [0369]
I'll have to readjust myself to you.

[9999] readjust ⓐ당신에 맞게 ⓞ나 자신을 ⓥ(다시) 적정한, 올바른_ 상태로 변화(變化)시키다 재조정시키다

P_ [0370]
He found it hard to reconcile himself to the disagreeable state.

[9999] reconcile ⓐ그 유쾌하지 못한 상태에 ⓞ자기 자신을 ⓥ(다시) 조화로운, 조정.적응된_ 상태로 변화(變化)시키다 조화롭게 하다, 화합.적응시키다

[Point 18] 변화동사_ 변화결과가 ⓒ목적보어 or ⓐ부사어 위치

- 변화동사 변화결과는 동사의미에 내포, but ⓒ목적보어 or ⓐ부사어에 변화결과 표현
  - 변화결과 : ⓒ목적보어 위치 → 5형식문장, ⓐ부사어 위치 → 3형식문장
  - 대표동사 : make, change, translate, transmute, transform, alter, convert, render 등

P_ [0371]
They can even decompose proteins into component amino acids.

[0278] decompose ⓐ성분 아미노산으로 ⓞ단백질을 ⓥ분해.훼손된_ 상태로 변화(變化)시키다 분해시키다

P_ [0372]
Their job is to assemble amino acids into polypeptides.

[0165] assemble ⓐ폴리펩타이드로 ⓞ아미노산을 ⓥ조립으로 합쳐진, 만들어진_ 상태로 변화(變化)시키다 조립.합성시키다

P_ [0373]
It makes Hydrogen Peroxide decompose into water and oxygen.

[9999] make ⓒ물과 산소로 분해되도록 ⓞ과산화수소를 ⓥ어떤, 만들어진_ 상태로 변화(變化)시키다 변화시키다, 만들다

P_ [0374]
Using conditioner regularly softens your hair. [= Using conditioner regularly makes your hair soft.]

[0074] soften ⓢ[원인.수단] 컨디셔너를 사용하는 것은 ⓞ당신의 머리카락을 ⓥ부드러운_ 상태로 변화(變化)시키다 부드럽게 하다
[9999] make ⓒ부드럽게 ⓞ당신의 머리카락을 ⓥ어떤, 만들어진_ 상태로 변화(變化)시키다 변화시키다, 만들다

P_ [0375]
The graduate program will shorten the six-year curriculum to four years.

[0035] shorten ⓐ4년으로 ⓞ6년의 교육과정을 ⓥ짧아진_ 상태로 변화(變化)시키다 짧게 하다, 단축시키다

P_ [0376]
Plans to lengthen military service from 15 to 18 months will also be scrapped if the talks succeed.

[0036] lengthen ⓐ15개월에서 18개월로 ⓞ군복무를 ⓥ길어진_ 상태로 변화(變化)시키다 길게 하다, 증가시키다
[9999] scrap ⓐ그 회담이 성공한다면 ⓞ군복무를 15개월에서 18개월로 연장하는 계획을 ⓥ고철, 폐기.취소된_ 상태로 변화(變化)시키다 폐기.취소시키다

P_ [0377]
You can merge several cells into one.

[9999] merge ⓐ하나의 셀로 ⓞ몇 개의 셀을 ⓥ통합된_ 상태로 변화(變化)시키다 병합.통합시키다, 합치다

P_ [0378]
He tried to unite all Germanic Frankish tribes into one kingdom and convert his subjects to Christianity.

[9999] unite ⓐ하나의 왕국으로 ⓞ독일 프랑크족을 ⓥ하나.통합된_ 상태로 변화(變化)시키다 통일.통합시키다
[0383] convert ⓐ기독신앙으로 ⓞ그의 국민들을 ⓥ완전히 바뀐_ 상태로 변화(變化)시키다 전환시키다, 바꾸다

P_ [0379]
He will convert non-regular workers to regular workers.

[0383] convert ⓐ정규직으로 ⓞ비정규직을 ⓥ완전히 바뀐_ 상태로 변화(變化)시키다 전환시키다, 바꾸다

P_ [0380]
The chemical changes the color of the fish from a vibrant, reddish color into a distasteful, grayish color.

[9999] change ⓐ생생한 붉은빛 색깔에서 불쾌한 회색빛 색깔로 ⓞ그 물고기 색깔을 ⓥ어떤_ 상태로 변화(變化)시키다 변화시키다, 바꾸다

P_ [0381]
He altered the storeroom into a bedroom.

[9999] alter ⓐ침실로 ⓞ그 창고를 ⓥ어떤_ 상태로 변화(變化)시키다 바꾸다, 변화시키다

P_ [0382]
The owners painted the shopping centre pink to try to make people feel that things were brightening up.

[9999] paint ⓒ핑크로 ⓞ그 쇼핑 센터를 ⓥ색칠된, 그려 만들어진_ 상태로 변화(變化)시키다 색칠시키다
[9999] make ⓒ사물이 밝아지는 것을 느끼도록 ⓞ사람들을 ⓥ어떤, 만들어진_ 상태로 변화(變化)시키다 변화시키다, 만들다

P_ [0383]
The general degraded the sergeant to the rank of private.

[9999] degrade ⓐ사병 계급으로 ⓞ그 하사관을 ⓥ나쁜, 강등된, 낮은 등급의_ 상태로 변화(變化)시키다 강등시키다

P_ [0384]
After the inspector's visit, all temporary workers were upgraded to permanent status.

[0095] upgrade ⓐ정규직으로, 감독관 방문 후에 ⓞ모든 임시직 근로자들을 ⓥ등급.수치가 향상된_ 상태로 변화(變化)시키다 격상시키다

P_ [0385]
The doctor downgraded the boy's condition from critical to serious.

[0096] downgrade ⓐ치명적 상태에서 심각한 상태로 ⓞ그 소년의 상태를 ⓥ등급.수치가 저하된_ 상태로 변화(變化)시키다 등급하락시키다, 격하시키다

P_ [0386]
They remodeled the old inn into a hotel.

[9999] remodel ⓐ호텔로 ⓞ그 오래된 여관을 ⓥ(다시) 모양 바뀐, 적합한, 새로운_ 상태로 변화(變化)시키다 개조.변형시키다

P_ [0387]
To issue credit cards rendered adolescents insolvent.

[9999] issue ⓐ(청소년들에게) ⓞ신용카드를 ⓥ바깥으로, 발행으로_ 이동(移動)시키다 발행해 주다
[9999] render ⓒ파산하게 ⓞ청소년들을 ⓥ어떤_ 상태로 변화(變化)시키다 변화시키다, 만들다

P_ [0388]
Wine can transform a simple meal into an elegant dinner.

[9999] transform ⓐ우아한 만찬으로 ⓞ단순한 식사.음식을 ⓥ형태가 바뀐_ 상태로 변화(變化)시키다 변화시키다, 바꾸다

P_ [0389]
They transmuted negative energy into positive energy.

[9999] transmute ⓐ긍정적인 에너지로 ⓞ부정적인 에너지를 ⓥ변형된_ 상태로 변화(變化)시키다 변형.변화시키다, 바꾸다

P_ [0390]
The connected smartphone translates the gestures into vocalized speeches.

[9999] translate ⓢ[원인.수단] 그 연결된 스마트폰은 ⓐ목소리화된 말로 ⓞ그 몸짓을 ⓥ어떤, 번역.해독된_ 상태로 변화(變化)시키다 전환시키다, 바꾸다

[Point 19] 명사단순화 / 문장골격화

- 긴 문장의 『문장골격화 / 명사단순화』 → 문장이해 용이, 효율화
  - ◐ 명사단순화 / 문장 골격화 : 동사와 연결된 주어, 목적어를 1개 명사로 단순화, 골격화 (ⓐ부사어 명사 포함)
  - ◐ 단순화/골격화 후 → 살을 붙여 전체 완성 (용이.효율화)

P_ [0391]

Eating the probiotics found in fermented food can reduce the negative symptoms of many gastrointestinal disorders, such as Irritable Bowel Syndrome and colon inflammation.

[9999] reduce ⓢ[원인.수단] 발효 식품에서 발견되는 프로바이오틱스를 먹는 것은 ⓞ과민성 대장 증후군과 대장 염증과 같은 많은 위장 장애의 부정적인 증상을 ⓥ감소.축소된_ 상태로 변화(變化)시키다 감소시키다

【문장골격화 / 명사단순화】

Eating reduce symptoms.
  ⓢ섭취하는 것은 ⓞ증상을 ⓥ감소된_ 상태로 변화시키다 (3형식 문장)

  ⓢ명사 = 동명사 : [원인.수단] 발효식품에서 발견되는 프로바이오틱스를_ 섭취하는 것은
  ⓥ동사 = reduce : ⓥ감소된_ 상태로 변화시키다
  ⓞ명사 = 명사구 : 과민성 대장 증후군, 대장 염증과 같은 많은 위장 장애의 부정적인_ 증상들을

P_ [0392]

Lightening their workload and alleviating some of those worries will allow them the time and peace of mind to choose healthier lifestyles on their own.

[0069] lighten ⓞ그들의 작업부하를 ⓥ밝은, 가벼운_ 상태로 변화(變化)시키다 가볍게 하다
[0459] alleviate ⓞ그러한 몇몇 근심.걱정들을 ⓥ가벼운, 경감된_ 상태로 변화(變化)시키다 경감.완화시키다
[9999] allow ⓞ[이동대상] 그들 자신의 더 건강한 생활양식을 선택하기 위한 시간과 마음의 평화를 ⓞ[이동장소] 그들에게 ⓥ인정.허용으로_ 이동(移動)시키다 허용해 주다
[0889] choose ⓐ자기 자신의 것에서 ⓞ더 건강한 생활방식을 ⓥ선택하여_ 소유(所有)하다 선택하여 가지다

【문장골격화 / 명사단순화】

Lightening and alleviating allow them time and peace.
  ⓢ가볍게 하는 것과 덜어주는 것은 ⓞ시간 및 평화를 ⓞ그들에게 ⓥ허용으로_ 이동시키다 (4형식 문장)

  ⓢ명사 = 동명사 : 그들의 작업부담을 가볍게 하는 것과 몇가지 이 염려들을 덜어주는 것은
  ⓥ동사 = allow : ⓥ허용으로_이동시키다
  ⓞ명사 = 명사구 : [이동장소] 그들에게 (간접목적어)
  ⓞ명사 = 명사구 : [이동대상] 그들 자신의 더 건강한 생활형식을 선택하기 위한 시간 및 마음의 평화를 (직접목적어)

P_ [0393]

The Bill also allows the victims of rape or incest to abort the fetus till 18 weeks.

[0185] allow ⓒ18주 미만의 태아를 낙태할 수 있도록 ⓞ강간이나 근친상간 피해자들을 ⓥ가능한, 허용.인정된_ 상태로 변화(變化)시키다 가능하게 하다, 허용.인정해 주다
[0290] abort ⓞ18주 미만의 태아를 ⓥ낙태.제거된, 취소.중단된_ 상태로 변화(變化)시키다 낙태시키다

【문장골격화 / 명사단순화】

Bill allows victims to abort.
  ⓢ법안은 ⓒ낙태하도록 ⓞ희생자들을 ⓥ가능한_ 상태로 변화시키다 (5형식문장)

  ⓢ명사 = 명사구 : [원인.수단] 그 법안은
  ⓥ동사 = allow : ⓥ가능한_ 상태로 변화시키다
  ⓞ명사 = 명사구 : 강간 또는 근친상간의_ 희생자들을
  ⓒ명사 = to abort_ 명사적 용법 (보어역할) : 18주 미만의 태아를_ 낙태하도록

P_ [0394]

The operator compromised the ship's ability to regain balance by adding decks to accommodate more passengers and even discharging the ship's ballast water to squeeze more cargo on board.

[9999] compromise ⓐ[원인.수단] 더 많은 승객을 수용하기 위해 갑판을 추가하고, 갑판에 더 많은 화물을 압착하여 싣기 위해 그 배의 균형수. 밸러스트물까지 배출함에 의해 ⓞ균형을 다시 취하는 그 배의 능력을 ⓥ위태로운, 손상된_ 상태로 변화(變化)시키다 위태롭게 하다, 손상시키다
[9999] regain ⓥ균형을 ⓥ다시_ 소유(所有)하다 다시 취하다, 회복하다
[9999] add ⓐ(그 배 안에), 더 많은 승객들을 수용하기 위해 ⓞ갑판들을 ⓥ가까이, 추가.첨가로_ 이동(移動)시키다 추가하다
[9999] accommodate ⓞ더 많은 승객들을 ⓥ적절.적합한, 수용된_ 상태로 변화(變化)시키다 수용하다
[0616] discharge ⓐ(그 배 밖으로), 갑판 위에 더 많은 화물을 압착하여 싣기 위해 ⓞ그 배의 균형수.밸러스트 물을 ⓥ분리하여, 짐.부담.전하.혐의.청구 등으로_ 이동(移動)시키다 방출.배출하다
[9999] squeeze ⓐ갑판 위에 ⓞ더 많은 화물을 ⓥ쥐어 짜서_ 이동(移動)시키다 쥐어짜듯 싣다

【문장골격화 / 명사단순화】

Operator compromised ship's ability by adding and discharging.
　　ⓢ운영자는 ⓐ추가하고 내림에 의해 ⓞ배의 능력을 ⓥ위태로운_ 상태로 변화시키다 (3형식 문장)

　　　ⓢ명사 = 명사구 : 그 운영자는
　　　ⓥ동사 = compromise : ⓥ위태로운_ 상태로 변화시키다
　　　ⓞ명사 = 명사구 : 균형을 다시 취하려는 배의_능력을 (to gain _형용사적 용법 : 명사_ablility 꾸밈)
　　　ⓐ부사 = 전치사(by) + 명사(동명사) : [원인.수단] by adding and discharging_ 더 많은 승객을 수용하기 위해 갑판을 추가하고, 갑판에 더 많은 화물을
　　　　　　　　압착하여 싣기 위해 그 배의 균형수. 밸러스트물까지 배출함에 의해

P_ [0395]

Gutenberg's invention enriched the world by allowing important writings dealing with issues such as medicine, religion, and science, along with ancient authors such as Aristotle and Plato, to be mass-produced.

[0055] enrich ⓐ[원인.수단] 아리스토텔레스, 플라톤과 같은 고대 작가들과 함께 의학, 종교, 과학과 같은 문제를 다루는 중요한 저서들이 대량 제작되는 것을 가능하게 함에 의해 ⓞ세상을 ⓥ부유.풍요한, 농축된_ 상태로 변화(變化)시키다 풍요롭게 하다
[0185] allow ⓒ대량 생산.제작되도록 ⓞ아리스토텔레스, 플라톤과 같은 고대 작가들과 함께 의학, 종교, 과학과 같은 문제를 다루는 중요한 저서를 ⓥ가능한, 허용.인정된_ 상태로 변화(變化)시키다 가능하게 하다, 허용.인정해 주다

【문장골격화 / 명사단순화】

invention enriched world by allowing.
　　ⓢ발명품은 ⓐ가능하게 함에 의해 ⓞ세상을 ⓥ풍요한_ 상태로 변화시키다 (3형식문장)

　　　ⓢ명사 = 명사구 : 쿠텐베르그의 발명품은
　　　ⓥ동사 = enrich : ⓥ부유.풍요한_ 상태로 변화시키다
　　　ⓞ명사 = 명사구 : 세상을
　　　ⓐ부사 = 전치사 + 명사(동명사) : [원인.수단] by allowing 이하에 의해

allowing writings to be mass-produced
　　ⓒ대량 생산되도록 ⓞ저서들을 ⓥ가능한_ 상태로 변화시키다 (5형식문장)

　　　ⓥ동사 = allow : ⓥ가능한_ 상태로 변화시키다
　　　ⓞ명사 = 명사구 : 아리스토텔레스, 플라톤과 같은 고대 작가들과 함께 의학, 종교, 과학과 같은 문제를 다루는 중요한_ 저서들을
　　　ⓒ명사 = to be mass-produced_ 명사적용법(보어역할) : 대량 생산.발간되도록

P_ [0396]

The research company also downgraded its dynamic random access memory market outlook to negative, down from neutral, as the easy availability of parts is driving down prices.

[0096] downgrade ⓐ중립에서 부정으로 ⓞ동적 랜덤 액세스 메모리 시장 전망을 ⓥ등급.수치가 저하된_ 상태로 변화(變化)시키다 격하시키다, 하향조정하다
[9999] drive ⓢ부품의 용이한 이용성은 ⓐ아래로 ⓞ가격을 ⓥ몰아서_ 이동(移動)시키다 몰아 가다, 하락시키다

【문장골격화 / 명사단순화】

company downgraded outlook to negative.
　　ⓢ회사는 ⓐ부정으로 ⓞ전망을 ⓥ등급하락된_ 상태로 변화시키다 (3형식 문장)

　　　ⓢ명사 = 명사구 : 그 연구회사는
　　　ⓥ동사 = downgrade : ⓥ등급하락된_ 상태로 변화시키다
　　　ⓞ명사 = 명사구 : 동적 랜덤 액세스 메모리 시장_ 전망치를
　　　ⓐ부사 = 전치사(to) + 명사 : 중립 → 부정으로, as 이하의 이유로

P_ [0397]

The prospects of the upcoming talks were brightened by a positive remark from North Korea's reclusive leader Kim Jong-il during his trip to China last month that his country will exercise patience and flexibility in trying to resolve the dispute through the talks.

[0001] brighten ⓢ[원인.수단] 긍정적인 언급.표현은 ⓞ그 다가오는 회담의 전망을 ⓥ밝은_ 상태로 변화(變化)시키다 밝게 하다
[9999] exercise ⓐ회담을 통해 분쟁을 해결하려는 시도.노력에서 ⓞ인내와 유연성을 ⓥ발휘된, 훈련.운동된, 활동적인_ 상태로 변화(變化)시키다 발휘하다
[0399] resolve ⓐ[원인.수단] 그 회담을 통해 ⓞ그 분쟁을 ⓥ(다시) 용해.해결된_ 상태로 변화(變化)시키다 해결시키다

【문장골격화 / 명사단순화】
❶ 수동태 → 능동태 전환
prospects was brightened by remark. → remark brightened prospects.
　ⓢ언급은 ⓞ전망을 ⓥ밝은_ 상태로 변화시키다 (3형식 문장)

　　ⓢ명사 = 명사구 : [원인.수단] from 이하의 긍정적인_ 언급은
　　ⓥ동사 = brighten : ⓥ밝은_ 상태로 변화시키다
　　ⓞ명사 = 명사구 : 다가올 회담의_ 전망을

❷ 표현.언급_remark 설명 : 누가(who)_김정일, 언제(when)_지난 달, 어디서(where)_중국, 내용_'회담.대화를 통한 분쟁의 해결의지 표명' 등

P_ [0398]

Carbon dioxide emissions from cars, factories, homes and power plants are thickening the blanket of greenhouse gases around the Earth.

[0061] thicken ⓢ[원인.수단] 자동차, 공장, 가정, 발전소로부터의 이산화탄소 배기가스는 ⓞ지구 주변의 온실가스라는 짙게 드리운 담요.장막을 ⓥ두꺼운, 진한, 걸쭉한_ 상태로 변화(變化)시키다 두껍게 하다

【문장골격화 / 명사단순화】
emissions thickening blanket.
　ⓢ배기가스는 ⓞ장막을 ⓥ두꺼운_ 상태로 변화시키다 (3형식 문장)

　　ⓢ명사 = 명사구 : [원인.수단] 자동차, 공장, 가정, 발전소에서 나오는 이산화탄소_ 배기가스는
　　ⓥ동사 = thicken : ⓥ두꺼운_ 상태로 변화시키다
　　ⓞ명사 = 명사구 : 지구 주변의 온실가스_ 장막을

P_ [0399]

Aso infuriated Koreans last year with his remarks that Koreans voluntarily gave themselves Japanese names during Japan's colonial rule of the Korean Peninsula from 1910-45.

[0479] infuriate ⓐ[원인.수단] 1910년부터 1945년까지 한반도 일제 지배 동안에, 한국인들은 자발적으로, 그들 자신에게 일본식 이름을 주었다는 그의 발언으로 ⓞ한국인들을 ⓥ분노.격분한_ 상태로 변화(變化)시키다 분노.격분시키다
[9999] give ⓞ[이동대상] 일본식 이름을 ⓞ[이동장소] 한국인 자신들에게 ⓥ주기 위해, 단순히_ 이동(移動)시키다 주다, 지어주다

【문장골격화 / 명사단순화】
Aso infuriated Koreans with remarks.
　ⓢ아소는 ⓐ언급.표현으로 ⓞ한국사람들을 ⓥ화난_ 상태로 변화시키다 (3형식 문장)

　　ⓢ명사 = 명사 : 사람이름, 아소는
　　ⓥ동사 = infuriate : ⓥ화난_ 상태로 변화시키다
　　ⓞ명사 = 명사 : 한국사람들을
　　ⓐ부사 = 전치사(with) + 명사(remark) : [원인.수단] that 이하의 그의 표현.언급으로 (that 이하는 형용사절, remarks 와 연결)

P_ [0400]

The efforts to localize key materials needed to produce chips will eventually encourage other local companies to locally produce materials used for other electronic devices such as smartphones and display panels.

[0193] localize ⓞ반도체 칩을 생산하기 위해 필요한 핵심 소재를 ⓥ현지.지역화_ 상태로 변화(變化)시키다 국산화시키다
[9999] produce ⓞ반도체를 ⓥ생산된_ 상태로 변화(變化)시키다 생산하여 만들다
[0105] encourage ⓒ스마트폰과 디스플레이 패널 등 다른 전자제품에 사용되는 소재들을 국내에서 생산하도록 ⓞ다른 국내 기업들을 ⓥ고무.격려.촉진된, 용감한_ 상태로 변화(變化)시키다 고무.활성화시키다

【문장골격화 / 명사단순화】
efforts encourage companies to produce.
　ⓢ노력들은 ⓒ생산하도록 ⓞ회사들을 ⓥ고무된_ 상태로 변화시키다 (5형식 문장)

　　ⓢ명사 = 명사구 : [원인.수단] 칩을 생산하기 위해 필요한 핵심 자재들을 국산화하기 위한_ 노력들은
　　ⓥ동사 = encourage : ⓥ고무된_ 상태로 변화시키다
　　ⓞ명사 = 명사구 : 다른 국내_ 회사들을
　　ⓒ명사 = to produce_ 명사적용법(보어역할) : 스마트폰과 디스플레이 패널 등 다른 전자제품에 사용되는 소재들을 국내에서_ 생산하도록

예문 학습

【 단순의미 ↔ 확장.추상적 의미 】 70개 문장 : E_ [0001] ~ [0070]

E_ [0001]
Alkalis neutralize acids.

[0023] neutralize ⓢ[원인.수단] 알칼리는 ⓞ산을 ⓥ중성, 중화.약화된_ 상태로 변화(變化)시키다 중화시키다

E_ [0002]
If they do not succeed, the military will neutralize the region with a nuclear assault.

[0023] neutralize ⓐ[원인.수단] 핵 공격으로 ⓞ그 지역을 ⓥ중성, 중화.약화된_ 상태로 변화(變化)시키다 약화시키다

E_ [0003]
The cold weather froze firefighters' hoses.

[0027] freeze ⓢ[원인.수단] 그 추운 날씨는 ⓞ소방관들의 호스를 ⓥ동결된_ 상태로 변화(變化)시키다 얼게하다

E_ [0004]
The city may have to freeze the hiring of new police officers.

[0027] freeze ⓢ그 시는 ⓞ새로운 경찰관의 채용을 ⓥ동결된_ 상태로 변화(變化)시키다 동결시키다

E_ [0005]
The warm weather unfroze the lake.

[0028] unfreeze ⓢ[원인.수단] 그 따뜻한 날씨는 ⓞ그 호수를 ⓥ해동된_ 상태로 변화(變化)시키다 해동시키다, 녹게하다

E_ [0006]
The government will take all necessary steps to unfreeze credit and money markets.

[0891] take ⓐ신용 신용 및 금융 시장의 동결을 풀기 위해 ⓞ모든 필요한 조치들을 ⓥ적극적으로_ 소유(所有)하다 해동시키다, 동결을 풀다
[0028] unfreeze ⓞ신용 및 금융시장을 ⓥ해동된_ 상태로 변화(變化)시키다 해동시키다, 동결 해제시키다

E_ [0007]
The clouds in the storm track cool the Earth by reflecting heat from the sun.

[0030] cool ⓢ[원인.수단] 태풍 경로의 구름들은 ⓐ태양으로부터의 열을 반사함에 의해 ⓞ지구를 ⓥ시원한_ 상태로 변화(變化)시키다 시원하게 하다
[0640] reflect ⓐ(지구 밖으로) ⓞ태양의 열을 ⓥ반대로, 반사.반영으로_ 이동(移動)하다 반사시키다

E_ [0008]
China hopes that these measures will cool down growth and stabilize the economy.

[9999] hope ⓢ중국은 ⓞthat 이하에 대해 ⓥ희망하는_ 심리(心理)가지다 희망하다
[0030] cool ⓢ[원인.수단] 이러한 조치들은 ⓞ성장을 ⓥ시원한_ 상태로 변화(變化)시키다 진정시키다
[0007] stabilize ⓢ[원인.수단] 이러한 조치들은 ⓞ경제를 ⓥ안정된_ 상태로 변화(變化)시키다 안정화시키다

E_ [0009]
The gaseous metal is cooled and condenses into liquid zinc.

[0030] cool ⓞ기체 상태의 금속을 ⓥ시원한_ 상태로 변화(變化)시키다 냉각시키다
[0063] condense ⓐ액상 아연으로 ⓞ기체 상태의 금속을 ⓥ농축.압축.요약된_ 상태로 변화(變化)시키다 응축시키다

E_ [0010]
Condense this paragraph into a few sentences.

[0063] condense ⓐ몇 개의 문장으로 ⓞ이 문단을 ⓥ농축.압축.요약된_ 상태로 변화(變化)시키다 압축.요약시키다

E_ [0011]
Sharpen all your blunt knives.

[0071] sharpen ⓞ당신의 모든 무딘 칼들을 ⓥ날카로운_ 상태로 변화(變化)시키다 날카롭게 하다

E_ [0012]
This course will **give** students a chance to **sharpen** their problem-solving skills.

[9999] give ⓞ[이동대상] 자신의 문제 해결 능력을 강화할 수 있는 기회를 ⓞ[이동장소] 학생들에게 ⓥ주기 위해, 단순히_ 이동(移動)시키다 주다
[0071] sharpen ⓞ자신의 문제해결 능력을 ⓥ날카로운_ 상태로 변화(變化)시키다 날카롭게 하다, 강화시키다

E_ [0013]
He **blunted** the edge of a knife.

[0072] blunt ⓞ칼끝을 ⓥ무딘, 둔한, 약한_ 상태로 변화(變化)시키다 무디게 하다

E_ [0014]
The bad weather **blunted** their enthusiasm for camping.

[0072] blunt ⓢ[원인.수단] 그 나쁜 날씨는 ⓞ그들의 캠핑에 대한 열정을 ⓥ무딘, 둔한, 약한_ 상태로 변화(變化)시키다 약화시키다, 무디게 하다

E_ [0015]
He **depressed** the clutch pedal to **shift** gears and go faster.

[0130] depress ⓐ[원인.수단] 기어를 변경하여, 더 빨리 가기 위해 ⓞ그 클러치 페달을 ⓥ우울한, 침체된, 압박된_ 상태로 변화(變化)시키다 압박시키다, 밟다
[9999] shift ⓞ기어를 ⓥ변경된_ 상태로 변화(變化)시키다 변경시키다

E_ [0016]
The cloudy weather **depressed** her.

[0130] depress ⓢ[원인.수단] 그 흐린 날씨는 ⓞ그녀를 ⓥ우울한, 침체된, 압박된_ 상태로 변화(變化)시키다 우울하게 하다

E_ [0017]
We **inflated** the balloons with helium.

[0141] inflate ⓐ[원인.수단] 헬륨가스로 ⓞ그 풍선을 ⓥ팽창한, 부푼_ 상태로 변화(變化)시키다 팽창시키다, 부풀게 하다

E_ [0018]
Beauty, money, and popularity can all **inflate** a person's ego.

[0141] inflate ⓢ[원인.수단] 아름다움, 돈, 인기는 ⓞ사람의 자아를 ⓥ팽창한, 부푼_ 상태로 변화(變化)시키다 팽창시키다, 부풀게 하다

E_ [0019]
When a teacher **made** him stand in a corner for spitballing, he **deflated** her car tires with toothpicks.

[9999] make ⓒ비난을 하려고 구석에 서 있도록 ⓞ그를 ⓥ어떤, 만들어진_ 상태로 변화(變化)시키다 변화시키다, 만들다
[0142] deflate ⓐ[원인.수단] 이쑤시개로 ⓞ그녀의 자동차 타이어를 ⓥ수축된_ 상태로 변화(變化)시키다 수축시키다, 납작하게 하다

E_ [0020]
It's certain that the Bank has now decided to **deflate** any excessively inflated sectors of the economy.

[0142] deflate ⓢ[원인.수단] 그 은행은 ⓞ과도하게 부풀려진 경제 섹터.부문을 ⓥ수축된_ 상태로 변화(變化)시키다 수축시키다, 쪼그라뜨리다

E_ [0021]
Tighten up the lid on that juice before you put it away.

[0221] tighten ⓐ당신이 그것을 다른 곳에 치우기 전에 ⓞ그 쥬스병 위의 뚜껑.마개를 ⓥ팽팽.견고한, 쪼인_ 상태로 변화(變化)시키다 꽉 쪼이게하다

E_ [0022]
The government has decided to **tighten** up its immigration policy.

[0221] tighten ⓞ자신의 이민 정책을 ⓥ팽팽.견고한, 쪼인_ 상태로 변화(變化)시키다 강화시키다, 견고하게 하다

E_ [0023]
He **loosened** the coupling of the helium line by using the wrench.

[0222] loosen ⓐ[원인.수단] 그 렌치를 사용함에 의해 ⓞ헬륨 라인의 커플링.연결부위를 ⓥ느슨한, 이완된_ 상태로 변화(變化)시키다 느슨하게 하다, 풀다

E_ [0024]
The leader's levity can **loosen** the organization.

[0222] loosen ⓢ[원인.수단] 그 지도자의 가벼움.경솔은 ⓞ그 조직을 ⓥ느슨한, 이완된_ 상태로 변화(變化)시키다 느슨하게 하다, 와해시키다

E_ [0025]
Her face was **distorted** (**contorted**) with pain.

[0262] distort ⓐ[원인.수단] 고통으로 ⓞ그녀의 얼굴을 ⓥ비틀린, 왜곡된_ 상태로 변화(變化)시키다 일그러뜨리다
[9999] contort ⓐ[원인.수단] 고통으로 ⓞ그녀의 얼굴을 ⓥ비틀린, 일그러진_ 상태로 변화(變化)시키다 일그러뜨리다

E_ [0026]
This column not only **distorted** history but seriously **defamed** Korea's integrity.

[0262] distort ⓢ[원인.수단] 이 칼럼은 ⓞ역사를 ⓥ비틀린, 왜곡된_ 상태로 변화(變化)시키다 왜곡시키다
[9999] defame ⓢ[원인.수단] 이 칼럼은 ⓞ대한민국의 존엄성을 ⓥ명성.평판 나쁜, 망가진_ 상태로 변화(變化)시키다 훼손시키다

E_ [0027]
She **twisted** her hair into a tight knot.

[0263] twist ⓐ단단한 매듭모양으로 ⓞ그녀의 머리카락을 ⓥ꼬인, 비틀린, 왜곡된_ 상태로 변화(變化)시키다 꼬이게 하다

E_ [0028]
During the trial, lawyers **twisted** the truth to **gain** the jury's sympathy.

[0263] twist ⓐ[원인.수단] 그 배심원의 공감을 얻기 위해, 그 재판 동안에 ⓞ그 진실을 ⓥ꼬인, 비틀린, 왜곡된_ 상태로 변화(變化)시키다 왜곡시키다
[9999] gain ⓢ변호사들은 ⓞ그 배심원들의 공감을 ⓥ얻어_ 소유(所有)하다 얻다, 취하다

E_ [0029]
Ford **divorced** his wife, Anne, in 1964, and **married** Cristina a year later.

[0286] divorce ⓢ포드는 ⓞ그의 아내를 ⓥ이혼한, 분리된_ 상태로 변화(變化)시키다 이혼.분리시키다, 이혼하다
[0285] marry ⓢ포드는 ⓞ크리스티나를 ⓥ결혼한_ 상태로 변화(變化)시키다 결혼.결합시키다, 결혼하다

E_ [0030]
Our society has **divorced** itself from religion.

[0286] divorce ⓐ종교로부터 ⓞ그 자체_ 우리 사회를 ⓥ이혼한, 분리된_ 상태로 변화(變化)시키다 분리시키다

E_ [0031]
The commander ordered his soldiers to abort the mission.

[9999] order ⓒ그 임무를 중단하도록 ⓞ그의 병사들에게 ⓥ명령.주문하는_ 표현(表現)하다 명령하다, 주문하다
[0290] abort ⓞ그 임무를 ⓥ낙태.제거된, 취소.중단된_ 상태로 변화(變化)시키다 취소.중단시키다

E_ [0032]
RU 486 has one primary purpose, to abort an unborn child from its mother's womb.

[0290] abort ⓐ엄마의 자궁으로부터 ⓞ미출생 태아를 ⓥ낙태.제거된, 취소.중단된_ 상태로 변화(變化)시키다 낙태시키다

E_ [0033]
The rebels armed a group of 2,000 men to attack the city.

[0327] arm ⓐ[원인.수단] 그 도시를 공격하기 위해 ⓞ2천명의 무리를 ⓥ무장된_ 상태로 변화(變化)시키다 무장시키다
[0215] attack ⓞ그 도시를 ⓥ공격.비난된_ 상태로 변화(變化)시키다 공격하다

E_ [0034]
The guidebook arms the reader with a mass of useful information.

[0327] arm ⓐ[원인.수단] 많은 유용한 정보로 ⓞ그 독자를 ⓥ무장된_ 상태로 변화(變化)시키다 무장시키다

E_ [0035]
My smart key unlocks my car automatically when I touch the door handle.

[0346] unlock ⓢ[원인.수단] 나의 스마트 키는 ⓞ나의 자동차를 ⓥ열린, 개방.해제된_ 상태로 변화(變化)시키다 열다, 잠금해제시키다
[9999] touch ⓞ그 도어 핸들을 ⓥ접촉된, 감동된_ 상태로 변화(變化)시키다 접촉하다, 만지다

E_ [0036]
He used his imagination and creativity to unlock the mystery of universe.

[9999] use ⓐ[원인.수단] 우주의 신비를 풀기 위해 ⓞ자신의 상상력과 창의력을 ⓥ사용.이용된_ 상태로 변화(變化)시키다 사용.이용하다
[0346] unlock ⓞ우주의 신비를 ⓥ열린, 개방.해제된_ 상태로 변화(變化)시키다 풀다, 밝히다

E_ [0037]
She folded up the map and put it back in her bag.

[0353] fold ⓐ완전히 ⓞ그 지도를 ⓥ접힌_ 상태로 변화(變化)시키다 접다
[9999] put ⓐ그녀의 가방 안에, 도로 ⓞ그 지도를 ⓥ놓기 위해_ 이동(移動)시키다 놓아두다

E_ [0038]
If you want to fold up your shop, let me take it over.

[0353] fold ⓐ완전히 ⓞ당신의 가게를 ⓥ접힌_ 상태로 변화(變化)시키다 폐쇄시키다, 접다

E_ [0039]
Dissolve sugar in hot water.

[0398] dissolve ⓐ뜨거운 물 속에서 ⓞ설탕을 ⓥ용해된, 해산.해체된_ 상태로 변화(變化)시키다 용해시키다

E_ [0040]
The President has the authority to dissolve the National Assembly.

[9999] have ⓢ대통령은 ⓞ국회를 해산할 권리를 ⓥ단순히_ 소유(所有)하다 가지다
[0398] dissolve ⓞ국회를 ⓥ용해된, 해산.해체된_ 상태로 변화(變化)시키다 해산시키다

E_ [0041]
Sterilize hands tonight with antibacterial cream many times.

    [0428] sterilize ⓐ[원인.수단] 항균 크림으로 ⓞ손들을 ⓥ소독된, 거세된_ 상태로 변화(變化)시키다 소독시키다

E_ [0042]
If abortion is **outlawed**, therefore, men at puberty must be chemically **sterilized**.

    [9999] outlaw ⓞ낙태를 ⓥ불법적_ 상태로 변화(變化)시키다 불법화하다
    [0428] sterilize ⓐ화학적으로 ⓞ사춘기에 있는 남성들을 ⓥ소독된, 거세된_ 상태로 변화(變化)시키다 거세시키다

E_ [0043]
Most farmers **fertilize** their farmland with chemicals.

    [0429] fertilize ⓐ[원인.수단] 화학 비료로 ⓞ그들의 농장을 ⓥ수정된, 비옥한_ 상태로 변화(變化)시키다 비옥하게 하다

E_ [0044]
Bees **fertilize** the flowers by **bringing** pollen.

    [0429] fertilize ⓐ[원인.수단] 꽃가루를 가져옴에 의해 ⓞ그 꽃을 ⓥ수정된, 비옥한_ 상태로 변화(變化)시키다 수정시키다
    [0749] bring ⓐ(꽃에) ⓞ꽃가루를 ⓥ가져와_ 이동(移動)시키다 가져다 주다

E_ [0045]
Guests are **requested** to **vacate** their rooms by noon on the day of departure.

    [9999] request ⓢ출발 당일 정오까지 객실을 비워주도록 ⓞ투숙객들에게 ⓥ요청하는_ 표현(表現)하다 요청하다
    [9999] vacate ⓐ출발 당일 정오까지 ⓞ자신의 방들을 ⓥ비어있는, 무효의_ 상태로 변화(變化)시키다 비우다

E_ [0046]
The Justices **vacated** a ruling by the federal appeals court.

    [9999] vacate ⓢ[원인.수단] 그 재판은 ⓞ연방 항소 법원의 판결을 ⓥ비어있는, 무효의_ 상태로 변화(變化)시키다 무효화시키다

E_ [0047]
They **arrested** him for **possessing** an illegal weapon.

    [9999] arrest ⓐ[원인.수단] 불법 무기를 소유한 것에 대해 ⓞ그를 ⓥ억제.저지된, 체포된_ 상태로 변화(變化)시키다 체포하다
    [0895] possess ⓢ그는 ⓞ불법 무기를 ⓥ강하게, 소유로_ 소유(所有)하다 소유하다, 가지다

E_ [0048]
Powerful drugs are **used** to **arrest** the spread of the disease.

    [9999] use ⓐ[원인.수단] 그 질병의 확산을 억제시키기 위해 ⓞ강력한 약물을 ⓥ사용.이용된_ 상태로 변화(變化)시키다 사용.이용하다
    [9999] arrest ⓢ[원인.수단] 강력한 약물은 ⓞ그 질병의 확산을 ⓥ억제.저지된, 체포된_ 상태로 변화(變化)시키다 억제시키다

E_ [0049]
He **cut** a stone with a chisel and **made** a statue of Venus.

    [9999] cut ⓐ끌로 ⓞ돌을 ⓥ잘라진, 줄어든_ 상태로 변화(變化)시키다 자르다
    [9999] make ⓞ비너스의 상을 ⓥ어떤, 만들어진_ 상태로 변화(變化)시키다 만들다

E_ [0050]
We can **cut** the state budget or **raise** taxes.

    [9999] cut ⓞ주 예산을 ⓥ잘라진, 줄어든_ 상태로 변화(變化)시키다 감소시키다, 줄이다
    [9999] raise ⓞ세금을 ⓥ상승.증가.모금된, 들어 올려진_ 상태로 변화(變化)시키다 상승.인상시키다

E_ [0051]
If the part falls off the train while in motion on the railroad, it can derail the train and cause a serious accident.

[9999] derail ⓢ[원인.수단] 그것_ 만약 그 부품이 철로 위의 운행중에 기차에서 떨어져 나가는 것은 ⓞ그 기차를 ⓥ탈선.좌절된_ 상태로 변화(變化)시키다 탈선시키다

[9999] cause ⓢ[원인.수단] 그것_ 만약 그 부품이 철로 위의 운행중에 기차에서 떨어져 나가는 것은 ⓞ심각한 사고를 ⓥ야기된, 원인.결과로 생성된_ 상태로 변화(變化)시키다 야기시키다, 원인.결과로 만들다

E_ [0052]
But striving for maximum profit can also derail sustainable development.

[9999] derail ⓢ[원인.수단] 최대 이익을 위해 노력하는 것은 ⓞ지속가능한 발전을 ⓥ탈선.좌절된_ 상태로 변화(變化)시키다 저해.좌절시키다

E_ [0053]
Drain the noodles as soon as they are cooked.

[9999] drain ⓐ그 면들이 요리되자마자 ⓞ그 면들을 ⓥ(물 등이) 배출.탈수된, 고갈된_ 상태로 변화(變化)시키다 탈수시키다, 물기 빼내다

[9999] cook ⓞ그들_ 면들을 ⓥ요리.조리된, 요리로 만들어진_ 상태로 변화(變化)시키다 요리.가열하다

E_ [0054]
Working with children all day really drains you.

[9999] drain ⓢ[원인.수단] 아이들과 하루 종일 일하는 것은 ⓞ당신을 ⓥ(물 등이) 배출.탈수된, 고갈된_ 상태로 변화(變化)시키다 탈진시키다

E_ [0055]
Dull the edge of this sword.

[9999] dull ⓞ이 검의 끝을 ⓥ무딘, 둔한_ 상태로 변화(變化)시키다 무디게 하다

E_ [0056]
The tablets they gave him dulled the pain for a while.

[9999] give ⓞ[이동대상] 그 알약들을 ⓞ[이동장소] 그에게 ⓥ주기 위해, 단순히_ 이동(移動)시키다 주다

[9999] dull ⓢ[원인.수단] 그들이 그에게 준 그 알약은 ⓞ그 고통을 ⓥ무딘, 둔한_ 상태로 변화(變化)시키다 무디게 하다, 악화시키다

E_ [0057]
We executed the contract by signing it yesterday.

[9999] execute ⓐ[원인.수단] 어제 그것.계약에 서명함에 의해 ⓞ그 계약을 ⓥ실행.집행.발휘된, 처형된_ 상태로 변화(變化)시키다 실행시키다

[9999] sign ⓐ어제 ⓞ그것_ 계약에 ⓥ서명.신호로_ 이동(移動)시키다 서명하다

E_ [0058]
Thousands have been executed for political crimes.

[9999] execute ⓐ[원인.수단] 정치적 범죄 때문에 ⓞ수천 명을 ⓥ실행.집행.발휘된, 처형된_ 상태로 변화(變化)시키다 처형시키다

E_ [0059]
The drought exhausted the water supply.

[9999] exhaust ⓢ[원인.수단] 그 가뭄은 ⓞ그 물 공급원을 ⓥ고갈.소진된_ 상태로 변화(變化)시키다 고갈시키다

E_ [0060]
A full day's teaching exhausts me.

[9999] exhaust ⓢ[원인.수단] 하루 종일 가르치는 것은 ⓞ나를 ⓥ고갈.소진된_ 상태로 변화(變化)시키다 지치게하다

E_ [0061]
He pressed the accelerator with his foot.

[9999] press ⓐ[원인.수단] 그의 발로 ⓞ그 가속기를 ⓥ압박된, 눌러진_ 상태로 변화(變化)시키다 누르다, 압박하다

E_ [0062]
The workers are pressing the employer for a wage increase.

[9999] press ⓐ[원인.수단] 임금 인상을 위해 ⓞ고용주를 ⓥ압박된, 눌러진_ 상태로 변화(變化)시키다 압박하다

E_ [0063]
He raised his arm to try to deflect the blow.

[9999] raise ⓐ[원인.수단] 그 타격을 피하는 시도를 위해 ⓞ자신의 팔을 ⓥ상승.증가.모금된, 들어 올려진_ 상태로 변화(變化)시키다 위로 올리다
[9999] deflect ⓞ그 타격을 ⓥ반사된_ 상태로 변화(變化)시키다 피하다

E_ [0064]
The law also raises the cost of water in order to discourage wasteful use.

[9999] raise ⓐ[원인.수단] 낭비적인 사용을 억제하기 위해 ⓞ그 수도물 요금을 ⓥ상승.증가.모금된, 들어 올려진_ 상태로 변화(變化)시키다 상승.인상시키다
[0106] discourage ⓞ낭비적인 사용을 ⓥ낙담.좌절.억제된, 용기 없는_ 상태로 변화(變化)시키다 억제시키다

E_ [0065]
Such a blade couldn't slash a radish!

[9999] slash ⓢ[원인.수단] 그런 칼은 ⓞ무를 ⓥ잘려진, 베어진, 감소된_ 상태로 변화(變化)시키다 자르다, 베다

E_ [0066]
The government will slash the scholarship quota for foreign students to 400 from the expected 700 this year.

[9999] slash ⓐ올해, 예상되는 700명에서 400명으로 ⓞ외국인 학생들에 대한 장학금 할당량을 ⓥ잘려진, 베어진, 감소된_ 상태로 변화(變化)시키다 감소시키다

E_ [0067]
Thaw frozen meat in its packet and then cook as soon as possible.

[9999] thaw ⓐ그것의 포장 안에서 ⓞ냉동육을 ⓥ해빙.해동된_ 상태로 변화(變化)시키다 해빙.해동시키다
[9999] cook ⓐ가능한 빨리 ⓞ(고기를) ⓥ요리.조리된, 요리로 만들어진_ 상태로 변화(變化)시키다 요리.가열하다

E_ [0068]
Her friendly manner thawed her opponents.

[9999] thaw ⓢ[원인.수단] 그녀의 우호적인 태도는 ⓞ그녀의 반대자들을 ⓥ해빙.해동된_ 상태로 변화(變化)시키다 누그러뜨리다, 해빙시키다

E_ [0069]
That spicy food really upset my stomach.

[9999] upset ⓢ[원인.수단] 그 매운 음식은 ⓞ나의 위.배를 ⓥ뒤집힌, 심란.혼란한_ 상태로 변화(變化)시키다 뒤집어놓다, 망치다

E_ [0070]
Bad weather can upset even the best-laid plans.

[9999] upset ⓢ[원인.수단] 나쁜 날씨는 ⓞ그 가장 좋은 계획을 ⓥ뒤집힌, 심란.혼란한_ 상태로 변화(變化)시키다 뒤집어놓다, 망치다

【 『변화동사 & 이동동사』 2가지 개념의 동사 (다개념동사) 】 60개 문장 : E_ [0071] ~ [0130]

E_ [0071]
If your computer stops working, re-booting might cure the problem.

[0044] cure ⓢ[원인.수단] 재부팅은 ⓞ그 문제를 ⓥ치료.회복된_ 상태로 변화(變化)시키다 치유.해결하다

E_ [0072]
Eventually, we found a doctor who was able to cure her of her depression.

[9999] cure ⓐ[이동대상] 그녀의 우울증을 ⓞ[이동장소] 그녀 밖으로 ⓥ치료.조치로_ 이동(移動)시키다 치료하여 없애다

E_ [0073]
If we continue to deplete the earth's natural resources, we will cause serious damage to the environment.

[0133] deplete ⓞ지구의 천연자원을 ⓥ고갈된_ 상태로 변화(變化)시키다 고갈시키다
[9999] cause ⓐ환경에 ⓞ심각한 피해를 ⓥ야기된, 원인.결과로 생성된_ 상태로 변화(變化)시키다 야기시키다, 원인.결과로 만들다

E_ [0074]
Winter weather can deplete skin of moisture, so make sure to moisturize often.

[9999] deplete ⓐ[이동대상] 수분을 ⓞ[이동장소] 피부 밖으로 ⓥ소진.고갈로_ 이동(移動)시키다 소진.고갈시키다
[9999] make ⓒ확실하게 ⓞ종종 수분공급하는 것을 ⓥ어떤, 만들어진_ 상태로 변화(變化)시키다 변화시키다, 만들다

E_ [0075]
She rolled up the poster and put it in a cardboard tube.

[0355] roll ⓞ그 포스터를 ⓥ말린_ 상태로 변화(變化)시키다 말다
[9999] put ⓐ판지 튜브 안에 ⓞ그것을 ⓥ놓기 위해_ 이동(移動)시키다 놓아두다

E_ [0076]
The waitress rolled the dessert trolley over to our table.

[9999] roll ⓐ우리의 테이블에 ⓞ그 디저트 트롤리.손수레를 ⓥ굴려서_ 이동(移動)시키다 굴려 이동시키다

E_ [0077]
All of the residents had to evacuate the island and move to a safer place.

[9999] evacuate ⓢ모두 거주 주민들은 ⓞ그 섬을 ⓥ비어있는_ 상태로 변화(變化)시키다 대피로 비우다

E_ [0078]
The policemen evacuated children from the cities to the countryside. [= Children were evacuated from the cities to the countryside by the policemen.]

[9999] evacuate ⓐ도시에서 시골로 ⓞ어린이들을 ⓥ대피.비우기 위해_ 이동(移動)시키다 대피로 이동시키다

E_ [0079]
Don't beat me with your cane.

[9999] beat ⓐ[원인.수단] 당신의 지팡이로 ⓞ나를 ⓥ타격된_ 상태로 변화(變化)시키다 타격하다, 때리다

E_ [0080]
She was beating the dust out of the carpet.

[9999] beat ⓐ그 카펫 밖으로 ⓞ그 먼지를 ⓥ때려서_ 이동(移動)시키다 타격하여 털어내다

E_ [0081]
I cleared my head by taking a walk.

[9999] clear ⓐ[원인.수단] 산책함에 의해 ⓞ나의 머리를 ⓥ분명.명료.깨끗한_ 상태로 변화(變化)시키다 명료.깨끗하게 하다

E_ [0082]
They cleared the pavement of the snow. [= They clear the snow from the pavement.]

[9999] clear ⓐ[이동대상] 그 눈을 ⓞ[이동장소] 그 포장도로 밖으로 ⓥ깨끗함을 위해_ 이동(移動)시키다 깨끗이 치우다

E_ [0083]
I have to coax my son to take his medicine.

[9999] coax ⓒ그의 약을 먹도록 ⓞ나의 아들을 ⓥ설득된_ 상태로 변화(變化)시키다 설득시키다, 구슬리다
[0891] take ⓢ나의 아들은 ⓞ그의 약을 ⓥ적극적으로_ 소유(所有)하다 먹다

E_ [0084]
I was able to coax the secret out of her.

[9999] coax ⓐ그녀 밖으로 ⓞ그 비밀을 ⓥ설득하여_ 이동(移動)시키다 구슬려 빼내다

E_ [0085]
Thousands of people crammed the mall Sunday.

[9999] cram ⓢ[원인.수단] 수천명의 사람들은 ⓞ그 쇼핑몰을 ⓥ꽉찬, 붐비는_ 상태로 변화(變化)시키다 꽉차게 하다, 붐비게 하다

E_ [0086]
Jill crammed her clothes into the bag.

[9999] cram ⓐ그 가방 안으로 ⓞ그녀의 옷들을 ⓥ채우기 위해, 쑤셔 넣듯_ 이동(移動)시키다 밀집되게 쑤셔넣다

E_ [0087]
They defrauded him by using your name.

[9999] defraud ⓐ[원인.수단] 당신의 이름을 이용함에 의해 ⓞ그를 ⓥ기만된, 속은_ 상태로 변화(變化)시키다 기만하다, 속이다, 사기치다

E_ [0088]
They defrauded him of his property.

[9999] defraud ⓐ[이동대상] 그의 재산을 ⓞ[이동장소] 그의 밖으로 ⓥ나쁘게, 사기.기만으로_ 이동(移動)시키다 속여 빼내다

E_ [0089]
The mountain was denuded by a big forest fire.

[9999] denude ⓢ[원인.수단] 대형 산불은 ⓞ그 산을 ⓥ나체, 벌거벗은, 황폐화된_ 상태로 변화(變化)시키다 벌거숭이로 만들다, 황폐화시키다

E_ [0090]
The hurricane denuded the trees of their leaves.

[9999] denude ⓐ[이동대상] 그들의 나뭇잎들을 ⓞ[이동장소] 그 나무들 밖으로 ⓥ벗기듯_ 이동(移動)시키다 벌거벗기다, 떨어뜨리다

E_ [0091]
The dog dug the ground.

[9999] dig ⓢ그 개는 ⓞ땅을 ⓥ파여진, 파서 만들어진_ 상태로 변화(變化)시키다 파다

E_ [0092]
You can dig out potatoes from the soil.

[9999] dig ⓐ그 흙 밖으로 ⓞ감자들을 ⓥ파서_ 이동(移動)시키다 파내다

E_ [0093]
The long war had drained the resources of both countries.

[9999] drain ⓢ[원인.수단] 그 오랜 전쟁은 ⓞ양국의 자원을 ⓥ(물 등이) 배출.탈수된, 고갈된_ 상태로 변화(變化)시키다 고갈시키다

E_ [0094]
Hate drains you of energy.

[9999] drain ⓐ[이동대상] 에너지를 ⓞ[이동장소] 당신 밖으로 ⓥ배출.유출로_ 이동(移動)시키다 배출.유출.탈진시키다

E_ [0095]
Citizens of France filled the streets of Paris to celebrate his victory.

[9999] fill ⓐ[원인.수단] 그의 승리를 경축하기 위해 ⓞ그 파리 거리를 ⓥ채워진, 충만한_ 상태로 변화(變化)시키다 가득 채우다

E_ [0096]
He filled water into a pail.

[9999] fill ⓐ들통 안으로 ⓞ물을 ⓥ채우기 위해_ 이동(移動)시키다 가득 채워넣다

E_ [0097]
Crowds jammed the entrance to the stadium.

[9999] jam ⓢ[원인.수단] 군중들은 ⓞ그 경기장 입구를 ⓥ혼잡한, 막힌_ 상태로 변화(變化)시키다 혼잡하게 하다, 봉쇄시키다

E_ [0098]
Kelly poured himself another glass of wine and jammed the cork back into the bottle.

[0734] pour ⓞ[이동대상] 또다른 한 잔의 와인을 ⓐ[이동장소] 그 자신에게 ⓥ쏟아 붓듯_ 이동(移動)시키다 부어 주다
[9999] jam ⓐ그 병안으로 ⓞ그 코르크마개를 ⓥ막기 위해_ 이동(移動)시키다 밀봉되게 막아놓다

E_ [0099]
The band can still pack out concert halls.

[9999] pack ⓢ그 밴드는 ⓞ콘서트 홀을 ⓥ밀집.포장된_ 상태로 변화(變化)시키다 가득 채우다, 밀집시키다

E_ [0100]
He packed books into the box. [= He packed the box with books.]

[9999] pack ⓐ그 박스 안으로 ⓞ책을 ⓥ밀집되게_ 이동(移動)시키다 밀집되게 채워넣다

E_ [0101]
It is necessary to peel fruit before eating it.

[9999] peel ⓐ그것을 먹기 전에 ⓞ과일을 ⓥ껍질 벗겨진_ 상태로 변화(變化)시키다 껍질 벗기다

E_ [0102]
Peel away the waxed paper from the bottom of the cake.

[9999] peel ⓐ케이크의 바닥 밖으로 ⓞ그 왁스칠한 종이를 ⓥ껍질 벗기듯, 벗겨_ 이동(移動)시키다 벗겨내다

E_ [0103]
We used mud to plug up the holes in the roof.

[9999] plug ⓞ그 지붕의 구멍들을 ⓥ밀봉된, 막힌_ 상태로 변화(變化)시키다 밀봉시키다

E_ [0104]
He plugged a cork into a bottle.

[9999] plug ⓐ병 안으로 ⓞ코르크 마개를 ⓥ마개를, 꽂기.막기 위해_ 이동(移動)시키다 밀봉하여 막아놓다

E_ [0105]
Our people bleed, while you plunder our land.

[9999] plunder ⓞ우리 땅을 ⓥ약탈된_ 상태로 변화(變化)시키다 약탈.강탈하다

E_ [0106]
They plundered art from their defeated enemies.

[0677] plunder ⓐ패배된 적으로부터 ⓞ예술품을 ⓥ약탈로_ 이동(移動)시키다 약탈.강탈하다, 빼앗다

E_ [0107]
Reinforcing the idea that corruption must stop will purge society.

[0212] reinforce ⓞ부패는 중단되어야 한다는 그 사상을 ⓥ(당시) 강한_ 상태로 변화(變化)시키다 강화시키다
[9999] purge ⓢ[원인.수단] 부패가 중단되어야 한다는 그 이상을 강화시키는 것은 ⓞ사회를 ⓥ순수.깨끗한_ 상태로 변화(變化)시키다 정화시키다

E_ [0108]
He purged radicals from the party. [= He purged the party of radicals.]

[9999] purge ⓐ그 정당 밖으로 ⓞ과격론자들을 ⓥ정화를 위해_ 이동(移動)시키다 몰아내다, 숙청시키다

E_ [0109]
Costs have been reduced by automation and heavy job cuts.

[9999] reduce ⓢ[원인.수단] 자동화와 대폭적인 인력 감축은 ⓞ비용을 ⓥ감소.축소된_ 상태로 변화(變化)시키다 감소시키다, 줄이다

E_ [0110]
Misfortune reduced that poor woman to begging.

[9999] reduce ⓐ구걸하는 곳으로 ⓞ그 불쌍한 여자를 ⓥ뒤로, 유도.유인으로, 퇴보로_ 이동(移動)시키다 후퇴.몰락시키다, 처하게 하다

E_ [0111]
Regular exercise can relieve depression and anxiety.

　　[9999] relieve ⓢ[원인.수단] 규칙적인 운동은 ⓞ우울증과 불안감을 ⓥ가벼운, 줄어든_ 상태로 변화(變化)시키다 경감.완화시키다

E_ [0112]
The transaction will relieve the company of $19.4 million in debt.

　　[9999] relieve ⓐ[이동대상] 부채 1,940만 달러를 ⓞ[이동장소] 그 회사 밖으로 ⓥ뒤로, 경감을 위해_ 이동(移動)시키다 덜어주다, 경감시키다

E_ [0113]
This chronic phenomenon renders the Korean economy vulnerable to external changes.

　　[9999] render ⓒ외부 변화에 취약하도록 ⓞ한국 경제를 ⓥ어떤_ 상태로 변화(變化)시키다 변화시키다, 만들다

E_ [0114]
And we will render humanitarian aid to them.

　　[9999] render ⓐ그들에게 ⓞ인도적 지원을 ⓥ단순하게_ 이동(移動)시키다 제공하다, 주다

E_ [0115]
The two men swindled the company out of $130,000.

　　[9999] swindle ⓐ13만 달러를 빼내기 위해 ⓞ그 회사를 ⓥ기만된, 속은_ 상태로 변화(變化)시키다 기만하다, 속이다

E_ [0116]
He swindled money from three customers.

　　[0679] swindle ⓐ세 명의 고객 밖으로 ⓞ돈을 ⓥ속여서_ 이동(移動)시키다 속여 빼앗다, 사취하다

E_ [0117]
Shake the bottle before you open it.

　　[9999] shake ⓐ병을 열기 전에 ⓞ그 병을 ⓥ흔들리는_ 상태로 변화(變化)시키다 진동시키다, 흔들리게 하다
　　[0321] open ⓞ그것_ 병을 ⓥ열린, 개방된_ 상태로 변화(變化)시키다 개방시키다, 열다

E_ [0118]
She shook the sand out of her shoes (=removed it by shaking).

　　[9999] shake ⓐ그녀의 신발 밖으로 ⓞ그 모래를 ⓥ흔들어_ 이동(移動)시키다 털어내다

E_ [0119]
Squash your cans flat before recycling.

　　[9999] squash ⓒ평평하게 ⓞ당신의 캔.깡통을 ⓥ짓이겨진, 찌그러진, 진압.억제된_ 상태로 변화(變化)시키다 찌그러뜨리다, 짓이기다

E_ [0120]
She squashed some of her clothes inside the bag.

　　[9999] squash ⓐ그 가방 안으로 ⓞ그녀의 옷 몇 벌을 ⓥ짓이겨_ 이동(移動)시키다 짓이겨 넣다

E_ [0121]
He struck her across the face and broke her nose.

[9999] strike ⓐ얼굴을 가로질러 ⓞ그녀를 ⓥ타격된, 타결.종결된_ 상태로 변화(變化)시키다 타격.강타하다
[9999] break ⓞ그녀의 코를 ⓥ깨진, 부서진_ 상태로 변화(變化)시키다 깨뜨리다, 부러뜨리다

E_ [0122]
The scandal seemed to have struck a mortal blow to the government's chances of re-election.

[9999] strike ⓐ정부의 재선 가능성에 ⓞ치명적인 타격을 ⓥ타격하기 가해_ 이동(移動)시키다 세게 가하다

E_ [0123]
Wash the fruit thoroughly before eating.

[9999] wash ⓐ먹기 전에, 철철하게 ⓞ그 과일을 ⓥ씻겨진_ 상태로 변화(變化)시키다 깨끗이 씻다

E_ [0124]
Tears can wash toxic chemicals out of the body.

[9999] wash ⓐ그 몸 밖으로 ⓞ독성 화학물질을 ⓥ물로 씻듯이_ 이동(移動)시키다 씻어내다

E_ [0125]
You have to be able to wheedle your client into buying.

[9999] wheedle ⓐ구매하도록 ⓞ당신의 고객을 ⓥ설득.현혹된_ 상태로 변화(變化)시키다 설득.현혹시키다

E_ [0126]
She even managed to wheedle more money out of him.

[9999] wheedle ⓐ그의 밖으로 ⓞ더 많은 돈을 ⓥ현혹하여_ 이동(移動)시키다 현혹하여 빼내다

E_ [0127]
Whip the cream until it becomes thick.

[9999] whip ⓐ걸쭉해질 때까지 ⓞ그 크림을 ⓥ휘저어진, 타격된, 자극.선동된_ 상태로 변화(變化)시키다 휘젓다

E_ [0128]
He whipped a revolver from his overcoat pocket.

[9999] whip ⓐ자신의 외투 호주머니 밖으로 ⓞ권총을 ⓥ재빨리, 갑자기_ 이동(移動)시키다 홱 꺼내다

E_ [0129]
Wrap all your glasses in a newspaper.

[9999] wrap ⓐ신문지로 ⓞ당신의 모든 유리잔을 ⓥ포장된, 감싸진, 마무리된_ 상태로 변화(變化)시키다 감싸게 하다, 포장시키다

E_ [0130]
Wrap the white paper around one of the glasses.

[9999] wrap ⓐ유리컵들 중 하나 주변에 ⓞ그 흰 종이를 ⓥ감싸기 위해_ 이동(移動)시키다 감싸놓다, 감아놓다

【 변화동사_ 유사동사 】 330개 문장 : E_ [0131] ~ [0460] , 5개 문장으로 유사동사 묶음

E_ [0131]
Development of the area would endanger wildlife.

[0213] endanger ⓢ[원인.수단] 그 지역의 개발은 ⓞ야생동물을 ⓥ위험한_ 상태로 변화(變化)시키다 위험.위태하게 하다, 멸종시키다

E_ [0132]
The COVID-19 can jeopardize the economy.

[0435] jeopardize ⓢ[원인.수단] COVID-19는 ⓞ경제를 ⓥ위험.위태한_ 상태로 변화(變化)시키다 위험.위태하게 하다

E_ [0133]
A fierce storm imperiled the passenger ship.

[9999] imperil ⓢ[원인.수단] 거센 폭풍은 ⓞ그 여객선을 ⓥ위태로운_ 상태로 변화(變化)시키다 위험.위태하게 하다

E_ [0134]
The patient's immune system has been compromised by cancer treatments.

[9999] compromise ⓢ[원인.수단] 암치료는 ⓞ그 환자의 면역체계를 ⓥ위태로운, 손상된_ 상태로 변화(變化)시키다 위태롭게 하다, 손상시키다

E_ [0135]
The delay in repairing facilities is threatening the safety of students.

[9999] threaten ⓢ[원인.수단] 시설 수리의 지체는 ⓞ학생들의 안전을 ⓥ위험한, 위협된_ 상태로 변화(變化)시키다 위험.위태하게 하다

E_ [0136]
Satellite designers use strong materials and shielding to safeguard their equipment from solar activity.

[0214] safeguard ⓐ태양 활동으로부터 ⓞ그들의 장비를 ⓥ안전한, 보호된_ 상태로 변화(變化)시키다 안전하게 하다, 보호하다

E_ [0137]
Neighbors were able to save both children from the fire.

[9999] save ⓐ그 화재로부터 ⓞ두 아이 모두를 ⓥ안전한, 구조.저축된_ 상태로 변화(變化)시키다 안전하게 하다, 구하다

E_ [0138]
The fire had destroyed most of the building, but we managed to salvage a few valuable items.

[9999] destroy ⓢ[원인.수단] 그 화재는 ⓞ그 건물 대부분을 ⓥ파괴된_ 상태로 변화(變化)시키다 파괴시키다
[9999] salvage ⓞ몇가지 귀중한 물건들을 ⓥ구조.회복된, 안전한_ 상태로 변화(變化)시키다 안전하게 하다, 구조하다

E_ [0139]
She died trying to rescue her children from the blaze.

[9999] rescue ⓐ그 불길로부터 ⓞ그녀의 아이들을 ⓥ구조.구출된_ 상태로 변화(變化)시키다 구조시키다

E_ [0140]
Local people risked their own lives to shelter resistance fighters from the army.

[9999] risk ⓐ[원인.수단] 그 군대로부터 저항군을 보호하기 위해 ⓞ자기자신의 목숨을 ⓥ위험한_ 상태로 변화(變化)시키다 위험.위태하게 하다
[9999] shelter ⓐ그 군대로부터 ⓞ저항군을 ⓥ보호된_ 상태로 변화(變化)시키다 보호하다

E_ [0141]
Spouses should support each other to achieve a happy marriage.

[9999] support ⓐ[원인.수단] 행복한 결혼생활을 이루기 위해 ⓞ서로를 ⓥ지지.보강.지원된_ 상태로 변화(變化)시키다 지지.지원하다
[0870] achieve ⓢ배우자들은 ⓞ행복한 결혼생활을 ⓥ성취로_ 소유(所有)하다 성취.달성하다

E_ [0142]
The insurance company sponsored the charity's first TV campaign.

[9999] sponsor ⓢ그 보험회사는 ⓞ그 자선단체의 첫 TV 캠페인을 ⓥ지원.지지된, 스폰서된_ 상태로 변화(變化)시키다 후원하다, 스폰서하다

E_ [0143]
50 pounds would help to subsidize the training of an unemployed teenager.

[9999] subsidize ⓢ50파운드는 ⓞ실직 청소년의 훈련을 ⓥ보조.지원된_ 상태로 변화(變化)시키다 보조.지원하다

E_ [0144]
He financed his trip with the money he had been saving for three years.

[9999] finance ⓐ[원인.수단] 그가 3년동안 저금한 돈으로 ⓞ그의 여행을 ⓥ재정.자금 지원된_ 상태로 변화(變化)시키다 재정.자금지원하다
[9999] save ⓐ3년 동안 ⓞ그 돈을 ⓥ안전한, 구조.저축된_ 상태로 변화(變化)시키다 저축하다

E_ [0145]
We assisted the firefighters in extinguishing the blaze.

[9999] assist ⓐ그 화재를 소멸시키는 데에서 ⓞ그 소방관들을 ⓥ지원된, 도움된_ 상태로 변화(變化)시키다 지원하다, 돕다
[0318] extinguish ⓞ그 화재를 ⓥ소멸된, 꺼진, 무의_ 상태로 변화(變化)시키다 소멸시키다, 끄다

E_ [0146]
They immunized all children by re-vaccinating them.

[0426] immunize ⓐ[원인.수단] 그들을 재백신함에 의해 ⓞ모든 어린이들을 ⓥ면역된_ 상태로 변화(變化)시키다 면역시키다

E_ [0147]
During these campaigns, health officials visit homes to vaccinate all children under the age of five.

[0903] visit ⓐ5세 미만의 모든 어린이들에게 예방 접종을 하기 위해 ⓞ가정에 ⓥ보기 위해, 방문하기 위해_ 이동(移動)하다 방문하러 가다
[9999] vaccinate ⓞ5세 미만의 모든 어린이들을 ⓥ백신 주사된_ 상태로 변화(變化)시키다 백신주사하다

E_ [0148]
And basically, we experimentally inoculate people with the common cold virus.

[9999] inoculate ⓐ[원인.수단] 일반적인 감기 바이러스로 ⓞ사람들을 ⓥ접종.보호된_ 상태로 변화(變化)시키다 접종시키다

E_ [0149]
Sanitize your floors by using the chemicals.

[0427] sanitize ⓐ[원인.수단] 그 화학약품을 사용함에 의해 ⓞ당신의 바닥을 ⓥ소독.살균된, 위생적인_ 상태로 변화(變化)시키다 소독시키다

E_ [0150]
The feeding bottle must be sterilized by boiling it at a high temperature.

[0428] sterilize ⓐ[원인.수단] 높은 온도에서 젖병을 끓임에 의해 ⓞ그 젖병을 ⓥ소독된, 거세된_ 상태로 변화(變化)시키다 소독시키다
[9999] boil ⓐ높은 온도에서 ⓞ그들_ 아기 젖병을 ⓥ끓는_ 상태로 변화(變化)시키다 끓이다

E_ [0151]

They praised him to the skies for his performance.

[0248] praise ⓐ[원인.수단] 그의 성과에 대해, 하늘까지(극도로) ⓞ그를 ⓥ칭찬된_ 상태로 변화(變化)시키다 칭찬하다

E_ [0152]

I congratulated them all on their results.

[9999] congratulate ⓐ그들의 결과에 대해 ⓞ그들 모두를 ⓥ축하된_ 상태로 변화(變化)시키다 축하하다, 고무시키다

E_ [0153]

To bless or eulogize God is to praise Him for His mighty works and holy character.

[9999] bless ⓞ하나님을 ⓥ축복.찬양된_ 상태로 변화(變化)시키다 축복하다
[0245] eulogize ⓞ하나님을 ⓥ칭송.찬양된_ 상태로 변화(變化)시키다 칭송.찬양하다
[0248] praise ⓐ[원인.수단] 그의 권능과 거룩한 인격에 대해 ⓞ그를 ⓥ칭찬된_ 상태로 변화(變化)시키다 찬양.칭찬하다

E_ [0154]

O Holy Spirit, sanctify my sin-soiled body.

[0120] sanctify ⓞ나의 죄로 더럽혀진 몸을 ⓥ신성.거룩한, 정화된_ 상태로 변화(變化)시키다 신성.거룩하게 하다, 정화시키다

E_ [0155]

We bless and consecrate this bell with holy water.

[9999] bless ⓐ[원인.수단] 성수로 ⓞ이 종을 ⓥ축복.찬양된_ 상태로 변화(變化)시키다 축복하다
[0115] consecrate ⓐ[원인.수단] 성수로 ⓞ이 종을 ⓥ신성한_ 상태로 변화(變化)시키다 신성하게 하다

E_ [0156]

Some people criticize us for going on strike.

[0246] criticize ⓐ계속 파업하는 것에 대해 ⓞ우리를 ⓥ비난.비평된_ 상태로 변화(變化)시키다 비난하다

E_ [0157]

The U.S., Japan and China asked the U.N. Security Council to condemn North Korea for its missile test.

[9999] ask ⓒ북한의 미사일 시험 발사에 대해 북한을 규탄하도록 ⓞ유엔 안전보장이사회에 ⓥ요청, 질문하는_ 표현(表現)하다 요청하다
[0247] condemn ⓐ[원인.수단] 북한의 미사일 시험에 대해 ⓞ북한을 ⓥ저주.비난된_ 상태로 변화(變化)시키다 규탄하다

E_ [0158]

The ugly factories had profaned the once-lovely landscape.

[0119] profane ⓢ[원인.수단] 그 추악한 공장들은 ⓞ한때는 사랑스러웠던 그 풍경을 ⓥ세속적인, 불경한, 더러운_ 상태로 변화(變化)시키다 더럽히다

E_ [0159]

They taunted him with the nickname 'Fatso'.

[9999] taunt ⓐ[원인.수단] '팻소'라는 별명으로 ⓞ그를 ⓥ조롱된, 비웃음된_ 상태로 변화(變化)시키다 조롱하다, 비웃다

E_ [0160]

What barbaric religion would desecrate a grave?

[0116] desecrate ⓢ어떤 야만적인 종교는 ⓞ무덤을 ⓥ불경한, 훼손된_ 상태로 변화(變化)시키다 불경하게 하다, 훼손시키다

E_ [0161]
The government will eradicate violence at schools through closer cooperation between the police and schools.

[0470] eradicate ⓐ[원인.수단] 정부는 경찰과 학교 간의 긴밀한 협력을 통해 ⓞ학교 폭력을 ⓥ뿌리채 뽑힌, 근절.제거.박멸된_ 상태로 변화(變化)시키다 뿌리째 뽑아내다, 근절.제거.말살시키다

E_ [0162]
You have to exterminate roaches by using pesticides.

[0472] exterminate ⓐ[원인.수단] 살충제를 사용함에 의해 ⓞ바퀴벌레를 ⓥ끝장난, 몰살.전멸된_ 상태로 변화(變化)시키다 몰살.전멸시키다

E_ [0163]
Time cannot expunge their memories, even if it can heal their physical wounds.

[9999] expunge ⓢ[원인.수단] 시간은 ⓞ그들의 기억을 ⓥ지워진, 제거.삭제된_ 상태로 변화(變化)시키다 제거.삭제시키다, 지우다
[0046] heal ⓢ[원인.수단] 그것_ 시간은 ⓞ그들의 육체적 상처를 ⓥ치료.개선된_ 상태로 변화(變化)시키다 치료.치유하다

E_ [0164]
Firefighters are trying to extinguish the fire whirl.

[0318] extinguish ⓢ소방관들은 ⓞ그 불의 소용돌이를 ⓥ소멸된, 꺼진, 무의_ 상태로 변화(變化)시키다 소멸시키다, 끄다

E_ [0165]
The enemy in its revenge tried to annihilate the entire population.

[9999] annihilate ⓢ자신의 복수에 쌓인 그 적군은 ⓞ전 인구를 ⓥ무의, 전멸된_ 상태로 변화(變化)시키다 전멸시키다

E_ [0166]
Her husband's violence terrified her.

[0408] terrify ⓢ[원인.수단] 그녀 남편의 폭력은 ⓞ그녀를 ⓥ공포스러운_ 상태로 변화(變化)시키다 공포스럽게 하다

E_ [0167]
The industry routinely uses bullying lawyers and illegal intimidation, threats, harassment, and violence to terrorize and silence its critics including its own workers.

[9999] use ⓐ[원인.수단] 자신의 노동자들을 포함한 비판자들을 위협하고 침묵시키기 위해 ⓞ괴롭히는 변호사, 불법적인 협박, 위협, 괴롭힘, 폭력을 ⓥ사용.이용된_ 상태로 변화(變化)시키다 use
[9999] terrorize ⓞ자신의 노동자들을 포함한 비판자들을 ⓥ공포스러운, 위협된_ 상태로 변화(變化)시키다 공포스럽게 하다, 위협하다
[0369] silence ⓞ자신의 노동자들을 포함한 비판자들을 ⓥ조용한_ 상태로 변화(變化)시키다 침묵시키다
[9999] include ⓞ자신의 노동자들을 ⓥ내부에, 포함으로_ 소유(所有)하다 포함하다

E_ [0168]
North Korea's recent missile launch frightened world leaders and citizens all across the globe.

[9999] frighten ⓢ[원인.수단] 북한의 최근 미사일 발사는 ⓞ전 세계의 세계지도자 및 시민들을 ⓥ공포스러운, 두려운_ 상태로 변화(變化)시키다 공포스럽게 하다, 두렵게 하다

E_ [0169]
He scared all of us with his demon mask and sharp voice.

[9999] scare ⓐ[원인.수단] 그의 악마의 가면과 날카로운 목소리로 ⓞ우리 모두를 ⓥ공포스러운, 두려운_ 상태로 변화(變化)시키다 공포스럽게 하다, 두렵게 하다

E_ [0170]
To be successful, horror movies should horrify us, the same was that comedies should make us laugh.

[0412] horrify ⓢ[원인.수단] 무서운 영화는 ⓞ우리를 ⓥ공포스러운, 두려운_ 상태로 변화(變化)시키다 공포스럽게 하다
[9999] make ⓢ[원인.수단] 코미디는 ⓒ웃게 ⓞ우리를 ⓥ어떤, 만들어진_ 상태로 변화(變化)시키다 변화시키다, 만들다

E_ [0171]
We package our products in recyclable materials.

[9999] package ⓐ재활용 가능한 자재로 ⓞ우리의 제품을 ⓥ포장된_ 상태로 변화(變化)시키다 포장시키다

E_ [0172]
He wrapped the package in brown paper and tied it with string.

[9999] wrap ⓐ갈색 종이로 ⓞ그 소포를 ⓥ포장된, 감싸진, 마무리된_ 상태로 변화(變化)시키다 감싸게 하다, 포장시키다
[0333] tie ⓐ끈으로 ⓞ그것을 ⓥ묶인, 구속된_ 상태로 변화(變化)시키다 묶다

E_ [0173]
Early warning cells envelop dust particles, pollutants, micro-organisms and even the debris of battle.

[0490] envelop ⓢ[원인.수단] 초기 경보 세포들은 ⓞ먼지 입자, 오염물, 매생물, 싸움의 잔해 등을 ⓥ감싸진, 포위된_ 상태로 변화(變化)시키다 감싸다, 포위하다

E_ [0174]
I enfolded the vase with a cloth to protect it.

[9999] enfold ⓐ[원인.수단] 꽃병을 보호하기 위해, 천으로 ⓞ꽃병을 ⓥ감싸진, 포개진_ 상태로 변화(變化)시키다 감싸다
[0216] protect ⓞ그것_ 꽃병을 ⓥ보호.방어된_ 상태로 변화(變化)시키다 보호하다

E_ [0175]
She muffled the child up in a blanket.

[9999] muffle ⓐ담요 안에 ⓞ그 아이를 ⓥ감싸진, 덮힌, 소리 작아진_ 상태로 변화(變化)시키다 감싸다

E_ [0176]
She embodied a theoretical opinion into a definite scheme.

[9999] embody ⓐ명확한 계획으로 ⓞ이론적 의견을 ⓥ구체적, 실현된_ 상태로 변화(變化)시키다 구체화하다

E_ [0177]
All children should be encouraged to realize their full potential.

[0105] encourage ⓒ자신의 최대한의 잠재력을 실현하도록 ⓞ모든 아이들을 ⓥ고무.격려.촉진된, 용감한_ 상태로 변화(變化)시키다 고무.활성화시키다
[0302] realize ⓞ그들의 최대한의 잠재력을 ⓥ실현된, 인식된_ 상태로 변화(變化)시키다 실현.현실화시키다

E_ [0178]
The recent events really crystallized my opposition to the war.

[0441] crystallize ⓢ[원인.수단] 최근의 사건들은 ⓞ그 전쟁에 대한 나의 반대를 ⓥ결정의, 구체적인, 굳은_ 상태로 변화(變化)시키다 구체화하다

E_ [0179]
The intensified international cooperation will materialize the reconstruction plans.

[9999] materialize ⓢ[원인.수단] 그 강화된 국제 협력은 ⓞ그 재건 계획을 ⓥ물질.구체적, 현실적, 진짜의_ 상태로 변화(變化)시키다 실현.구체화시키다

E_ [0180]
The results of the tests substantiated his claims.

[9999] substantiate ⓢ[원인.수단] 테스트 결과는 ⓞ그의 주장을 ⓥ구체.실질적, 확정된_ 상태로 변화(變化)시키다 구체화.실체화하다

E_ [0181]
Monday's earthquake rattled windows and woke residents.

[9999] rattle ⓢ[원인.수단] 월요일의 지진은 ◎창문들을 ⓥ덜컹거리는, 당황한_ 상태로 변화(變化)시키다 덜컹거리게 하다
[9999] wake ⓢ[원인.수단] 월요일의 지진은 ◎주민들을 ⓥ잠에서 깬_ 상태로 변화(變化)시키다 깨어나게 하다

E_ [0182]
An earthquake convulsed the island.

[9999] convulse ⓢ[원인.수단] 지진은 ◎그 섬을 ⓥ요동치는, 동요.경련된_ 상태로 변화(變化)시키다 요동치게 하다, 뒤흔들다

E_ [0183]
The shock waves from the explosions shook the ground and the trees.

[9999] shake ⓢ[원인.수단] 그 폭발로 인한 충격파는 ◎그 땅과 나무를 ⓥ흔들리는_ 상태로 변화(變化)시키다 진동시키다, 흔들리게 하다

E_ [0184]
Waves from a passing freighter rocked the boat.

[9999] rock ⓢ[원인.수단] 지나가는 화물선의 물결.파도는 ◎그 보트를 ⓥ흔들리는_ 상태로 변화(變化)시키다 흔들리게 하다

E_ [0185]
A gust of wind flapped the tents.

[9999] flap ⓢ[원인.수단] 돌풍은 ◎그 텐트를 ⓥ펄럭거리는_ 상태로 변화(變化)시키다 펄럭거리게 하다

E_ [0186]
I'm not even going to dignify that stupid question with an answer.

[0060] dignify ⓐ[원인.수단] 대답으로 ◎그 멍청한 질문을 ⓥ존엄한, 품위.위엄 있는_ 상태로 변화(變化)시키다 품위.위엄있게 하다

E_ [0187]
Do suffering and hardship ennoble the spirit or make people bitter and angry?

[0058] ennoble ⓢ[원인.수단] 고통 및 역경은 ◎그 영혼을 ⓥ귀족의, 고귀한_ 상태로 변화(變化)시키다 고귀하게 하다
[9999] make ⓒ더 쓰라리고 화나게 ◎사람들을 ⓥ어떤, 만들어진_ 상태로 변화(變化)시키다 변화시키다, 만들다

E_ [0188]
A memorial hall was opened to honor Ahn jung-geun.

[0321] open ⓐ[원인.수단] 안중근 의사를 기리기 위해 ◎기념관을 ⓥ열린, 개방된_ 상태로 변화(變化)시키다 열다, 개방시키다
[0111] honor ⓒ안중근 의사를 ⓥ명예로운, 존중된_ 상태로 변화(變化)시키다 명예롭게 하다, 기리다

E_ [0189]
I hope that you will grace our gathering with your presence.

[9999] hope ⓢ나는 ◎that 이하에 대해 ⓥ희망하는_ 심리(心理)가지다 희망하다
[0113] grace ⓐ[원인.수단] 당신의 참석으로 ◎우리의 모임을 ⓥ우아한, 기품.품위 있는_ 상태로 변화(變化)시키다 우아하게 하다

E_ [0190]
A statue was erected to glorify the country's national heroes.

[9999] erect ⓐ[원인.수단] 그 나라의 국가영웅들을 기리기 위해 ◎동상을 ⓥ똑바로 선, 설립.건립된_ 상태로 변화(變化)시키다 설립.건립하다
[9999] glorify ⓒ그 나라의 국가영웅들을 ⓥ화려한, 아름다운, 영광스러운_ 상태로 변화(變化)시키다 기리다, 영광스럽게 하다

E_ [0191]
We debase language by using it inappropriately until it loses its meaning.

[9999] debase ⓐ[원인.수단] 부적절하게 언어를 사용함에 의해 ⓞ언어를 ⓥ낮은, 비하.폄하된_ 상태로 변화(變化)시키다 폄하시키다, 하찮게 하다
[0888] lose ⓢ그것_ 언어는 ⓞ언어의 의미를 ⓥ부정.반대.마이너스로_ 소유(所有)하다 잃다

E_ [0192]
Litter-strewn streets, graffiti and derelict buildings demean residents' quality of life and devalue the visitor experience.

[0059] demean ⓢ[원인.수단] 쓰레기로 가득 찬 거리, 낙서, 버려진 건물들은 ⓞ주민들의 삶의 질을 ⓥ비하된, 품위 손상된_ 상태로 변화(變化)시키다 비하.손상시키다
[0242] devalue ⓢ[원인.수단] 쓰레기로 가득 찬 거리, 낙서, 버려진 건물들은 ⓞ방문객들의 경험을 ⓥ가치 낮은_ 상태로 변화(變化)시키다 가치저하시키다

E_ [0193]
He demeaned himself by telling a lie.

[0059] demean ⓐ[원인.수단] 거짓말을 함에 의해 ⓞ자기 자신을 ⓥ비하된, 품위 손상된_ 상태로 변화(變化)시키다 비하시키다

E_ [0194]
Thus, a further fall in home and apartment prices might depreciate the value of collateral, heightening the risks of defaults.

[0243] depreciate ⓢ[원인.수단] 주택 및 아파트 가격의 추가적_하락은 ⓞ담보물의 가치를 ⓥ가치 낮은, 나쁜_ 상태로 변화(變化)시키다 낮게.나쁘게 하다
[0066] heighten ⓞ담보물의 가치를 ⓥ높은, 증가된_ 상태로 변화(變化)시키다 높이다, 증가시키다

E_ [0195]
We would never want to belittle or devalue the experiences that people have had.

[0139] belittle ⓞ사람들이 겪은 경험을 ⓥ아주 작은, 무시.폄하된_ 상태로 변화(變化)시키다 폄하시키다, 하찮게 하다
[0242] devalue ⓞ사람들이 겪은 그 경험을 ⓥ가치 낮은_ 상태로 변화(變化)시키다 낮게 평가하다, 평가절하하다

E_ [0196]
We've marked hundreds of ginseng roots this year with a detectable dye.

[9999] mark ⓐ[원인.수단] 탐지 가능한 염료로 ⓞ수백 개의 인삼 뿌리를 ⓥ표시.구별된_ 상태로 변화(變化)시키다 표시로 구별시키다

E_ [0197]
She carefully labeled each jar with its contents and the date.

[9999] label ⓐ[원인.수단] 그것의 내용물과 날짜로 ⓞ각각의 병을 ⓥ라벨.꼬리표 붙인, 표시.명명된_ 상태로 변화(變化)시키다 라벨 붙이다, 표시하다

E_ [0198]
Each cow was branded with the ranch's logo.

[9999] brand ⓐ[원인.수단] 그 목장의 로고로 ⓞ각각의 소들을 ⓥ낙인 찍힌, 비난된_ 상태로 변화(變化)시키다 낙인찍다

E_ [0199]
Some Europeans stigmatize our customs and manners as barbarous.

[9999] stigmatize ⓐ야만적인 것으로 ⓞ우리의 관습과 매너를 ⓥ낙인 찍허진, 치욕적인, 비난된_ 상태로 변화(變化)시키다 낙인 찍다, 비난하다

E_ [0200]
Signify your approval by raising your hands.

[9999] signify ⓐ[원인.수단] 당신의 손을 들어올림에 의해 ⓞ당신의 승인.찬성을 ⓥ표시.신호된_ 상태로 변화(變化)시키다 표시.신호하다
[9999] raise ⓞ당신의 손을 ⓥ상승.증가.모금된, 들어 올려진_ 상태로 변화(變化)시키다 들어올리다

E_ [0201]
I emptied the drawer by taking my clothes out of it.

   [0131] empty ⓐ[원인.수단] 나의 옷들을 밖으로 빼냄에 의해 ⓞ그 서랍을 ⓥ빈_ 상태로 변화(變化)시키다 말끔히 비우다
   [0891] take ⓐ밖으로 빼내려고 ⓞ나의 옷들을 ⓥ적극적으로_ 소유(所有)하다 끄집어 내다

E_ [0202]
The aging society will also drain state coffers and sap economic vitality.

   [9999] drain ⓢ[원인.수단] 그 고령화 사회는 ⓞ국고를 ⓥ(물 등이) 배출.탈수된, 고갈된_ 상태로 변화(變化)시키다 고갈시키다
   [9999] sap ⓢ[원인.수단] 그 고령화 사회는 ⓞ경제 활력을 ⓥ약화된, 고갈된_ 상태로 변화(變化)시키다 약화.고갈시키다

E_ [0203]
Activities such as logging and mining deplete our natural resources.

   [0133] deplete ⓢ[원인.수단] 벌목 및 광업과 같은 활동들은 ⓞ우리의 천연자원을 ⓥ고갈된_ 상태로 변화(變化)시키다 고갈시키다

E_ [0204]
A long period without rain depopulated the region.

   [0236] depopulate ⓢ[원인.수단] 비가 오지 않는 긴 기간은 ⓞ그 지역을 ⓥ인구 감소된_ 상태로 변화(變化)시키다 인구감소시키다

E_ [0205]
The local residents had to evacuate their homes because an earthquake occurred near the island.

   [9999] evacuate ⓐ[원인.수단] 지진이 그 섬 근처에서 발생했기 때문에 ⓞ그들의 집을 ⓥ비어있는_ 상태로 변화(變化)시키다 대피로 비우다

E_ [0206]
Good news for new beekeepers hoping to populate an empty hive with a swarm.

   [0235] populate ⓐ벌떼.무리로 ⓞ빈 벌집을 ⓥ인구 증가된, 밀집된_ 상태로 변화(變化)시키다 거주시키다, 붐비게 하다

E_ [0207]
We drained the pond and filled it with fresh water.

   [9999] drain ⓞ그 연못을 ⓥ(물 등이) 배출.탈수된, 고갈된_ 상태로 변화(變化)시키다 배수시키다, 물을 빼내다
   [9999] fill ⓐ[원인.수단] 신선한 물로 ⓞ그것_ 연못을 ⓥ채워진, 충만한_ 상태로 변화(變化)시키다 가득 채우다

E_ [0208]
Recently, the beaches are crowded with many people who want to cool down in summer.

   [0132] crowd ⓐ[원인.수단] 여름에 시원한 상태로 변화되기를 원하는 많은_사람들로 ⓞ해안가를 ⓥ붐비는_ 상태로 변화(變化)시키다 붐비게 하다, 가득 채우다

E_ [0209]
During the summer, tourists swarm the little beachside town.

   [9999] swarm ⓢ[원인.수단] 관광객들은 ⓐ그 여름 동안에 ⓞ그 작은 해변가 마을을 ⓥ붐비는_ 상태로 변화(變化)시키다 붐비게 하다

E_ [0210]
The venue was packed with a great number of car lovers.

   [9999] pack ⓐ[원인.수단] 수많은 자동차 애호가들로 ⓞ그 행사장을 ⓥ밀집.포장된_ 상태로 변화(變化)시키다 가득 채우다, 밀집시키다

E_ [0211]

And please wash your hands in hot soapy water.

[9999] wash ⓐ뜨거운 비눗물에서 ⓞ당신의 손을 ⓥ씻겨진_ 상태로 변화(變化)시키다 깨끗이 씻다

E_ [0212]

Rinse the vegetables under a cold tap.

[9999] rinse ⓐ차가운 수돗물 아래에서 ⓞ그 야채들을 ⓥ헹궈진_ 상태로 변화(變化)시키다 헹구다

E_ [0213]

Flush the pipe out with clean water.

[9999] flush ⓐ깨끗한 물로 ⓞ그 파이프를 ⓥ씻겨진, 붉어진_ 상태로 변화(變化)시키다 씻다

E_ [0214]

To avoid the higher risk of corrosion and contamination, clean and sterilize the instruments / containers immediately after use.

[9999] avoid ⓐ부식 및 오염의 더 높아진 위험을 ⓥ무의, 취소된, 회피된, 공허한_ 상태로 변화(變化)시키다 회피하다
[0018] clean ⓐ[원인.수단] 부식 및 오염의 더 높아진 위험을 피하기 위해, 사용후 즉시 ⓞ기기/용기를 ⓥ깨끗한_ 상태로 변화(變化)시키다 깨끗하게 하다
[0428] sterilize ⓐ[원인.수단] 부식 및 오염의 더 높아진 위험을 피하기 위해 ⓞ그 기구/용기들을 ⓥ소독된, 거세된_ 상태로 변화(變化)시키다 소독시키다

E_ [0215]

He polished his glasses with a handkerchief.

[9999] polish ⓐ[원인.수단] 손수건으로 ⓞ그의 안경을 ⓥ광택나는_ 상태로 변화(變化)시키다 광택나게 하다, 닦다

E_ [0216]

But we quietened the stadium spectators down straight away by scoring two very early goals, it was a brilliant performance.

[0250] quieten ⓐ[원인.수단] 2개의 매우 이른 골을 득점함에 의해, 곧 바로 ⓞ그 경기장 관중들을 ⓥ고요.평온한, 진정된_ 상태로 변화(變化)시키다 침묵시키다

E_ [0217]

If you censor one journalist, then it intimidates others, and soon nations are silenced.

[9999] censor ⓞ한 언론인을 ⓥ검열된_ 상태로 변화(變化)시키다 검열하다
[9999] intimidate ⓞ다른 언론인을 ⓥ위협된, 겁먹은_ 상태로 변화(變化)시키다 겁먹게 하다, 위협하다
[0369] silence ⓞ국민들을 ⓥ조용한_ 상태로 변화(變化)시키다 조용하게 만들다, 침묵시키다

E_ [0218]

I muted the TV sound to avoid the inane commentary.

[9999] mute ⓐ[원인.수단] 그 난해한 해설을 피하기 위해 ⓞ그 TV 소리를 ⓥ소리가 작아진, 조용한, 침묵.진정된_ 상태로 변화(變化)시키다 소리 안나게 하다, 침묵시키다
[9999] avoid ⓞ그 난해한 해설을 ⓥ무의, 취소된, 회피된, 공허한_ 상태로 변화(變化)시키다 회피하다

E_ [0219]

The teacher quieted (down) the noisy students.

[9999] quiet ⓢ선생님은 ⓞ그 떠들썩한 학생들을 ⓥ고요.평온한_ 상태로 변화(變化)시키다 조용하게 하다

E_ [0220]

Fade out the music at the end of the scene.

[9999] fade ⓐ그 장면의 마지막 부분에서 ⓞ그 음악을 ⓥ(색이)바랜, 희미.흐릿한, 시든_ 상태로 변화(變化)시키다 점점 작게 소리나게하다

E_ [0221]
One male can impregnate many women.

[0289] impregnate ⓢ[원인.수단] 하나의 숫컷은 ⓞ많은 암컷들을 ⓥ임신된, 주입된, 충만한_ 상태로 변화(變化)시키다 임신시키다

E_ [0222]
The gadget is used to artificially inseminate cows.

[9999] inseminate ⓐ인공적으로 ⓞ소를 ⓥ수정된_ 상태로 변화(變化)시키다 수정시키다

E_ [0223]
They pollinate plants, so that plants can produce seeds and fruits.

[0480] pollinate ⓢ그것들은 ⓞ식물을 ⓥ수정.수분된_ 상태로 변화(變化)시키다 수정.수분시키다
[9999] produce ⓢ식물들은 ⓞ씨앗과 과일들을 ⓥ생산된_ 상태로 변화(變化)시키다 생산하여 만들다

E_ [0224]
Once an egg is fertilized by the sperm, it becomes an embryo.

[0429] fertilize ⓢ[원인.수단] 정자는 ⓞ난자를 ⓥ수정된, 비옥한_ 상태로 변화(變化)시키다 수정시키다

E_ [0225]
Warmth and moisture germinate seeds.

[9999] germinate ⓢ[원인.수단] 따뜻함과 수분은 ⓞ싹.씨앗을 ⓥ발아된, 싹튼_ 상태로 변화(變化)시키다 발아시키다

E_ [0226]
Religious people indoctrinate their children into religion.

[9999] indoctrinate ⓐ종교적인 사람들은 ⓐ종교를 믿도록 ⓞ자신의 아이들을 ⓥ교육.세뇌.주입된_ 상태로 변화(變化)시키다 교육.세뇌시키다

E_ [0227]
His widowed mother disciplined him strictly for fear that he might be called a fatherless bastard.

[9999] discipline ⓐ[원인.수단] 그가 아버지 없는 서자라고 불리는 두려움 때문에, 엄격하게 ⓞ그를 ⓥ훈육.훈련된_ 상태로 변화(變化)시키다 훈육시키다

E_ [0228]
Dogs can be trained to obey orders.

[9999] train ⓒ명령에 복종하도록 ⓞ개들을 ⓥ훈련.교육된_ 상태로 변화(變化)시키다 훈련시키다
[9999] obey ⓢ개들은 ⓞ명령에 ⓥ복종하다 복종하다

E_ [0229]
Our job is to educate young people to think about the environment.

[9999] educate ⓒ환경에 대해 생각하도록 ⓞ젊은이들을 ⓥ교육된_ 상태로 변화(變化)시키다 교육시키다

E_ [0230]
The teachers should not brainwash young students with certain viewpoints on an issue related to delicate national or social problems.

[9999] brainwash ⓐ[원인.수단] 민감한 국가.사회적 문제들에 관련된 이슈에 대한 특정 관점으로 ⓞ어린 학생들을 ⓥ세뇌된_ 상태로 변화(變化)시키다 세뇌시키다

E_ [0231]
I was deafened by the noise of the train passing by.

[9999] deafen ⓢ[원인.수단] 지나가는 기차의 소음은 ⓞ나를 ⓥ귀먼_ 상태로 변화(變化)시키다 귀먹게 하다

E_ [0232]
Laser beams can temporarily blind or disorient pilots and possibly cause a plane to crash.

[9999] blind ⓢ[원인.수단] 레이저 빔은 ⓞ조종사들을 ⓥ눈먼_ 상태로 변화(變化)시키다 눈멀게 하다
[9999] disorient ⓢ[원인.수단] 레이저 빔은 ⓞ조종사들을 ⓥ방향감각 잃은, 정신없는_ 상태로 변화(變化)시키다 방향감각 잃게하다, 정신없게 하다
[9999] cause ⓒ충돌.추락하도록 ⓞ비행기를 ⓥ야기된, 원인.결과로 생성된_ 상태로 변화(變化)시키다 야기시키다, 원인.결과로 만들다

E_ [0233]
The darkness had disorientated him.

[9999] disorient ⓢ[원인.수단] 그 어둠은 ⓞ그를 ⓥ방향감각 잃은, 정신없는_ 상태로 변화(變化)시키다 방향감각 잃게하다, 정신없게 하다

E_ [0234]
The sting from the tentacles paralyzes or kills the prey.

[0422] paralyze ⓢ[원인.수단] 그 촉수의 침은 ⓞ그 먹이를 ⓥ마비된_ 상태로 변화(變化)시키다 마비시키다
[9999] kill ⓢ[원인.수단] 그 촉수의 침은 ⓞ그 먹이를 ⓥ죽은_ 상태로 변화(變化)시키다 죽이다

E_ [0235]
The cold water numbed my hands.

[9999] numb ⓢ[원인.수단] 그 차가운 물은 ⓞ나의 손을 ⓥ마비된, 무감각한, 무의_ 상태로 변화(變化)시키다 마비시키다, 무감감하게 하다

E_ [0236]
At the end of the battle of the Titans, Zeus defeated Cronus.

[9999] defeat ⓢ제우스는 ⓞ크로노스를 ⓥ패배.좌절된_ 상태로 변화(變化)시키다 패배시키다, 이기다

E_ [0237]
Advanced aliens may come to the Earth to conquer and colonize this planet.

[9999] conquer ⓢ진보된 외계인들은 ⓞ이 지구를 ⓥ정복.통제된_ 상태로 변화(變化)시키다 정복.통제하다
[9999] colonize ⓢ진보한 외계인들은 ⓞ이 지구를 ⓥ식민지_ 상태로 변화(變化)시키다 식민지로 만들다

E_ [0238]
The company is trying to dominate (monopolize) the semiconductor market.

[0466] dominate ⓞ반도체 시장을 ⓥ지배.점령.종속.통치된_ 상태로 변화(變化)시키다 지배.통치하다
[9999] monopolize ⓢ그 회사는 ⓞ반도체 시장을 ⓥ독점지배된_ 상태로 변화(變化)시키다 독점지배하다

E_ [0239]
Hitler's ambition was to dominate all of Europe.

[0466] dominate ⓞ유럽 전체를 ⓥ지배.점령.종속.통치된_ 상태로 변화(變化)시키다 지배.통치하다

E_ [0240]
The PRI party has governed the country for more than seventy years.

[9999] govern ⓢ그 PRI당은 ⓞ그 나라를 ⓥ지배.통제된_ 상태로 변화(變化)시키다 지배.통제하다

E_ [0241]
Their primary roles were to convert indigenous children to Christianity and to civilize them.

[0383] convert ⓐ기독교인으로 ⓞ원주민 어린이를 ⓥ완전히 바뀐_ 상태로 변화(變化)시키다 전환시키다, 바꾸다
[9999] civilize ⓞ그들_ 원주민 어린이들을 ⓥ문명화_ 상태로 변화(變化)시키다 문명화시키다

E_ [0242]
The country urbanized much of its natural coastline during the tourist boom.

[9999] urbanize ⓐ그 관광붐 기간 동안에 ⓞ많은 천연 해안선 지역을 ⓥ도시화_ 상태로 변화(變化)시키다 도시화시키다

E_ [0243]
The government will modernize the army's weaponry by 2020.

[9999] modernize ⓢ그 정부는 ⓞ군대 무기를 ⓥ현대적_ 상태로 변화(變化)시키다 현대화시키다

E_ [0244]
The government will industrialize the area.

[9999] industrialize ⓢ정부는 ⓞ그 지역을 ⓥ산업화_ 상태로 변화(變化)시키다 산업화시키다

E_ [0245]
Many people lit a candle to democratize the despotic government.

[9999] light ⓐ[원인.수단] 독재 정부를 민주화시키기 위해 ⓞ촛불을 ⓥ불 붙은, 밝은_ 상태로 변화(變化)시키다 불 붙이다, 밝히다
[9999] democratize ⓞ독재 정부를 ⓥ민주적인_ 상태로 변화(變化)시키다 민주화시키다

E_ [0246]
While intensively analyzing the star, they detected something highly unusual.

[9999] analyze ⓞ그 별을 ⓥ분석된_ 상태로 변화(變化)시키다 분석하다
[9999] detect ⓐ집중적으로 그 별을 분석하는 동안 ⓞ매우 이상한 어떤 것을 ⓥ탐지.감지.접촉된_ 상태로 변화(變化)시키다 탐지.감지하다

E_ [0247]
The researchers monitored the monkey's brain during the experiment.

[9999] monitor ⓢ그 연구자는 ⓐ그 실험 동안에 ⓞ원숭이의 뇌를 ⓥ감시.검사.관찰.조사된_ 상태로 변화(變化)시키다 관찰.검사하다

E_ [0248]
The government will overhaul the country's system to respond to medical emergencies.

[9999] overhaul ⓐ[원인.수단] 의료비상사태에 대응하기 위해 ⓞ그 나라의 시스템을 ⓥ점검.수리된_ 상태로 변화(變化)시키다 점검.수리.정비시키다

E_ [0249]
Children's toys are inspected closely to ensure their safety.

[9999] inspect ⓐ[원인.수단] 어린이 안전을 보장하기 위해 ⓞ어린이 장난감을 ⓥ검사.조사된_ 상태로 변화(變化)시키다 검사.조사하다
[0487] ensure ⓞ장남감들의 안전을 ⓥ보장된, 확실한_ 상태로 변화(變化)시키다 보장하다, 확실하게 하다

E_ [0250]
Fire department officials are still investigating the cause of the blaze.

[9999] investigate ⓢ소방서 관계자들은 ⓞ그 화재의 원인을 ⓥ조사된_ 상태로 변화(變化)시키다 조사하다

E_ [0251]
We will boost our economy with investment stimulations.

[9999] boost ⓐ[원인.수단] 투자촉진으로 ⓞ우리의 경제를 ⓥ향상.증진된, 들어올려진_ 상태로 변화(變化)시키다 향상.증진.촉진시키다

E_ [0252]
Reading develops (enhances, cultivates) the imagination of children.

[9999] develop ⓢ[원인.수단] 독서는 ⓞ아이들의 상상력을 ⓥ발전.향상된, 개발로 만들어진_ 상태로 변화(變化)시키다 발전.향상시키다
[0489] enhance ⓢ[원인.수단] 독서는 ⓞ아이들의 상상력을 ⓥ높아진, 증가.강화된_ 상태로 변화(變化)시키다 높이다, 고양.증진시키다
[0473] cultivate ⓢ[원인.수단] 독서는 ⓞ아이들의 상상력을 ⓥ경작.육성.배양된_ 상태로 변화(變化)시키다 육성.배양시키다

E_ [0253]
North Korea's nuclear test will escalate tensions on the Korean Peninsula.

[9999] escalate ⓢ[원인.수단] 북한의 핵실험은 ⓞ한반도의 긴장을 ⓥ고조.증가.확대된_ 상태로 변화(變化)시키다 고조.증가.상승시키다

E_ [0254]
This very tradition has elevated a once dirt-poor country in Northeast Asia to the world's 14th-largest economy last year.

[9999] elevate ⓢ[원인.수단] 바로 이 전통이 ⓐ세계 14위 경제국으로 ⓞ북동 아시아의 한때 더럽게 가난한 나라를 ⓥ고양.향상.증진된_ 상태로 변화(變化)시키다 고양.향상.증진시키다

E_ [0255]
Instead, the city government must heighten students' ability to solve problems in an innovative way.

[0066] heighten ⓐ[원인.수단] 혁신적인 방법으로 ⓞ학생들의 문제 해결 능력을 ⓥ높은, 증가된_ 상태로 변화(變化)시키다 높이다, 증가시키다
[0397] solve ⓐ혁신적인 방식으로 ⓞ문제들을 ⓥ용해된, 해결된_ 상태로 변화(變化)시키다 해결시키다

E_ [0256]
The speaker highlighted the important ideas in his talk with a diagram.

[9999] highlight ⓐ[원인.수단] 도표로, 자신의 강연에서 ⓞ그 중요한 사상.아이디어들을 ⓥ강조된, 강한 빛 쪼인_ 상태로 변화(變化)시키다 강조시키다, 눈에 띄게 하다

E_ [0257]
The recent economic crisis has accentuated the gap between the rich and the poor.

[9999] accentuate ⓢ[원인.수단] 최근의 경제 위기는 ⓞ빈부 격차를 ⓥ강조된, 뚜렷한_ 상태로 변화(變化)시키다 강조시키다, 뚜렷하게 하다

E_ [0258]
Skillful use of make-up can accent your cheekbones and hide small blemishes.

[9999] accent ⓢ[원인.수단] 능숙한 화장의 사용은 ⓞ당신의 광대뼈를 ⓥ강조된, 뚜렷한, 돋보인_ 상태로 변화(變化)시키다 돋보이게 하다, 강조시키다
[9999] hide ⓢ[원인.수단] 능숙한 화장의 사용은 ⓞ작은 흠을 ⓥ숨겨진, 은익된_ 상태로 변화(變化)시키다 숨기다, 은익시키다

E_ [0259]
The report emphasizes the importance of improving safety standards.

[9999] emphasize ⓢ그 보고서는 ⓞ안전 기준의 개선의 중요성을 ⓥ강조된, 돋보인_ 상태로 변화(變化)시키다 강조시키다
[9999] improve ⓞ안전 기준을 ⓥ개선.향상된_ 상태로 변화(變化)시키다 개선.향상시키다

E_ [0260]
This tragic incident underlines the need for immediate action.

[9999] underline ⓢ[원인.수단] 이 비극적인 사건은 ⓞ즉각적 조치의 필요성을 ⓥ밑줄 그어진, 돋보이는, 강조된_ 상태로 변화(變化)시키다 강조시키다

E_ [0261]
The reason for the lawsuit is to recompense the victims for their injuries.

[9999] recompense ⓐ[원인.수단] 그들의 상해에 대해 ⓞ그 피해자들을 ⓥ보상.복구된_ 상태로 변화(變化)시키다 보상하다

E_ [0262]
They guaranteed to indemnify him against any financial loss.

[9999] indemnify ⓐ어떠한 금전적 손실에 대해 ⓞ그를 ⓥ보상된_ 상태로 변화(變化)시키다 보상하다

E_ [0263]
They will compensate you for an injury caused by their fault.

[0458] compensate ⓐ[원인.수단] 그들의 잘못에 의해 야기된 부상에 대해 ⓞ당신을 ⓥ보상된_ 상태로 변화(變化)시키다 보상하다
[9999] cause ⓢ[원인.수단] 그들의 과오.잘못은 ⓞ부상을 ⓥ야기된, 원인.결과로 생성된_ 상태로 변화(變化)시키다 야기시키다, 원인.결과로 만들다

E_ [0264]
However, we remunerate our staff for the job that they do; it is nothing to do with money coming into our pockets.

[9999] remunerate ⓐ[원인.수단] 그들이 행한 그 일에 대해 ⓞ우리의 직원들을 ⓥ보상.보답된_ 상태로 변화(變化)시키다 보상.보답받게 하다

E_ [0265]
God will requite you for your kindness, sir.

[9999] requite ⓐ[원인.수단] 당신의 친절에 대해 ⓞ당신을 ⓥ보답.보상된_ 상태로 변화(變化)시키다 보상.보답하다

E_ [0266]
They want to arrest him and punish him for the terrorist attacks.

[9999] arrest ⓐ[원인.수단] 테러공격에 대해 ⓞ그를 ⓥ억제.저지된, 체포된_ 상태로 변화(變化)시키다 체포하다
[9999] punish ⓐ[원인.수단] 테러공격에 대해 ⓞ그를 ⓥ처벌된_ 상태로 변화(變化)시키다 처벌하다, 벌주다

E_ [0267]
Several were incarcerated for drug offenses, but in their words, were neither regular users nor drug dependent.

[9999] incarcerate ⓐ[원인.수단] 마약 범죄 때문에 ⓞ몇몇을 ⓥ감옥에 갇힌_ 상태로 변화(變化)시키다 투옥.감금시키다

E_ [0268]
They imprisoned him for burglary.

[9999] imprison ⓐ강도행위 때문에 ⓞ그를 ⓥ투옥된_ 상태로 변화(變化)시키다 투옥.감금시키다

E_ [0269]
She decided to sue her employer for wrongful dismissal.

[9999] sue ⓐ[원인.수단] 부당 해고 때문에 ⓞ그녀의 고용주를 ⓥ고소된_ 상태로 변화(變化)시키다 고소하다

E_ [0270]
The Russian government is currently doing its utmost to capture and prosecute the criminals involved in the attacks.

[0861] capture ⓞ그 공격에 연루된 범죄자들을 ⓥ잡아서, 움켜, 포착하여_ 소유(所有)하다 체포하다
[9999] prosecute ⓞ그 공격에 연루된 범죄자들을 ⓥ기소.고발된_ 상태로 변화(變化)시키다 기소하다

E_ [0271]
Trees sequester carbon dioxide and convert it to oxygen.

[9999] sequester ⓢ나무는 ⓞ이산화탄소를 ⓥ분리.격리.고립된_ 상태로 변화(變化)시키다 분리시키다
[0383] convert ⓐ산소로 ⓞ그것_ 이산화탄소를 ⓥ완전히 바뀐_ 상태로 변화(變化)시키다 전환시키다, 바꾸다

E_ [0272]
Titanium oxide is known to neutralize air pollutants, turning them into less harmful chemicals.

[0023] neutralize ⓢ[원인.수단] 산화티타늄은 ⓞ대기 오염 물질을 ⓥ중성, 중화.약화된_ 상태로 변화(變化)시키다 중화시키다
[9999] turn ⓐ덜 해로운 화학물질로 ⓞ그들_ 공기 오염원들을 ⓥ방향 전환된, 바뀐_ 상태로 변화(變化)시키다 변화시키다, 바꾸다

E_ [0273]
It is the process of changing waste materials into new materials.

[9999] change ⓐ새 원료로 ⓞ폐자재를 ⓥ어떤_ 상태로 변화(變化)시키다 변화시키다, 바꾸다

E_ [0274]
It is possible to transmute one form of energy into another.

[9999] transmute ⓐ다른 형태의 에너지로 ⓞ한 형태의 에너지를 ⓥ변형된_ 상태로 변화(變化)시키다 변형.변화시키다, 바꾸다

E_ [0275]
A steam engine transforms heat into power.

[9999] transform ⓐ증기기관은 ⓐ동력으로 ⓞ열을 ⓥ형태가 바뀐_ 상태로 변화(變化)시키다 변형.변화시키다, 바꾸다

E_ [0276]
His long illness enfeebled him.

[0211] enfeeble ⓢ[원인.수단] 그의 오랜 병은 ⓞ그를 ⓥ약한_ 상태로 변화(變化)시키다 약화시키다

E_ [0277]
Prolonged strike action debilitated the industry.

[9999] debilitate ⓢ[원인.수단] 장기화된 파업행위는 ⓞ그 산업을 ⓥ약한_ 상태로 변화(變化)시키다 쇠약하게 하다

E_ [0278]
The leader's death emasculated the movement.

[9999] emasculate ⓢ[원인.수단] 그 지도자의 죽음은 ⓞ그 운동을 ⓥ남성.근육 제거된, 약한_ 상태로 변화(變化)시키다 약화시키다

E_ [0279]
Chronic heavy drinking atrophies mental heath.

[9999] atrophy ⓢ[원인.수단] 만성 과다 음주는 ⓞ정신건강을 ⓥ영양 없는, 쇠약한_ 상태로 변화(變化)시키다 약화시키다

E_ [0280]
The financial crisis has weakened Korea's national competitiveness.

[0009] weaken ⓢ[원인.수단] 그 금융 위기는 ⓞ한국의 국가 경쟁력을 ⓥ약한_ 상태로 변화(變化)시키다 약화시키다

E_ [0281]
The bridge is reinforced with huge steel girders.

[0212] reinforce ⓐ[원인.수단] 거대한 강철 대들보로 ⓞ그 다리를 ⓥ(당시) 강한_ 상태로 변화(變化)시키다 강화시키다

E_ [0282]
Fortify weakening bones with good nutrition. As we age, our bones tend to become less dense and lose strength.

[0401] fortify ⓐ[원인.수단] 좋은 영양으로 ⓞ약해지고 있는 뼈들을 ⓥ요새, 강한_ 상태로 변화(變化)시키다 강화시키다
[0888] lose ⓢ우리의 뼈는 ⓞ힘을 ⓥ부정.반대.마이너스로_ 소유(所有)하다 가지지 않다, 잃다

E_ [0283]
Healthy food will nourish our bodies.

[9999] nourish ⓢ[원인.수단] 건강한 음식은 ⓞ우리의 몸을 ⓥ영양공급된, 건강한_ 상태로 변화(變化)시키다 건강하게 하다, 영양공급하다

E_ [0284]
Regular exercise strengthens the heart, thereby reducing the risk of a heart attack.

[0010] strengthen ⓢ[원인.수단] 규칙적인 운동은 ⓞ심장을 ⓥ강한_ 상태로 변화(變化)시키다 강화시키다
[9999] reduce ⓞ심장마비의 위험을 ⓥ감소.축소된_ 상태로 변화(變化)시키다 감소시키다, 줄이다

E_ [0285]
South Korea and the U.S. recently agreed to bolster cooperation to fight cyber terrorism against the defense networks.

[9999] bolster ⓐ[원인.수단] 국방 네트워크에 대한 사이버 테러와 싸우기 위해 ⓞ협력을 ⓥ받침으로 보강.강화된_ 상태로 변화(變化)시키다 강화시키다

E_ [0286]
South Korea and the United States amended missile guidelines to extend the maximum range of Seoul's ballistic missiles from 300 to 800 kilometers.

[9999] amend ⓐ[원인.수단] 300km에서 800km로 한국의 탄도미사일 최대 범위를 확장하기 위해 ⓞ미사일 지침을 ⓥ개정.교정.수정된_ 상태로 변화(變化)시키다 개정.교정.수정시키다
[9999] extend ⓐ300km에서 800km로 ⓞ한국의 탄도미사일 최대 범위를 ⓥ확장.확대된, 연장된, 뻗어진_ 상태로 변화(變化)시키다 확장.확대시키다

E_ [0287]
Red wine can help to dilate blood vessels.

[0454] dilate ⓢ[원인.수단] 적포도주는 ⓞ혈관을 ⓥ팽창.확장된_ 상태로 변화(變化)시키다 팽창.확장시키다, 넓히다

E_ [0288]
The two leaders agree to expand bilateral trade to 20 billion dollars by 2008.

[0304] expand ⓐ2008년까지, 200백억 달러로 ⓞ양국 무역을 ⓥ팽창.확장된_ 상태로 변화(變化)시키다 확장.확대시키다

E_ [0289]
Habitually eating at night distended his stomach.

[9999] distend ⓢ[원인.수단] 밤에 습관적으로 먹는 것은 ⓞ그의 위를 ⓥ팽창.확장된_ 상태로 변화(變化)시키다 팽창.확장시키다

E_ [0290]
With these various models, Airbus enlarged its market share, threatening Boeing and other American companies.

[0097] enlarge ⓐ[원인.수단] 이런 다양한 모델들로 ⓞ자사 시장점유율을 ⓥ커진, 확대.증가된_ 상태로 변화(變化)시키다 확대.증대시키다
[9999] threaten ⓞ보잉사 및 다른 미국 회사들을 ⓥ위험한, 위협된_ 상태로 변화(變化)시키다 위험.위태하게 하다

E_ [0291]
Raising interest rates too high could deflate the economy into a serious financial crisis.

[9999] raise ⓒ너무 높게 ⓞ금리를 ⓥ상승.증가.모금된, 들어 올려진_ 상태로 변화(變化)시키다 상승.인상시키다
[0142] deflate ⓐ심각한 금융위기로 ⓞ경제를 ⓥ수축된_ 상태로 변화(變化)시키다 수축.위축시키다, 쪼그라뜨리다

E_ [0292]
They increased efficacy and diminished cost of output.

[0098] diminish ⓞ생산 비용을 ⓥ감소.축소된_ 상태로 변화(變化)시키다 감소.축소시키다

E_ [0293]
You must lessen the speed of a car to under 20 miles per hour in a school zone.

[9999] lessen ⓐ시속 20마일 이하로, 스쿨존에서 ⓞ자동차 속도를 ⓥ작은.적은, 감소.축소된_ 상태로 변화(變化)시키다 감속시키다, 느리게 하다

E_ [0294]
Smoking will curtail your life span.

[9999] curtail ⓢ[원인.수단] 흡연은 ⓞ당신의 수명을 ⓥ(절단하여) 감소.축소된_ 상태로 변화(變化)시키다 감소.축소시키다, 짧게 하다

E_ [0295]
It is possible through the proper use of monetary policies to abate and eliminate the evil of inflation.

[9999] abate ⓐ[원인.수단] 통화정책의 적절한 활용을 통해 ⓞ인플레이션의 악폐를 ⓥ감소된, 줄어든_ 상태로 변화(變化)시키다 감소.완화시키다
[0471] eliminate ⓐ[원인.수단] 통화정책의 적절한 활용을 통해 ⓞ인플레이션의 악폐를 ⓥ제거.배제된_ 상태로 변화(變化)시키다 제거시키다

E_ [0296]
You must not delude him into believing it.

[9999] delude ⓐ그것을 믿도록 ⓞ그를 ⓥ기만.현혹된, 속은_ 상태로 변화(變化)시키다 기만하다
[0941] believe ⓢ그는 ⓞ그것에 대해 ⓥ믿는_ 심리(心理)가지다 믿다

E_ [0297]
He swindled her into buying an inferior imitation article.

[9999] swindle ⓐ저급한 모조품을 사도록 ⓞ그녀를 ⓥ기만된, 속은_ 상태로 변화(變化)시키다 기만하다, 속이다
[9999] buy ⓢ(그녀는) ⓞ저질 모조품을 ⓥ사서_ 소유(所有)하다 구입하다, 사다

E_ [0298]
The salesman beguiled him into buying a car he didn't want.

[0494] beguile ⓐ그가 원하지 않는 차를 사도록 ⓞ그를 ⓥ기만.현혹된_ 상태로 변화(變化)시키다 기만.현혹시키다

E_ [0299]
They conned her into spending thousands of pounds on useless equipment.

[9999] con ⓐ쓸모없는 장비에 수천 파운드를 쓰도록 ⓞ그녀를 ⓥ기만된, 속은_ 상태로 변화(變化)시키다 기만하다, 속이다
[0653] spend ⓐ쓸모없는 장비에 ⓞ수천 파운드를 ⓥ소비.사용으로_ 이동(移動)시키다 낭비.소비시키다

E_ [0300]
They managed to fool the police into thinking they had left the country.

[9999] fool ⓐ그들이 그 나라를 떠나갔다고 생각하도록 ⓞ그 경찰을 ⓥ바보, 기만된_ 상태로 변화(變化)시키다 기만하다, 바보로 만들다
[9999] think ⓢ그 경찰은 ⓞthat 이하에 대해 ⓥ사고하는_ 심리(心理)가지다 생각하다
[9999] leave ⓢ그들은 ⓞ그 나라에서 ⓥ벗어나, 떠나기 위해_ 이동(移動)하다 떠나가다

E_ [0301]
The old man's sons had tricked him into signing the papers.

[9999] trick ⓐ그 서류에 서명하도록 ⓞ그를 ⓥ기만된, 속은_ 상태로 변화(變化)시키다 기만하다, 속이다
[9999] sign ⓞ그 서류에 ⓥ서명.신호로_ 이동(移動)시키다 서명하다

E_ [0302]
He was duped into giving them his credit card.

[9999] dupe ⓐ그들에게 그의 신용카드를 주도록 ⓞ그를 ⓥ기만된, 속은_ 상태로 변화(變化)시키다 기만하다, 속이다
[9999] give ⓐ[이동대상] 그의 신용카드를 ⓞ[이동장소] 그들에게 ⓥ주기 위해, 단순히_ 이동(移動)시키다 주다

E_ [0303]
He had cheated his clients by selling them worthless stocks.

[9999] cheat ⓐ[원인.수단] 고객에게 가치없는 주식을 판매함에 의해 ⓞ자신의 고객들을 ⓥ기만.농락된, 속은_ 상태로 변화(變化)시키다 기만.농락시키다, 속이다
[0681] sell ⓐ[이동대상] 가치없는 주식을 ⓞ[이동장소] 고객들에게 ⓥ팔아서_ 이동(移動)시키다 팔아 넘기다

E_ [0304]
The con man bilked investors out of millions of dollars

[9999] bilk ⓐ[원인.수단] 수 백만달러를 빼내려고 ⓞ투자자들을 ⓥ기만된, 속은_ 상태로 변화(變化)시키다 기만하다, 속이다

E_ [0305]
Instead, it is employees who are most likely to defraud their employers by stealing technologies to sell them to rival companies within and outside the nation.

[9999] defraud ⓐ[원인.수단] 국내외 경쟁업체에 기술을 팔기 위해 기술을 빼돌림에 의해 ⓞ그들의 고용주를 ⓥ기만된, 속은_ 상태로 변화(變化)시키다 기만하다, 속이다
[0678] steal ⓐ(고용주 회사 밖으로) ⓞ기술을 ⓥ훔쳐서_ 이동(移動)시키다 훔쳐 빼내다
[0681] sell ⓐ그 나라 안밖의 라이벌 회사에 ⓞ그들을 ⓥ팔아서_ 이동(移動)시키다 팔아 넘기다, 판매하다

E_ [0306]
He barred the players from drinking alcohol the night before a match.

[9999] bar ⓐ시합전 밤에 술을 마시는 것으로부터 ⓞ그 선수들을 ⓥ빗장 있는, 봉쇄.금지된_ 상태로 변화(變化)시키다 억제.금지시키다, 막다

E_ [0307]
The school debarred the students from going to the movie.

[9999] debar ⓐ영화관에 가는 것으로부터 ⓞ학생들을 ⓥ빗장 있는, 봉쇄.금지된_ 상태로 변화(變化)시키다 금지.억제시키다, 막다

E_ [0308]
The sudden downpour deterred us from playing golf.

[9999] deter ⓢ[원인.수단] 그 갑작스런 폭우는 ⓐ골프 치는 것으로부터 ⓞ우리를 ⓥ방해.억제.제지된_ 상태로 변화(變化)시키다 단념.억제.포기시키다

E_ [0309]
The bad weather discouraged us from climbing the mountain.

[0106] discourage ⓢ[원인.수단] 그 나쁜 날씨는 ⓐ산에 오르는 것으로부터 ⓞ우리를 ⓥ낙담.좌절.억제된, 용기 없는_ 상태로 변화(變化)시키다 좌절.억제.낙담시키다
[0925] climb ⓢ우리는 ⓞ그 산에 ⓥ올라, 등반으로_ 이동(移動)하다 오르다, 등반하다

E_ [0310]
I'm trying to dissuade her from buying a TV.

[0188] dissuade ⓐTV를 사는 것으로부터 ⓞ그녀를 ⓥ단념.포기하도록 설득된_ 상태로 변화(變化)시키다 단념시키다
[9999] buy ⓢ그녀는 ⓞTV를 ⓥ사서_ 소유(所有)하다 사다, 구매하다

E_ [0311]

Always disconnect the machine from the mains first.

[0162] disconnect ⓐ주전원으로부터 ⓞ그 기계를 ⓥ분리.단절된_ 상태로 변화(變化)시키다 분리.단절시키다

E_ [0312]

He tried to dissociate himself from the party's more extreme views.

[0164] dissociate ⓐ그 당의 더 극단적인 견해로부터 ⓞ그 자신을 ⓥ분리된_ 상태로 변화(變化)시키다 분리.탈퇴시키다

E_ [0313]

Detach the reply slip from this letter and return it to the above address.

[0170] detach ⓐ이 편지로부터 ⓞ그 답안지를 ⓥ분리된_ 상태로 변화(變化)시키다 분리시키다, 떼어놓다
[9999] return ⓐ위의 주소에 ⓞ그것을 ⓥ반대로, 방향 바꿔, 반환으로_ 이동(移動)시키다 반송시키다

E_ [0314]

The mother disengaged her hand from that of the sleeping child.

[0282] disengage ⓐ잠자고 있는 아이의 손으로부터 ⓞ그녀의 손을 ⓥ분리된, 연결 차단된_ 상태로 변화(變化)시키다 분리시키다

E_ [0315]

Kidneys separate the waste liquid (urine) from the blood.

[0196] separate ⓐ그 혈액으로부터 ⓞ폐액(오줌)을 ⓥ분리된_ 상태로 변화(變化)시키다 분리시키다

E_ [0316]

Students connect "smart cards" to their desks so that teachers can check their homework.

[0161] connect ⓐ자신들의 책상에 ⓞ스마트 카드를 ⓥ연결된_ 상태로 변화(變化)시키다 연결시키다
[9999] check ⓢ선생님들은 ⓞ그들의 숙제를 ⓥ확인.검사.조사된_ 상태로 변화(變化)시키다 검사.조사하다

E_ [0317]

Join one section of pipe to the next.

[9999] join ⓐ그 다음 파이프에 ⓞ파이프의 한 부분을 ⓥ결합.연결된_ 상태로 변화(變化)시키다 결합.연결시키다

E_ [0318]

They have attached a number of conditions to the agreement.

[0169] attach ⓐ그 협약에 ⓞ많은 조건들을 ⓥ부착.접촉.연결된_ 상태로 변화(變化)시키다 부착.첨부시키다

E_ [0319]

You should try to combine exercise with a healthy diet.

[0195] combine ⓐ건강한 식단과 ⓞ운동을 ⓥ결합.연결된_ 상태로 변화(變化)시키다 결합.연결시키다

E_ [0320]

Its goal is to engage participants in the further debate so they enhance or abandon the initial idea.

[0281] engage ⓐ추가적인 토론 안에 ⓞ참석자들을 ⓥ연결.접촉된, 개입.참여된_ 상태로 변화(變化)시키다 연결.개입.관여.참여시키다
[0489] enhance ⓞ초기 아이디어를 ⓥ높아진, 증가.강화된_ 상태로 변화(變化)시키다 고양.강화시키다
[9999] abandon ⓞ초기 생각.이념을 ⓥ포기.단념된, 버려진_ 상태로 변화(變化)시키다 버리다, 포기.단념하다

E_ [0321]
Family members tidy their ancestors' gravesites and decorate them with flowers.

[9999] tidy ⓢ가족 구성원들은 ⓞ그들 조상들의 묘지를 ⓥ깔끔.단정한_ 상태로 변화(變化)시키다 깔끔.단정하게 하다
[0172] decorate ⓐ[원인.수단] 꽃들로 ⓞ그들_ 조상의 무덤들을 ⓥ장식.치장된_ 상태로 변화(變化)시키다 장식시키다, 꾸미다

E_ [0322]
The cars were all bedecked with flowers for the ceremony.

[9999] bedeck ⓐ[원인.수단] 그 의식을 위해, 꽃으로 ⓞ그 자동차들을 ⓥ장식된_ 상태로 변화(變化)시키다 장식시키다

E_ [0323]
The ballparks were festooned with huge flags, bunting, and balloons.

[9999] festoon ⓐ[원인.수단] 거대한 깃발, 번팅, 풍선으로 ⓞ그 야구장을 ⓥ장식된_ 상태로 변화(變化)시키다 장식시키다, 꾸미다

E_ [0324]
She ornamented the Christmas tree with lights.

[9999] ornament ⓐ[원인.수단] 조명으로 ⓞ크리스마스 트리를 ⓥ장식.치장된_ 상태로 변화(變化)시키다 장식.치장하다, 꾸미다

E_ [0325]
She embroidered the dress with flowers in silk thread.

[9999] embroider ⓐ[원인.수단] 비단실의 꽃들로 ⓞ그 옷을 ⓥ자수.장식된, 미화된_ 상태로 변화(變化)시키다 자수로 꾸미다, 아름답게 하다

E_ [0326]
Also, many smokers litter the streets with cigarette butts making them messy and untidy.

[0171] litter ⓐ[원인.수단] 거리를 어지럽고, 단정치 못하게 변화시키는 담배꽁초로 ⓞ그 거리를 ⓥ쓰레기 있는, 어지러운_ 상태로 변화(變化)시키다 어지럽히다, 더럽히다
[9999] make ⓒ어지럽고 지저분하게 ⓞ그들_ 거리들을 ⓥ어떤, 만들어진_ 상태로 변화(變化)시키다 변화시키다, 만들다

E_ [0327]
Don't clutter the page with too many diagrams.

[0238] clutter ⓐ[원인.수단] 너무 많은 도표로 ⓞ페이지를 ⓥ어지러운, 혼잡.혼란한_ 상태로 변화(變化)시키다 어지럽게 하다

E_ [0328]
He messed up his report by spilling coffee on it.

[9999] mess ⓐ[원인.수단] 보고서에 커피를 쏟음에 의해 ⓞ그의 보고서를 ⓥ혼란한, 엉망인_ 상태로 변화(變化)시키다 엉망으로 만들다

E_ [0329]
History-related issues are disfiguring good neighborly fences into walls of mistrust and discord.

[0118] disfigure ⓐ역사와 관련된 문제들은 ⓐ불신과 불화의 벽으로 ⓞ좋은 이웃의 울타리를 ⓥ모양 망가진, 흉한_ 상태로 변화(變化)시키다 흉하게 하다, 훼손시키다

E_ [0330]
Someone muddled up all the papers on my desk.

[9999] muddle ⓢ어느 누가 ⓞ나의 책상위 그 모든 서류를 ⓥ혼란한, 뒤섞인_ 상태로 변화(變化)시키다 뒤섞이게 하다, 혼란스럽게 하다

E_ [0331]
Smoking discolours teeth and increases the risk of mouth cancer.

   [9999] discolour ⓢ[원인.수단] 흡연은 ⓞ치아를 ⓥ변색된_ 상태로 변화(變化)시키다 변색시키다
   [0040] increase ⓢ[원인.수단] 흡연은 ⓞ구강암의 위험을 ⓥ증가된_ 상태로 변화(變化)시키다 증가시키다

E_ [0332]
Too high temperatures (above 45°C) would denature enzymes and retards the growth of plants.

   [9999] denature ⓢ[원인.수단] 너무 높은 온도(45°C 이상)는 ⓞ효소들을 ⓥ변성된, 본질 나빠진_ 상태로 변화(變化)시키다 변성시키다
   [9999] retard ⓢ[원인.수단] 너무 높은 온도(45°C 이상)는 ⓞ식물의 성장을 ⓥ지연.지체된, 방해된_ 상태로 변화(變化)시키다 지연.지체시키다, 방해하다

E_ [0333]
Another method of disposing uranium is to oxidize Uranium-235 in order to make it unusable for military use.

   [9999] oxidize ⓐ[원인.수단] 그것을 군사적 사용에 대해 사용될 수 없게 변화시키기 위해 ⓞ우라늄 235를 ⓥ산화된_ 상태로 변화(變化)시키다 산화시키다
   [9999] make ⓒ군사적 사용에 대해 사용될 수 없게 ⓞ우라늄 235를 ⓥ어떤, 만들어진_ 상태로 변화(變化)시키다 변화시키다, 만들다

E_ [0334]
The charged particles can ionize atoms that then become condensation nuclei.

   [9999] ionize ⓢ[원인.수단] 그 전하를 띤 입자들은 ⓞ그 후에 응축핵이 되는 원자들을 ⓥ이온화된_ 상태로 변화(變化)시키다 이온화시키다

E_ [0335]
Diamox, however, may allow the individual to metabolize more oxygen by breathing faster.

   [0185] allow ⓒ더 빨리 호흡함으로써 더 많은 산소를 대사할 수 있도록 ⓞ그 개인을 ⓥ가능한, 허용.인정된_ 상태로 변화(變化)시키다 가능하게 하다, 허용.인정해 주다
   [0434] metabolize ⓐ더 빨리 호흡함에 의해 더 많은 산소를 ⓞ대사작용된, 분해된_ 상태로 변화(變化)시키다 가능하게 하다, 허용.인정해 주다 ☞ Diamox 다이아막스 (고산병 예방약)

E_ [0336]
The tsunami devastate (ravaged) the tropical Asian resort areas.

   [0457] devastate ⓢ[원인.수단] 그 쓰나미는 ⓞ열대성 아시아 리조트 지역을 ⓥ황폐화된_ 상태로 변화(變化)시키다 황폐화시키다
   [9999] ravage ⓢ[원인.수단] 그 쓰나미는 ⓞ그 열대성 아시아 리조트 지역을 ⓥ파괴.황폐화된_ 상태로 변화(變化)시키다 파괴.황폐화시키다

E_ [0337]
The devastating disease ravaged his body, attacking his nerves, controlling his muscles, then eventually his mood, senses, and thinking.

   [9999] ravage ⓢ[원인.수단] 그 황폐화시키는 병은 ⓞ그의 몸을 ⓥ파괴.황폐화된_ 상태로 변화(變化)시키다 파괴.황폐화시키다
   [0215] attack ⓢ[원인.수단] 그 황폐화시키는 병은 ⓞ그의 신경들을 ⓥ공격.비난된_ 상태로 변화(變化)시키다 공격하다
   [9999] control ⓢ[원인.수단] 그 황폐화시키는 병은 ⓞ그의 근육들을, 그의 기분, 감정, 생각들을 ⓥ통제.조절된_ 상태로 변화(變化)시키다 통제.조절하다

E_ [0338]
Saltwater will corrode and destroy circuit boards easily.

   [0371] corrode ⓢ[원인.수단] 소금물은 ⓞ회로 기판을 ⓥ부식.침식된_ 상태로 변화(變化)시키다 부식시키다
   [9999] destroy ⓢ[원인.수단] 소금물은 ⓞ회로 기판을 ⓥ파괴된_ 상태로 변화(變化)시키다 파괴시키다

E_ [0339]
These angry elephants demolished more than ten homes and schools.

   [9999] demolish ⓢ[원인.수단] 이 성난 코끼리들은 ⓞ10개 이상의 집과 학교들을 ⓥ파괴.분쇄된_ 상태로 변화(變化)시키다 파괴시키다

E_ [0340]
The slightest speck of dust can mar the coating.

   [9999] mar ⓢ[원인.수단] 먼지의 아주작은 입자 조차도 ⓞ그 코팅.표면을 ⓥ망가진, 훼손된_ 상태로 변화(變化)시키다 손상.훼손시키다

E_ [0341]
The birds also annoy farmers by ruining harvests and damaging crops.

[9999] annoy ⓐ[원인.수단] 수확을 망치고 농작물을 손상시킴에 의해 ⓞ농부들을 ⓥ짜증난, 불쾌한_ 상태로 변화(變化)시키다 짜증나게 하다
[9999] ruin ⓞ수확물을 ⓥ파괴.붕괴된_ 상태로 변화(變化)시키다 망가뜨리다
[0043] damage ⓞ농작물을 ⓥ손상.훼손된_ 상태로 변화(變化)시키다 손상.훼손시키다

E_ [0342]
You vandalized Africa in the name of bringing them civilization.

[9999] vandalize ⓐ그들에게 문명을 전파한다는 명목에서 ⓞ아프리카를 ⓥ파괴된_ 상태로 변화(變化)시키다 파괴시키다
[0749] bring ⓞ[이동대상] 문명을 ⓞ[이동장소] 그들에게 ⓥ가져와_ 이동(移動)시키다 가져다 주다

E_ [0343]
They crush the olives with a heavy wooden press.

[9999] crush ⓐ[원인.수단] 무거운 나무 압착기로 ⓞ그 올리브를 ⓥ으깨진, 박살난_ 상태로 변화(變化)시키다 분쇄시키다, 으깨다

E_ [0344]
Mining would pollute the lake and denude the forest.

[0015] pollute ⓢ[원인.수단] 채굴.광산은 ⓞ호수를 ⓥ오염된_ 상태로 변화(變化)시키다 오염시키다
[9999] denude ⓢ[원인.수단] 채굴.광산은 ⓞ그 숲을 ⓥ나체, 벌거벗은, 황폐화된_ 상태로 변화(變化)시키다 벌거숭이로 만들다, 황폐화시키다

E_ [0345]
The whole village was razed to the ground in the war.

[0375] raze ⓐ그 전쟁에서, 쑥대밭으로 ⓞ그 전체 마을을 ⓥ파괴된_ 상태로 변화(變化)시키다 파괴시키다

E_ [0346]
We have to confiscate this as contraband.

[0463] confiscate ⓐ밀수품으로서 ⓞ이것을 ⓥ압수.몰수된_ 상태로 변화(變化)시키다 압수.몰수하다

E_ [0347]
The local hotel was commandeered for the wounded.

[9999] commandeer ⓐ[원인.수단] 부상자들을 위해 ⓞ그 지역 호텔을 ⓥ징발된_ 상태로 변화(變化)시키다 징발하다

E_ [0348]
During the war, the government expropriated land to grow food for the troops.

[9999] expropriate ⓐ[원인.수단] 그 군대를 위한 식량을 재배하기 위해 ⓞ땅을 ⓥ박탈.몰수.수용된_ 상태로 변화(變化)시키다 강제수용하다
[9999] grow ⓐ그 군대를 위해 ⓞ식량을 ⓥ커진, 성장된_ 상태로 변화(變化)시키다 재배하다, 기르다

E_ [0349]
The government conscripted college students without their agreement.

[9999] conscript ⓐ그들의 동의 없이 ⓞ대학생들을 ⓥ징집된_ 상태로 변화(變化)시키다 징집시키다

E_ [0350]
The Japanese government drafted most of them into forced labor.

[9999] draft ⓐ강제노동 안으로 ⓞ그들 대부분을 ⓥ징집된, 초안으로 만들어진_ 상태로 변화(變化)시키다 징집하다

E_ [0351]
Computers have enabled us to automate many of the routine tasks in offices.

[0181] enable ⓒ사무실의 많은 일상적인 업무를 자동화하도록 ⓞ우리를 ⓥ가능한, 능력있는_ 상태로 변화(變化)시키다 가능하게 하다
[0464] automate ⓞ사무실의 많은 일상적인 업무를 ⓥ자동의_ 상태로 변화(變化)시키다 자동화시키다

E_ [0352]
The police chief has authorized his officers to use force if necessary.

[0442] authorize ⓒ필요하다면 무력을 사용하도록 ⓞ그의 경찰관들을 ⓥ효력.권위.권한 있는, 승인된_ 상태로 변화(變化)시키다 권한있게 하다, 허가.승인하다

E_ [0353]
Your detailed feedback during our meeting will now allow us to submit a complete proposal to you within two weeks.

[0185] allow ⓢ[원인.수단] 미팅 중에 보내준 당신의 상세한 피드백은 ⓒ2주 이내에 당신에게 완전한 제안서를 제출하도록 ⓞ우리를 ⓥ가능한, 허용.인정된_ 상태로 변화(變化)시키다 가능하게 하다, 허용.인정해 주다
[0514] submit ⓐ당신에게 ⓞ완전한 제안을 ⓥ아래로, 보내듯, 제출.복종으로_ 이동(移動)시키다 제출하다

E_ [0354]
Years of school capacitate the lawyer to give a great legal defense to his client.

[0183] capacitate ⓢ[원인.수단] 다년간의 학교 생활은 ⓒ그의 고객에게 더 큰 법적 변호를 주도록 ⓞ그 변호사를 ⓥ능력있는, 가능한_ 상태로 변화(變化)시키다 가능하게 하다, 능력있게 하다
[9999] give ⓐ그의 고객에게 ⓞ더 큰 법적 변호를 ⓥ주기 위해, 단순히_ 이동(移動)시키다 주다

E_ [0355]
This empowers states to nullify federal laws that the states believed were unconstitutional.

[0482] empower ⓒ위헌적이라고 주가 믿는 연방법을 무효화하도록 ⓞ주들을 ⓥ힘.권한 있는_ 상태로 변화(變化)시키다 힘.권한있게 하다, 가능하게 하다
[0404] nullify ⓞ위헌적이라고 주가 믿는 연방법을 ⓥ무(無)의, 무효의, 취소된_ 상태로 변화(變化)시키다 무효화시키다

E_ [0356]
Marketers adjust the price to make a company profitable.

[9999] adjust ⓐ[원인.수단] 회사가 수익이 나도록 변화시키기 위해 ⓞ그 가격을 ⓥ적합.적절한, 바르게 조정된_ 상태로 변화(變化)시키다 적절히 조절.조정하다
[9999] make ⓒ수익이 나도록 ⓞ회사를 ⓥ어떤, 만들어진_ 상태로 변화(變化)시키다 변화시키다, 만들다

E_ [0357]
To play the role, I had to moderate my emotions.

[9999] moderate ⓐ[원인.수단] 그 역할을 하기 위해 ⓞ나의 감정을 ⓥ적합.적절한, 완화된, 알맞은_ 상태로 변화(變化)시키다 적합.적절하게 하다

E_ [0358]
I can modulate my speech according to situations.

[9999] modulate ⓐ상황에 맞게 ⓞ나의 연설을 ⓥ적합.적절한, 알맞은_ 상태로 변화(變化)시키다 적합.적절하게 하다

E_ [0359]
We need to harmonize the different approaches into a unified plan.

[9999] harmonize ⓐ통일된 계획으로 ⓞ서로 다른 접근 방식을 ⓥ조화로운_ 상태로 변화(變化)시키다 조화롭게 하다

E_ [0360]
We might be able to accommodate your counterproposal with minor changes.

[9999] accommodate ⓐ[원인.수단] 최소한의 변화.변경으로 ⓞ당신의 대안을 ⓥ적절.적합한, 수용된_ 상태로 변화(變化)시키다 적절.적합하게 바꾸다, 수용하다

E_ [0361]

Animate the selected text, picture, or list with visual effects.

[9999] animate ⓐ[원인.수단] 시각 효과들로 ⓞ그 선택한 텍스트, 그림 또는 목록을 ⓥ생기 있는, 살아 있는_ 상태로 변화(變化)시키다 생기 넘치게 하다, 애니메이션화하다

E_ [0362]

I was able to vivify an image with at least some imagining.

[9999] vivify ⓐ[원인.수단] 최소한의 약간의 상상력으로 ⓞ이미지를 ⓥ활기찬, 생생한_ 상태로 변화(變化)시키다 생생하게 하다

E_ [0363]

Outdoor workouts enliven, energize and invigorate us.

[0159] enliven ⓢ[원인.수단] 야외 운동은 ⓞ우리를 ⓥ생기있는, 활기찬_ 상태로 변화(變化)시키다 생기있게 하다, 활성화시키다
[0103] energize ⓢ[원인.수단] 야외 운동은 ⓞ우리를 ⓥ활력.기력 충만한_ 상태로 변화(變化)시키다 활기차게 하다
[9999] invigorate ⓢ[원인.수단] 야외 운동은 ⓞ우리를 ⓥ활기찬, 고무된_ 상태로 변화(變化)시키다 활기차게하다

E_ [0364]

The new routes could vitalize Korea's tourism industry by bringing more Chinese visitors to the country.

[0155] vitalize ⓢ[원인.수단] 그 새로운 노선은 ⓐ그 나라에 더 많은 중국 방문객들을 데려옴에 의해 ⓞ한국의 관광 산업을 ⓥ활기찬, 생생한_ 상태로 변화(變化)시키다 활기차게 하다
[0749] bring ⓐ그 나라에 ⓞ더 많은 중국인 방문객들을 ⓥ가져와_ 이동(移動)시키다 데려다 주다

E_ [0365]

A baby's cute tricks invigorate her father after a long workday.

[9999] invigorate ⓢ[원인.수단] 아기의 귀여운 재롱은 ⓞ긴 근무일과를 마친 그녀의 아버지를 ⓥ활기찬, 고무된_ 상태로 변화(變化)시키다 활기차게 하다

E_ [0366]

There are many ways to prove the Pythagorean Theorem.

[0085] prove ⓞ피타고라스 정리를 ⓥ진실로 입증.증명된_ 상태로 변화(變化)시키다 진실로 증명.입증시키다

E_ [0367]

The scientists verified the findings by undertaking additional research.

[0083] verify ⓐ[원인.수단] 추가적인 조사.연구를 수행함에 의해 ⓞ그 결과를 ⓥ진실로 입증.증명된, 진실의_ 상태로 변화(變化)시키다 진실로 입증.증명시키다

E_ [0368]

Some people still doubt whether the violin is genuine, but many experts authenticated it after thorough examinations.

[9999] authenticate ⓐ철저한 조사 후에 ⓞ그것_ 바이올린을 ⓥ진짜의, 확실한_ 상태로 변화(變化)시키다 진짜임을 증명.입증하다

E_ [0369]

We validated the hypothesis through experiments.

[0081] validate ⓐ실험을 통해 ⓞ그 가설을 ⓥ가치있는, 유효.정당한, 증명.검증된_ 상태로 변화(變化)시키다 유효하다고 증명.검증시키다

E_ [0370]

She identified the bag as hers by telling what it contained.

[0418] identify ⓐ[원인.수단] 그 가방이 무엇을 가지고 있는지를 표현함에 의해, 그녀의 것으로 ⓞ그 가방을 ⓥ확인.식별.증명.규명된_ 상태로 변화(變化)시키다 확인.증명.규명하다, 밝히다

E_ [0371]
Circumstances had obliged him to sell the business.

[0329] oblige ⓒ그 사업을 팔도록 ⓞ그를 ⓥ강요.강제된, 의무 있는_ 상태로 변화(變化)시키다 강제.강요하다
[0681] sell ⓐ(다른 기업에) ⓞ그 사업을 ⓥ팔아서_ 이동(移動)시키다 팔아 넘기다

E_ [0372]
Macmillan commissioned her to illustrate a book by Spike Milligan.

[0351] commission ⓒ스파이크 밀리건의 책을 그녀에게 설명하도록 ⓞ그녀를 ⓥ임무.의무.책무가 있는_ 상태로 변화(變化)시키다 의무.책무 지게하다
[9999] illustrate ⓞ스파이크 밀리건의 책을 ⓥ명료한_ 상태로 변화(變化)시키다 명료하게 설명하다

E_ [0373]
The school will obligate graduates to transfer their school uniforms to incoming students.

[9999] obligate ⓒ신입 학생에게 그들의 교복을 전달하도록 ⓞ졸업생들을 ⓥ강요.강제된, 의무 있는_ 상태로 변화(變化)시키다 의무화하다, 강제하다

E_ [0374]
The assembly was mandated to draft a constitution.

[9999] mandate ⓒ헌법을 초안작성하도록 ⓞ의회를 ⓥ(법.명령에 의해) 의무.강제된_ 상태로 변화(變化)시키다 강제.의무화시키다
[9999] draft ⓢ의회는 ⓞ헌법을 ⓥ징집된, 초안으로 만들어진_ 상태로 변화(變化)시키다 초안으로 만들다

E_ [0375]
Imperial Japan forced Emperor Gojong to abdicate the throne.

[9999] force ⓒ왕위를 포기하도록 ⓞ고종 황제를 ⓥ강요.압박된_ 상태로 변화(變化)시키다 강요.압박하다
[0767] abdicate ⓢ고종 황제는 ⓞ그 왕위를 ⓥ포기.단념한다는_ 표현(表現)하다 포기.단념하겠다고 표현하다, 포기.단념하다

E_ [0376]
Users are advised to update their antivirus software and delete any suspicious emails without opening them.

[0826] advise ⓒ바이러스 백신 소프트웨어를 업데이트하고 의심스러운 전자 메일을 열지 않고 삭제하도록 ⓞ사용자에게 ⓥ조언.권고.충고.경고하는, 알리는_ 표현(表現)하다 조언.권고.충고.경고하다, 알리다
[0297] update ⓞ그들의 바이러스 백신 소프트웨어를 ⓥ업데이트된, 최신의_ 상태로 변화(變化)시키다 업데이트시키다, 최신화시키다
[9999] delete ⓐ그들을 열지 않고 어떤 의심스러운 전자 메일을 ⓥ삭제.제거된_ 상태로 변화(變化)시키다 삭제.제거시키다
[0321] open ⓞ그들_ 이메일들을 ⓥ열린, 개방된_ 상태로 변화(變化)시키다 열다, 확인하다

E_ [0377]
You'll need to upgrade your hard drive to 120Mb before running this software.

[0095] upgrade ⓐ120Mb로, 이 소프트웨어를 작동시키기 전에 ⓞ당신의 하드 드라이브를 ⓥ등급.수치가 향상된_ 상태로 변화(變化)시키다 업그레이드시키다, 등급 격상시키다
[9999] run ⓞ이 소프트웨어를 ⓥ달리는, 작동.운영된_ 상태로 변화(變化)시키다 작동시키다

E_ [0378]
So the logical step is to add a DVD drive to my machine and configure my system for DVD playback.

[9999] configure ⓐ[원인.수단] DVD 재생을 위해 ⓞ나의 시스템을 ⓥ모양구성된, 환경구성된_ 상태로 변화(變化)시키다 환경구성시키다

E_ [0379]
Initializing tape or disk media sets erases the previous contents of the media and labels the media set with a name and description.

[0298] initialize ⓞ테이프 또는 디스크 미디어 세트를 ⓥ최초.초기의_ 상태로 변화(變化)시키다 초기화하다
[9999] erase ⓢ[원인.수단] 테이프 또는 디스크 미디어 세트를 초기화하는 것은 ⓞ그 미디어의 이전 내용을 ⓥ지워진, 삭제된_ 상태로 변화(變化)시키다 삭제.제거시키다
[9999] label ⓐ[원인.수단] 이름 및 설명으로 ⓞ그 미디어 세트를 ⓥ라벨.꼬리표 붙인, 표시.명명된_ 상태로 변화(變化)시키다 라벨 붙이다, 표시하다

E_ [0380]
The computer is programmed to warn users before information is deleted.

[9999] program ⓐ[원인.수단] 정보가 삭제되기 전에 사용자들에게 경고하기 위해 ⓞ그 컴퓨터를 ⓥ프로그램화된_ 상태로 변화(變化)시키다 프로그래밍시키다
[0827] warn ⓞ사용자에게 ⓥ경고하는_ 표현(表現)하다 경고하다
[9999] delete ⓞ정보를 ⓥ삭제.제거된_ 상태로 변화(變化)시키다 삭제.제거시키다

E_ [0381]
You must clean the wounded area with water then disinfect your hand with antibiotics.

[0018] clean ⓐ[원인.수단] 물로 ⓞ그 상처난 부위를 ⓥ깨끗한_ 상태로 변화(變化)시키다 깨끗하게 하다
[0012] disinfect ⓐ[원인.수단] 항생제로 ⓞ당신의 손을 ⓥ소독.살균된_ 상태로 변화(變化)시키다 소독.살균시키다

E_ [0382]
The filters purify the oil by removing acidic and other aggressive contaminants.

[0016] purify ⓢ[원인.수단] 그 필터는 ⓐ산성 및 다른 공격적인 오염 물질을 제거함에 의해 ⓞ그 기름.오일을 ⓥ순수.깨끗한_ 상태로 변화(變化)시키다 정화시키다, 깨끗하게 하다

E_ [0383]
We had to fumigate the cellar to get rid of cockroaches.

[9999] fumigate ⓐ[원인.수단] 바퀴벌레를 제거하기 위해 ⓞ그 지하실을 ⓥ훈증 소독된_ 상태로 변화(變化)시키다 훈증 소독시키다

E_ [0384]
They decontaminated the water by adding chlorine to their water tanks.

[0004] decontaminate ⓐ[원인.수단] 그들의 수조에 염소를 첨가함에 의해 ⓞ그 물을 ⓥ오염 제거된, 정화된_ 상태로 변화(變化)시키다 정화시키다
[9999] add ⓐ그들의 물탱크.수조에 ⓞ염소를 ⓥ가까이, 추가.첨가로_ 이동(移動)시키다 첨가.추가하다

E_ [0385]
It can cause so much damage to our bodies unless we detoxify them with healthy foods such as Kimchi.

[9999] cause ⓐ[원인.수단] 우리가 김치와 같은 건강에 좋은 음식으로 해독하지 않는다면 ⓞ너무 많은 피해를 ⓥ야기된, 원인.결과로 생성된_ 상태로 변화(變化)시키다 야기시키다, 원인.결과로 만들다
[0014] detoxify ⓐ[원인.수단] 김치와 같은 건강에 좋은 음식으로 ⓞ그들_ 우리 몸들을 ⓥ해독된, 독 제거된_ 상태로 변화(變化)시키다 해독시키다

E_ [0386]
A virus called Trojan horse infects your Mac computer.

[0011] infect ⓢ[원인.수단] 트로이 목마라 불리는 바이러스는 ⓞ당신의 Mac 컴퓨터를 ⓥ감염.전염된_ 상태로 변화(變化)시키다 감염시키다

E_ [0387]
And their wastes often pollute rivers and the sea.

[0015] pollute ⓢ[원인.수단] 그들의 쓰레기들은 ⓞ강 및 바다를 ⓥ오염된_ 상태로 변화(變化)시키다 오염시키다

E_ [0388]
Its ash, soot and heavy metals can contaminate farmland.

[0003] contaminate ⓢ[원인.수단] 그것의 재, 검댕, 중금속들은 ⓞ농경지를 ⓥ오염된_ 상태로 변화(變化)시키다 오염시키다

E_ [0389]
They poison the fish with their toxic stingers.

[0013] poison ⓐ[원인.수단] 자신의 독성 침으로 ⓞ그 물고기를 ⓥ중독.오염된_ 상태로 변화(變化)시키다 중독.독살시키다

E_ [0390]
The water had been tainted with a deadly toxin.

[9999] taint ⓐ[원인.수단] 치명적인 독소로 ⓞ그 물을 ⓥ얼룩진, 더러운_ 상태로 변화(變化)시키다 더럽게 하다, 오염시키다

E_ [0391]
He kindled the wood with a match.

[9999] kindle ⓐ[원인.수단] 성냥으로 ⓞ그 목재를 ⓥ불 붙은, 자극.활성화된_ 상태로 변화(變化)시키다 점화시키다

E_ [0392]
A spark ignites the fuel in a car engine.

[9999] ignite ⓢ[원인.수단] 스파크.불꽃은 ⓞ자동차 내의 그 연료를 ⓥ불 붙은, 점화된_ 상태로 변화(變化)시키다 점화시키다

E_ [0393]
Some people even light bonfires to chase away the evil spirits of winter.

[9999] light ⓐ[원인.수단] 겨울의 악령을 쫓기 위해 ⓞ모닥불을 ⓥ불 붙은, 밝은_ 상태로 변화(變化)시키다 불 붙이다, 점화시키다, 밝히다
[9999] chase ⓐ저 멀리로 ⓞ겨울의 악령을 ⓥ쫓아 내려고_ 이동(移動)시키다 쫓아내다

E_ [0394]
For New Year's Day, Scots clean their houses and burn juniper branches to purify the air of diseases and evil spirits.

[0018] clean ⓐ새해 첫날을 위해 ⓞ그들의 집들을 ⓥ깨끗한_ 상태로 변화(變化)시키다 깨끗하게 하다
[9999] burn ⓐ[원인.수단] 질병 및 악령의 공기를 정화하기 위해 ⓞ향나무 가지들을 ⓥ불에 탄_ 상태로 변화(變化)시키다 태우다
[9999] purify ⓐ[이동대상] 질병 및 악령을 ⓞ[이동장소] 공기 밖으로 ⓥ정화를 위해_ 이동(移動)시키다 정화시키다, 몰아내다

E_ [0395]
She blanched the broccolini in a pot of boiling salted water until tender.

[9999] blanch ⓐ부드러워질 때까지, 끓고 있는 소금물 냄비 안에 ⓞ브로콜리를 ⓥ데쳐진_ 상태로 변화(變化)시키다 데치다

E_ [0396]
Just heat up the food in the microwave.

[0207] heat ⓐ전자레인지 안에서 ⓞ그 음식을 ⓥ가열된, 뜨거운_ 상태로 변화(變化)시키다 가열시키다

E_ [0397]
Jim came into the living room to warm himself by the fire.

[0029] warm ⓐ[원인.수단] 그 난로에 의해 ⓞ그 자신을 ⓥ따뜻한_ 상태로 변화(變化)시키다 따뜻하게 하다

E_ [0398]
She defrosted the spinach by cooking them in the microwave for 2 minutes.

[9999] defrost ⓐ[원인.수단] 2분 동안 전자레인지에서 시금치를 가열함에 의해 ⓞ그 시금치를 ⓥ해동된, 결빙.성애 없는_ 상태로 변화(變化)시키다 해동시키다
[9999] cook ⓐ전자레인지 안에서, 2분간 ⓞ그들_ 시금치들을 ⓥ요리.조리된, 요리로 만들어진_ 상태로 변화(變化)시키다 요리.가열하다

E_ [0399]
Cook the meat in a moderately hot oven.

[9999] cook ⓐ적당히 뜨거운 오븐에서 ⓞ그 고기를 ⓥ요리.조리된, 요리로 만들어진_ 상태로 변화(變化)시키다 요리.가열하다

E_ [0400]
She boiled the tomato sauce to half the volume.

[9999] boil ⓐ부피가 반으로 줄 때까지 ⓞ토마토 소스를 ⓥ끓는_ 상태로 변화(變化)시키다 끓이다

E_ [0401]
The crash closed the motorway, but some traffic is now getting through.

[0322] close ⓢ[원인.수단] 그 추돌사고는 ⓞ그 고속도로를 ⓥ닫힌, 폐쇄.종결된_ 상태로 변화(變化)시키다 폐쇄시키다

E_ [0402]
A snowslide obstructed the road.

[9999] obstruct ⓢ[원인.수단] 눈사태는 ⓞ그 길을 ⓥ차단.봉쇄된, 막힌_ 상태로 변화(變化)시키다 봉쇄.차단시키다

E_ [0403]
A pile of trash clogged up the ditch.

[9999] clog ⓢ[원인.수단] 쓰레기 더미는 ⓞ그 도랑을 ⓥ장애물 있는, 막힌, 봉쇄.차단된_ 상태로 변화(變化)시키다 봉쇄.차단시키다, 막히게 하다

E_ [0404]
The drivers blockaded roads and disrupted traffic in the centre of the city.

[9999] blockade ⓐ그 도시의 중심부에서 ⓞ도로를 ⓥ봉쇄.차단된_ 상태로 변화(變化)시키다 봉쇄.차단시키다
[0378] disrupt ⓢ그 운전자는 ⓞ그 도시의 중심부 교통을 ⓥ파괴.붕괴된_ 상태로 변화(變化)시키다 엉망으로 만들다, 방해시키다

E_ [0405]
The pool area is enclosed by a six-foot wall.

[0396] enclose ⓢ[원인.수단] 6피트 높이의 벽은 ⓞ그 수영장 구역을 ⓥ봉쇄.폐쇄된, 닫힌_ 상태로 변화(變化)시키다 봉쇄시키다

E_ [0406]
Emily hugged her teddy bear tightly to her chest.

[9999] hug ⓐ그녀의 가슴에, 꼭 ⓞ그녀의 곰 인형을 ⓥ포옹된_ 상태로 변화(變化)시키다 포옹하다, 껴안다

E_ [0407]
However, he has also been criticized for inappropriate physical contact, such as rubbing or patting the heads of bald men.

[0246] criticize ⓐ[원인.수단] 대머리 남성들의 머리를 문지르거나 쓰다듬는 등 부적절한 신체 접촉에 대해 ⓞ그를 ⓥ비난.비평된_ 상태로 변화(變化)시키다 비난.비평하다
[9999] rub ⓞ대머리 남성의 머리를 ⓥ문질러진_ 상태로 변화(變化)시키다 문지르다
[9999] pat ⓞ대머리 남성의 머리를 ⓥ쓰다듬어진_ 상태로 변화(變化)시키다 쓰다듬다

E_ [0408]
She caressed her baby's cheek affectionately with her palm.

[9999] caress ⓐ자신의 손바닥으로, 애정적으로 ⓞ자신의 아기 뺨을 ⓥ애무된, 어루만져진_ 상태로 변화(變化)시키다 어루만지다

E_ [0409]
She twined her arms around him and kissed his cheek.

[9999] twine ⓐ그의 둘레에 ⓞ그녀의 팔을 ⓥ꼬인, 얽힌_ 상태로 변화(變化)시키다 꼬이게 하다, 감싸다
[9999] kiss ⓞ그의 볼을 ⓥ키스.뽀뽀된_ 상태로 변화(變化)시키다 키스.뽀뽀하다

E_ [0410]
The therapist touched his knee to figure out the doloriferous area.

[9999] touch ⓐ[원인.수단] 그 통증 부위를 알아내기 위해 ⓞ그의 무릎을 ⓥ접촉된, 감동된_ 상태로 변화(變化)시키다 접촉하다, 만지다
[9999] figure ⓞ통증 부위를 ⓥ산정.추정하다, 알아내다 알아내다

E_ [0411]

A snowball struck him on the back of the head.

[9999] strike ⓢ눈덩이가 ⓞ그의 뒷통수를 ⓥ타격된, 타결.종결된_ 상태로 변화(變化)시키다 타격.강타하다

E_ [0412]

The robbers hit him over the head with a baseball bat.

[9999] hit ⓐ야구 방망이로 ⓞ그의 머리 위를 ⓥ타격.가격된_ 상태로 변화(變化)시키다 타격.가격하다

E_ [0413]

He slapped her on the cheek. [= He slapped her cheek.]

[9999] slap ⓢ그는 ⓞ그녀의 뺨을 ⓥ가격.강타.타격된_ 상태로 변화(變化)시키다 타격.강타하다

E_ [0414]

A mugger thrashed his victim with a club.

[9999] thrash ⓐ방망이로 ⓞ그의 희생자를 ⓥ호되게 타격된_ 상태로 변화(變化)시키다 타격.강타하다

E_ [0415]

He beat her face with his fist and then raped her.

[9999] beat ⓐ[원인.수단] 그의 주먹으로 ⓞ그녀의 얼굴을 ⓥ타격된_ 상태로 변화(變化)시키다 타격하다, 때리다
[9999] rape ⓞ그녀를 ⓥ강간.폭행된_ 상태로 변화(變化)시키다 강간.폭행하다

E_ [0416]

Army tanks attacked a village near the capital on Sunday.

[0215] attack ⓢ[원인.수단] 군 전차들은 ⓞ수도 인근 마을을 ⓥ공격.비난된_ 상태로 변화(變化)시키다 공격하다

E_ [0417]

Warplanes bombed several areas, killing at least 20.

[9999] bomb ⓢ[원인.수단] 전투기는 ⓞ몇몇 지역들을 ⓥ폭탄 공격된_ 상태로 변화(變化)시키다 폭격하다
[9999] kill ⓞ최소 20명을 ⓥ죽은_ 상태로 변화(變化)시키다 죽이다

E_ [0418]

He also assaulted a woman by slapping her when she refused to give him money.

[9999] assault ⓐ[원인.수단] 그녀를 가격함에 의해 ⓞ한 여자를 ⓥ폭행.공격된_ 상태로 변화(變化)시키다 폭행하다
[9999] slap ⓐ그녀가 그에게 돈을 주는 것을 거절했을 때에 ⓞ그녀를 ⓥ가격.강타.타격된_ 상태로 변화(變化)시키다 타격.강타하다
[0547] refuse ⓞ그에게 돈을 주는 것을 ⓥ반대.꺼꾸로, 붓듯, 거절.거부를 위해_ 이동(移動)시키다 거절.거부하다
[9999] give ⓞ[이동대상] 돈을 ⓞ[이동장소] 그에게 ⓥ주기 위해, 단순히_ 이동(移動)시키다 주다

E_ [0419]

The troops assailed the town with artillery.

[9999] assail ⓐ[원인.수단] 대포로 ⓞ그 마을을 ⓥ공격된_ 상태로 변화(變化)시키다 공격.강타하다

E_ [0420]

He offended everyone with his bad manners.

[9999] offend ⓐ[원인.수단] 그의 나쁜 매너로 ⓞ모든 사람을 ⓥ불쾌한, 모욕.공격된_ 상태로 변화(變化)시키다 불쾌하게 하다, 모욕시키다

E_ [0421]
We will defend our people and uphold our values through the strength of arms and rule of law.

[9999] defend ⓐ[원인.수단] 무기의 힘과 법의 규칙을 통해 ⓑ우리의 국민들을 ⓥ방어.보호.수비된_ 상태로 변화(變化)시키다 방어.보호하다
[9999] uphold ⓐ[원인.수단] 무기의 힘과 법의 규칙을 통해 ⓑ우리의 가치를 ⓥ지지된_ 상태로 변화(變化)시키다 지지하다

E_ [0422]
People should protect endangered species and other animals by conserving their natural environment.

[0216] protect ⓐ그들의 자연 환경을 보존함에 의해 ⓑ멸종 위기종 및 다른 동물들을 ⓥ보호.방어된_ 상태로 변화(變化)시키다 보호하다
[0871] conserve ⓑ자신의 자연 환경을 ⓥ완전히, 유지.보존으로_ 소유(所有)하다 보존.보호하다

E_ [0423]
The treated glass shields your eyes from the sun's ultraviolet rays.

[9999] shield ⓢ[원인.수단] 그 처리된 안경은 ⓐ태양의 자외선으로부터 ⓑ당신의 눈을 ⓥ방어.보호된_ 상태로 변화(變化)시키다 보호하다

E_ [0424]
The secret service guards him against attack.

[9999] guard ⓐ공격에 대비하여 ⓑ그를 ⓥ보호된_ 상태로 변화(變化)시키다 보호하다, 지키다

E_ [0425]
These trees shelter his house from the wind.

[9999] shelter ⓢ[원인.수단] 이 나무들은 ⓐ바람으로부터 ⓑ그의 집을 ⓥ보호된_ 상태로 변화(變化)시키다 보호하다

E_ [0426]
Sure, the media can distort and exaggerate the intended message.

[0262] distort ⓢ그 언론매체는 ⓑ의도된 메시지를 ⓥ비틀린, 왜곡된_ 상태로 변화(變化)시키다 왜곡시키다
[0135] exaggerate ⓢ그 언론매체는 ⓑ의도된 메시지를 ⓥ과장된, 커진_ 상태로 변화(變化)시키다 과장.확대시키다

E_ [0427]
You must not distort (twist) the facts in order to make your report more exciting.

[0262] distort ⓐ[원인.수단] 당신의 보고서를 더 흥미롭게 변화시키기 위해 ⓑ그 사실들을 ⓥ비틀린, 왜곡된_ 상태로 변화(變化)시키다 왜곡시키다
[0263] twist ⓐ[원인.수단] 당신의 보고서를 더 흥미롭게 변화시키기 위해 ⓑ그 사실들을 ⓥ꼬인, 비틀린, 왜곡된_ 상태로 변화(變化)시키다 왜곡시키다
[9999] make ⓒ더 흥분되게 ⓑ당신의 보도.보고서를 ⓥ어떤, 만들어진_ 상태로 변화(變化)시키다 변화시키다, 만들다

E_ [0428]
That liar perverts the truth.

[0385] pervert ⓢ그 거짓말쟁이는 ⓑ그 진실을 ⓥ완전히 뒤집힌, 왜곡된_ 상태로 변화(變化)시키다 뒤집다, 왜곡시키다

E_ [0429]
Those violent video games must have warped your mind.

[9999] warp ⓢ[원인.수단] 이러한 폭력적인 비디오 게임은 ⓑ당신의 마음을 ⓥ비틀린, 왜곡된_ 상태로 변화(變化)시키다 뒤틀리게 하다, 왜곡시키다

E_ [0430]
The warped mirror contorted her image.

[9999] contort ⓢ[원인.수단] 그 비뚤어진 거울은 ⓑ그녀의 이미지를 ⓥ비틀린, 일그러진_ 상태로 변화(變化)시키다 일그러뜨리다, 왜곡시키다

E_ [0431]

The witness's testimony negated what the defendant had claimed.

[0467] negate ⓢ그 증인의 증언은 ⓞ그 피고가 주장했던 것을 ⓥ부정된, 무의, 취소.거부된_ 상태로 변화(變化)시키다 부정.취소.무효화시키다

E_ [0432]

As Iran continues to defy the United Nations Security Council by enriching uranium -- a process that could lead to building nuclear weapons.

[9999] defy ⓐ[원인.수단] 우라늄을 농축함에 의해 ⓞ유엔 안전보장이사회를 ⓥ신뢰 잃은, 부정.불신.배반.거역된_ 상태로 변화(變化)시키다 부정.불신시키다, 거역하다
[0055] enrich ⓞ우라늄을 ⓥ부유.풍요한, 농축된_ 상태로 변화(變化)시키다 농축시키다
[9999] build ⓞ핵무기를 ⓥ건설.건축된, 조성된_ 상태로 변화(變化)시키다 만들다

E_ [0433]

He was unable to deny the charges in the face of new evidence.

[9999] deny ⓐ새로운 증거 앞에서 ⓞ그 혐의를 ⓥ부정.부인된_ 상태로 변화(變化)시키다 부정.부인하다

E_ [0434]

The teacher compelled the students to abnegate their desire to play around.

[0555] compel ⓒ주변에서 노는 그들의 욕구를 포기하는 방향으로 ⓞ그 학생들을 ⓥ완전히, 강압적으로_ 이동(移動)시키다 몰아 붙이다, 강요하다
[0468] abnegate ⓞ놀고 싶은 그들의 욕구.욕망을 ⓥ포기.단념된, 부정.거부된_ 상태로 변화(變化)시키다 포기.단념하다

E_ [0435]

The 12-member council has the authority to annul or validate the election.

[9999] annul ⓞ그 선거를 ⓥ무(無)의, 무효한, 취소된_ 상태로 변화(變化)시키다 무효화시키다
[0081] validate ⓞ그 선거를 ⓥ가치있는, 유효.정당한, 증명.검증된_ 상태로 변화(變化)시키다 유효.정당.타당하게 하다

E_ [0436]

The agency has sued to nullify the contract, claiming it was illegal.

[0404] nullify ⓐ그 계약은 불법적이라고 주장하면서 ⓞ그 계약을 ⓥ무(無)의, 무효의, 취소된_ 상태로 변화(變化)시키다 무효화.취소시키다

E_ [0437]

The vote was voided by the Supreme Court on fraud allegations.

[9999] void ⓐ[원인.수단] 사기 혐의로, 대법원에 의해 ⓞ그 투표를 ⓥ무효.공허한, 빈_ 상태로 변화(變化)시키다 무효화시키다

E_ [0438]

I try to avoid creating such tension with my boss by communication.

[9999] avoid ⓐ[원인.수단] 의사소통에 의해 ⓞ나의 상관과 그런 긴장감을 조성하는 것을 ⓥ무의, 취소된, 회피된, 공허한_ 상태로 변화(變化)시키다 회피하다
[0317] create ⓞ나의 상사와의 그런 긴장감을 ⓥ창조된_ 상태로 변화(變化)시키다 발생시키다, 만들다

E_ [0439]

The 2nd Circuit appeals court vacated the decision and remanded the case.

[9999] vacate ⓢ제2순회항소법원은 ⓞ그 결정을 ⓥ비어있는, 무효의_ 상태로 변화(變化)시키다 무효화시키다
[0787] remand ⓢ제2순회항소법원은 ⓞ그 사건을 ⓥ다시, 송환.반송하는 명령으로_ 표현(表現)하다 파기환송하라고 명령하다

E_ [0440]

The phoney signature invalidated the contract.

[0082] invalidate ⓢ[원인.수단] 그 가짜 서명은 ⓞ그 계약을 ⓥ가치없는, 무효한_ 상태로 변화(變化)시키다 무효화하다, 실효시키다

E_ [0441]
Many scientists plan to wait until the results of the study are validated by future research.

[0081] validate ⓐ[원인.수단] 향후 연구에 의해 ⓞ그 연구 결과를 ⓥ가치있는, 유효.정당한, 증명.검증된_ 상태로 변화(變化)시키다 유효하다고 증명.증증시키다

E_ [0442]
Korean lawmakers recently voted to approve the Free Trade Agreement (FTA) between South Korea and the United States.

[0087] approve ⓞ한미 자유무역협정을 ⓥ승인된_ 상태로 변화(變化)시키다 승인시키다

E_ [0443]
Korea ratified a free-trade agreement with Chile.

[0415] ratify ⓢ한국은 ⓞ칠레와의 자유무역협정을 ⓥ승인.비준.인가된_ 상태로 변화(變化)시키다 승인.비준시키다

E_ [0444]
The resolutions authorised sanctions, blockade and force.

[0442] authorize ⓢ[원인.수단] 그 결의안은 ⓞ제재, 봉쇄, 무력을 ⓥ효력.권위.권한 있는, 승인된_ 상태로 변화(變化)시키다 권한있게 하다, 허가.승인하다

E_ [0445]
The vaccine has been licensed by the US Food and Drug Administration.

[9999] license ⓢ미국 식품의약국(FDA)는 ⓞ그 백신을 ⓥ면허.인가.승인된_ 상태로 변화(變化)시키다 허가.승인하다, 면허주다

E_ [0446]
He has the confidence that characterizes successful businessmen.

[9999] have ⓢ그는 ⓞ성공적인 사업가들을 특징지우는 그 자신감을 ⓥ단순히_ 소유(所有)하다 가지다
[9999] characterize ⓢ[원인.수단] 그 자신감은 ⓞ성공적인 사업가들을 ⓥ표시.특징.구별.특화된_ 상태로 변화(變化)시키다 특별.명확하게 하다, 특징있게 하다

E_ [0447]
You can also personalize your message with various special effects by selecting the following options.

[0449] personalize ⓐ[원인.수단] 다음의 옵션을 선택함에 의해, 시각적 특별 효과로 ⓞ당신의 메시지를 ⓥ개성있는, 특별.독특한_ 상태로 변화(變化)시키다 개성있게 하다, 특별화시키다
[0884] select ⓞ다음의 옵션을 ⓥ선택하여_ 소유(所有)하다 선택하다

E_ [0448]
They are able to customize products accordingly to the consumer's desires.

[9999] customize ⓐ소비자의 욕구에 따라 ⓞ제품들을 ⓥ주문제작된, 특별.독특한_ 상태로 변화(變化)시키다 개성있게 하다, 특별화시키다

E_ [0449]
The treaty specified terms for the withdrawal of troops.

[0240] specify ⓐ[원인.수단] 군대 철수를 위해 ⓞ조건들을 ⓥ특별.명확한, 구체적인_ 상태로 변화(變化)시키다 특별.명확하게 하다, 구체화하다

E_ [0450]
The painter marked the painting in his autograph.

[9999] mark ⓐ[원인.수단] 자신의 자필서명으로 ⓞ그 그림을 ⓥ표시.구별된_ 상태로 변화(變化)시키다 표시로 구별시키다

E_ [0451]

It's hard to distinguish (differentiate) fact from fiction in this novel.

[9999] distinguish ⓐ이 소설안에서. 허구로부터 ⓞ사실을 ⓥ표시.구별된_ 상태로 변화(變化)시키다 구별.표시하다
[0309] differentiate ⓐ이 소설에서, 허구로부터 ⓞ사실을 ⓥ다름.차이가 있는, 차별.구별된_ 상태로 변화(變化)시키다 차별.구별시키다

E_ [0452]

A bank teller can easily distinguish genuine ten-dollar bills from counterfeit ones.

[9999] distinguish ⓐ위조 지폐로부터 ⓞ10달러 진짜 지폐를 ⓥ표시.구별된_ 상태로 변화(變化)시키다 구별.표시하다

E_ [0453]

Sometimes only experts can discriminate counterfeit bills from genuine money.

[9999] discriminate ⓐ진짜 돈으로부터 ⓞ위조 지폐를 ⓥ구별.차별된_ 상태로 변화(變化)시키다 구별하다

E_ [0454]

Her willingness to work hard is what signalizes her from the other students.

[9999] signalize ⓐ[원인.수단] 다른 학생들로부터 ⓞ그녀를 ⓥ표시.구별된_ 상태로 변화(變化)시키다 표시.구분시키다

E_ [0455]

They designated this space as a smoking area.

[9999] designate ⓐ흡연구역으로 ⓞ이 공간을 ⓥ표시.지명.지정된_ 상태로 변화(變化)시키다 지정하다

E_ [0456]

The meetings are staggered throughout the day to give shift workers the opportunity to attend.

[0366] stagger ⓐ[원인.수단] 교대 근무자에게 참석할 기회를 주기 위해, 그 날 하루 종일에 거쳐 ⓞ그 회의를 ⓥ동시가 아닌, 시간 간격 둔, 놀란, 비틀거리는_ 상태로 변화(變化)시키다 시간 간격을 두어 진행시키다 ☞ 회의 시간을 동일 시간으로 정해 진행하는 것에서 변화시킴

E_ [0457]

We offer our employees a flexible schedule that allows them to vary the time at which they begin or end work.

[0533] offer ⓞ[이동대상] 일을 시작하거나 종료하는 시간을 다양화하도록 직원들을 가능하게 하는 유연한 일정을 ⓞ[이동장소] 우리의 직원들에게 ⓥ날라서, 제안.제공으로_ 이동(移動)시키다 제공해 주다
[0185] allow ⓒ그들이 일을 시작하거나 종료하는 시간을 다양화하도록 ⓞ그들_ 직원들을 ⓥ가능한, 허용.인정된_ 상태로 변화(變化)시키다 가능하게 하다, 허용.인정해 주다
[9999] vary ⓞ그들이 일을 시작하거나 종료하는 시간을 ⓥ다양한_ 상태로 변화(變化)시키다 다양화시키다

E_ [0458]

You can select music to accompany your digital photo album and synchronize background sound with pictures.

[0884] select ⓞ당신의 디지털 사진 앨범에 동반할 음악을 ⓥ선택하여_ 소유(所有)하다 선택하다
[0224] accompany ⓢ[원인.수단] 음악은 ⓞ당신의 디지털 사진 앨범을 ⓥ동반.동행된, 결합.보완된_ 상태로 변화(變化)시키다
[0365] synchronize ⓐ사진들과 ⓞ배경 음악.소리를 ⓥ동시화_ 상태로 변화(變化)시키다 동시화시키다

E_ [0459]

Unfortunately; corporate restaurant proliferation has homogenized menus across the country.

[0034] homogenize ⓢ[원인.수단] 기업 레스토랑의 확산은 ⓞ그 나라 전체의 메뉴를 ⓥ균일.동질한_ 상태로 변화(變化)시키다 균일화.동질화시키다

E_ [0460]

The concrete, systematic, structural change can equalize the political, economic and social realities for women and men.

[9999] equalize ⓢ[원인.수단] 그 구체적, 체계적, 구조적 변화는 ⓞ여성과 남성에 대한 정치적, 경제적, 사회적 현실을 ⓥ평등.동등한_ 상태로 변화(變化)시키다 평등.동등하게 하다

【 변화동사_ 타동사 & 자동사 의미 차이화 】 100개 문장 : E_ [0461] ~ [0560]

E_ [0461]
The late afternoon sun brightened the interior of the church.

[0001] brighten ⓢ[원인.수단] 그 늦은 오후 햇살은 ⓞ그 교회 내부를 ⓥ밝은_ 상태로 변화(變化)시키다 밝게 하다

E_ [0462]
Her eyes brightened when she saw him enter the room.

[9999] brighten ⓐ그녀가 그가 그 방에 들어가는 것을 보았을 때에 ⓢ그녀의 눈은 ⓘ밝은_ 상태로 변화되다 밝아지다

E_ [0463]
The evening shadows darkened the room.

[0002] darken ⓢ[원인.수단] 그 저녁 그림자는 ⓞ그 방을 ⓥ어두운_ 상태로 변화(變化)시키다 어둡게 하다

E_ [0464]
The sky began to darken as the storm approached.

[9999] darken ⓐ폭풍이 다가오자 ⓢ그 하늘은 ⓘ어두운_ 상태로 변화되다 어두워지다

E_ [0465]
The government will revitalize the economy and stabilize the people's livelihoods by providing Disaster Assistance Fund.

[9999] revitalize ⓐ[원인.수단] 재난지원금을 공급함에 의해 ⓞ경제를 ⓥ(다시) 활기찬_ 상태로 변화(變化)시키다 다시 활기차게 하다
[0007] stabilize ⓐ[원인.수단] 재난지원금을 공급함에 의해 ⓞ국민들의 생계를 ⓥ안정된_ 상태로 변화(變化)시키다 안정화시키다
[9999] provide ⓐ(국민들에게) ⓞ재난지원금을 ⓥ앞으로, 제공.공급으로_ 이동(移動)시키다 제공.공급하다

E_ [0466]
The economy is also stabilizing and industrial output is improving.

[9999] stabilize ⓢ경제는 ⓘ안정된_ 상태로 변화되다 안정화되다
[9999] improve ⓢ산업생산은 ⓘ개선.향상된_ 상태로 변화되다 개선되다

E_ [0467]
Further increases in imports could destabilize the economy.

[0008] destabilize ⓢ[원인.수단] 수입의 추가적 증가는 ⓞ경제를 ⓥ불안정한_ 상태로 변화(變化)시키다 불안정하게 하다

E_ [0468]
The economy destabilized rapidly.

[9999] destabilize ⓐ빠르게 ⓢ경제는 ⓘ불안정한_ 상태로 변화되다 불안정화되다

E_ [0469]
The ice could be liquefied to be used for drinking water.

[0024] liquefy ⓐ[원인.수단] 식수로 사용되기 위해 ⓞ그 얼음을 ⓥ액체_ 상태로 변화(變化)시키다 액화시키다

E_ [0470]
In great heat, the metal will liquefy.

[9999] liquefy ⓐ큰 열에서 ⓢ그 금속은 ⓘ액체_ 상태로 변화되다 액화되다

E_ [0471]

Writing the dreams down will help solidify them in your mind.

[0025] solidify ⓢ[원인.수단] 그 꿈들을 적어내려 가는 것은 ⓞ당신 마음속 꿈들을 ⓥ고체, 굳은, 견고한_ 상태로 변화(變化)시키다 견고하게 하다

E_ [0472]

The paint had solidified (hardened) in the tin.

[9999] solidify ⓐ그 깡통 안에서 ⓢ그 페인트는 ⓘ고체, 굳은, 견고한_ 상태로 변화되다 굳어지다
[9999] harden ⓐ그 깡통 안에서 ⓢ그 페인트는 ⓘ단단한_ 상태로 변화되다 굳어지다

E_ [0473]

Envy and wrath shorten life.

[0035] shorten ⓢ[원인.수단] 시기와 분노는 ⓞ생명을 ⓥ짧아진_ 상태로 변화(變化)시키다 짧게 하다, 단축시키다

E_ [0474]

In November the temperatures drop and the days shorten.

[9999] shorten ⓐ11월에 ⓢ낮은 ⓘ짧아진_ 상태로 변화되다 짧아지다

E_ [0475]

Shorten or lengthen baking time according to preference.

[0035] shorten ⓐ기호에 따라 ⓞ굽는 시간을 ⓥ짧아진_ 상태로 변화(變化)시키다 짧게 하다, 단축시키다
[0036] lengthen ⓐ기호에 따라 ⓞ굽는 시간을 ⓥ길어진_ 상태로 변화(變化)시키다 길게 하다, 증가시키다

E_ [0476]

The days lengthen in spring.

[9999] lengthen ⓐ봄이 왔을 때에 ⓢ낮은 ⓘ길어진_ 상태로 변화되다 길어지다

E_ [0477]

Time will heal your grief.

[0046] heal ⓢ[원인.수단] 시간은 ⓞ당신의 슬픔을 ⓥ치료.개선된_ 상태로 변화(變化)시키다 치료.치유하다

E_ [0478]

Broken hearts will heal naturally with the passing of time.

[9999] heal ⓐ시간이 흐름과 함께 ⓢ손상된 마음.가슴은 ⓘ치료.개선된_ 상태로 변화되다 치료되다

E_ [0479]

A properly regulated system would ameliorate the situation.

[0051] ameliorate ⓢ[원인.수단] 적절하게 규제된 시스템은 ⓞ그 상황을 ⓥ개선.호전된, 좋은_ 상태로 변화(變化)시키다 개선.호전시키다, 좋게하다

E_ [0480]

The interest in snowboarding is ameliorating rapidly in Korea.

[9999] ameliorate ⓐ한국에서 ⓢ스노우보드에 대한 관심은 ⓘ개선.호전된, 좋은_ 상태로 변화되다 개선되다

E_ [0481]
Steroids should remain illegal because they physically deteriorate the whole body system.

[0052] deteriorate ⓢ[원인.수단] 스테로이드는 ⓞ전신 기관을 ⓥ악화된, 나쁜_ 상태로 변화(變化)시키다 악화시키다, 나쁘게하다

E_ [0482]
The finest machine will deteriorate if it is not given good care.

[9999] deteriorate ⓐ그 기계가 좋은 관리를 받지 못하면 ⓢ가장 좋은 기계는 ⓘ악화된, 나쁜_ 상태로 변화되다 나쁘게되다

E_ [0483]
Smoke will only worsen your cough and dry out your throat even more.

[0053] worsen ⓢ[원인.수단] 흡연은 ⓞ당신의 기침을 ⓥ더 나쁜, 악화된_ 상태로 변화(變化)시키다 악화시키다, 더 나쁘게 하다
[0206] dry ⓢ[원인.수단] 흡연은 ⓞ당신의 목구멍을 ⓥ건조한_ 상태로 변화(變化)시키다 건조시키다

E_ [0484]
His allergy symptoms worsen with the arrival of summer.

[9999] worsen ⓐ여름의 도래로 ⓢ그의 알레르기 증상은 ⓘ더 나쁜, 악화된_ 상태로 변화되다 악화되다, 나빠지다

E_ [0485]
The recipe says you can thicken the sauce by adding flour.

[9999] say ⓢ그 조리법은 ⓞthat 이하를 ⓥ말로_ 표현(表現)하다 말하다, 표현하다
[0061] thicken ⓐ[원인.수단] 밀가루를 첨가함에 의해 ⓞ그 소스를 ⓥ두꺼운, 진한, 걸쭉한_ 상태로 변화(變化)시키다 진하게 하다, 걸쭉하게 하다
[9999] add ⓐ(그 소스에) ⓞ밀가루를 ⓥ가까이, 추가.첨가로_ 이동(移動)시키다 추가하다

E_ [0486]
However, blood should not thicken or coagulate when it is flowing through the body.

[9999] thicken ⓐ혈액이 몸 전체에 흘러갈 때에 ⓢ혈액은 ⓘ두꺼운, 진한, 걸쭉한_ 상태로 변화되다 걸쭉해지다
[9999] coagulate ⓐ혈액이 몸 전체에 흘러갈 때에 ⓢ혈액은 ⓘ응고된_ 상태로 변화되다 응고되다
[9999] flow ⓐ몸 전체에 ⓢ그것.혈액은 ⓘ흘러가듯_ 이동하다 흘러가다

E_ [0487]
Thin the paint with water.

[0062] thin ⓐ[원인.수단] 물로 ⓞ그 페인트를 ⓥ얇은, 묽은_ 상태로 변화(變化)시키다 묽게하다

E_ [0488]
The clouds thinned and the moon shone through.

[9999] thin ⓢ그 구름들은 ⓘ얇은, 묽은_ 상태로 변화되다 엷어지다
[9999] shine ⓐ가로질러 ⓢ그 달은 ⓘ빛나는_ 상태로 변화되다 환해지다, 빛나다

E_ [0489]
Citizens have made altars for the victims along the famed Promenade des Anglais, lightening the street all night long.

[9999] make ⓐ희생자들을 위해, 그 유명한 Promenade des Anglais를 따라 ⓞ제단을 ⓥ어떤, 만들어진_ 상태로 변화(變化)시키다 만들다
[0069] lighten ⓐ밤새도록 ⓞ그 거리를 ⓥ밝은, 가벼운_ 상태로 변화(變化)시키다 밝게 하다

E_ [0490]
The sky began to lighten in the east.

[9999] lighten ⓐ동쪽에서 ⓢ하늘은 ⓘ밝은, 가벼운_ 상태로 변화되다 밝아지다

E_ [0491]
The trees shade the house nicely.

[0070] shade ⓢ[원인.수단] 그 나무들은 ⓞ그 집을 ⓥ그늘진_ 상태로 변화(變化)시키다 그늘지게 하다

E_ [0492]
Distrust of foreigners can shade into racism.

[9999] shade ⓐ인종차별로 ⓢ외국인에 대한 불신은 ⓘ그늘진_ 상태로 변화되다 어두워지다

E_ [0493]
Housework has roughened (coarsened) her hands.

[0073] roughen ⓢ[원인.수단] 집안일은 ⓞ그녀의 손을 ⓥ거친_ 상태로 변화(變化)시키다 거칠게 하다
[0080] coarsen ⓢ[원인.수단] 집안일은 ⓞ그녀의 손을 ⓥ거친, 조잡한_ 상태로 변화(變化)시키다 거칠게 하다

E_ [0494]
His voice roughened with every word.

[9999] roughen ⓐ많은 말로 ⓢ그의 목소리는 ⓘ거친_ 상태로 변화되다 거칠어지다

E_ [0495]
Linseed oil will soften stiff leather.

[0074] soften ⓢ[원인.수단] 아마씨유는 ⓞ뻣뻣한 가죽을 ⓥ부드러운_ 상태로 변화(變化)시키다 부드럽게 하다

E_ [0496]
His voice softened as he spoke to her.

[9999] soften ⓐ그녀에게 말할 때에 ⓢ그의 목소리는 ⓘ부드러운_ 상태로 변화되다 부드러워지다

E_ [0497]
Flatten the dough slightly with the palm of your hand.

[0077] flatten ⓐ[원인.수단] 당신의 손바닥으로, 약간 ⓞ그 반죽을 ⓥ평평한_ 상태로 변화(變化)시키다 편평하게 하다

E_ [0498]
As the economy grew steadily, prices flatten out.

[9999] flatten ⓐ완전히, 경제가 지속적으로 성장함에 따라 ⓢ물가.가격은 ⓘ평평한_ 상태로 변화되다 안정되다, 편평해 지다

E_ [0499]
The rocket steepened its ascent.

[0078] steepen ⓢ[원인.수단] 그 로켓은 ⓞ자체의 상승을 ⓥ가파른_ 상태로 변화(變化)시키다 가파르게 하다

E_ [0500]
The mountain steepens to the top.

[9999] steepen ⓐ정상에서 ⓢ그 산은 ⓘ가파른_ 상태로 변화되다 가팔라지다

E_ [0501]
They smoothed the rough ground with bulldozers.

[0079] smooth ⓐ[원인.수단] 불도저로 ⓞ그 거친 땅을 ⓥ매끄러운_ 상태로 변화(變化)시키다 매끄럽게 하다

E_ [0502]
The sea gradually smoothed down.

[9999] smooth ⓐ점차 ⓢ그 바다는 ⓘ매끄러운_ 상태로 변화되다 평온해지다

E_ [0503]
The six long years in prison had coarsened him.

[0080] coarsen ⓢ[원인.수단] 6년이라는 긴 감옥 생활은 ⓞ그를 ⓥ거친, 조잡한_ 상태로 변화(變化)시키다 거칠게 하다

E_ [0504]
Without that the nature of political discourse in this country will both coarsen and harden.

[9999] coarsen ⓐ그것이 없다면 ⓢ이 나라의 정치 담론의 본질은 ⓘ거친, 조잡한_ 상태로 변화되다 거칠어지다
[9999] harden ⓐ그것이 없다면 ⓢ이 나라의 정치 담론의 본질은 ⓘ단단한_ 상태로 변화되다 경색되다

E_ [0505]
Automobile exhaust is thought to deplete the ozone layer.

[0133] deplete ⓢ[원인.수단] 자동차 배기가스는 ⓞ그 오존층을 ⓥ고갈된_ 상태로 변화(變化)시키다 고갈.피폐시키다

E_ [0506]
Oxygen level will deplete in four minutes.

[9999] deplete ⓐ4분 만에 ⓢ산소 수준은 ⓘ고갈된_ 상태로 변화되다 고갈되다

E_ [0507]
An efficient staff of workers replenished the trays of appetizers almost as quickly as guests emptied them.

[0134] replenish ⓢ유능한 직원들은 ⓞ그 애피타이저 트레이를 ⓥ(다시) 채워진, 충만한_ 상태로 변화(變化)시키다 다시 채우다, 보충시키다
[0131] empty ⓢ손님들은 ⓞ그들_ 후식 트레이를 ⓥ빈_ 상태로 변화(變化)시키다 말끔히 비우다

E_ [0508]
The college population will not replenish at a sufficient rate.

[9999] replenish ⓐ충분한 비율로 ⓢ그 대학 인원은 ⓘ(다시) 채워진, 충만한_ 상태로 변화되다 충만해 지다

E_ [0509]
The speculation boom will inflate the economy.

[0141] inflate ⓢ[원인.수단] 그 투기 붐은 ⓞ경제를 ⓥ팽창한, 부푼_ 상태로 변화(變化)시키다 팽창시키다, 부풀게 하다

E_ [0510]
The alveoli inflate and deflate as we breathe in and out.

[9999] inflate ⓐ우리가 숨을 들이쉬고 내쉼에 따라 ⓢ폐포는 ⓘ팽창한, 부푼_ 상태로 변화되다 팽창되다
[9999] deflate ⓐ우리가 숨을 들이쉬고 내쉼에 따라 ⓢ폐포는 ⓘ수축된_ 상태로 변화되다 위축되다

E_ [0511]
80 out of 180 companies had inflated revenue or deflated debt through accounting manipulation.

[0141] inflate ⓐ[원인.수단] 회계조작을 통해 ⓞ수익을 ⓥ팽창한, 부푼_ 상태로 변화(變化)시키다 증가시키다, 부풀리다
[0142] deflate ⓐ[원인.수단] 회계조작을 통해 ⓞ부채를 ⓥ수축된_ 상태로 변화(變化)시키다 감소시키다, 쪼그라뜨리다

E_ [0512]
But, one way or another, this gigantic bubble has to deflate.

[9999] deflate ⓐ당신의 침묵으로부터 ⓢ이 거대한 거품은 ⓘ수축된_ 상태로 변화되다 위축되다, 꺼지다

E_ [0513]
This program compresses computer files so they can be easily sent by email.

[0143] compress ⓢ[원인.수단] 이 프로그램은 ⓞ컴퓨터 파일을 ⓥ압력 가해진, 압축된_ 상태로 변화(變化)시키다 압축시키다, 용량 감소시키다
[0511] send ⓐ(다른 사람에게) ⓞ그들_ 컴퓨터 파일들을 ⓥ보내서_ 이동(移動)시키다 보내다

E_ [0514]
This type of file compresses easily.

[9999] compress ⓐ쉽게 ⓢ이런 종류의 파일은 ⓘ압력 가해진, 압축된_ 상태로 변화되다 압축되다

E_ [0515]
Rarely, surgery is considered to decompress the nerve.

[0976] consider ⓐ신경을 이완시키기 위해 ⓞ수술에 대해 ⓥ고려.간주하는, 여기는_ 심리(心理)가지다 여기다
[0144] decompress ⓞ그 신경을 ⓥ압력 해제된, 감압된_ 상태로 변화(變化)시키다 압박 해제시키다

E_ [0516]
Deep-sea divers decompress by making a slow rise to the surface of the water.

[9999] decompress ⓐ수면에 느린 상승을 함에 의해 ⓢ심해 잠수부들은 ⓘ압력 해제된, 감압된_ 상태로 변화되다 감압되다

E_ [0517]
We hastened our departure due to the bad weather.

[0147] hasten ⓐ나쁜 날씨 때문에 ⓞ우리의 출발을 ⓥ촉진된, 빠른_ 상태로 변화(變化)시키다 재촉시키다, 빠르게 하다

E_ [0518]
I hasten to reply to your letter.

[9999] hasten ⓐ당신의 편지에 답장하기 위해 ⓢ나는 ⓘ촉진된, 빠른_ 상태로 변화되다 급하게 되다, 빨라지다

E_ [0519]
The plunge in stock prices has slowed the economy.

[0148] slow ⓢ[원인.수단] 그 주가 폭락은 ⓞ경제를 ⓥ느린_ 상태로 변화(變化)시키다 느리게 하다

E_ [0520]
The driver slowed down at a tight bend in the road.

[9999] slow ⓐ그 도로의 급커브에서 ⓢ그 운전자는 ⓘ느린_ 상태로 변화되다 느리게 되다, 속도를 낮추다

E_ [0521]

There was evidence to connect the suspect with the accident.

[0161] connect ⓐ그 사건과 ⓑ그 용의자를 ⓥ연결된_ 상태로 변화(變化)시키다 연관.연결시키다

E_ [0522]

It can connect to the Internet or a smartphone.

[9999] connect ⓐ인터넷이나 스마트폰에 ⓢ그것은 ⓘ연결된_ 상태로 변화되다 연결되다

E_ [0523]

They disconnected the computer from the Internet.

[0162] disconnect ⓐ인터넷으로부터 ⓑ그 컴퓨터를 ⓥ분리.단절된_ 상태로 변화(變化)시키다 분리.단절시키다

E_ [0524]

My computer crashes every time I disconnect from the Internet.

[9999] crash ⓐ내가 인터넷에서 단절할 때마다 ⓢ나의 컴퓨터는 ⓘ충돌된, 박살난_ 상태로 변화되다 충돌되다, 다운되다
[9999] disconnect ⓐ인터넷으로부터 ⓢ나는 ⓘ분리.단절된_ 상태로 변화되다 분리.단절되다

E_ [0525]

We associate giving presents with Christmas.

[0163] associate ⓐ크리스마스와 ⓑ선물을 주는 것을 ⓥ연결.연관된_ 상태로 변화(變化)시키다 연결.연관시키다

E_ [0526]

I don't care to associate with them.

[9999] associate ⓐ그들과 ⓢ나는 ⓘ연결.연관된_ 상태로 변화되다 연결.연관되다

E_ [0527]

We must dissociate ourselves from your terrible blunder.

[0164] dissociate ⓐ당신의 끔찍한 실수로부터 ⓑ우리 자신을 ⓥ분리된_ 상태로 변화(變化)시키다 분리시키다

E_ [0528]

Salts dissociate with their ions when they dissolve in water.

[9999] dissociate ⓐ소금이 물에 녹을 때에, 자신의 이온으로 ⓢ소금은 ⓘ분리된_ 상태로 변화되다 분리.분해되다
[9999] dissolve ⓐ물 속에서 ⓢ소금은 ⓘ용해된, 해산.해체된_ 상태로 변화되다 용해되다

E_ [0529]

They joined (combined) forces to win the contract.

[9999] join ⓐ[원인.수단] 그 계약을 따내기 위해 ⓑ힘들을 ⓥ결합.연결된_ 상태로 변화(變化)시키다 결합시키다, 합치다
[0195] combine ⓐ[원인.수단] 그 계약을 따내기 위해 ⓑ힘들을 ⓥ결합.연결된_ 상태로 변화(變化)시키다 결합.연결시키다, 합치다
[9999] win ⓑ그 계약을 ⓥ이겨_ 소유(所有)하다 따내다, 차지하다

E_ [0530]

The two firms combined to attain better management.

[9999] combine ⓐ더 좋은 경영을 달성하기 위해 ⓢ그 두 회사는 ⓘ결합.연결된_ 상태로 변화되다 결합.합병하다

E_ [0531]
Separate the students into four groups.

[0196] separate ⓐ네 그룹으로 ⓞ그 학생들을 ⓥ분리된_ 상태로 변화(變化)시키다 분리시키다, 나누다

E_ [0532]
My parents separated when I was six and divorced a couple of years later.

[9999] separate ⓐ내가 6살 때에 ⓢ나의 부모님은 ⓘ분리된_ 상태로 변화되다 별거하다
[9999] divorce ⓐ2년후에 ⓢ나의 부모님은 ⓘ이혼한, 분리된_ 상태로 변화되다 이혼.분리시키다, 이혼하다

E_ [0533]
Players hydrate themselves for a minute during a break in the game.

[0203] hydrate ⓢ선수들은 ⓐ경기 휴식 시간의 1분 동안에 ⓞ자기 자신들을 ⓥ촉촉한, 수분공급된_ 상태로 변화(變化)시키다 수분공급하다

E_ [0534]
The body needs to hydrate.

[9999] hydrate ⓢ그 몸은 ⓘ촉촉한, 수분공급된_ 상태로 변화되다 수분공급되다

E_ [0535]
Alcohol can be dehydrating your body which, in turn, may decrease your resistance to bacteria.

[0204] dehydrate ⓢ[원인.수단] 알코올.술은 ⓞ당신의 몸을 ⓥ습분제거된, 탈수된_ 상태로 변화(變化)시키다 탈수.건조시키다
[0039] decrease ⓐ[원인.수단] 알코올.술에 의한 당신의 몸의 탈수는 ⓞ당신의 세균 저항성을 ⓥ감소된_ 상태로 변화(變化)시키다 감소시키다

E_ [0536]
Runners can dehydrate very quickly in this heat.

[9999] dehydrate ⓐ이 더위에, 매우 빨리 ⓢ달리기 선수들은 ⓘ습분제거된, 탈수된_ 상태로 변화되다 탈수되다

E_ [0537]
He wet his hand with spit and gripped the rope.

[0205] wet ⓐ[원인.수단] 침으로 ⓞ그의 손을 ⓥ젖은_ 상태로 변화(變化)시키다 젖게 하다
[9999] grip ⓞ그 밧줄을 ⓥ움켜 잡힌_ 상태로 변화(變化)시키다 움켜 잡다

E_ [0538]
My jacket has wet through.

[9999] wet ⓐ철저하게.완전히 ⓢ나의 재킷은 ⓘ젖은_ 상태로 변화되다 젖게되다

E_ [0539]
Dry this sweater in the shade.

[0206] dry ⓐ그늘 안에서 ⓞ이 스웨터를 ⓥ건조한_ 상태로 변화(變化)시키다 건조시키다, 마르게 하다

E_ [0540]
Wet clothes dry quickly on a sunny day.

[9999] dry ⓐ햇빛 비치는 낮에, 빠르게 ⓢ젖은 옷들은 ⓘ건조한_ 상태로 변화되다 건조해 지다

E_ [0541]
The misunderstanding soured their friendship.

[0209] sour ⓢ[원인.수단] 그 오해는 ⓞ그들의 우정을 ⓥ시큼한, 상한, 악화된_ 상태로 변화(變化)시키다 상하게 하다, 악화시키다

E_ [0542]
The food soured quickly in the hot weather.

[9999] sour ⓐ뜨거운 날씨에서, 빨리 ⓢ그 음식은 ⓘ시큼한, 상한, 악화된_ 상태로 변화되다 상하게되다, 시큼해지다

E_ [0543]
Sweeten the mixture with a little honey.

[0210] sweeten ⓐ[원인.수단] 조금의 꿀로 ⓞ그 혼합물을 ⓥ달콤한, 매혹적인_ 상태로 변화(變化)시키다 달콤하게 하다

E_ [0544]
Rose hips are among those fruits that sweeten up in the cold.

[9999] sweeten ⓐ추위에서 ⓢ이 과일들은 ⓘ달콤한, 매혹적인_ 상태로 변화되다 달콤해지다

E_ [0545]
When my father lost his job, we had to tighten our belts.

[0888] lose ⓢ나의 아버지는 ⓞ그의 직업을 ⓥ부정.반대.마이너스로_ 소유(所有)하다 잃다, 실직하다
[0221] tighten ⓐ[원인.수단] 나의 아버지가 실직했을 때에 ⓞ우리의 허리띠를 ⓥ팽팽.견고한, 쪼인_ 상태로 변화(變化)시키다 졸라매다

E_ [0546]
His gut tightened with fear.

[9999] tighten ⓐ공포로 ⓢ그의 내장은 ⓘ팽팽.견고한, 쪼인_ 상태로 변화되다 딱딱하게 되다, 굳어지다

E_ [0547]
You need to loosen up your muscles before playing.

[0222] loosen ⓐ운동을 하기 전에 ⓞ당신의 근육을 ⓥ느슨한, 이완된_ 상태로 변화(變化)시키다 이완시키다

E_ [0548]
I had to take a tranquilizer to help me loosen up.

[9999] loosen ⓐ완전히 ⓢ나는 ⓘ느슨한, 이완된_ 상태로 변화되다 이완.진정되다

E_ [0549]
His fierce expression withered all who opposed him.

[0225] wither ⓢ[원인.수단] 그의 사나운 표정은 ⓞ그를 반대하는 모든 사람들을 ⓥ시든, 위축된_ 상태로 변화(變化)시키다 위축시키다

E_ [0550]
The fruits and flowers around him would rot and wither away.

[9999] rot ⓢ그의 주위에 있는 과일과 꽃들은 ⓘ부패한_ 상태로 변화되다 썩게되다
[9999] wither ⓢ그의 주위에 있는 과일과 꽃들은 ⓘ시든, 위축된_ 상태로 변화되다 시들게되다

E_ [0551]

The astringent is used to freshen and tighten facial skin.

[0226] freshen ⓢ[원인.수단] 그 수렴제는 ⓞ얼굴 피부를 ⓥ신선.상쾌한_ 상태로 변화(變化)시키다 싱싱하게 하다
[0221] tighten ⓢ[원인.수단] 그 수렴제는 ⓞ얼굴 피부를 ⓥ팽팽.견고한, 쪼인_ 상태로 변화(變化)시키다 팽팽하게 하다

E_ [0552]

You can even freshen up with a shower.

[9999] freshen ⓐ샤워로 ⓢ당신은 ⓘ신선.상쾌한_ 상태로 변화되다 상쾌해지다

E_ [0553]

The leaves are shrivelled up by the frost.

[0227] shrivel ⓢ[원인.수단] 그 서리는 ⓞ나뭇잎들을 ⓥ주름진, 시든, 위축된_ 상태로 변화(變化)시키다 시들게 하다

E_ [0554]

The leaves on the plant had shrivelled up from lack of water.

[9999] shrivel ⓐ수분 부족으로, 완전히 ⓢ그 식물의 잎은 ⓘ주름진, 시든, 위축된_ 상태로 변화되다 주름지다, 오그라들다

E_ [0555]

A hot bath will refresh (rejuvenate) you.

[0228] refresh ⓢ[원인.수단] 뜨거운 목욕은 ⓞ당신을 ⓥ(다시) 신선한_ 상태로 변화(變化)시키다 상쾌하게 하다, 재충전시키다
[9999] rejuvenate ⓢ[원인.수단] 뜨거운 목욕은 ⓞ당신을 ⓥ(다시) 젊어진, 회춘한, 원기회복된_ 상태로 변화(變化)시키다 다시 활기차게하다

E_ [0556]

Flat-panel monitors refresh more quickly than traditional monitors.

[9999] refresh ⓐ기존 모니터보다 더 빨리 ⓢ평면 패널 모니터는 ⓘ(다시) 신선한_ 상태로 변화되다 갱신되다

E_ [0557]

We should not depreciate the value of taking exercise.

[0243] depreciate ⓞ운동을 하는 가치를 ⓥ가치 낮은, 나쁜_ 상태로 변화(變化)시키다 가치 낮게.나쁘게 평가하다, 무시하다

E_ [0558]

Shares continued to depreciate on the stock markets today.

[9999] depreciate ⓐ오늘, 주식시장에서 ⓢ주식들은 ⓘ가치 낮은, 나쁜_ 상태로 변화되다 가격하락하게 되다

E_ [0559]

He could not appreciate the value of the painting because he didn't have an eye for it.

[0244] appreciate ⓐ그는 그림에 대한 안목을 가지지 않기 때문에 ⓞ그 그림의 가치를 ⓥ가치 높은_ 상태로 변화(變化)시키다 높이 평가하다

E_ [0560]

Your investment should appreciate over time.

[9999] appreciate ⓐ시간이 지남에 따라 ⓢ당신의 투자는 ⓘ가치 높은_ 상태로 변화되다 가치 높아지다

【 이동동사_ 타동사 & 자동사 의미 차이 】 60개 문장 : E_ [0561] ~ [0620]

E_ [0561]
Transfer the meat to warm plates.

[0532] transfer ⓐ따뜻한 접시에 ⓞ그 고기를 ⓥ가로질러, 날라서_ 이동(移動)시키다 옮겨담다

E_ [0562]
The exhibition transfers to York City Art Gallery on 23rd January.

[9999] transfer ⓐ1월 23일에, 요크 시티 아트 갤러리로 ⓢ그 전시회는 ⓘ가로질러, 날라서_ 이동하다 옮겨가다

E_ [0563]
A nurse took her arm and led her to a chair.

[0891] take ⓢ한 간호사는 ⓞ그녀의 팔을 ⓥ적극적으로_ 소유(所有)하다 잡다
[0539] lead ⓐ의자에 ⓞ그녀를 ⓥ선도.주도하여_ 이동(移動)시키다 인도하다, 이끌고 가다

E_ [0564]
Excessive drinking can lead to stomach disorders.

[9999] lead ⓐ위장 장애로 ⓢ과도한 음주는 ⓘ선도.주도하여_ 이동하다 이르러 가다

E_ [0565]
With the mobile computer learning centers, we are trying to diffuse computer literacy education throughout the country.

[0544] diffuse ⓐ그 나라 전체에, 모바일 컴퓨터 학습 센터와 함께 ⓞ컴퓨터 사용능력 교육을 ⓥ분리하여, 붓듯_ 이동(移動)시키다 확산.전파시키다

E_ [0566]
Oxygen diffuses from the lungs into the bloodstream.

[9999] diffuse ⓐ폐에서 혈류로 ⓢ산소는 ⓘ분리하여, 붓듯_ 이동하다 확산하여 이동하다

E_ [0567]
The factory discharged chemicals into the river.

[0616] discharge ⓐ강 속으로 ⓞ화학물질을 ⓥ분리하여, 짐.부담.전하.혐의.청구 등으로_ 이동(移動)시키다 방출.방류하다

E_ [0568]
The river discharges into the Pacific Ocean.

[9999] discharge ⓐ태평양 안으로 ⓢ그 강물은 ⓘ분리하여, 짐.부담.전하.혐의.청구 등으로_ 이동하다 흘러 가다

E_ [0569]
He intruded his opinions into the discussion.

[0632] intrude ⓐ그 토론회 안으로 ⓞ자신의 의견들을 ⓥ위.안에, 밀어서_ 이동(移動)시키다 밀어 부치다

E_ [0570]
The sound of the telephone intruded into his dreams.

[9999] intrude ⓐ그의 꿈 안으로 ⓢ그 전화벨 소리는 ⓘ위.안에, 밀어서_ 이동하다 침입해 가다

E_ [0571]
He had to move his mother into a nursing home.

[0657] move ⓐ양로원으로 ⓞ그의 어머니를 ⓥ단순하게_ 이동(移動)시키다 이동시키다, 옮기다

E_ [0572]
He moved closer to her.

[9999] move ⓐ그녀에게 더 가깝게 ⓢ그는 ⓘ단순하게_ 이동하다 이동해 가다

E_ [0573]
The sons even occasionally sneaked the father out of the hospital for fresh air.

[0659] sneak ⓐ병원 밖으로 ⓞ아버지를 ⓥ은밀하게, 몰래_ 이동(移動)시키다 은밀하게.몰래 이동시키다

E_ [0574]
I sneaked out of the house.

[9999] sneak ⓐ그 집 바깥으로 ⓢ나는 ⓘ은밀하게, 몰래_ 이동하다 몰래 빠져나가다

E_ [0575]
Someone leaked some topics unfavorable to Korea to the media.

[0667] leak ⓐ그 언론사에 ⓞ한국에 불리한 몇 가지 이야기 거리를 ⓥ누설로_ 이동(移動)시키다 유출.누설시키다

E_ [0576]
Those who boiled mushrooms also found nutrients leaking out of the mushrooms into the water.

[9999] leak ⓐ버섯 밖에서 물 안으로 ⓢ영양분들은 ⓘ누설로_ 이동하다 새어 나가다

E_ [0577]
Pour the sugar into the bowl.

[0734] pour ⓐ그 그릇 안으로 ⓞ그 설탕을 ⓥ쏟아 붓듯_ 이동(移動)시키다 쏟아 붓다

E_ [0578]
Smoke was pouring out of the upstairs windows.

[9999] pour ⓐ2층 창문 밖으로 ⓢ연기는 ⓘ쏟아 붓듯_ 이동하다 쏟아져 나오다

E_ [0579]
Our society accords great importance to the family.

[9999] accord ⓐ가족에 ⓞ커다란 중요성을 ⓥ동의의 마음으로_ 이동(移動)시키다 부여하다

E_ [0580]
Your heart and tongue must accord.

[9999] accord ⓢ당신의 마음 및 혀는 ⓘ동의의 마음으로_ 이동하다 함께 가다, 일치하다

E_ [0581]

Her husband blew all their savings on a new sports car.

[9999] blow ⓐ새 스포츠카에 ⓑ그들의 모든 저축한 돈을 ⓥ불어_ 이동(移動)시키다 불어 날리다

E_ [0582]

The dust storm from China blows over to Korea on the westerlies.

[9999] blow ⓐ편서풍을 타고, 한국에 ⓢ중국발 황사는 ⓘ불어_ 이동하다 불어오다

E_ [0583]

It bounces heat back into the atmosphere.

[9999] bounce ⓐ대기권으로, 뒤쪽으로 ⓑ열을 ⓥ튕기듯_ 이동(移動)시키다 반사시키다, 되튕기다

E_ [0584]

When light hits an object and bounces off it, this is a reflection

[9999] bounce ⓐ그것.물체 밖으로 ⓢ빛은 ⓘ튕기듯_ 이동하다 튕겨 나가다

E_ [0585]

The teacher crowded the students out of the lecture hall.

[9999] crowd ⓐ강당 밖으로 ⓑ그 학생들을 ⓥ떼지어, 채우기.붐비기 위해_ 이동(移動)시키다 떼지어 몰아가다

E_ [0586]

Hundreds of people crowded into the church for the funeral.

[9999] crowd ⓐ장례식을 위해, 교회 안으로 ⓢ수백 명의 사람들은 ⓘ떼지어, 채우기.붐비기 위해_ 이동하다 떼지어.몰려 가다

E_ [0587]

He dashed some paint on the canvas.

[9999] dash ⓐ캔버스 위에 ⓑ몇가지 물감을 ⓥ내던지듯_ 이동(移動)시키다 뿌리다

E_ [0588]

One day in 1942, Japanese soldiers stormed into her house, and she dashed out the door.

[9999] storm ⓐ그녀의 집 안으로 ⓢ일본 군인들은 ⓘ폭풍처럼_ 이동하다 폭풍처럼 몰려오다
[9999] dash ⓐ그 문 밖으로 ⓢ그녀는 ⓘ내던지듯_ 이동하다 질주하듯.황급히 가다

E_ [0589]

Most workaholics derive their self-esteem from work and neglect their health.

[9999] derive ⓐ일로부터 ⓑ자신들의 자존감을 ⓥ파생.유도로_ 이동(移動)시키다 유도하여 얻다
[0886] neglect ⓢ대부분의 일중독자들은 ⓑ자신의 건강을 ⓥ무.부정으로, 무시로_ 소유(所有)하다 취하지 않다, 무시하다

E_ [0590]

These English words derive from Greek.

[9999] derive ⓐ그리스어에서부터 ⓢ이 영어 단어들은 ⓘ파생.유도로_ 이동하다 유래되다

E_ [0591]
We dispersed seeds over the field.

[9999] disperse ⓐ그 밭 위에 ⓞ씨를 ⓥ분리하여, 여기저기_ 이동(移動)시키다 흩뿌리다, 살포시키다

E_ [0592]
The crowd dispersed after about one hour when police told them to move on

[9999] disperse ⓐ경찰이 그들에게 이동하라고 말하자 약 1시간 후에 ⓢ그 군중들은 ⓘ분리하여, 여기저기_ 이동하다 흩어져 가다, 해산되다

E_ [0593]
They drift the logs down the river to the sawmills.

[9999] drift ⓐ그 제재소에, 강 아래로 ⓞ그 통나무를 ⓥ흘러가듯, 천천히_ 이동(移動)시키다 떠내려 보내다

E_ [0594]
Clouds drifted across the sky.

[9999] drift ⓐ하늘을 가로질러 ⓢ구름들은 ⓘ흘러가듯, 천천히_ 이동하다 떠다니다

E_ [0595]
The tide floated the ship into the harbour.

[9999] float ⓐ그 항구 안으로 ⓞ그 배를 ⓥ띄워_ 이동(移動)시키다 띄워 보내다

E_ [0596]
People seem to float in and out of my life.

[9999] float ⓐ나의 삶 안과 밖으로 ⓢ사람들은 ⓘ띄워_ 이동하다 흘러가다

E_ [0597]
He jammed all his hiking gear into a backpack.

[9999] jam ⓐ배낭 안으로 ⓞ그의 모든 하이킹 장비를 ⓥ막기 위해_ 이동(移動)시키다 밀집되게 쑤셔넣다

E_ [0598]
They all jammed into the car.

[9999] jam ⓐ그 자동차 안으로 ⓢ그들 모두는 ⓘ막기 위해_ 이동하다 꽉막듯이 몰려가다

E_ [0599]
He kicked a ball over the goalpost.

[9999] kick ⓐ골대 위로 ⓞ공을 ⓥ발로 차서_ 이동(移動)시키다 발로 차버리다

E_ [0600]
As adrenaline kicks in and our senses heighten, time seems to slow.

[9999] kick ⓐ안으로 ⓢ아드레날린은 ⓘ발로 차서_ 이동하다 강하게 가다
[9999] heighten ⓢ감각들을 ⓘ높은, 증가된_ 상태로 변화되다 고조되다, 높아지다
[9999] slow ⓢ시간은 ⓘ느린_ 상태로 변화되다 느려지다

E_ [0601]
Mr Carter marched us to the principal's office.

[9999] march ⓐ그 교장실에 ⓞ우리를 ⓥ행진하듯, 억지로_ 이동(移動)시키다 안내하다

E_ [0602]
My high school band marched in a parade.

[9999] march ⓐ퍼레이드에서 ⓢ나의 고등학교 밴드는 ⓥ행진하듯, 억지로_ 이동하다 행진하다

E_ [0603]
Parents pass DNA to their offspring.

[9999] pass ⓐ그들의 자손들에게 ⓞDNA를 ⓥ통과하여, 지나서_ 이동(移動)시키다 전달하다

E_ [0604]
A solar eclipse happens when the Moon passes in front of the Sun

[9999] pass ⓐ태양 앞에 ⓢ달이 ⓥ통과하여, 지나서_ 이동하다 지나쳐가다

E_ [0605]
The sun radiates (emits) light and heat to the earth.

[9999] radiate ⓐ지구에 ⓞ빛과 열을 ⓥ방사하듯_ 이동(移動)시키다 비추다, 발산하다
[0512] emit ⓐ지구에 ⓞ빛과 열을 ⓥ바깥으로, 보내듯_ 이동(移動)시키다 방출.발산하다

E_ [0606]
Light and heat radiate from the sun.

[9999] radiate ⓐ태양 밖으로 ⓢ빛과 열은 ⓥ방사하듯_ 이동하다 발산.방출되다

E_ [0607]
I must return some books to the library.

[9999] return ⓐ도서관에 ⓞ몇권의 책을 ⓥ반대로, 방향 바꿔, 반환으로_ 이동(移動)시키다 되돌려주다, 반환하다

E_ [0608]
Hardy returned to his house in the country.

[9999] return ⓐ그 시골의 자신의 집에 ⓢ하디는 ⓥ반대로, 방향 바꿔, 반환으로_ 이동하다 되돌아가다

E_ [0609]
She sank her hands into her pockets.

[9999] sink ⓐ그녀의 호주머니 안으로 ⓞ그녀의 손을 ⓥ가라앉혀_ 이동(移動)시키다 집어넣다

E_ [0610]
The cultural life of the country will sink into atrophy unless more writers and artists emerge.

[9999] sink ⓐ더 많은 작가 및 예술가들이 출현하지 않는다면, 위축 안으로 ⓢ그 나라의 문화생활은 ⓥ가라앉혀_ 이동하다 빠져들다
[9999] emerge ⓢ더 많은 작가 및 예술가들이 ⓥ밖으로_ 이동하다 출현하다, 밖으로 나타나다

E_ [0611]

Felicia slides her glass forward and he refills it with grape juice.

[9999] slide ⓐ앞으로 ⓞ그녀의 유리잔을 ⓥ미끄러지듯_ 이동(移動)시키다 미끄러지듯이 밀다
[9999] refill ⓐ[원인.수단] 포도주스로 ⓞ그것_ 유리잔을 ⓥ(다시) 채워진, 가득 찬_ 상태로 변화(變化)시키다 다시 채우다

E_ [0612]

The windows slide down at the touch of a button.

[9999] slide ⓐ버튼의 터치에, 아래로 ⓢ그 창문은 ⓘ미끄러지듯_ 이동하다 미끄러지듯 움직이다

E_ [0613]

I managed to slip a few jokes into my speech.

[9999] slip ⓐ나의 연설 안으로 ⓞ몇가지 농담들을 ⓥ미끄러지듯_ 이동(移動)시키다 매끄럽게 가미하다

E_ [0614]

The child slipped from his grasp and ran off.

[9999] slip ⓐ그의 손아귀로부터 ⓢ그 아이는 ⓘ미끄러지듯_ 이동하다 미끄러지듯 빠져나가다
[9999] run ⓐ멀리 ⓢ그 아이는 ⓘ뛰어서_ 이동하다 달려가다, 도망가다

E_ [0615]

You can help yourself feel better by soaking your legs in warm water.

[9999] help ⓒ더 좋게 느끼게 ⓞ당신 자신을 ⓥ도움된_ 상태로 변화(變化)시키다 도움되게 하다, 돕다
[9999] soak ⓐ따뜻한 물 안에 ⓞ당신의 다리를 ⓥ적셔진, 흠뻑 젖은, 담가진_ 상태로 변화(變化)시키다 담가 놓다, 적시다

E_ [0616]

The blood leaks out and soaks into the surrounding tissues.

[9999] leak ⓐ바깥으로 ⓢ그 피는 ⓘ누설로_ 이동하다 새어 나가다
[9999] soak ⓐ주변 조직 안으로 ⓢ그 피는 ⓘ적시기 위해_ 이동하다 젖어 들다

E_ [0617]

She tumbled the contents of her purse out onto the table.

[9999] tumble ⓐ그 테이블 위에, 밖으로 ⓞ그녀 지갑의 내용물을 ⓥ굴려서_ 이동(移動)시키다 굴려 이동시키다

E_ [0618]

A large rock tumbled into the water, dangerously close to several small fishing craft.

[9999] tumble ⓐ작은 어선 몇 척에 위험하게도 가깝게, 그 물 안으로 ⓢ큰 바위가 ⓘ굴려서_ 이동하다 굴러가다

E_ [0619]

Potassium washes out toxic substances through our kidneys.

[9999] wash ⓐ밖으로, 우리의 신장을 통해 ⓞ독성 물질을 ⓥ물로 씻듯이_ 이동(移動)시키다 씻어내다

E_ [0620]

Water washed over the deck.

[9999] wash ⓐ그 갑판 위로 ⓢ물은 ⓘ물로 씻듯이_ 이동하다 세차게 쓸고가다

【 이동동사_ 이동대상 위치 : 부사구 (3형식문장) 】 80개 문장 : E_ [0621] ~ [0700], 전치사 of, with 구분

E_ [0621]
Pedro divested himself of his overcoat.

　　[0549] divest ⓐ[이동대상] 자신의 외투를 ⓞ[이동장소] 페드로 밖으로 ⓥ나쁘게, 벗듯이, 박탈로_ 이동(移動)시키다 벗다

E_ [0622]
The pain makes his head throb and divests his brain of any sort of thinking power.

　　[9999] make ⓒ욱신거리게 ⓞ그의 머리를 ⓥ어떤, 만들어진_ 상태로 변화(變化)시키다 변화시키다, 만들다
　　[0549] divest ⓐ[이동대상] 어떤 종류의 사고력을 ⓞ[이동장소] 그의 머리 밖으로 ⓥ나쁘게, 벗듯이, 박탈로_ 이동(移動)시키다 박탈시키다, 빼앗다

E_ [0623]
She has divested herself of some of her share-holdings.

　　[0549] divest ⓐ[이동대상] 자기 주식의 일부를 ⓞ[이동장소] 그녀 자신 밖으로 ⓥ나쁘게, 벗듯이, 박탈로_ 이동(移動)시키다 매각처분하다

E_ [0624]
I disburdened myself of the secret.

　　[0618] disburden ⓐ[이동대상] 그 비밀을 ⓞ[이동장소] 나 자신 밖으로 ⓥ분리하여, 짐.부담으로_ 이동(移動)시키다 덜어 내다, 털어놓다

E_ [0625]
Ill-fitting contact lenses could deprive the eye of oxygen and cause serious vision problems.

　　[0671] deprive ⓐ[이동대상] 산소를 ⓞ[이동장소] 그 눈 밖으로 ⓥ나쁘게, 박탈로_ 이동(移動)시키다 박탈시키다, 빼앗다
　　[9999] cause ⓢ[원인.수단] 나쁘게 맞춰진.조정된 콘택렌즈는 ⓞ심각한 시력문제를 ⓥ야기된, 원인.결과로 생성된_ 상태로 변화(變化)시키다 야기시키다, 원인.결과로 만들다

E_ [0626]
Rather, Bennett and Kalish argue that homework robs children of the sleep, play, and exercise time they need for proper physical and intellectual development.

　　[9999] argue ⓢ베넷과 칼리쉬는 ⓞthat 이하를 ⓥ주장.설득하는_ 표현(表現)하다 주장하다
　　[0672] rob ⓐ[이동대상] 수면, 놀이, 운동 시간을 ⓞ[이동장소] 어린이 밖으로 ⓥ강탈로_ 이동(移動)시키다 강탈하다, 빼앗다

E_ [0627]
Deer had stripped the tree of its bark. [= Deer had stripped the bark off the tree.]

　　[0673] strip ⓐ[이동대상] 나무 껍질을 ⓞ[이동장소] 그 나무 밖으로 ⓥ옷.껍질 벗기듯_ 이동(移動)시키다 벗겨내다

E_ [0628]
The accident bereaved him of his son.

　　[0674] bereave ⓐ[이동대상] 그의 아들을 ⓞ[이동장소] 그의 밖으로 ⓥ빼앗아_ 이동(移動)시키다 앗아가다, 빼앗다, 잃게하다

E_ [0629]
They dispossessed the person of his property.

　　[0675] dispossess ⓐ[이동대상] 그의 재산을 ⓞ[이동장소] 그 사람 밖으로 ⓥ분리하여, 힘으로, 빼앗아_ 이동(移動)시키다 몰수하다, 빼앗다

E_ [0630]
Nine months after his conviction, however, an appeals judge acquitted him of all charges.

　　[0676] acquit ⓐ[이동대상] 모든 혐의들을, 그의 유죄판결 9개월 후에 ⓞ[이동장소] 그의 밖으로 ⓥ면제.무죄로_ 이동(移動)시키다 면제시켜 주다, 무죄로 하다

E_ [0631]
The midwife delivered Mrs. Smith of a daughter.

[9999] deliver ⓐ[이동대상] 딸을 ⓞ[이동장소] 스미스 부인 밖으로 ⓥ배달.전달.구조로_ 이동(移動)시키다 분만시키다

E_ [0632]
I didn't seek to absolve him of the blame for the conflict.

[9999] absolve ⓐ[이동대상] 그 갈등에 대한 책임.비난을 ⓞ[이동장소] 그의 밖으로 ⓥ면제.사면.해결을 위해_ 이동(移動)시키다 면제해 주다

E_ [0633]
The supreme court cleared him of any wrongdoing and unfroze his assets.

[9999] clear ⓐ[이동대상] 어떤 부정행위를 ⓞ[이동장소] 그의 밖으로 ⓥ깨끗함을 위해_ 이동(移動)시키다 깨끗이 면제시키다
[0028] unfreeze ⓢ대법원은 ⓞ그의 재산을 ⓥ해동된_ 상태로 변화(變化)시키다 해동시키다, 동결을 풀다

E_ [0634]
In some cases, they can completely cure the patient of the illness.

[9999] cure ⓐ[이동대상] 그 병을 ⓞ[이동장소] 그 환자 밖으로 ⓥ치료.조치로_ 이동(移動)시키다 치료하여 없애다

E_ [0635]
His best friend bilked him of $50,000.

[9999] bilk ⓐ[이동대상] 5만불을 ⓞ[이동장소] 그의 밖으로 ⓥ기만하여, 사기쳐서_ 이동(移動)시키다 기만하여 빼앗다

E_ [0636]
She defrauded her employer of thousands of dollars.

[9999] defraud ⓐ[이동대상] 수천 달러를 ⓞ[이동장소] 그녀의 고용주 밖으로 ⓥ나쁘게, 사기.기만으로_ 이동(移動)시키다 속여 빼내다

E_ [0637]
His father's death denuded him of all his hopes for the future.

[9999] denude ⓐ[이동대상] 미래에 대한 그의 희망을 ⓞ[이동장소] 그의 밖으로 ⓥ벗기듯_ 이동(移動)시키다 박탈하다, 벗겨내다

E_ [0638]
The illness depletes the body of important vitamins.

[9999] deplete ⓐ[이동대상] 중요한 비타민들을 ⓞ[이동장소] 몸 밖으로 ⓥ소진.고갈로_ 이동(移動)시키다 소진.고갈시키다

E_ [0639]
Religion disarms the death of its terrors.

[9999] disarm ⓐ[이동대상] 죽음의 공포를 ⓞ[이동장소] 죽음 밖으로 ⓥ무기 빼앗듯_ 이동(移動)시키다 몰아내다, 없애다

E_ [0640]
The personal tragedy had drained him of all spirit.

[9999] drain ⓐ[이동대상] 모든 영혼.기력을 ⓞ[이동장소] 그의 밖으로 ⓥ배출.유출로_ 이동(移動)시키다 배출.유출시키다, 고갈시키다

E_ [0641]
I hereby exonerate you of any wrongdoing.

[9999] exonerate ⓐ[이동대상] 어떤 잘못을 ⓞ[이동장소] 당신 밖으로 ⓥ면제로_ 이동(移動)시키다 면제시키다

E_ [0642]
He closed his eyes trying to purge his mind of anxiety.

[0322] close ⓐ그의 마음 밖으로 불안감을 떨쳐버리기 위해 노력하면서 ⓞ그의 눈을 ⓥ닫힌, 폐쇄.종결된_ 상태로 변화(變化)시키다 감다
[9999] purge ⓐ[이동대상] 불안감을 ⓞ[이동장소] 그의 마음 밖으로 ⓥ정화를 위해_ 이동(移動)시키다 깨끗이 몰아내다, 일소하다

E_ [0643]
The new secretary will relieve us of some of the paperwork.

[9999] relieve ⓐ[이동대상] 몇가지 서류작업을 ⓞ[이동장소] 우리 밖으로 ⓥ뒤로, 경감을 위해_ 이동(移動)시키다 덜어주다

E_ [0644]
Christmas carols and birthday songs remind people of happy times and fond memories.

[9999] remind ⓐ[이동대상] 행복한 시간들과 추억들을 ⓞ[이동장소] 사람(의 마음) 밖으로 ⓥ다시, 상기로_ 이동(移動)시키다 상기시켜 주다

E_ [0645]
He wanted to rid himself of the burden of the secret.

[9999] rid ⓐ[이동대상] 그 비밀의 부담을 ⓞ[이동장소] 그 자신 밖으로 ⓥ제거를 위해_ 이동(移動)시키다 제거하다

E_ [0646]
He injected the tank with water. [= He injected water into the tank.]

[0506] inject ⓐ[이동대상] 물을 ⓞ[이동장소] 그 탱크에 ⓥ위.안에, 던지듯, 주사하듯_ 이동(移動)시키다 주입.투입하다

E_ [0647]
He infused them with the new idea of democracy.

[0541] infuse ⓐ[이동대상] 새로운 민주주의 사상을 ⓞ[이동장소] 그들에게 ⓥ위.안에, 붓듯_ 이동(移動)시키다 주입시키다

E_ [0648]
A genuine compliment will suffuse the recipient with positive feelings, and oil the wheels of social intercourse.

[0546] suffuse ⓐ[이동대상] 긍정적인 감정들을 ⓞ[이동장소] 그 수령자에게 ⓥ아래로, 붓듯_ 이동(移動)시키다 가득차게 하다, 충만시키다
[9999] oil ⓢ진정한 칭찬은 ⓞ사회적 교제라는 바퀴에 ⓥ(이동대상) 오일.기름을_ 이동(移動)시키다 원활하게 하다

E_ [0649]
They vested the chairman with complete authority. [= They vested complete authority in the chairman.]

[0548] vest ⓐ[이동대상] 완전한 권리를 ⓞ[이동장소] 그 의장에게 ⓥ경건하게_ 이동(移動)시키다 부여하다

E_ [0650]
Richard's heavy-rimmed glasses invested him with an air of intelligence.

[0550] invest ⓐ[이동대상] 지적 분위기를 ⓞ[이동장소] 그에게 ⓥ위.안에, 투자로, 경건하게_ 이동(移動)시키다 부여하다

E_ [0651]
However, they hope that they will replace print subscribers with Internet subscribers.

[9999] hope ⓢ그들은 ⓞthat 이하에 대해 ⓥ희망하는_ 심리(心理)가지다 희망하다
[0574] replace ⓐ[이동대상] 인터넷 구독자를 ⓞ[이동장소] 인쇄물 구독자 자리에 ⓥ반대로, 대체를 위해_ 이동(移動)시키다 바꾸어 놓다, 대체.교체시키다

E_ [0652]
His father implanted his mind with virtue.

[0577] implant ⓐ[이동대상] 덕을 ⓞ[이동장소] 그의 마음에 ⓥ위.안에, 이식으로_ 이동(移動)시키다 이식시키다

E_ [0653]
The company repaid our readers with consistently improved, relevant content.

[0584] repay ⓐ[이동대상] 꾸준히 개선된 적절한 컨텐츠를 ⓞ[이동장소] 우리 독자에게 ⓥ반대로, 상환.보답으로_ 이동(移動)시키다 보답으로 주다

E_ [0654]
She juxtaposed antiques with modern furniture in her bedroom.

[0606] juxtapose ⓐ[이동대상] 현대식 가구를 ⓞ[이동장소] 골동품에 ⓥ나란히, 병치식으로_ 이동(移動)시키다 병렬.병치하여 놓다

E_ [0655]
Wisdom, however, does not always endow an author with creativity.

[0608] endow ⓐ[이동대상] 창의력을 ⓞ[이동장소] 작가에게 ⓥ수여.기부하기 위해_ 이동(移動)시키다 부여하다, 주다

E_ [0656]
Relying on extensive press and television coverage, he continued to charge top-level officials with treachery.

[0611] charge ⓐ[이동대상] 반역혐의를, 광범위한 언론과 텔레비전 보동 의존하면서 ⓞ[이동장소] 최고위 관리들에게 ⓥ짐.부담.전하.혐의.청구 등으로_ 이동(移動)시키다 혐의로 부담시키다

E_ [0657]
Her heart was surcharged with grief at the news.

[0615] surcharge ⓐ[이동대상] 슬픔을 ⓞ[이동장소] 그녀의 심장.마음에 ⓥ지나치게, 짐.부담.전하.혐의.청구 등으로_ 이동(移動)시키다 과다 이동시키다

E_ [0658]
I hate to burden you with this.

[0959] hate ⓢ나는 ⓞ당신에게 이것을 부담주는 것에 대해 ⓥ싫어하는_ 심리(心理)가지다 싫어하다
[0617] burden ⓐ[이동대상] 이것을 ⓞ[이동장소] 당신에게 ⓥ짐.부담으로_ 이동(移動)시키다 부담으로 주다

E_ [0659]
You are overburdened with hate.

[0619] overburden ⓐ[이동대상] 증오를 ⓞ[이동장소] 당신에게 ⓥ지나치게, 짐.부담으로_ 이동(移動)시키다 과다 부담시키다

E_ [0660]
They loaded the truck with furniture.

[0623] load ⓐ[이동대상] 가구를 ⓞ[이동장소] 트럭에 ⓥ짐.부담으로_ 이동(移動)시키다 실어 놓다, 적재시키다

E_ [0661]
This school supplies the pupils with books. [=This school supplies books for the pupils.]

[0638] supply ⓐ[이동대상] 책을 ⓞ[이동장소] 학생들에게 ⓥ공급으로_ 이동(移動)시키다 공급.제공하다

E_ [0662]
She rewarded the boy with 5 dollars in recompense for helping her.

[0642] reward ⓐ[이동대상] 5달러를, 그녀를 도와준 것에 대한 보답에서 ⓞ[이동장소] 그 소년에게 ⓥ반대로, 보상.보답으로_ 이동(移動)시키다 보상으로 주다

E_ [0663]
The lid of the box had been inlaid with silver.

[0647] inlay ⓐ[이동대상] 은을 ⓞ[이동장소] 그 박스의 뚜껑에 ⓥ위.안에, 놓기 위해_ 이동(移動)시키다 박아 놓다

E_ [0664]
He interchanged the front tires with the rear ones.

[0685] interchange ⓐ[이동대상] 뒷 타이어를 ⓞ[이동장소] 앞 타이어에 ⓥ상호교환으로_ 이동(移動)시키다 상호교환하다, 서로바꾸다

E_ [0665]
They strewed the earth with seeds.

[0701] strew ⓐ[이동대상] 씨앗을 ⓞ[이동장소] 대지에 ⓥ뿌려서_ 이동(移動)시키다 퍼뜨리다, 흩뿌리다

E_ [0666]
Sprinkle baked squash with salt and pepper.

[0707] sprinkle ⓐ[이동대상] 소금과 후추를 ⓞ[이동장소] 구운 호박에 ⓥ뿌려서_ 이동(移動)시키다 흩뿌리다, 살포시키다

E_ [0667]
After that happened, the same dolphin and his friend splashed the crowd with water.

[0708] splash ⓐ[이동대상] 물을 ⓞ[이동장소] 관중들에게 ⓥ튀겨서_ 이동(移動)시키다 튀기듯 뿌리다

E_ [0668]
He sprayed the wall with paint. [= He sprayed paint on the wall.]

[0709] spray ⓐ[이동대상] 페인트를 ⓞ[이동장소] 그 벽에 ⓥ분사하듯, 분무기로_ 이동(移動)시키다 살포.분사시키다

E_ [0669]
Farmers routinely feed or inject the animals with antibiotics.

[0721] feed ⓐ[이동대상] 항생제를 ⓞ[이동장소] 동물들에게 ⓥ음식.사료로_ 이동(移動)시키다 먹이다
[0506] inject ⓐ[이동대상] 항생제를 ⓞ[이동장소] 동물들에게 ⓥ위.안에, 던지듯, 주사하듯_ 이동(移動)시키다 주입.주사하다

E_ [0670]
Sam wouldn't do her homework until I bribed her with ice cream.

[0724] bribe ⓐ[이동대상] 아이스크림을 ⓞ[이동장소] 그녀에게 ⓥ(이동대상) 뇌물을_ 이동(移動)시키다 뇌물로 주다, 갖다 바치다

E_ [0671]
Some historical dramas spice up the facts with fictional renditions.

[0725] spice ⓐ[이동대상] 허구적 연출을 ⓑ[이동장소] 그 (역사적)팩트.사실에 ⓥ양념으로, 뿌리듯_ 이동(移動)시키다 가미시키다

E_ [0672]
She seasoned hot macaroni with tomato sauce.

[0726] season ⓐ[이동대상] 토마토 소스를 ⓑ[이동장소] 뜨거운 마카로니에 ⓥ양념으로, 뿌리듯_ 이동(移動)시키다 양념으로 첨가하다

E_ [0673]
His fans showered him with various kinds of tributes.

[0733] shower ⓐ[이동대상] 다양한 종류의 찬사들을 ⓑ[이동장소] 그에게 ⓥ쏟아 붓듯_ 이동(移動)시키다 쏟아 붓다

E_ [0674]
Hug your children and lavish them with love.

[9999] hug ⓑ당신의 아이들을 ⓥ포옹된_ 상태로 변화(變化)시키다 포옹하다
[0736] lavish ⓐ[이동대상] 사랑을 ⓑ[이동장소] 그들에게 ⓥ쏟아 붓듯, 풍부하게_ 이동(移動)시키다 아낌없이 주다, 퍼주다

E_ [0675]
He entrusted his nephew with the task.

[0737] entrust ⓐ[이동대상] 그 일을 ⓑ[이동장소] 그의 조카에게 ⓥ믿음으로_ 이동(移動)시키다 믿고 맡기다

E_ [0676]
They pelted the stranger with stones.

[0743] pelt ⓐ[이동대상] 돌을 ⓑ[이동장소] 그 낯선 사람에게 ⓥ던져서_ 이동(移動)시키다 던지다

E_ [0677]
He presented the school with a gift. [= He presented a gift to the school.]

[9999] present ⓐ[이동대상] 선물을 ⓑ[이동장소] 그 학교에 ⓥ앞으로, 선사.발표.제출로_ 이동(移動)시키다 선사하다

E_ [0678]
The foods will provide your body with the essential proteins. [= The foods will provide the essential proteins to your body.]

[9999] provide ⓐ[이동대상] 필수적인 단백질을 ⓑ[이동장소] 당신의 몸에 ⓥ앞으로, 제공.공급으로_ 이동(移動)시키다 제공.공급하다

E_ [0679]
He stowed a little cabin with supplies for mountaineering.

[9999] stow ⓐ[이동대상] 등산용품을 ⓑ[이동장소] 작은 오두막에 ⓥ적재.위치하려고_ 이동(移動)시키다 채워 넣다

E_ [0680]
In 1962, the Korean government posthumously bestowed her with the Order of Merit.

[9999] bestow ⓐ[이동대상] 훈장을, 사후에 ⓑ[이동장소] 그녀에게 ⓥ부여.수여로_ 이동(移動)시키다 수여해 주다

E_ [0681]
He imbued the young boys with a sense of responsibility, adventure, and solidarity by training them like soldiers.

[9999] imbue ⓐ[이동대상] 군인처럼 그들을 훈련함에 의해, 책임감, 모험심, 연대감을 ⓞ[이동장소] 어린 소년들에게 ⓥ위.안에, 스며들듯_ 이동(移動)시키다 심어주다

[9999] train ⓐ군인처럼 ⓞ그들을 ⓥ훈련.교육된_ 상태로 변화(變化)시키다 훈련시키다

E_ [0682]
He baited the trap with a piece of meat.

[9999] bait ⓐ[이동대상] 고기 한 조각을 ⓞ[이동장소] 그 덫에 ⓥ미끼로_ 이동(移動)시키다 미끼로 놓다

E_ [0683]
Your account has been credited with $50,000.

[9999] credit ⓐ[이동대상] 5만 달러를 ⓞ[이동장소] 당신의 계좌에 ⓥ믿음.신뢰로_ 이동(移動)시키다 입금하다

E_ [0684]
Dress the salad with lemon, olive oil, and a little black pepper.

[9999] dress ⓐ[이동대상] 레몬, 올리브유 및 약간의 검은 후추를 ⓞ[이동장소] 그 샐러드에 ⓥ옷으로_ 이동(移動)시키다 드레싱으로 뿌리다

E_ [0685]
They equipped the house with solar panels.

[9999] equip ⓐ[이동대상] 태양광 판넬을 ⓞ[이동장소] 그 집에 ⓥ장착.설치를 위해_ 이동(移動)시키다 장착.설치해 놓다

E_ [0686]
This car is fitted with a shock-absorbing device.

[9999] fit ⓐ[이동대상] 충격 흡수 장치를 ⓞ[이동장소] 이 자동차에 ⓥ맞추기 위해_ 이동(移動)시키다 적합하게 설치하다

E_ [0687]
She furnished her house with new furniture.

[9999] furnish ⓐ[이동대상] 새 가구를 ⓞ[이동장소] 그녀의 집에 ⓥ설치.설비를 위해_ 이동(移動)시키다 비치.설치해 놓다

E_ [0688]
He inculcates the students with radical ideas.

[9999] inculcate ⓐ[이동대상] 과격한 사상을 ⓞ[이동장소] 학생들에게 ⓥ위.안에, 가르침으로_ 이동(移動)시키다 가르쳐 주다, 주입시키다

E_ [0689]
Both films intersperse the action with interviews with historic figures.

[9999] intersperse ⓐ[이동대상] 역사적 인물들과의 인터뷰를 ⓞ[이동장소] 그 영상에 ⓥ사이.중간에, 뿌리듯_ 이동(移動)시키다 중간중간에 집어넣다

E_ [0690]
They lined the coast with the defenses.

[9999] line ⓐ[이동대상] 그 방어시설을 ⓞ[이동장소] 그 해안가에 ⓥ선상으로_ 이동(移動)시키다 선상에 배치하다

E_ [0691]
The bus was overloaded with tourists and their luggage.

[9999] overload ⓐ[이동대상] 관광객들과 그들의 짐을 ⓞ[이동장소] 그 버스에 ⓥ지나치게, 짐.부하 등을_ 이동(移動)시키다 과다 적재하다

E_ [0692]
The goal was to resupply Huguette 6 with water and ammunition.

[9999] resupply ⓐ[이동대상] 물과 군수품을 ⓞ[이동장소] Huguette 6호에 ⓥ다시, 공급으로_ 이동(移動)시키다 재공급하다

E_ [0693]
The policy failures saddled many farmers with huge debts.

[9999] saddle ⓐ[이동대상] 막대한 부채를 ⓞ[이동장소] 많은 농부들에게 ⓥ안장.부담으로_ 이동(移動)시키다 부담 지우다

E_ [0694]
In March last year, the EU slapped the U.S. software maker with a fine of 497 million euros ($586 million) and also ordered the company to strip its Media Player software from some versions of Windows.

[9999] slap ⓐ[이동대상] 4억9700만 유로(5억8600만 달러)의 벌금을 ⓞ[이동장소] 미국 소프트웨어 제조업체에게 ⓥ타격으로, 벌금등을_ 이동(移動)시키다 세게 부과시키다
[9999] order ⓒ일부 버전의 윈도우에서 미디어 플레이어 소프트웨어를 제거하도록 ⓞ그 회사에 ⓥ명령.주문하는_ 표현(表現)하다 명령하다, 주문하다
[0673] strip ⓐ일부 버전의 윈도우 밖으로 ⓞ미디어 플레이어 소프트웨어를 ⓥ옷.껍질 벗기듯_ 이동(移動)시키다 제거시키다, 빼내다

E_ [0695]
The walls were splattered with blood.

[9999] splatter ⓐ[이동대상] 피를 ⓞ[이동장소] 그 벽에 ⓥ튀겨서_ 이동(移動)시키다 튀기듯 뿌리다

E_ [0696]
They staffed the school with excellent teachers.

[9999] staff ⓐ[이동대상] 우수한 선생님들을 ⓞ[이동장소] 그 학교에 ⓥ직원 배치로_ 이동(移動)시키다 직원으로 배치하여 놓다

E_ [0697]
She stuffed a bag with papers. [= She stuffed papers into a bag.]

[9999] stuff ⓐ[이동대상] 종이를 ⓞ[이동장소] 그 가방에 ⓥ충전물로, 채우기 위해_ 이동(移動)시키다 채워 넣다

E_ [0698]
His teammates have tagged him with a second nickname.

[9999] tag ⓐ[이동대상] 두 번째 별명을 ⓞ[이동장소] 그에게 ⓥ택으로_ 이동(移動)시키다 붙여주다

E_ [0699]
We were tasked with completing the job by the end of 2006.

[9999] task ⓐ[이동대상] 2006년 말까지 그 일을 완료해야 하는 것을 ⓞ[이동장소] 우리에게 ⓥ임무.과업으로_ 이동(移動)시키다 임무.과업으로 주다
[9999] complete ⓐ2006년 말까지 그 일을 ⓥ완전히 채워진, 완성.완료된_ 상태로 변화(變化)시키다 완성.완료시키다

E_ [0700]
I trusted him with my car. [= I trusted my car to him.]

[9999] trust ⓐ[이동대상] 나의 자동차를 ⓞ[이동장소] 그에게 ⓥ믿음으로_ 이동(移動)시키다 믿고 맡기다

【 표현동사_ 표현내용 위치 : 부사구 (3형식문장) 】 30개 문장 : E_ [0701] ~ [0730]

E_ [0701]
I admonished him of his duty.

[9999] admonish ⓐ그의 의무를 ⓞ그에게 ⓥ질타.훈계.충고하는_ 표현(表現)하다 질타.훈계.충고하다

E_ [0702]
I admonished him of the danger.

[9999] admonish ⓐ그 위험을 ⓞ그에게 ⓥ질타.훈계.충고하는_ 표현(表現)하다 질타.훈계.충고하다

E_ [0703]
Her lawyers have advised her against saying anything to the newspapers.

[0826] advise ⓐ그 신문사에 어떤 것도 말하지 말것을 ⓞ그녀에게 ⓥ조언.권고.충고.경고하는, 알리는_ 표현(表現)하다 권고하다

E_ [0704]
He also advised ministers and departments on particular legal matters and drafted legislation according to their needs.

[0826] advise ⓐ특정한 법률 문제에 대해 ⓞ장관 및 부서들에게 ⓥ조언.권고.충고.경고하는, 알리는_ 표현(表現)하다 조언하다
[9999] draft ⓐ그들의 요구에 따라 ⓞ입법안을 ⓥ징집된, 초안으로 만들어진_ 상태로 변화(變化)시키다 초안으로 만들다

E_ [0705]
You will be advised of the requirements.

[0826] advise ⓐ그 필요조건을 ⓞ당신에게 ⓥ조언.권고.충고.경고하는, 알리는_ 표현(表現)하다 조언.권고.충고.경고하다, 알리다

E_ [0706]
The patient was advised of the fracture and was managed conservatively with a splint.

[0826] advise ⓐ그 골절을 ⓞ그 환자에게 ⓥ조언.권고.충고.경고하는, 알리는_ 표현(表現)하다 알리다
[9999] manage ⓐ[원인.수단] 부목으로, 보수적으로 ⓞ그 환자를 ⓥ적절히 조치.관리된_ 상태로 변화(變化)시키다 적절히 조치.관리하다

E_ [0707]
A pharmacist has a duty to warn patients about drug dangers.

[0827] warn ⓐ약의 위험성에 대해 ⓞ환자에게 ⓥ경고하는_ 표현(表現)하다 경고하다

E_ [0708]
The guards were accused of torturing prisoners.

[0828] accuse ⓐ죄수들을 고문하였다고 ⓞ그 간수들을 ⓥ고발.비난하는_ 표현(表現)하다 고발.비난하다
[9999] torture ⓞ죄수들을 ⓥ고문된, 괴로운, 고통스러운_ 상태로 변화(變化)시키다 고문하다, 괴롭게 하다

E_ [0709]
He tried to impeach Mr Premadasa, accusing the president of corruption.

[0348] impeach ⓞ프레마다사 대통령을 ⓥ탄핵된_ 상태로 변화(變化)시키다 탄핵시키다
[0828] accuse ⓐ부패로 ⓞ그 대통령을 ⓥ고발.비난하는_ 표현(表現)하다 고발.비난하다

E_ [0710]
He accused other scientists of plagiarizing his research.

[0828] accuse ⓐ그의 연구를 표절하였다고 ⓞ다른 과학자들을 ⓥ고발.비난하는_ 표현(表現)하다 고발.비난하다
[9999] plagiarize ⓞ그의 연구를 ⓥ표절.도용된, 표절로 만들어진_ 상태로 변화(變化)시키다 표절.도용하다

E_ [0711]
Union leaders accused management of dishonouring existing pay agreements.

[0828] accuse ⓐ기존의 임금협정을 파기했다고 ⓞ경영진을 ⓥ고발.비난하는_ 표현(表現)하다 고발.비난하다
[0112] dishonor ⓞ기존의 임금협정을 ⓥ불명예스러운_ 상태로 변화(變化)시키다 파기.훼손시키다

E_ [0712]
A teenage mother was accused of smothering her 3-month-old daughter.

[0828] accuse ⓐ그녀의 생후 3개월 된 딸을 질식시킨 내용으로 ⓞ한 십대 엄마를 ⓥ고발.비난하는_ 표현(表現)하다 고발.비난하다
[9999] smother ⓞ그녀의 생후 3개월 된 딸을 ⓥ질식.억제된_ 상태로 변화(變化)시키다 질식시키다

E_ [0713]
The US government was accused of supplying the rebels with arms and equipment.

[0828] accuse ⓐ반군들에게 무기와 장비를 공급한 것으로 ⓞ미국 정부에 대해 ⓥ고발.비난하는_ 표현(表現)하다 고발.비난하다
[0638] supply ⓐ[이동대상] 무기와 장비를 ⓞ[이동장소] 그 반군들에게 ⓥ공급으로_ 이동(移動)시키다 공급.제공하다

E_ [0714]
Band members have been accused of trashing their hotel rooms.

[0828] accuse ⓐ그들의 호텔방을 엉망으로 변화시킨 것으로 ⓞ그 밴드 단원들을 ⓥ고발.비난하는_ 표현(表現)하다 고발.비난하다
[9999] trash ⓞ자신의 호텔방을 ⓥ쓰레기 같은, 난장판의, 버려진_ 상태로 변화(變化)시키다 쓰레기처럼 만들다, 난장판으로 만들다

E_ [0715]
He informed me of his decision.

[0830] inform ⓐ그의 결정을 ⓞ나에게 ⓥ통지하는, 알리는_ 표현(表現)하다 알리다, 통지하다

E_ [0716]
I must apprise you of an emergency situation.

[0831] apprise ⓐ긴급 상황을 ⓞ당신에게 ⓥ통지하는_ 표현(表現)하다 통지하다, 알리다

E_ [0717]
Please notify all distributors of the upcoming price hike.

[0832] notify ⓐ다가오는 가격 인상을 ⓞ모든 대리점에 ⓥ통지하는_ 표현(表現)하다 통지하다, 알리다

E_ [0718]
We are currently looking into alternative ports and will soon notify you of a new delivery date.

[0832] notify ⓐ새로운 배달 날짜를 ⓞ당신에게 ⓥ통지하는_ 표현(表現)하다 통지하다, 알리다

E_ [0719]
America is assured of the active assistance of its EU and NATO partners.

[9999] assure ⓐ유럽연합과 나토 회원국들의 적극적인 지원을 ⓞ미국에게 ⓥ보증.확신하는_ 표현(表現)하다 확언.보장하다

E_ [0720]
Here you can be assured of three things: a warm welcome, fabulous food and a lively atmosphere.

[9999] assure ⓐ세 가지_ 따뜻한 환영, 멋진 음식, 활기찬 분위기를 ⓞ당신에게 ⓥ보증.확신하는_ 표현(表現)하다 확언.보장하다

E_ [0721]
Reporters quizzed the President on tax policy and Central America.

[0836] quiz ⓐ세금 정책과 중앙 아메리카에 대해 ⓑ대통령에게 ⓥ질문.심문하는_ 표현(表現)하다 질문하다

E_ [0722]
I have to quiz him about everything and even then he won't tell the whole truth.

[0836] quiz ⓐ모든 것에 대해 ⓑ그에게 ⓥ질문.심문하는_ 표현(表現)하다 질문하다
[0801] tell ⓢ그는 ⓞ그 모든 진실을 ⓥ말로, 단순하게_ 표현(表現)하다 말하다, 표현하다

E_ [0723]
It took a lot of persuasions to convince the committee of the advantages of the new scheme.

[0891] take ⓢ그 위원회에 새로운 계획의 장점을 확신시키는 것은 ⓞ많은 설득을 ⓥ적극적으로_ 소유(所有)하다 필요로 하다, 취하다
[9999] convince ⓐ새로운 계획의 장점을 ⓑ그 위원회에 ⓥ설득.납득.확신시키는_ 표현(表現)하다 납득.설득.확신시키다

E_ [0724]
He tried to convince me of his innocence (that he was innocent).

[9999] convince ⓐ그의 결백.무죄를 ⓑ나에게 ⓥ설득.납득.확신시키는_ 표현(表現)하다 납득.설득.확신시키다

E_ [0725]
How many more deaths will it take to convince the authorities of the need to test drugs more thoroughly?

[9999] convince ⓐ마약을 더 철저하게 검사할 필요성을 ⓑ그 당국에 ⓥ설득.납득.확신시키는_ 표현(表現)하다 납득.설득.확신시키다
[9999] test ⓐ더 철저하게 ⓑ마약들을 ⓥ테스트.검사.시험된_ 상태로 변화(變化)시키다 테스트.검사하다

E_ [0726]
You'll need to convince them of your enthusiasm for the job.

[9999] convince ⓐ그 일에 대한 당신의 열정을 ⓑ그들에게 ⓥ설득.납득.확신시키는_ 표현(表現)하다 납득.설득.확신시키다

E_ [0727]
She lectured her children on good table manners.

[9999] lecture ⓐ좋은 식사 예절에 대해 ⓑ그녀의 아이들에게 ⓥ설교.강의로_ 표현(表現)하다 설교.강의하다

E_ [0728]
She lectured the students on diplomacy.

[9999] lecture ⓐ외교에 대해 ⓑ그 학생들에게 ⓥ설교.강의로_ 표현(表現)하다 설교.강의하다

E_ [0729]
My family members aren't very rude, so they wouldn't nag me about being jobless.

[9999] nag ⓐ무직인 것에 대해 ⓑ나에게 ⓥ잔소리하는_ 표현(表現)하다 잔소리하다

E_ [0730]
He nags his staff about petty details.

[9999] nag ⓐ사소한 세부 사항들에 대해 ⓑ그의 직원들에게 ⓥ잔소리하는_ 표현(表現)하다 잔소리하다

【 이동동사_ 이동대상 위치 : 직접목적어 (4형식문장) 】 50개 문장 : E_ [0731] ~ [0780]

E_ [0731]
We will send you the finalized delivery schedule by January 17.

[0511] send ⓞ[이동대상] 최종 배송 일정을 ⓞ[이동장소] 당신에게 ⓥ보내서_ 이동(移動)시키다 보내주다

E_ [0732]
If they offer me the job, I'll take it.

[0533] offer ⓞ[이동대상] 그 일.직업을 ⓞ[이동장소] 나에게 ⓥ날라서, 제안.제공으로_ 이동(移動)시키다 제공해 주다
[0891] take ⓢ나는 ⓞ그것_ 일.직업을 ⓥ적극적으로_ 소유(所有)하다 취하다, 받아들이다

E_ [0733]
He was the first to give workers a 40 hour workweek and he paid them a very high minimum wage of $5 per day.

[9999] give ⓞ[이동대상] 주 40시간을 ⓞ[이동장소] 노동자에게 ⓥ주기 위해, 단순히_ 이동(移動)시키다 주다
[0581] pay ⓞ[이동대상] 하루에 5달러라는 매우 높은 최저임금을 ⓞ[이동장소] 그들에게 ⓥ지불.보답으로_ 이동(移動)시키다 지불하다

E_ [0734]
I fully intend to repay them the money that they lent me.

[9999] intend ⓢ나는 ⓞ그들이 나에게 빌려준 그 돈을 그들에게 갚아야 하는 것에 대해 ⓥ작정.의도.결심하는_ 심리(心理)가지다 작정.의도하다
[0584] repay ⓞ[이동대상] 그 돈을 ⓞ[이동장소] 그들에게 ⓥ반대로, 상환.보답으로_ 이동(移動)시키다 상환하다, 갚다
[0661] lend ⓞ[이동대상] 그 돈을 ⓞ[이동장소] 나에게 ⓥ대여로_ 이동(移動)시키다 빌려주다

E_ [0735]
The equipment is all brand-new, and they assign you a personal trainer, if you want one.

[0588] assign ⓞ[이동대상] 개인 트레이너를 ⓞ[이동장소] 당신에게 ⓥ배치.배정.지정으로_ 이동(移動)시키다 배정해 주다
[9999] want ⓢ당신은 ⓞ개인 트레이너에 대해 ⓥ원하는_ 심리(心理)가지다 원하다

E_ [0736]
The restaurant charged us £40 for the wine.

[0611] charge ⓞ[이동대상] 40파운드를 ⓞ[이동장소] 우리에게 ⓥ짐.부담.전하.혐의.청구 등으로_ 이동(移動)시키다 청구로 부담시키다

E_ [0737]
The university awarded her a scholarship.

[0641] award ⓞ[이동대상] 장학금을 ⓞ[이동장소] 그녀에게 ⓥ상으로_ 이동(移動)시키다 상으로 수여하다

E_ [0738]
Could you forward me her email, and I'll get back to her?

[0643] forward ⓞ[이동대상] 그녀의 이메일을 ⓞ[이동장소] 나에게 ⓥ전송.발송으로_ 이동(移動)시키다 전송해 주다

E_ [0739]
I managed to sneak him a note. [= I managed to sneak a note to him.]

[0659] sneak ⓞ[이동대상] 메모를 ⓞ[이동장소] 그에게 ⓥ은밀하게, 몰래_ 이동(移動)시키다 몰래 주다

E_ [0740]
He leaned in to talk and smuggle her a cigarette.

[0660] smuggle ⓞ[이동대상] 담배를 ⓞ[이동장소] 그녀에게 ⓥ은밀하게, 몰래_ 이동(移動)시키다 몰래 주다

E_ [0741]
Merrill Lynch lends this affiliate $5 billion.

[0661] lend ⓞ[이동대상] 50억 달러를 ⓞ[이동장소] 이 계열사에 ⓥ대여로_ 이동(移動)시키다 빌려주다

E_ [0742]
The IMF has already loaned the country $11 billion.

[0662] loan ⓞ[이동대상] 110억 달러를 ⓞ[이동장소] 그 나라에게 ⓥ대여.대출로_ 이동(移動)시키다 빌려주다, 대출해 주다

E_ [0743]
She agreed to rent me the room. [= She agreed to rent the room to me.]

[0664] rent ⓞ[이동대상] 그 방을 ⓞ[이동장소] 나에게 ⓥ임대로_ 이동(移動)시키다 빌려 주다

E_ [0744]
I'll trade you my baseball for those two cars.

[0683] trade ⓞ[이동대상] 나의 야구공을 ⓞ[이동장소] 당신에게 ⓥ거래.무역.교환으로_ 이동(移動)시키다 교환.거래로 주다

E_ [0745]
If you feed your baby powdered milk, prepare a baby bottle drying rack.

[0721] feed ⓞ[이동대상] 분유를 ⓞ[이동장소] 당신의 아기에게 ⓥ음식.사료로_ 이동(移動)시키다 먹이다
[9999] prepare ⓞ젖병 건조대를 ⓥ준비.마련된_ 상태로 변화(變化)시키다 준비.마련시키다

E_ [0746]
Empty your glass and let me pour you another.

[0131] empty ⓞ당신의 유리잔을 ⓥ빈_ 상태로 변화(變化)시키다 말끔히 비우다
[0734] pour ⓞ[이동대상] 또다른 한잔을 ⓞ[이동장소] 당신에게 ⓥ쏟아 붓듯_ 이동(移動)시키다 부어 주다

E_ [0747]
He flung me a stream of abuse.

[0742] fling ⓞ[이동대상] 일련의 욕을 ⓞ[이동장소] 나에게 ⓥ내던져_ 이동(移動)시키다 내던지다, 퍼붓다

E_ [0748]
The court granted her a decree of divorce.

[0748] grant ⓞ[이동대상] 이혼 결정을 ⓞ[이동장소] 그녀에게 ⓥ교부.하사로_ 이동(移動)시키다 수여.하사.교부하여 주다

E_ [0749]
We interrupt this program to bring you a special bulletin.

[0380] interrupt ⓐ[원인.수단] 당신에게 속보를 전달하기 위해 ⓞ이 프로그램을 ⓥ중간에 깨져 막힌, 중단.방해된_ 상태로 변화(變化)시키다 중단시키다
[0749] bring ⓞ[이동대상] 특별한 속보를 ⓞ[이동장소] 당신에게 ⓥ가져와_ 이동(移動)시키다 가져다 주다

E_ [0750]
He handed me the document without comment.

[0750] hand ⓞ[이동대상] 그 서류를 ⓞ[이동장소] 나에게 ⓥ손으로_ 이동(移動)시키다 손으로 건네주다

E_ [0751]
Please rush us the details by airmail.

[9999] rush ⓞ[이동대상] 상세한 것을 ⓞ[이동장소] 우리에게 ⓥ급하게_ 이동(移動)시키다 급히 보내주다

E_ [0752]
Unfortunately, education does not bestow you wisdom.

[9999] bestow ⓞ[이동대상] 지혜를 ⓞ[이동장소] 당신에게 ⓥ부여.수여로_ 이동(移動)시키다 부여해 주다

E_ [0753]
The company is reimbursing these immigrants the biennial fee they must pay to stay in the program.

[9999] reimburse ⓞ[이동대상] 그 프로그램에 머물기 위해 지불해야 하는 2년에 한번 지불하는_ 요금을 ⓞ[이동장소] 이러한 이주자에게 ⓥ반대로, 변제.상환으로_ 이동(移動)시키다 상환해 주다
[0581] pay ⓐ그 프로그램에 머물기 위해 ⓞ2년에 한번 지불하는_ 요금을 ⓥ지불.보답으로_ 이동(移動)시키다 지불하다

E_ [0754]
Your presence will afford us great pleasure.

[9999] afford ⓞ[이동대상] 커다란 기쁨을 ⓞ[이동장소] 우리에게 ⓥ여유있게_ 이동(移動)시키다 여유롭게 주다

E_ [0755]
David built us a shed in the backyard.

[9999] build ⓞ[이동대상] 헛간을 ⓞ[이동장소] 우리에게 ⓥ만들어서_ 이동(移動)시키다 만들어 주다

E_ [0756]
I caught him a blow on the jaw.

[9999] catch ⓞ[이동대상] 턱에 타격을 ⓞ[이동장소] 그에게 ⓥ잡아서_ 이동(移動)시키다 잡아 갈기다

E_ [0757]
I fetched him a blow on the jaw.

[9999] fetch ⓞ[이동대상] 턱에 타격을 ⓞ[이동장소] 그에게 ⓥ가져와_ 이동(移動)시키다 갈겨주다

E_ [0758]
Could you please get me some ice to numb her ear lobes?

[9999] get ⓞ[이동대상] 얼마의 얼음을 ⓞ[이동장소] 나에게 ⓥ얻어_ 이동(移動)시키다 얻어주다
[9999] numb ⓞ그녀의 귓볼을 ⓥ마비된, 무감각한, 무의_ 상태로 변화(變化)시키다 마비시키다, 무감각하게 하다

E_ [0759]
The circus father inculcated his children all professional skills as an acrobat, motorcyclist, magician, dancer and clown.

[9999] inculcate ⓞ[이동대상] 곡예사, 오토바이 연주자, 마술사, 무용가, 광대 등 모든 전문 기술을 ⓞ[이동장소] 그의 자식들에게 ⓥ위.안에, 가르침으로_ 이동(移動)시키다 가르쳐 주다, 주입시키다

E_ [0760]
Can you pass me that bag by your feet?

[9999] pass ⓞ[이동대상] 당신 발 옆에 있는 그 가방을 ⓞ[이동장소] 나에게 ⓥ통과하여, 지나서_ 이동(移動)시키다 전달해 주다

E_ [0761]
He posted her the cheque.

[9999] post ⊚[이동대상] 그 수표를 ⊚[이동장소] 그녀에게 ⓥ우편으로, 게재로_ 이동(移動)시키다 우편으로 보내다

E_ [0762]
Belgium refused to resupply us ammunition when we asked for it.

[9999] resupply ⊚[이동대상] 탄약을 ⊚[이동장소] 우리에게 ⓥ다시, 공급으로_ 이동(移動)시키다 재공급하다

E_ [0763]
The chief set me a difficult task.

[9999] set ⊚[이동대상] 어려운 일을 ⊚[이동장소] 나에게 ⓥ설치.설정.세팅으로_ 이동(移動)시키다 설정해 주다

E_ [0764]
He stroked the robber a glancing blow.

[9999] stroke ⊚[이동대상] 눈깜짝할 일격을 ⊚[이동장소] 그 강도에게 ⓥ_ 이동(移動)시키다 타격으로 가하다

E_ [0765]
The board voted the city 10 thousand dollars for the project.

[9999] vote ⊚[이동대상] 그 프로젝트를 위한 1만 달러를 ⊚[이동장소] 그 도시에 ⓥ투표로_ 이동(移動)시키다 투표하여 주다

E_ [0766]
He earned his doctorate in 1905 from the University of Zurich, and published three articles that won him great acclaim.

[9999] earn ⓐ1905년에, 취리히 대학으로부터 ⊚그의 박사학위를 ⓥ벌어, 힘써_ 소유(所有)하다 취득하다, 따다
[9999] publish ⊚세 편의 논문을 ⓥ공표.출판.간행된_ 상태로 변화(變化)시키다 발표.공표하다
[9999] win ⊚[이동대상] 큰 호응.환호를 ⊚[이동장소] 그에게 ⓥ이겨, 얻어_ 이동(移動)시키다 얻어 주다

E_ [0767]
He presented her the gift. [= He presented the gift to her.]

[9999] present ⊚[이동대상] 선물을 ⊚[이동장소] 그녀에게 ⓥ앞으로, 선사.발표.제출로_ 이동(移動)시키다 선사하다

E_ [0768]
Bankers appraise all applicants' financial circumstances before issuing them credit cards.

[9999] appraise ⓐ그들에게 신용카드를 발급하기 전에 ⊚모든 신청자들의 재정 환경.상황을 ⓥ가치 평가.산정된_ 상태로 변화(變化)시키다 평가하다
[9999] issue ⊚[이동대상] 신용카드를 ⊚[이동장소] 그들에게 ⓥ바깥으로, 발행으로_ 이동(移動)시키다 발행해 주다

E_ [0769]
His father allows him ₩ 3000 a month for pocket money.

[9999] allow ⊚[이동대상] 3천원을 ⊚[이동장소] 그에게 ⓥ인정.허용으로_ 이동(移動)시키다 허용해 주다, 용돈으로 주다

E_ [0770]
My mom promised to buy me a new Christmas tree tomorrow.

[9999] promise ⓢ나의 엄마는 ⊚나에게 내일 새로운 크리스마스 트리를 사서 주겠다는 것을 ⓥ약속하는_ 표현(表現)하다 약속하다
[9999] buy ⊚[이동대상] 새 크리스마스 트리를 ⊚[이동장소] 나에게 ⓥ사서_ 이동(移動)시키다 사서 주다

E_ [0771]
Divorce caused him tremendous emotional distress.

[9999] cause ⊚[이동대상] 엄청난 정신적 고통을 ⊚[이동장소] 그에게 ⓥ원인.결과로_ 이동(移動)시키다 야기해 주다

E_ [0772]
Nevertheless, the minister's unbending pietism and stern manner earned him critics.

[9999] earn ⊚[이동대상] 비판을 ⊚[이동장소] 그에게 ⓥ벌어, 힘써_ 이동(移動)시키다 주다

E_ [0773]
I slipped the waiter a tip.

[9999] slip ⊚[이동대상] 팁을 ⊚[이동장소] 그 웨이터에게 ⓥ미끄러지듯_ 이동(移動)시키다 슬쩍 건네주다

E_ [0774]
The strike cost them thousands of pounds in lost business.

[9999] cost ⊚[이동대상] 수천 파운드를 ⊚[이동장소] 그들에게 ⓥ비용으로_ 이동(移動)시키다 비용으로 들게하다

E_ [0775]
This letter of reference will ensure you an interview with him.

[9999] ensure ⊚[이동대상] 그와의 면담을 ⊚[이동장소] 당신에게 ⓥ보장으로_ 이동(移動)시키다 보장해 주다

E_ [0776]
The judge fined Vactor $150 for his rap music.

[9999] fine ⊚[이동대상] 150달러를 ⊚[이동장소] 백터에게 ⓥ벌금으로_ 이동(移動)시키다 벌금으로 물리다

E_ [0777]
Her mother made her a new dress.

[9999] make ⊚[이동대상] 새 옷을 ⊚[이동장소] 그녀에게 ⓥ만들어_ 이동(移動)시키다 만들어 주다

E_ [0778]
Could you spare me a cigarette?

[9999] spare ⊚[이동대상] 담배를 ⊚[이동장소] 나에게 ⓥ남겨, 할애로, 여분으로_ 이동(移動)시키다 남겨 주다

E_ [0779]
That sad experience taught her important lessons.

[9999] teach ⊚[이동대상] 중요한 교훈을 ⊚[이동장소] 그녀에게 ⓥ가르침으로_ 이동(移動)시키다 가르쳐 주다

E_ [0780]
He gave me orders that annul contracts with customers.

[9999] give ⊚[이동대상] 고객과의 계약을 파기하라고 명령을 ⊚[이동장소] 나에게 ⓥ주기 위해, 단순히_ 이동(移動)시키다 주다
[9999] annul ⊚고객과의 계약을 ⓥ무(無)의, 무효한, 취소된_ 상태로 변화(變化)시키다 무효화시키다

【 표현동사_ 표현내용 위치 : 직접목적어 (4형식문장) 】 20개 문장 : E_ [0781] ~ [0800]

E_ [0781]
Older patients with ADHD are often prescribed stimulant medications to lessen their symptoms of the disorder.

[0773] prescribe ⓞ그 장애의 증상을 완화시키는 각성제를 ⓞADHD를 앓고 있는 노인 환자들에게 ⓥ글자로, 처방.지시.규정으로_ 표현(表現)하다 처방해 주다
[9999] lessen ⓞ그 장애의 증상을 ⓥ작은.적은, 감소.축소된_ 상태로 변화(變化)시키다 감소시키다

E_ [0782]
She told us the news.

[0801] tell ⓞ그 소식을 ⓞ우리에게 ⓥ말로, 단순하게_ 표현(表現)하다 말하다, 표현하다

E_ [0783]
He tried to comfort her by telling her that everything would be all right.

[9999] comfort ⓐ[원인.수단] 모든 것이 잘 될 것이라고 그녀에게 말함에 의해 ⓞ그녀를 ⓥ편안한, 위로된, 강한_ 상태로 변화(變化)시키다 위로하다, 강하게 하다
[0801] tell ⓞthat 이하를 ⓞ그녀에게 ⓥ말로, 단순하게_ 표현(表現)하다 말하다, 표현하다

E_ [0784]
I regret to advise you that the course is now full.

[0975] regret ⓢ나는 ⓞ당신에게 그 강좌는 지금 만석이라는 것을 알리는 것에 대해 ⓥ유감의, 후회하는_ 심리(心理)가지다 후회하다, 유감스럽게 생각하다
[0826] advise ⓞthat 이하를 ⓞ당신에게 ⓥ조언.권고.충고.경고하는, 알리는_ 표현(表現)하다 충고.경고하다

E_ [0785]
Matthew advises people how to invest their money.

[0826] advise ⓞhow 이하를 ⓞ사람들에게 ⓥ조언.권고.충고.경고하는, 알리는_ 표현(表現)하다 조언.권고.충고.경고하다, 알리다
[0550] invest ⓐ(투자처에) ⓞ자신의 돈을 ⓥ위.안에, 투자로, 경건하게_ 이동(移動)시키다 투자하다

E_ [0786]
The woman accused him that he had stolen her car. [= The woman accused him of stealing her car.]

[0828] accuse ⓞthat 이하를 ⓞ그에게 ⓥ고발.비난하는_ 표현(表現)하다 비난하다

E_ [0787]
We regret to inform you that your application has not been successful.

[0975] regret ⓢ우리는 ⓞ당신에게 that 이하를 통지하는 것에 대해 ⓥ유감의, 후회하는_ 심리(心理)가지다 후회하다, 유감스럽게 생각하다
[0830] inform ⓞthat 이하를 ⓞ당신에게 ⓥ통지하는, 알리는_ 표현(表現)하다 알리다, 통지하다

E_ [0788]
The company suddenly had a change of attitude and notified us that it would break the contract.

[0832] notify ⓞthat 이하를 ⓞ우리에게 ⓥ통지하는_ 표현(表現)하다 통지하다, 알리다
[9999] break ⓢ그것_ 그 회사는 ⓞ그 계약을 ⓥ깨진, 부서진_ 상태로 변화(變化)시키다 파기하다, 깨뜨리다

E_ [0789]
Until I saw my statement, there was nothing to alert me that someone else was using my credit card number.

[0833] alert ⓞthat 이하를 ⓞ나에게 ⓥ경고하는_ 표현(表現)하다 경고로 전달하다, 알리다

E_ [0790]
One woman was trying to embarrass me by asking me questions I couldn't answer.

[9999] embarrass ⓐ[원인.수단] 내가 대답할 수 없는 질문을 함에 의해 ⓞ나를 ⓥ난처.당황한_ 상태로 변화(變化)시키다 난처.당황하게 하다
[9999] ask ⓞ내가 대답할 수 없는 질문들을 ⓞ나에게 ⓥ요청, 질문하는_ 표현(表現)하다 질문하다, 묻다

E_ [0791]

He assured me that he would help. [= He assured me of his help.]

[9999] assure ⓞthat 이하를 ⓞ나에게 ⓥ보증.확신하는_ 표현(表現)하다 장담.확언하다

E_ [0792]

I cabled his wife the news of his death. [= I cabled the news of his death to his wife.]

[9999] cable ⓞ그의 죽음에 대한 소식을 ⓞ그의 아내에게 ⓥ전보.전신으로_ 표현(表現)하다 전보로 전하다

E_ [0793]

A warning on the package cautioned customers that the toy contains small parts.

[9999] caution ⓞthat 이하를 ⓞ고객들에게 ⓥ경고.주의를 주는_ 표현(表現)하다 경고하다, 주의를 주다
[0851] contain ⓢ그 장난감은 ⓞ작은 부품들을 ⓥ온전히, 포함하여_ 소유(所有)하다 포함하다, 담다

E_ [0794]

He convinced his son that he should revamp his excessive lifestyle.

[9999] convince ⓞthat 이하를 ⓞ그의 아들에게 ⓥ설득.납득.확신시키는_ 표현(表現)하다 납득.설득시키다
[9999] revamp ⓞ자신의 과도한 생활방식을 ⓥ(다시) 수리.개선된_ 상태로 변화(變化)시키다 재편.개조시키다

E_ [0795]

She instructed me that her father was upstairs.

[9999] instruct ⓞ그녀의 아버지는 위층에 있다는 것을 ⓞ나에게 ⓥ지시하는, 알리는_ 표현(表現)하다 지시하다

E_ [0796]

The lawyer noticed us that we had to appear in court.

[9999] notice ⓞ우리는 법정에 출석해야 한다는 것을 ⓞ우리에게 ⓥ통지하는_ 표현(表現)하다 통지하다, 알리다

E_ [0797]

He kept promising her that he would divorce his wife, but he never actually did it.

[9999] promise ⓞthat 이하를 ⓞ그녀에게 ⓥ약속하는_ 표현(表現)하다 약속하다
[0286] divorce ⓢ그는 ⓞ그의 아내를 ⓥ이혼한, 분리된_ 상태로 변화(變化)시키다 이혼.분리시키다, 이혼하다

E_ [0798]

He quoted me an example.

[9999] quote ⓞ하나의 예를 ⓞ나에게 ⓥ인용하여_ 표현(表現)하다 인용하여 표현하다

E_ [0799]

The president reassured voters that there would be no tax increase.

[9999] reassure ⓞthat 이하를 ⓞ유권자들에게 ⓥ(다시) 보증.보장하는_ 표현(表現)하다 재차 보장하다

E_ [0800]

Let me show you how to use this hair detangler spray.

[9999] show ⓞhow 이하를 ⓞ당신에게 ⓥ보여주며, 자세히_ 표현(表現)하다 보여주다

【 변화동사_ 목적보어를 가지는 문장 (5형식문장) 】 60개 문장 : E_ [0801] ~ [0860]

E_ [0801]
Prove me wrong, by producing verifiable details.

[0085] prove ⓐ[원인.수단] 증명가능한 세부사항을 제시함에 의해 ⓒ틀렸다고 ⓞ나를 ⓥ진실로 입증.증명된_ 상태로 변화(變化)시키다 입증.증명시키다
[0530] produce ⓐ(나에게) ⓞ입증할 수 있는 세부사항들을 ⓥ앞으로, 유도.생산으로_ 이동(移動)시키다 제시하다

E_ [0802]
However, his leadership and skills inspire me to follow my dream.

[0101] inspire ⓒ나의 꿈을 쫓아가도록 ⓞ나를 ⓥ생기.활기 있는, 영감.고무된_ 상태로 변화(變化)시키다 고무시키다, 영감 주다
[0934] follow ⓢ나는 ⓞ나의 꿈에 ⓥ뒤를 따라_ 이동(移動)하다 쫓아 가다, 따라 가다

E_ [0803]
Health authorities are encouraging citizens to wear long sleeves and pants to minimize skin exposure when doing outdoor activities.

[0105] encourage ⓒ외부활동을 할 때에 피부노출을 최소화하기 위해 긴 소매와 바지를 착용하도록 ⓞ시민들을 ⓥ고무.격려.촉진된, 용감한_ 상태로 변화(變化)시키다 고무시키다
[9999] wear ⓐ외부활동을 할 때에 피부노출을 최소화하기 위해 ⓞ긴 소매와 바지를 ⓥ착용.부착하여_ 소유(所有)하다 착용하다
[0092] minimize ⓐ야외활동을 할 때에 ⓞ피부노출을 ⓥ최소한_ 상태로 변화(變化)시키다 최소화하다

E_ [0804]
Her advice nerved him to go his own way.

[0109] nerve ⓒ자기 자신의 길을 가도록 ⓞ그를 ⓥ용기.기력 있는, 분발된_ 상태로 변화(變化)시키다 격려.고무.분발시키다

E_ [0805]
A good interview enables candidates to prove their worth.

[0181] enable ⓒ자신의 가치를 진실로 증명하도록 ⓞ후보자.지원자들을 ⓥ가능한, 능력있는_ 상태로 변화(變化)시키다 가능하게 하다
[0085] prove ⓞ자신의 가치를 ⓥ진실로 입증.증명된_ 상태로 변화(變化)시키다 진실로 증명.입증시키다

E_ [0806]
The law quite rightly allows women and men to nullify unsatisfactory marriages.

[0185] allow ⓒ불만족스러운 결혼을 무효로 하도록 ⓞ여성 및 남성들을 ⓥ가능한, 허용.인정된_ 상태로 변화(變化)시키다 가능하게 하다, 허용.인정해 주다
[0404] nullify ⓞ불만족스러운 결혼을 ⓥ무(無)의, 무효의, 취소된_ 상태로 변화(變化)시키다 무효화시키다

E_ [0807]
In contrast, some disallow children to bring any toys.

[0186] disallow ⓒ어떤 장난감을 가져오도록 ⓞ아이들을 ⓥ불허용.불인정된, 불가능한_ 상태로 변화(變化)시키다 금지시키다, 허락하지 않다
[0749] bring ⓐ(어떤 장소에) ⓞ어떤 장난감을 ⓥ가져와_ 이동(移動)시키다 가져 오다

E_ [0808]
I persuaded three of my colleagues to join me in the plot.

[0187] persuade ⓒ그 음모에 나를 참여하도록 ⓞ나의 동료 세 명을 ⓥ긍정적으로 설득된_ 상태로 변화(變化)시키다 설득시키다
[9999] join ⓐ그 음모 안에 ⓞ나를 ⓥ결합.연결된_ 상태로 변화(變化)시키다 가담.연결시키다

E_ [0809]
Our three-week course will qualify you to teach English overseas.

[0189] qualify ⓒ해외에서 영어를 가르치도록 ⓞ당신을 ⓥ자질.자격 있는_ 상태로 변화(變化)시키다 자격있게 하다
[9999] teach ⓐ(학생들에게), 해외에서 ⓞ영어를 ⓥ가르침으로_ 이동(移動)시키다 가르쳐 주다

E_ [0810]
However, China is afraid they may have to revalue the yuan higher.

[0241] revalue ⓒ더 높게 ⓞ위안화를 ⓥ가치 높은, 가치 평가된_ 상태로 변화(變化)시키다 평가절상시키다

E_ [0811]
Let us incline our hearts to obey God's commandments.

    [0293] incline ⓒ신의 계율을 복종하도록 ⓞ우리의 마음을 ⓥ수긍된, 긍정적인, 마음 기울인_ 상태로 변화(變化)시키다 마음 기울게 하다
    [9999] obey ⓞ신의 계율에 ⓥ복종하다 복종하다

E_ [0812]
She bleached her red dress white.

    [0323] bleach ⓒ하얗게 ⓞ그녀의 빨간 드레스를 ⓥ탈색된_ 상태로 변화(變化)시키다 탈색시키다

E_ [0813]
Tint coconut pink using red food coloring.

    [0324] tint ⓐ[원인.수단] 빨간색 식용 색소를 사용하여 ⓒ핑크색으로 ⓞ코코넛을 ⓥ색깔든, 착색된_ 상태로 변화(變化)시키다 착색시키다

E_ [0814]
International public opinion will soon oblige countries to clean up the environment.

    [0329] oblige ⓒ환경을 정화하도록 ⓞ나라들을 ⓥ강요.강제된, 의무 있는_ 상태로 변화(變化)시키다 강제.강요하다
    [0018] clean ⓞ환경을 ⓥ깨끗한_ 상태로 변화(變化)시키다 깨끗하게 하다

E_ [0815]
The man, in his early 20s, was certified dead at the scene.

    [0414] certify ⓒ그 현장에서 죽은 것으로 ⓞ20대 초반의 그 남자를 ⓥ증명.보증된, 확실한_ 상태로 변화(變化)시키다 보증.증명하다

E_ [0816]
The Food and Drug Administration authorized the company to restart production.

    [0442] authorize ⓒ생산을 재개하도록 ⓞ그 회사를 ⓥ효력.권위.권한 있는, 승인된_ 상태로 변화(變化)시키다 허가.승인하다
    [9999] restart ⓞ생산을 ⓥ(다시) 시작.출발.작동된_ 상태로 변화(變化)시키다 재개시키다

E_ [0817]
The mentality empowers Korea's citizens to bring about real change to their communities and their futures.

    [0482] empower ⓒ그들의 지역사회와 미래에 진정한 변화를 변화를 가져오도록 ⓞ대한민국 국민들을 ⓥ힘.권한 있는_ 상태로 변화(變化)시키다 힘.권한있게 하다, 가능하게 하다
    [0749] bring ⓐ그들의 지역사회와 미래에 ⓞ실질적 변화를 ⓥ가져와_ 이동(移動)시키다 가져다 주다, 초래하다

E_ [0818]
I have a few qualifications that entitle me to speak on the subject.

    [0483] entitle ⓒ그 주제에 대해 이야기 하도록 ⓞ나를 ⓥ자격.제목 있는_ 상태로 변화(變化)시키다 자격있게 하다

E_ [0819]
They beat him unconscious.

    [9999] beat ⓒ기절하게 ⓞ그를 ⓥ타격된_ 상태로 변화(變化)시키다 타격하다, 때리다

E_ [0820]
Break open the shell and remove the skin of the peanuts.

    [9999] break ⓒ개방되도록 ⓞ그 껍질을 ⓥ깨진, 부서진_ 상태로 변화(變化)시키다 깨뜨리다, 부수다
    [0658] remove ⓐ(땅콩 밖으로) ⓞ그 땅콩의 껍질을 ⓥ반대로, 제거를 위해_ 이동(移動)시키다 제거시키다

E_ [0821]

Workers roast the beans, and machines crack them open.

[9999] roast ⓞ그 콩을 ⓥ볶인, 굽힌_ 상태로 변화(變化)시키다 볶다
[9999] crack ⓒ열리도록 ⓞ그들을 ⓥ깨진, 금간_ 상태로 변화(變化)시키다 깨트리다, 금가게 하다

E_ [0822]

I deputed him to look after the factory during my absence.

[9999] depute ⓒ나의 부재 동안 그 공장을 살피도록 ⓞ그를 ⓥ대리인_ 상태로 변화(變化)시키다 대리인으로 삼다

E_ [0823]

I'm going to dye my hair mocha brown.

[9999] dye ⓒ모카 브라운.갈색으로 ⓞ나의 머리카락을 ⓥ염색된_ 상태로 변화(變化)시키다 염색시키다

E_ [0824]

His experience fitted him to do the job.

[9999] fit ⓢ[원인.수단] 그의 경험은 ⓒ그 일을 하도록 ⓞ그를 ⓥ적합.적절한_ 상태로 변화(變化)시키다 적합.적절하게 변화시키다

E_ [0825]

Greed goaded him to steal.

[9999] goad ⓒ훔치도록 ⓞ그를 ⓥ(막대기로 찔러) 자극된_ 상태로 변화(變化)시키다 자극시키다, 부추기다

E_ [0826]

I importuned her to paint my portrait.

[9999] importune ⓒ나의 초상화를 그리도록 ⓞ그녀를 ⓥ성가신, 괴로운_ 상태로 변화(變化)시키다 성가시게 하다, 괴롭히다
[9999] paint ⓞ나의 초상화를 ⓥ색칠된, 그려 만들어진_ 상태로 변화(變化)시키다 그려 만들다

E_ [0827]

The newspapers had unjustly labelled him a troublemaker.

[9999] label ⓒ문제아.말썽꾸러기로 ⓞ그를 ⓥ라벨.꼬리표 붙인, 표시.명명된_ 상태로 변화(變化)시키다 낙인찍다, 비난하다

E_ [0828]

We've been lobbying our state representative to support the new health plan.

[9999] lobby ⓒ새로운 건강플랜을 지지하도록 ⓞ우리 주 대표를 ⓥ로비된_ 상태로 변화(變化)시키다 로비하다
[9999] support ⓞ그 새로운 건강플랜을 ⓥ지지.보강.지원된_ 상태로 변화(變化)시키다 지지.지원하다

E_ [0829]

The soft music lulled me to sleep.

[9999] lull ⓢ[원인.수단] 그 부드러운 음악은 ⓒ잠자도록 ⓞ나를 ⓥ진정.안정.회유된_ 상태로 변화(變化)시키다 진정.안정시키다

E_ [0830]

Teachers need to prepare their students to deal with real-world situations outside the classroom.

[9999] prepare ⓒ교실 밖의 실제 상황에 대처할 수 있도록 ⓞ그들의 학생들을 ⓥ준비.마련된_ 상태로 변화(變化)시키다 준비시키다

E_ [0831]
She roasted beans brown.

[9999] roast ⓒ갈색이 되도록 ⓞ그 콩을 ⓥ볶인, 구운_ 상태로 변화(變化)시키다 볶다

E_ [0832]
He slit open the envelope and took out the letter.

[9999] slit ⓒ열리도록 ⓞ그 봉투를 ⓥ길게 잘려진_ 상태로 변화(變化)시키다 길게 자르다

E_ [0833]
We've decided to stain the shelves blue.

[9999] stain ⓒ파란색으로 ⓞ그 진열대를 ⓥ얼룩진, 염색된, 더러운_ 상태로 변화(變化)시키다 색칠하다

E_ [0834]
The sun tanned her skin dark brown.

[9999] tan ⓒ어두운 갈색으로 ⓞ그녀의 피부를 ⓥ태닝된, 햇볕에 탄_ 상태로 변화(變化)시키다 태닝시키다, 태우다

E_ [0835]
She tore open the envelope, unfolding the two-page letter, and hungrily read every line of her son's missive.

[9999] tear ⓒ개봉되도록 ⓞ그 봉투를 ⓥ찢어진, 찢어 분리된_ 상태로 변화(變化)시키다 찢다
[0354] unfold ⓞ두 페이지 편지를 ⓥ(접힌 것을→) 펼쳐진_ 상태로 변화(變化)시키다 펼치다
[9999] read ⓢ그녀는 ⓞ그녀 아들 편지의 모든 라인을 ⓥ읽다 읽다

E_ [0836]
Students should be trained to familiarize themselves with both challenges and evaluation.

[9999] train ⓒ도전과 평가 모두에 자기 자신들을 익숙하도록 ⓞ학생들을 ⓥ훈련.교육된_ 상태로 변화(變化)시키다 훈련시키다
[0443] familiarize ⓐ도전 및 평가 모두에 ⓞ그들 자신들을 ⓥ익숙.친숙한_ 상태로 변화(變化)시키다 익숙.친숙하게 하다

E_ [0837]
And it's this science, which is not only enlightening our understanding of the biological world, but also transforming our world faster than ever.

[9999] enlighten ⓢ[원인.수단] 과학은 ⓞ생물 세계에 대한 우리의 이해를 ⓥ밝은, 계몽된_ 상태로 변화(變化)시키다 계몽시키다, 밝게하다
[9999] transform ⓒ전보다 더 빠르게 ⓞ우리의 세상을 ⓥ형태가 바뀐_ 상태로 변화(變化)시키다 변화시키다, 바꾸다

E_ [0838]
The heat turned the milk sour. [= The heat soured the milk.]

[9999] turn ⓒ시큼하게 ⓞ그 우유를 ⓥ방향 전환된, 바뀐_ 상태로 변화(變化)시키다 변화시키다, 바꾸다
[0209] sour ⓐ[원인.수단] 그 열.더위는 ⓞ그 우유를 ⓥ시큼한, 상한, 악화된_ 상태로 변화(變化)시키다 시큼하게 하다, 상하게 하다

E_ [0839]
The UN award has apparently motivated the city to expedite its plan to make more new eco-friendly policies.

[9999] motivate ⓒ보다 새로운 친환경 정책을 만들기 위한 시의 계획을 촉진시키도록 ⓞ그 도시를 ⓥ자극.활성화된_ 상태로 변화(變化)시키다 자극.활성화시키다
[0151] expedite ⓒ보다 새로운 친환경 정책을 만들기 위한 시의 계획을 ⓥ(방해하는) 발을 바깥으로 뺀, 촉진된, 원활한_ 상태로 변화(變化)시키다 촉진.활성화시키다
[9999] make ⓞ보다 새로운 친환경 정책을 ⓥ어떤, 만들어진_ 상태로 변화(變化)시키다 만들다

E_ [0840]
The Arab League has mandated Egypt to communicate with Hamas.

[9999] mandate ⓒ하마스와 소통하도록 ⓞ이집트를 ⓥ(법.명령에 의해) 의무.강제된_ 상태로 변화(變化)시키다 강제.의무화시키다

E_ [0841]
Those who fail to learn from history, even the mistakes, are doomed to repeat it: especially the mistakes.

[9999] doom ⓒ그것을 반복하도록 ⓞ역사, 심지어 실수.잘못으로부터 배워 알지 못한 사람들을 ⓥ불행한 운명 지어진, 불행한, 파멸의_ 상태로 변화(變化)시키다 불행한 운명을 맞게 하다, 파멸시키다
[9999] repeat ⓞ그것, 특히 그 실수.잘못을 ⓥ반복된_ 상태로 변화(變化)시키다 반복시키다

E_ [0842]
The phone jolted him awake.

[9999] jolt ⓒ그 전화는 ⓒ잠에서 깨도록 ⓞ그를 ⓥ충격으로 덜컹거리는, 충격.동요된_ 상태로 변화(變化)시키다 뒤흔들다

E_ [0843]
The blow knocked me flat.

[9999] knock ⓒ평평하게, 완전히 쭉 뻗게 ⓞ나를 ⓥ타격된_ 상태로 변화(變化)시키다 타격.손상시키다

E_ [0844]
The void left her mind empty and unable to be filled.

[9999] leave ⓒ텅 비게 ⓞ그녀의 마음을 ⓥ내버려둔, 방치된, 어떤_ 상태로 변화(變化)시키다 내버려 두다, 방치하다
[9999] fill ⓞ그 공허함을 ⓥ채워진, 충만한_ 상태로 변화(變化)시키다 가득 채우다

E_ [0845]
Betty painted the room white to brighten it up.

[9999] paint ⓐ[원인.수단] 방을 밝게하기 위해 ⓒ흰색으로 ⓞ그 방을 ⓥ색칠된, 그려 만들어진_ 상태로 변화(變化)시키다 색칠시키다
[0001] brighten ⓞ그것, 방을 ⓥ밝은_ 상태로 변화(變化)시키다 밝게 하다

E_ [0846]
The U.S. has been pressuring South Korea to retract its decision.

[9999] pressure ⓒ자체 결정을 철회.취소하도록 ⓞ한국을 ⓥ압박.억압된_ 상태로 변화(變化)시키다 압박하다
[0567] retract ⓞ자체 결정을 ⓥ반대로, 철회.취소를 위해_ 이동(移動)시키다 철회.취소시키다

E_ [0847]
The dust prompted the Korea Meteorological Administration to issue warnings in Seoul and several other surrounding cities.

[9999] prompt ⓒ서울 및 주변 여러 도시에 경보를 발행하도록 ⓞ한국 기상청을 ⓥ자극.고무.활성화된_ 상태로 변화(變化)시키다 자극.촉발시키다
[9999] issue ⓐ서울 및 주변 여러 도시에 ⓞ경보를 ⓥ바깥으로, 발행으로_ 이동(移動)시키다 발행해 주다

E_ [0848]
He squashed the pillow flat.

[9999] squash ⓒ평평하도록 ⓞ그 베개를 ⓥ짓이겨진, 찌그러진, 진압.억제된_ 상태로 변화(變化)시키다 짓이기다

E_ [0849]
The arrangement tempts employees to win contracts even by illegal means.

[9999] tempt ⓒ불법 수단에 의해 계약을 차지하도록 ⓞ직원들을 ⓥ현혹.유혹.매혹된_ 상태로 변화(變化)시키다 현혹.유혹시키다
[9999] win ⓐ불법적 수단에 의해 ⓞ계약을 ⓥ이겨_ 소유(所有)하다 따내다, 차지하다

E_ [0850]
A new law will obligate all companies engaging in the banking business to get approval from the finance ministry.

[9999] obligate ⓒ재무부로부터 승인을 받도록 ⓞ은행업에 관여하는 모든 회사들을 ⓥ강요.강제된, 의무 있는_ 상태로 변화(變化)시키다 의무화하다
[9999] get ⓞ재무부의 승인을 ⓥ단순히_ 소유(所有)하다 취하다

E_ [0851]

In order to keep the cold brain warm, blood vessels in the head swell up.

[9999] keep ⓒ따뜻하게 ⓞ그 차가운 뇌를 ⓥ지속된_ 상태로 변화(變化)시키다 지속시키다

E_ [0852]

The virus can cause pregnant animals to abort.

[9999] cause ⓒ낙태되도록 ⓞ임신한 동물들을 ⓥ야기된, 원인.결과로 생성된_ 상태로 변화(變化)시키다 야기시키다, 원인.결과로 만들다

E_ [0853]

Any attempt to disassemble the card should render the card's memory unusable.

[0166] disassemble ⓞ그 카드를 ⓥ분해.해체된_ 상태로 변화(變化)시키다 분해.해체시키다
[9999] render ⓢ[원인.수단] 그 카드를 분해하려는 어떤 시도는 ⓒ사용할 수 없게 ⓞ그 카드의 메모리를 ⓥ어떤_ 상태로 변화(變化)시키다 변화시키다, 만들다

E_ [0854]

A family tragedy forced her to abandon her studies.

[9999] force ⓒ그녀의 학업을 포기하도록 ⓞ그녀를 ⓥ강요.압박된_ 상태로 변화(變化)시키다 강요.압박하다
[9999] abandon ⓢ[원인.수단] 가정의 비극은 ⓞ그녀의 학업.공부를 ⓥ포기.단념된, 버려진_ 상태로 변화(變化)시키다 포기.단념하다

E_ [0855]

His death saddened her. [= His death made her sad.]

[9999] sadden ⓢ[원인.수단] 그의 죽음은 ⓞ그녀를 ⓥ슬픈_ 상태로 변화(變化)시키다 슬프게 하다
[9999] make ⓒ슬프게 ⓞ그녀를 ⓥ어떤, 만들어진_ 상태로 변화(變化)시키다 변화시키다, 만들다

E_ [0856]

My casual remark made her angry. [= My casual remark angered her.]

[9999] make ⓒ화나게 ⓞ그녀를 ⓥ어떤, 만들어진_ 상태로 변화(變化)시키다 변화시키다, 만들다
[9999] anger ⓢ[원인.수단] 나의 무심코 한 말은 ⓞ그녀를 ⓥ화난_ 상태로 변화(變化)시키다 화나게 하다

E_ [0857]

Her absurd excuse upset me. [= Her absurd excuse made me upset.]

[9999] upset ⓢ[원인.수단] 그녀의 터무니없는 변명은 ⓞ나를 ⓥ뒤집힌, 심란.혼란한_ 상태로 변화(變化)시키다 혼란.심란하게 하다
[9999] make ⓒ뒤집어 지게 or 화나게 ⓞ나를 ⓥ어떤, 만들어진_ 상태로 변화(變化)시키다 변화시키다, 만들다

E_ [0858]

The naughty boy messed the room. [= The naughty boy made the room messy.]

[9999] mess ⓢ[원인.수단] 그 개구장이 소년은 ⓞ그 방을 ⓥ혼란한, 엉망인_ 상태로 변화(變化)시키다 엉망으로 만들다
[9999] make ⓒ엉망으로 ⓞ그 방을 ⓥ어떤, 만들어진_ 상태로 변화(變化)시키다 변화시키다, 만들다

E_ [0859]

Vitamin A strengthens your eyes. [= Vitamin A makes your eyes strong.]

[0010] strengthen ⓢ[원인.수단] 비타민 A는 ⓞ당신의 눈을 ⓥ강한_ 상태로 변화(變化)시키다 강화시키다
[9999] make ⓒ강하게 ⓞ당신의 눈을 ⓥ어떤, 만들어진_ 상태로 변화(變化)시키다 변화시키다, 만들다

E_ [0860]

Music can actually invigorate the films. [= Music can actually make the films more vigorous.]

[9999] invigorate ⓢ[원인.수단] 음악은 ⓞ그 영화를 ⓥ활기찬, 고무된_ 상태로 변화(變化)시키다 활기차게하다
[9999] make ⓒ활기차게 ⓞ그 영화를 ⓥ어떤, 만들어진_ 상태로 변화(變化)시키다 변화시키다, 만들다

【 이동동사_ ⓒ(목적)보어 to부정사가 이동장소로 사용 (5형식문장) 】 20개 문장 : E_ [0861] ~ [0880]

E_ [0861]
Parents do not permit their children to go outside and play but require them to stay at home and study instead.

[0520] permit ⓒ외출하고, 노는 방향으로 ⓞ그들의 자녀들을 ⓥ온전히, 허가.허용.용인으로, 보내듯_ 이동(移動)시키다 허용.허가.용인해 주다
[0840] require ⓒ집에 머물면서 대신에 공부하도록 ⓞ그들에게 ⓥ요구하는_ 표현(表現)하다 요구하다

E_ [0862]
Members are permitted to divest themselves of their jackets.

[0520] permit ⓒ자신들의 재킷을 벗는 방향으로 ⓞ회원들을 ⓥ온전히, 허가.허용.용인으로, 보내듯_ 이동(移動)시키다 허용.허가.용인해 주다
[0549] divest ⓐ[이동대상] 자신의 재킷을 ⓞ[이동장소] 그들 자신들 밖으로 ⓥ나쁘게, 벗듯이, 박탈로_ 이동(移動)시키다 벗다

E_ [0863]
Cash machines permit you to withdraw money at any time.

[0520] permit ⓒ시간에 상관 없이 돈을 인출하는 방향으로 ⓞ당신을 ⓥ온전히, 허가.허용.용인으로, 보내듯_ 이동(移動)시키다 허용.허가.용인해 주다

E_ [0864]
The Presidential Elections Committee recently permitted voters to draw hearts or write "I love you" on the ballots.

[0520] permit ⓒ투표용지에 하트를 그리거나, 'I love you'를 쓰는 방향으로 ⓞ유권자를 ⓥ온전히, 허가.허용.용인으로, 보내듯_ 이동(移動)시키다 허용.허가.용인해 주다

E_ [0865]
This induced him to pursue a career in science, he recalls.

[0522] induce ⓒ과학 분야에서 경력을 추구하는 방향으로 ⓞ나를 ⓥ위.안에, 유도.유인으로_ 이동(移動)시키다 유도.유인하다
[9999] pursue ⓢ그는 ⓞ과학 분야의 경력에 ⓥ뒤를 쫓으며_ 이동(移動)하다 쫓아 가다, 추구하다

E_ [0866]
I could not induce him to abandon his evil ways.

[0522] induce ⓒ그의 악한 방식들을 포기하는 방향으로 ⓞ그를 ⓥ위.안에, 유도.유인으로_ 이동(移動)시키다 유도.유인시키다
[9999] abandon ⓞ그의 악한 방식들을 ⓥ포기.단념된, 버려진_ 상태로 변화(變化)시키다 버리다, 포기.단념하다

E_ [0867]
Several details have led many analysts to cast doubt over the company's ambitious plan.

[0539] lead ⓒ의심을 던지는 방향으로 ⓞ많은 분석가들을 ⓥ선도.주도하여_ 이동(移動)시키다 인도하다, 이끌고 가다
[9999] cast ⓐ회사의 야심 찬 계획에 ⓞ의심을 ⓥ던져서_ 이동(移動)시키다 던지다

E_ [0868]
In 2004, a 40-something nurse in the U.K. injected an anesthetic into an elderly patient who was unlikely to revive and led the patient to die after disconnecting the respiration.

[0506] inject ⓐ노인 환자 안으로 ⓞ마취제를 ⓥ위.안에, 던지듯, 주사하듯_ 이동(移動)시키다 주입.주사하다
[0539] lead ⓒ죽는 방향으로 ⓞ환자를 ⓥ선도.주도하여_ 이동(移動)시키다 이르게 하다
[0162] disconnect ⓐ(환자로부터) ⓞ호흡기를 ⓥ분리.단절된_ 상태로 변화(變化)시키다 분리.단절시키다

E_ [0869]
This will lead you to work more efficiently to achieve your desired outcomes.

[0539] lead ⓒ당신의 원하는 결과를 얻기위해 보다 효율적으로 작업하는 방향으로 ⓞ당신을 ⓥ선도.주도하여_ 이동(移動)시키다 인도하다
[0870] achieve ⓢ당신은 ⓞ당신의 원하는 결과들을 ⓥ성취로_ 소유(所有)하다 성취.달성하다

E_ [0870]
Many movies also have perpetuated these prejudices, misleading audiences to think females are all passive and sympathetic.

[9999] perpetuate ⓢ[원인.수단] 많은 영화들은 ⓞ이러한 편견들을 ⓥ영원한, 지속적인_ 상태로 변화(變化)시키다 영구화하다, 영속시키다
[0540] mislead ⓒ여성은 매우 수동적이고 동정적이라고 생각하는 방향으로 ⓞ관객들을 ⓥ잘못되게, 선도.주도하여_ 이동(移動)시키다 잘못 인도하다
[9999] think ⓢ관객들은 ⓞthat 이하에 대해 ⓥ사고하는_ 심리(心理)가지다 생각하다

E_ [0871]
Doctors and psychiatrists are not happy with the commercial as they are concerned that her popularity and influence may mislead teenagers and young people to abuse alcohol.

[0540] mislead ⓒ알코올을 남용하는 방향으로 ⓞ십대들과 젊은이들을 ⓥ잘못되게, 선도.주도하여_ 이동(移動)시키다 잘못 인도하다
[9999] abuse ⓢ십대들과 젊은이들은 ⓞ술을 ⓥ남용.악용.학대된_ 상태로 변화(變化)시키다 남용.악용하다

E_ [0872]
Her awakenings impel her to behave freely and think unconventionally.

[0554] impel ⓒ자유롭게 행동하고 관습에 얽매이지 않게 생각하는 방향으로 ⓞ그녀를 ⓥ위.안에, 강압적으로_ 이동(移動)시키다 몰아 붙이다, 압박하다

E_ [0873]
Compelling students to only study textbooks may bring about side effects.

[0555] compel ⓒ오직 교과서만을 공부하는 방향으로 ⓞ학생들을 ⓥ완전히, 강압적으로_ 이동(移動)시키다 몰아 붙이다, 강요하다
[0749] bring ⓐ주변에 ⓞ부작용을 ⓥ가져와_ 이동(移動)시키다 초래하다, 가져다 주다

E_ [0874]
They were compelled to abjure their faith.

[0555] compel ⓒ그들의 신앙을 포기하는 방향으로 ⓞ그들을 ⓥ완전히, 강압적으로_ 이동(移動)시키다 몰아 붙이다, 강요하다
[0807] abjure ⓢ그들은 ⓞ자신들의 신앙을 ⓥ포기.단념.부인하는_ 표현(表現)하다 포기.단념하겠다고 선서.표현하다

E_ [0875]
They were compelled to find a route that bypassed any Muslim lands or waters.

[0555] compel ⓒ이슬람 땅이나 바다를 우회하는 경로를 발견하는 방향으로 ⓞ그들을 ⓥ완전히, 강압적으로_ 이동(移動)시키다 몰아 붙이다, 강요하다
[9999] find ⓞ이슬람이슬람의 땅이나 바다를 우회하는 경로를 ⓥ발견하여 알다, 발견하다 발견하여 알다, 발견하다
[0918] bypass ⓞ이슬람 땅 또는 해역에 ⓥ우회하여, 옆을 지나쳐_ 이동(移動)하다 우회하다

E_ [0876]
All the young men in the area were compelled to work in the quarries and coal mines.

[0555] compel ⓒ채석장과 탄광에서 일하는 방향으로 ⓞ그 지역의 모든 젊은이들을 ⓥ완전히, 강압적으로_ 이동(移動)시키다 몰아 붙이다, 강요하다

E_ [0877]
The movie compelled us to sit on the edge of our chairs throughout the film for over two hours.

[0555] compel ⓒ의자 가장자리에 앉는 방향으로 ⓞ우리를 ⓥ완전히, 강압적으로_ 이동(移動)시키다 몰아 붙이다, 강요하다

E_ [0878]
The loss of two Mars probes compelled NASA to revamp its Mars office.

[0555] compel ⓒ자체 Mars 조직.사무실을 개편하는 방향으로 ⓞNASA를 ⓥ완전히, 강압적으로_ 이동(移動)시키다 몰아 붙이다, 강요하다
[9999] revamp ⓞ자체 Mars 조직.사무실을 ⓥ(다시) 수리.개선된_ 상태로 변화(變化)시키다 재편.개조시키다

E_ [0879]
She was compelled by illness to relinquish her useful work.

[0555] compel ⓒ그녀의 유용한 일을 포기하는 방향으로 ⓞ그녀를 ⓥ완전히, 강압적으로_ 이동(移動)시키다 몰아 붙이다, 강요하다
[9999] relinquish ⓞ그녀의 유용한 일을 ⓥ양도.포기.단념된_ 상태로 변화(變化)시키다 포기.단념하다

E_ [0880]
The attorney general has the right to compel witnesses to appear in court.

[0555] compel ⓒ법정에 출두하는 방향으로 ⓞ증인을 ⓥ완전히, 강압적으로_ 이동(移動)시키다 몰아 붙이다, 강요하다

【 표현동사_ 표현내용 위치 : 목적보어 (5형식문장) 】 30개 문장 : E_ [0881] ~ [0910]

E_ [0881]
The chairman announced the debate to be closed.

[0751] announce ⓒ종료되었다고 ⓞ그 토의에 대해 ⓥ발표.공표하는_ 표현(表現)하다 발표.공표하다
[0322] close ⓞ그 토의를 ⓥ닫힌, 폐쇄.종결된_ 상태로 변화(變化)시키다 종료시키다

E_ [0882]
In the marriage ceremony, the minister said, "I hereby pronounce you husband and wife."

[9999] say ⓐ그 결혼식에서 ⓞthat 이하를 ⓥ말로_ 표현(表現)하다 표현하다, 말하다
[0753] pronounce ⓒ남편과 아내가 됨을 ⓞ당신들에 대해 ⓥ선언.판결하는_ 표현(表現)하다 선언하다

E_ [0883]
On this historic day, I proclaim the new constitution of the Bolivian State effective.

[0760] proclaim ⓒ효력을 발휘한다고 ⓞ볼리비아의 새로운 헌법에 대해 ⓥ선언.공표하는_ 표현(表現)하다 선언하는 바이다

E_ [0884]
He predicated the proposal to be ridiculous.

[0766] predicate ⓒ터무니없다고 ⓞ그 제안에 대해 ⓥ단정하는_ 표현(表現)하다 단정짓다, 규정하다

E_ [0885]
The judge adjudged a defendant (to be) guilty of the crime.

[0779] adjudge ⓒ그 범죄에 유죄라고 ⓞ피고에 대해 ⓥ선고.판결하는_ 표현(表現)하다 선고.판결 내리다

E_ [0886]
We recommend the hospital healthcare staff to decontaminate their cell phones often with alcohol-containing disinfectants.

[0786] recommend ⓒ알코올이 함유된 소독제로 그들의 휴대전화를 소독하도록 ⓞ병원 의료진들에게 ⓥ권장.추천하는_ 표현(表現)하다 권하다
[0004] decontaminate ⓐ[원인.수단] 알코올이 함유된 소독제로 ⓞ그들의 휴대전화를 ⓥ오염 제거된, 정화된_ 상태로 변화(變化)시키다 정화시키다

E_ [0887]
My mother always told me to distrust the twisted.

[0801] tell ⓒ꼬인 사람을 불신하도록 ⓞ나에게 ⓥ말로, 단순하게_ 표현(表現)하다 말하다, 표현하다
[0952] distrust ⓞ꼬인 사람에 대해 ⓥ불신하는_ 심리(心理)가지다 불신하다

E_ [0888]
She is reported to have thrown a glass of wine at her former boss.

[0806] report ⓒ그녀의 전 직장 상사에게 와인 한 잔을 던졌다고 ⓞ그녀에 대해 ⓥ보고.보도식으로_ 표현(表現)하다 보고.보도하다, 알리다
[0741] throw ⓐ그녀의 전 상사를 향해 ⓞ한 잔의 와인을 ⓥ던져서_ 이동(移動)시키다 던져 버리다

E_ [0889]
He adjured them to tell the truth.

[0808] adjure ⓒ진실을 말하도록 ⓞ그들에게 ⓥ명령.요구하는_ 표현(表現)하다 명령.요구하다
[0801] tell ⓞ진실을 ⓥ말로, 단순하게_ 표현(表現)하다 말하다, 표현하다

E_ [0890]
Gary Johnson, the City manager, implored his players to rekindle their creative fire.

[0823] implore ⓒ그들의 창조적인 불을 다시 지피도록 ⓞ그의 선수들에게 ⓥ애원.간청하는_ 표현(表現)하다 애원.간청하다
[9999] rekindle ⓞ그들의 창조적인 불을 ⓥ(다시) 불 붙은, 활성화된_ 상태로 변화(變化)시키다 재점화.활성화.촉발시키다

E_ [0891]
The doctor advised Jo to lose weight and exercise more.

[0826] advise ⓒ살을 빼고, 더 많이 운동하라고 ⓞ조에게 ⓥ조언.권고.충고.경고하는, 알리는_ 표현(表現)하다 조언.권고.충고.경고하다, 알리다
[0888] lose ⓢ조는 ⓞ체중을 ⓥ부정.반대.마이너스로_ 소유(所有)하다 가지지 않다, 빼다

E_ [0892]
The judge warned the witness not to perjure herself.

[0827] warn ⓒ위증하지 않도록 ⓞ증인에게 ⓥ경고하는_ 표현(表現)하다 경고하다
[0810] perjure ⓞ그녀 자신을 ⓥ위증하는_ 표현(表現)하다 위증하다

E_ [0893]
The bill would require the CIA to abide by certain rules when interrogating prisoners.

[0840] require ⓒ죄수들을 심문할 때 특정한 규칙을 준수하도록 ⓞCIA에 ⓥ요구하는_ 표현(表現)하다 요구하다

E_ [0894]
In any case, I may have to declare our arrangement null and void.

[0846] declare ⓒ무효라고 ⓞ우리의 합의에 대해 ⓥ명확하게, 선언하는_ 표현(表現)하다 명확히 밝히다, 선언하다

E_ [0895]
Parents admonish their children to always tell the truth.

[9999] admonish ⓒ항상 진실을 말하도록 ⓞ아이들에게 ⓥ질타.훈계.충고하는_ 표현(表現)하다 질타.훈계.충고하다
[0801] tell ⓢ그들의 아이들은 ⓞ진실을 ⓥ말로, 단순하게_ 표현(表現)하다 말하다, 표현하다

E_ [0896]
I begged her to paint my portrait.

[9999] beg ⓒ나의 초상화를 그리도록 ⓞ그녀에게 ⓥ간청.구걸하는_ 표현(表現)하다 간청하다
[9999] paint ⓞ나의 초상화를 ⓥ색칠된, 그려 만들어진_ 상태로 변화(變化)시키다 그려 만들다

E_ [0897]
His friends entreated him not to go.

[9999] entreat ⓒ가지 말라고 ⓞ그에게 ⓥ간청.탄원하는_ 표현(表現)하다 간청하다

E_ [0898]
He was counseling athletes not to take steroids.

[9999] counsel ⓒ스테로이드를 복용하지 말라고 ⓞ운동선수들에게 ⓥ충고.조언하는_ 표현(表現)하다 충고.조언하다
[0891] take ⓢ운동선수들은 ⓞ스테로이드를 ⓥ적극적으로_ 소유(所有)하다 복용하다, 취하다

E_ [0899]
They hail him the greatest artist of his generation.

[9999] hail ⓒ그의 시대의 가장 위대한 예술가로 ⓞ그에 대해 ⓥ환호하는_ 표현(表現)하다 환호하다

E_ [0900]
My mother always nags me to clean my room.

[9999] nag ⓒ나의 방을 깨끗이 하도록 ⓞ나에게 ⓥ잔소리하는_ 표현(表現)하다 잔소리하다
[0018] clean ⓞ나의 방을 ⓥ깨끗한_ 상태로 변화(變化)시키다 깨끗하게 하다

E_ [0901]
They petitioned the government to cut taxes.

[9999] petition ⓒ세금을 줄이도록 ⓞ정부에게 ⓥ청원하는_ 표현(表現)하다 청원.탄원하다
[9999] cut ⓞ세금을 ⓥ잘라진, 줄어든_ 상태로 변화(變化)시키다 감소시키다, 줄이다

E_ [0902]
His doctor had strictly forbidden him to drink alcohol.

[9999] forbid ⓒ술을 마시는 것에 대해 ⓞ그에게 ⓥ금하는_ 표현(表現)하다 금하는 표현을 하다

E_ [0903]
Police will request portal site operators to delete abusive postings and intensify monitoring on ill-mannered comments.

[9999] request ⓒ욕설 게시글 삭제하고 부적절한 댓글에 대한 모니터링을 강화하도록 ⓞ포털사이트 운영자에게 ⓥ요청하는_ 표현(表現)하다 요청하다
[9999] delete ⓞ욕설 게시글을 ⓥ삭제.제거된_ 상태로 변화(變化)시키다 삭제.제거시키다
[0420] intensify ⓞ부적절한 댓글에 대한 모니터링.감시를 ⓥ강렬.격렬한_ 상태로 변화(變化)시키다 강렬.격렬하게 하다

E_ [0904]
The court ruled the action to be illegal.

[9999] rule ⓒ불법적이라고 ⓞ그 행위에 대해 ⓥ판결하는_ 표현(表現)하다 판결내리다

E_ [0905]
The mayor named him (as) Police Chief.

[9999] name ⓒ경찰서장으로 ⓞ그를 ⓥ명명.지명하는_ 표현(表現)하다 지명.임명하다

E_ [0906]
She belittled him, often calling him "blockheads".

[0139] belittle ⓐ그를 종종 멍청이라고 부르면서 ⓞ그를 ⓥ아주 작은, 무시.폄하된_ 상태로 변화(變化)시키다 폄하시키다, 하찮게 하다
[9999] call ⓒ멍청이라고 ⓞ그를 ⓥ촉구하는, 부르는, 명명하는, 전화로_ 표현(表現)하다 부르다, 명명하다

E_ [0907]
Seoul sees those as retaliation for a Supreme Court ruling ordering Japanese companies to compensate South Korean victims of wartime forced labor.

[0981] see ⓐ보복으로 ⓞ이러한 것을 ⓥ보고 알다, 보다 보고 알다, 보다
[9999] order ⓒ전시 강제징용 피해자에 대한 배상하도록 ⓞ일본 회사에게 ⓥ명령.주문하는_ 표현(表現)하다 명령하다, 주문하다
[0458] compensate ⓞ한국의 전시 강제노동 피해자들을 ⓥ보상된_ 상태로 변화(變化)시키다 보상하다

E_ [0908]
The airline froze hiring and instructed employees to reduce spending.

[0027] freeze ⓢ그 항공사는 ⓞ고용을 ⓥ동결된_ 상태로 변화(變化)시키다 동결시키다
[9999] instruct ⓒ지출을 줄이도록 ⓞ직원들에게 ⓥ지시하는, 알리는_ 표현(表現)하다 지시하다
[9999] reduce ⓞ지출을 ⓥ감소.축소된_ 상태로 변화(變化)시키다 감소시키다, 줄이다

E_ [0909]
They urged the Minister of Gender Equality to reform the family law.

[9999] urge ⓒ가족법을 개선하도록 ⓞ여성부 장관에게 ⓥ촉구하는_ 표현(表現)하다 촉구하다
[0050] reform ⓞ가족법을 ⓥ(다시 모양을) 교정.개선.개혁된_ 상태로 변화(變化)시키다 개혁.개량.개선시키다

E_ [0910]
We will ask the court to overturn the verdict.

[9999] ask ⓒ그 평결을 뒤집도록 ⓞ법원에 ⓥ요청, 질문하는_ 표현(表現)하다 요청하다
[0389] overturn ⓞ그 평결을 ⓥ뒤집힌, 전복된_ 상태로 변화(變化)시키다 뒤집다

【 주어심리동사_ 5형식문장 】 20개 문장 : E_ [0911] ~ [0930]

E_ [0911]
I had always believed Catherine to be absolutely honest in money matters.
  [0941] believe ⓒ돈 문제에 있어서 절대적으로 정직하다고 ⓞ캐서린에 대해 ⓥ믿는_ 심리(心理)가지다 믿다, 여기다

E_ [0912]
At 115, Mrs Jackson is believed to be the oldest person in the country.
  [0941] believe ⓒ그 나라에서 가장 나이가 많은 사람이라고 ⓞ잭슨 여사에 대해 ⓥ믿는_ 심리(心理)가지다 믿다, 여기다

E_ [0913]
He is highly respected by Germans and, therefore, his election was believed to be a foregone conclusion.
  [0947] respect ⓢ독일인들은 ⓞ그에 대해 ⓥ존경.존중하는_ 심리(心理)가지다 존경.존중하다
  [0941] believe ⓒ기정사실이라고 ⓞ그의 선출.당선에 대해 ⓥ믿는_ 심리(心理)가지다 믿다, 여기다

E_ [0914]
You can trust the trains to run on time.
  [0951] trust ⓒ정시에 운행될 것이라고 ⓞ그 열차에 대해 ⓥ믿는, 신뢰하는_ 심리(心理)가지다 믿다, 신뢰하다

E_ [0915]
I think we can trust him to look after the baby for an hour.
  [9999] think ⓢ나는 ⓞthat 이하에 대해 ⓥ사고하는_ 심리(心理)가지다 생각하다
  [0951] trust ⓒ1시간 동안 그 아기를 돌볼 것이라고 ⓞ그에 대해 ⓥ믿는, 신뢰하는_ 심리(心理)가지다 믿다, 신뢰하다

E_ [0916]
They concluded that no bank could consider its security system to be completely secure.
  [0393] conclude ⓢ그들은 ⓞthat 이하를 ⓥ종결된, 마무리된, 닫힌_ 상태로 변화(變化)시키다 결론짓다
  [0976] consider ⓒ완전하게 안전하다고 ⓞ그것_ 은행의 보안시스템에 대해 ⓥ고려.간주하는, 여기는_ 심리(心理)가지다 여기다, 간주하다

E_ [0917]
Municipal bonds, considered safe investments, sank last week, darkening the already grim mood in the markets.
  [0976] consider ⓒ안전한 투자라고 ⓞ지방채에 대해 ⓥ고려.간주하는, 여기는_ 심리(心理)가지다 여기다
  [0002] darken ⓞ이미 암울한 시장의 분위기를 ⓥ어두운_ 상태로 변화(變化)시키다 어둡게 하다

E_ [0918]
It expects students with various backgrounds to contribute their diverse skills to society.
  [0978] expect ⓒ그들의 다양한 기술들을 사회에 공헌할 것이라고 ⓞ다양한 배경을 가진 학생들에 대해 ⓥ기대.예상하는_ 심리(心理)가지다 예상.기대하다
  [0558] contribute ⓐ사회에 ⓞ그들의 다양한 기술들을 ⓥ온전히, 공헌으로_ 이동(移動)시키다 공헌.기부로 주다

E_ [0919]
India's population is also expected to surpass China's within the next decade.
  [0978] expect ⓒ중국을 추월할 것이라고 ⓞ인도 인구에 대해 ⓥ기대.예상하는_ 심리(心理)가지다 예상.기대하다
  [0916] surpass ⓢ인도 인구는 ⓞ중국 인구에 ⓥ위로 넘어, 초월.능가하여_ 이동(移動)하다 추월하다

E_ [0920]
Mrs Carver is supposed to have a lot of money.
  [9999] suppose ⓒ많은 돈을 가졌다고 ⓞ카버 부인에 대해 ⓥ가정.추정하는_ 심리(心理)가지다 추정.가정하다
  [9999] have ⓢ카버 카버 부인은 ⓞ많은 돈을 ⓥ단순히_ 소유(所有)하다 가지다

E_ [0921]
The new laws are supposed to prevent crime.

[9999] suppose ⓒ범죄를 억제할 것이라고 ⓞ그 새 법에 대해 ⓥ가정.추정하는_ 심리(心理)가지다 여기다, 추정하다
[9999] prevent ⓞ범죄를 ⓥ억제.방해된_ 상태로 변화(變化)시키다 예방.억제시키다

E_ [0922]
I didn't really like the book, but the movie is supposed to be very funny.

[0949] like ⓢ나는 ⓞ그 책에 대해 ⓥ좋아하는_ 심리(心理)가지다 좋아하다
[9999] suppose ⓒ매우 재미있다고 ⓞ그 영화에 대해 ⓥ가정.추정하는_ 심리(心理)가지다 추정.가정하다

E_ [0923]
She deemed it wise to wait.

[9999] deem ⓒ현명하다고 ⓞ그것_ 기다리는 것에 대해 ⓥ간주.여기는_ 심리(心理)가지다 간주하다, 여기다

E_ [0924]
They deemed the story too controversial.

[9999] deem ⓒ너무 논란이 많다고 ⓞ그 이야기에 대해 ⓥ간주.여기는_ 심리(心理)가지다 간주하다, 여기다

E_ [0925]
She thought it better to mute her criticism.

[9999] think ⓒ더 좋다고 ⓞ그것_ 자신의 비판을 침묵시키는 것에 대해 ⓥ사고하는_ 심리(心理)가지다 생각하다
[9999] mute ⓞ자신의 비판을 ⓥ소리가 작아진, 조용한, 침묵.진정된_ 상태로 변화(變化)시키다 침묵시키다

E_ [0926]
Jobs was responsible for the Macintosh, and he wanted the company to divert advertising resources from the Apple II to the Macintosh to increase desirability.

[9999] want ⓒ바람직함을 증가시키기 위해 Apple II에서 맥킨토시로, 광고자원을 돌릴 것이라고 ⓞ그 회사에 대해 ⓥ원하는_ 심리(心理)가지다 원하다
[0382] divert ⓐApple II에서 맥킨토시로 ⓞ광고 자원.자금을 ⓥ방향전환된_ 상태로 변화(變化)시키다 방향전환시키다, 바꾸다
[0040] increase ⓞ바람직함을 ⓥ증가된_ 상태로 변화(變化)시키다 증가시키다

E_ [0927]
She wants Tom to come to her party.

[9999] want ⓒ그녀의 파티에 올 것이라고 ⓞ톰에 대해 ⓥ원하는_ 심리(心理)가지다 원하다

E_ [0928]
I would assume that the client wants us to formulate a strategy that will increase his profit.

[0875] assume ⓢ나는 ⓞthat 이하를 ⓥ가까이, 떠맡아_ 소유(所有)하다 생각으로 가지다, 추정하다
[9999] want ⓒ전략을 만들 것이라고 ⓞ우리에 대해 ⓥ원하는_ 심리(心理)가지다 원하다
[9999] formulate ⓞ그의 이익을 증가시킬 전략을 ⓥ형성된, 만들어진_ 상태로 변화(變化)시키다 형성하여 만들다
[0040] increase ⓢ[원인.수단] 어떤 전략은 ⓞ그의 이익을 ⓥ증가된_ 상태로 변화(變化)시키다 증가시키다

E_ [0929]
I wish you to go now.

[9999] wish ⓒ지금 가라고 ⓞ당신에 대해 ⓥ소원하는_ 심리(心理)가지다 바라다, 원하다

E_ [0930]
He wished Jane to take good care of herself.

[9999] wish ⓒ자기 자신을 잘 돌보리라고 ⓞ제인에 대해 ⓥ소원하는_ 심리(心理)가지다 바라다, 원하다

【 변화동사_ 『연결된 ↔ 분리된』 변화를 통한 학습 】 30개 문장 : E_ [0931] ~ [0960]

E_ [0931]
We can correlate these verbs with the relevant words.

[0476] correlate ⓐ그 관련된 단어들과 ⓑ이 동사들을 ⓥ서로 연결.연관된_ 상태로 변화(變化)시키다 서로 연결시키다

E_ [0932]
She related rising unemployment rates directly to government policies.

[0477] relate ⓐ정부 정책에, 직접적으로 ⓑ증가하는 실업률을 ⓥ연결.연관된_ 상태로 변화(變化)시키다 연관.연결시키다

E_ [0933]
Can I connect my printer to your computer?

[0161] connect ⓐ당신의 컴퓨터에 ⓑ나의 프린터를 ⓥ연결된_ 상태로 변화(變化)시키다 연결시키다

E_ [0934]
He has decided to disconnect himself from the association.

[0162] disconnect ⓐ그 협회로부터 ⓑ그 자신을 ⓥ분리.단절된_ 상태로 변화(變化)시키다 분리.탈퇴시키다

E_ [0935]
Don't associate me with that incident.

[0163] associate ⓐ그 사건과 ⓑ나를 ⓥ연결.연관된_ 상태로 변화(變化)시키다 연결.연관시키다

E_ [0936]
She tried to dissociate the two events in her mind.

[0164] dissociate ⓐ그녀의 마음속에서 ⓑ그 두 사건을 ⓥ분리된_ 상태로 변화(變化)시키다 분리시키다

E_ [0937]
He assembled the parts into a unit.

[0165] assemble ⓐ하나의 유닛으로 ⓑ그 부품들을 ⓥ조립으로 합쳐진, 만들어진_ 상태로 변화(變化)시키다 조립시키다, 합치다

E_ [0938]
I disassembled the computer to find the problem.

[0166] disassemble ⓐ[원인.수단] 그 문제를 찾기 위해 ⓑ그 컴퓨터를 ⓥ분해.해체된_ 상태로 변화(變化)시키다 분해.해체시키다

E_ [0939]
We have to integrate social and economic policies, not segregate them.

[0167] integrate ⓑ사회 및 경제 정책을 ⓥ연결.통합된_ 상태로 변화(變化)시키다 통합.결합시키다
[0200] segregate ⓑ그들_ 사회 및 경제 정책을 ⓥ격리.분리.차별된_ 상태로 변화(變化)시키다 분리시키다

E_ [0940]
It does not wish to unite them but to disintegrate them.

[9999] unite ⓑ그들을 ⓥ하나.통합된_ 상태로 변화(變化)시키다 통일.통합시키다
[0168] disintegrate ⓑ그들을 ⓥ해체.분해된_ 상태로 변화(變化)시키다 해체.분해.분리시키다

E_ [0941]
Attach the coupon to the front of your letter.

[0169] attach ⓐ당신의 편지 앞면에 ⓞ그 쿠폰을 ⓥ부착.접촉.연결된_ 상태로 변화(變化)시키다 부착.첨부시키다

E_ [0942]
He detached the trailer from the car.

[0170] detach ⓐ그 자동차로부터 ⓞ트레일러를 ⓥ분리된_ 상태로 변화(變化)시키다 분리시키다, 떼어놓다

E_ [0943]
This model combines a telephone and fax machine.

[0195] combine ⓢ[원인.수단] 이 모델은 ⓞ전화기와 팩스기를 ⓥ결합.연결된_ 상태로 변화(變化)시키다 결합.연결시키다, 합치다

E_ [0944]
The war separated many families.

[0196] separate ⓢ[원인.수단] 그 전쟁은 ⓞ많은 가족을 ⓥ분리된_ 상태로 변화(變化)시키다 분리시키다, 갈라놓다

E_ [0945]
His music unifies traditional and modern themes.

[0197] unify ⓢ그의 음악은 ⓞ전통적인 주제와 현대적인 주제를 ⓥ하나.통합된_ 상태로 변화(變化)시키다 통합시키다

E_ [0946]
Views on finance or money matters divide me and my parents.

[0198] divide ⓢ[원인.수단] 금융에 대한 견해나 돈 문제들은 ⓞ나와 나의 부모님을 ⓥ분리된_ 상태로 변화(變化)시키다 분리시키다

E_ [0947]
This method divides the task into more manageable proportions.

[0198] divide ⓢ[원인.수단] 이 방식은 ⓐ더 관리하기 쉬운 비율로 ⓞ그 일을 ⓥ분리된_ 상태로 변화(變化)시키다 분리시키다, 나누다

E_ [0948]
We aggregated the ratings to determine an overall score.

[0199] aggregate ⓐ[원인.수단] 전체 스코어.등수를 결정하기 위해 ⓞ그 점수를 ⓥ결합.통합된, 합쳐진_ 상태로 변화(變化)시키다 결합.통합.합산시키다
[9999] determine ⓞ전체 스코어.등수를 ⓥ결심.결정된, 명확한 (끝.한계를 정하는)_ 상태로 변화(變化)시키다 명확하게 하다, 결정하다

E_ [0949]
The coffee room had been segregated into smoking and non-smoking areas.

[0200] segregate ⓐ흡연 구역과 금연 구역으로 ⓞ그 커피룸.공간을 ⓥ격리.분리.차별된_ 상태로 변화(變化)시키다 분리시키다

E_ [0950]
He isolated me from my people.

[0223] isolate ⓐ나의 사람들로부터 ⓞ나를 ⓥ분리.격리.고립된_ 상태로 변화(變化)시키다 분리.격리시키다

E_ [0951]
He accompanied his speech with gestures.

[0224] accompany ⓐ[원인.수단] 몸짓으로 ⓞ그의 연설을 ⓥ동반.동행된, 결합.보완된_ 상태로 변화(變化)시키다 동반.보완시키다

E_ [0952]
My wife is going to accompany our daughter to her graduation ceremony.

[0224] accompany ⓢ나의 아내는 ⓐ우리 딸의 졸업식에 ⓞ우리의 딸을 ⓥ동반.동행된, 결합.보완된_ 상태로 변화(變化)시키다 동반.동행하게 하다

E_ [0953]
Ten minutes later I tried again to engage him in conversation with a friendly word.

[0281] engage ⓐ대화 안으로, 친근한 말로 ⓞ그를 ⓥ연결.접촉된, 개입.참여된_ 상태로 변화(變化)시키다 연결.개입.관여.참여시키다

E_ [0954]
She gently disengaged herself from her sleeping son.

[0282] disengage ⓐ자신의 잠든 아들로부터 ⓞ자기 자신을 ⓥ분리된, 연결 차단된_ 상태로 변화(變化)시키다 분리시키다, 자유롭게 하다

E_ [0955]
Low, competitive interest rates coupled with low mortgage rates will boost the country's economy.

[0283] couple ⓐ주택담보대출 금리와 ⓞ낮은 이자율을 ⓥ연결.결합된, 짝지어진_ 상태로 변화(變化)시키다 연결.결합시키다, 짝 이루다
[9999] boost ⓢ[원인.수단] 낮은 주택담보대출 금리와 결부된 낮은 이자율은 ⓞ국가 경제를 ⓥ향상.증진된, 들어올려진_ 상태로 변화(變化)시키다 향상.증진.촉진시키다

E_ [0956]
To have a fruitful discussion, we need to decouple fact from opinion.

[0284] decouple ⓐ[원인.수단] 의견으로부터, 결실있는 토론을 가지기 위해 ⓞ사실을 ⓥ분리된_ 상태로 변화(變化)시키다 분리시키다

E_ [0957]
The new bridge will link the island to the mainland.

[9999] link ⓐ그 본토에 ⓞ그 섬을 ⓥ연결된_ 상태로 변화(變化)시키다 연결시키다

E_ [0958]
We cannot unlink the environment from social and economic sustainability.

[9999] unlink ⓐ사회적, 경제적 지속가능성으로부터 ⓞ환경을 ⓥ연결 끊어진.단절된_ 상태로 변화(變化)시키다 단절시키다

E_ [0959]
He married his daughter to a banker.

[0285] marry ⓐ은행가에 ⓞ그의 딸을 ⓥ결혼한_ 상태로 변화(變化)시키다 결혼.결합시키다

E_ [0960]
Their constitution divorces church and state.

[0286] divorce ⓢ[원인.수단] 그들의 헌법은 ⓞ교회와 국가를 ⓥ이혼한, 분리된_ 상태로 변화(變化)시키다 분리시키다

【 변화동사_ 『유효한 ↔ 무효한』 변화를 통한 학습 】 30개 문장 : E_ [0961] ~ [0990]

E_ [0961]
The new bills would also invalidate the election of any candidates found guilty of violating election laws.

[0082] invalidate ⓢ[원인.수단] 그 새 법안은 ⓞ선거법을 위반한 죄가 있다고 발견된 어떤 후보의 선출.당선을 ⓥ가치없는, 무효한_ 상태로 변화(變化)시키다 무효화하다, 실효시키다
[9999] violate ⓞ선거법을 ⓥ침해.훼손.손상된_ 상태로 변화(變化)시키다 손상.훼손시키다, 위반하다

E_ [0962]
The information about the hanwoo's genetic code will help scientists verify the quality and pureness of hanwoo cattle.

[0083] verify ⓢ[원인.수단] 한우의 유전자 코드에 대한 정보는 ⓞ한우의 품질과 순수성을 ⓥ진실로 입증.증명된, 진실의_ 상태로 변화(變化)시키다 진실로 입증.증명시키다

E_ [0963]
She falsified her birth certificate to get the job.

[0084] falsify ⓐ[원인.수단] 그 직업을 얻기 위해 ⓞ그녀의 출생 증명서를 ⓥ거짓.위조된_ 상태로 변화(變化)시키다 조작.위조하다
[9999] get ⓢ그녀는 ⓞ그 직업을 ⓥ단순히_ 소유(所有)하다 취하다

E_ [0964]
The government disapproved the proposal for building a new plant in this area.

[0088] disapprove ⓢ정부는 ⓞ이 지역에 공장을 새로 건설하자는 그 제안을 ⓥ불승인된, 승인취소된_ 상태로 변화(變化)시키다 불승인하다
[9999] build ⓐ이 지역 안에 ⓞ새로운 공장을 ⓥ건설.건축된, 조성된_ 상태로 변화(變化)시키다 건설.건축하여 만들다, 조성하다

E_ [0965]
Please confirm your reservation three days before your traveling date.

[0089] confirm ⓐ당신의 여행 날짜 3일 전에 ⓞ당신의 예약을 ⓥ확고.단단한, 굳은_ 상태로 변화(變化)시키다 확정시키다

E_ [0966]
The company reserves the right to cancel this agreement in certain circumstances.

[0873] reserve ⓞ특정 상황에서 이 계약을 취소할 권리를 ⓥ예비.저장하기 위해_ 소유(所有)하다 보유하다
[0090] cancel ⓐ특정 상황에서 ⓞ이 조약을 ⓥ취소된_ 상태로 변화(變化)시키다 취소시키다

E_ [0967]
This course qualifies you to teach in any secondary school.

[0189] qualify ⓒ어느 초등학교에서든 가르치도록 ⓞ당신을 ⓥ자질.자격 있는_ 상태로 변화(變化)시키다 자격있게 하다

E_ [0968]
The misconduct disqualified the employee from receiving unemployment benefits

[0190] disqualify ⓐ실업급여를 받는 것으로부터 ⓞ그 직원을 ⓥ자질.자격 없는_ 상태로 변화(變化)시키다 자격 박탈시키다

E_ [0969]
An unhealthy diet will nullify the effects of training.

[0404] nullify ⓢ[원인.수단] 건강하지 못한 식사는 ⓞ그 훈련 효과를 ⓥ무(無)의, 무효의, 취소된_ 상태로 변화(變化)시키다 무효화시키다, 상쇄시키다

E_ [0970]
The judge nullified the sale of the property.

[0404] nullify ⓢ그 판사는 ⓞ그 부동산의 판매를 ⓥ무(無)의, 무효의, 취소된_ 상태로 변화(變化)시키다 무효화시키다

E_ [0971]
Active participation in a gun battle would negate my life insurance policy.

[0467] negate ⓢ[원인.수단] 총격전에 적극적으로 참여는 ⓞ나의 생명보험증서 약관을 ⓥ부정된, 무의, 취소.거부된_ 상태로 변화(變化)시키다 부정.취소.무효화시키다

E_ [0972]
They say that a missile defense system would negate these weapons of mass destruction.

[0467] negate ⓢ[원인.수단] 미사일 방어 시스템은 ⓞ이러한 대량살상무기를 ⓥ부정된, 무의, 취소.거부된_ 상태로 변화(變化)시키다 부정.취소.무효화시키다

E_ [0973]
Alcohol negates the effects of the drug.

[0467] negate ⓢ[원인.수단] 알코올은 ⓞ그 약의 효과를 ⓥ부정된, 무의, 취소.거부된_ 상태로 변화(變化)시키다 부정.취소.무효화시키다

E_ [0974]
Nobody wants the state to abnegate its responsibility for protecting residents and punishing law-breakers.

[0468] abnegate ⓞ주민들을 보호하고 범법자들을 처벌하는 책임을 ⓥ포기.단념된, 부정.거부된_ 상태로 변화(變化)시키다 부정.거부.포기.단념하다
[0216] protect ⓞ주민들을 ⓥ보호.방어된_ 상태로 변화(變化)시키다 보호하다
[9999] punish ⓞ범법자들을 ⓥ처벌된_ 상태로 변화(變化)시키다 처벌하다, 벌주다

E_ [0975]
They authorized a budget for the project.

[0442] authorize ⓐ[원인.수단] 그 프로젝트를 위해 ⓞ예산을 ⓥ효력.권위.권한 있는, 승인된_ 상태로 변화(變化)시키다 허가.승인하다

E_ [0976]
Being a member entitles you to discounts on tickets.

[0483] entitle ⓐ항공권 할인에 ⓞ당신을 ⓥ자격.제목 있는_ 상태로 변화(變化)시키다 자격있게 하다

E_ [0977]
The treaty annulled all previous agreements.

[9999] annul ⓢ[원인.수단] 그 조약은 ⓞ이전의 모든 협정들을 ⓥ무(無)의, 무효한, 취소된_ 상태로 변화(變化)시키다 무효화시키다

E_ [0978]
Opponents of gay marriage in the US state of California have filed a lawsuit to annul thousands of same-sex unions.

[9999] file ⓐ(법원에), 수천 개의 동성결혼을 무효화하기 위해 ⓞ소송을 ⓥ서류.파일형태로_ 이동(移動)시키다 제기.제출하다
[9999] annul ⓞ수천 쌍의 동성결혼을 ⓥ무(無)의, 무효한, 취소된_ 상태로 변화(變化)시키다 무효화시키다

E_ [0979]
This medicine counteracts poison.

[9999] counteract ⓢ[원인.수단] 이 약은 ⓞ독을 ⓥ(반대 작용에 의해) 약화.상쇄된_ 상태로 변화(變化)시키다 약화.상쇄시키다

E_ [0980]
They counteract inflation by sequestering capital from circulation.

[9999] counteract ⓐ[원인.수단] 유통.순환으로부터 자본을 격리함에 의해 ⓞ인플레이션을 ⓥ(반대 작용에 의해) 약화.상쇄된_ 상태로 변화(變化)시키다 약화.상쇄시키다
[9999] sequester ⓐ유통으로부터 ⓞ자본을 ⓥ분리.격리.고립된_ 상태로 변화(變化)시키다 분리.고립.격리시키다

E_ [0981]
The company's success in Europe has counterbalanced its weak sales in the U.S.

[9999] counterbalance ⓢ[원인.수단] 그 회사의 유럽에서의 성공은 ⓞ그 회사의 미국에서의 판매 부진을 ⓥ균형 잡힌, 상쇄된_ 상태로 변화(變化)시키다 상쇄.약화시키다, 상대적 균형을 맞추다

E_ [0982]
Losses from declining sales have offset our gains from investments.

[9999] offset ⓢ[원인.수단] 매출 감소로 인한 손실은 ⓞ우리의 투자 수익을 ⓥ상쇄.보완된, 무의_ 상태로 변화(變化)시키다 상쇄시키다, 무로 만들다

E_ [0983]
Advantages offset (counterbalance) disadvantages.

[9999] offset ⓢ[원인.수단] 장점들은 ⓞ단점들을 ⓥ상쇄.보완된, 무의_ 상태로 변화(變化)시키다 상쇄시키다, 무로 만들다
[9999] counterbalance ⓢ[원인.수단] 장점은 ⓞ단점을 ⓥ균형 잡힌, 상쇄된_ 상태로 변화(變化)시키다 상쇄.약화시키다, 상대적 균형을 맞추다

E_ [0984]
The Bill will repeal the Clean Air Act instead of amending it.

[9999] repeal ⓢ[원인.수단] 그 법안은 ⓞ대기오염방지법을 ⓥ취소.폐기된_ 상태로 변화(變化)시키다 폐지.취소시키다

E_ [0985]
To repeal the special law on capital relocation, more than six justices must rule that the law breaches the Constitution.

[9999] repeal ⓞ수도 이전에 대한 특별법을 ⓥ취소.폐기된_ 상태로 변화(變化)시키다 폐지.취소시키다
[9999] rule ⓢ6명 이상의 재판관은 ⓞthat 이하를 ⓥ판결하는_ 표현(表現)하다 판결내리다
[9999] breach ⓢ그 법은 ⓞ헌법을 ⓥ깨진, 부서진, 위반된_ 상태로 변화(變化)시키다 훼손시키다, 위반하다

E_ [0986]
The board could revoke or suspend his license.

[9999] revoke ⓢ그 이사회는 ⓞ그의 면허를 ⓥ취소된_ 상태로 변화(變化)시키다 취소시키다
[9999] suspend ⓢ그 이사회는 ⓞ그의 면허를 ⓥ지연.중단.보류된, 공중에 매달린_ 상태로 변화(變化)시키다 중단.정지시키다

E_ [0987]
His license was revoked for selling alcohol to minors.

[9999] revoke ⓐ[원인.수단] 미성년자에게 술을 판매한 것 때문에 ⓞ그의 면허를 ⓥ취소된_ 상태로 변화(變化)시키다 취소시키다
[0681] sell ⓐ미성년자에게 ⓞ술을 ⓥ팔아서_ 이동(移動)시키다 팔아 넘기다

E_ [0988]
The house would not approve the prime minister's plans for scrapping the social security system.

[0087] approve ⓢ하원은 ⓞ사회보장제도를 폐지하려는 그 총리의 계획을 ⓥ승인된_ 상태로 변화(變化)시키다 승인시키다
[9999] scrap ⓞ사회보장제도를 ⓥ고철, 폐기.취소된_ 상태로 변화(變化)시키다 폐기.취소시키다

E_ [0989]
The ruling party voided elections in 14 cities.

[9999] void ⓢ그 여당은 ⓞ14개 도시의 선거를 ⓥ무효.공허한, 빈_ 상태로 변화(變化)시키다 무효화시키다

E_ [0990]
This will void and nullify any and all warranties on your pc.

[9999] void ⓢ이것은 ⓞPC에 대한 모든 보증을 ⓥ무효.공허한, 빈_ 상태로 변화(變化)시키다 무효화시키다
[0404] nullify ⓢ이것은 ⓞPC에 대한 모든 보증을 ⓥ무(無)의, 무효의, 취소된_ 상태로 변화(變化)시키다 무효화시키다

【 변화동사_ 『좋은 ↔ 나쁜』 변화를 통한 학습 】 140개 문장 : E_ [0991] ~ [1030]

☞ 사람심리, 사물 등 변화대상의 변화결과는 좋은, 나쁜, 기타로 구분

E_ [0991]
It has announced the cumulative radiation leaks contaminating the air, water, vegetables and seawater is at its worst.

[0751] announce ⓢ그것은 ⓞthat 이하를 ⓥ발표.공표하는_ 표현(표현)하다 발표.공표하다
[0003] contaminate ⓢ[원인.수단] 축적되는 방사능 누출은 ⓞ공기, 물, 식물, 바닷물을 ⓥ오염된_ 상태로 변화(變化)시키다 오염시키다

E_ [0992]
The polluted mine water contaminates those sources, destroying wildlife and discolouring the water.

[0003] contaminate ⓢ[원인.수단] 그 오염된 광산 물은 ⓞ이러한 자원들을 ⓥ오염된_ 상태로 변화(變化)시키다 오염시키다
[9999] destroy ⓢ[원인.수단] 그 오염된 광산 물은 ⓞ야생을 ⓥ파괴된_ 상태로 변화(變化)시키다 파괴시키다
[9999] discolour ⓢ[원인.수단] 그 오염된 광산 물은 ⓞ그 물을 ⓥ변색된_ 상태로 변화(變化)시키다 변색시키다

E_ [0993]
She says scientists will decontaminate these materials by washing them.

[0004] decontaminate ⓐ[원인.수단] 이 물질들을 씻음에 의해 ⓞ이 물질들을 ⓥ오염 제거된, 정화된_ 상태로 변화(變化)시키다 정화시키다
[9999] wash ⓞ그들_ 물질들을 ⓥ씻겨진_ 상태로 변화(變化)시키다 깨끗이 씻다

E_ [0994]
City Hall had promised that urban renewal would be used to help restore and stabilize the community.

[9999] promise ⓢ시청은 ⓞthat 이하를 ⓥ약속하는_ 표현(표현)하다 약속하다
[9999] restore ⓢ[원인.수단] 도시재생은 ⓞ지역사회를 ⓥ복원.복구.회복된_ 상태로 변화(變化)시키다 복원.복구시키다
[0007] stabilize ⓢ[원인.수단] 도시재생은 ⓞ지역사회를 ⓥ안정된_ 상태로 변화(變化)시키다 안정화시키다

E_ [0995]
These in turn can destabilize living organisms, damaging their cell structure.

[0008] destabilize ⓢ[원인.수단] 이것들은 ⓞ살아있는 유기체를 ⓥ불안정한_ 상태로 변화(變化)시키다 불안정하게 하다
[0043] damage ⓢ[원인.수단] 이것들은 ⓞ그들의 세포 구조를 ⓥ손상.훼손된_ 상태로 변화(變化)시키다 손상.훼손시키다

E_ [0996]
These behaviors may weaken the group work environment and decrease productivity.

[0009] weaken ⓢ[원인.수단] 이러한 행동들은 ⓞ그룹 작업 환경을 ⓥ약한_ 상태로 변화(變化)시키다 약화시키다
[0039] decrease ⓢ[원인.수단] 이러한 행동들은 ⓞ생산성을 ⓥ감소된_ 상태로 변화(變化)시키다 감소시키다

E_ [0997]
This situation has weakened their immune system and helped jeopardize their reproduction.

[0009] weaken ⓢ이 상황은 ⓞ그들의 면역 체계를 ⓥ약한_ 상태로 변화(變化)시키다 약화시키다
[0435] jeopardize ⓢ[원인.수단] 이 상황은 ⓞ그들의 번식을 ⓥ위험.위태한_ 상태로 변화(變化)시키다 위험.위태하게 하다

E_ [0998]
He strengthened the military and advanced science by supporting technological development.

[0010] strengthen ⓐ[원인.수단] 기술발전을 지원함에 의해 ⓞ군대를 ⓥ강한_ 상태로 변화(變化)시키다 강화시키다
[9999] advance ⓐ[원인.수단] 기술발전을 지원함에 의해 ⓞ과학을 ⓥ발전.진보.승진된_ 상태로 변화(變化)시키다 발전.진보시키다
[9999] support ⓞ기술발전을 ⓥ지지.보강.지원된_ 상태로 변화(變化)시키다 지지.지원하다

E_ [0999]
It aims to strengthen the global competitiveness of Korean industries and modernize the agricultural sector.

[0010] strengthen ⓞ한국 산업의 국제.경쟁력을 ⓥ강한_ 상태로 변화(變化)시키다 강화시키다
[9999] modernize ⓞ농업 분야를 ⓥ현대적_ 상태로 변화(變化)시키다 현대화시키다

E_ [1000]
Luckily, a lot of the ingredients in Kimchi can help boost and strengthen our immune system.

[9999] boost ⓢ[원인.수단] 김치에 있는 많은 성분들은 ⓞ우리의 면역체계를 ⓥ향상.증진된, 들어올려진_ 상태로 변화(變化)시키다 향상.증진시키다
[0010] strengthen ⓢ[원인.수단] 김치에 있는 많은 성분들은 ⓞ우리의 면역체계를 ⓥ강한_ 상태로 변화(變化)시키다 강화시키다

E_ [1001]
This can help strengthen and desensitize teeth as well as decrease future plaque.

[0010] strengthen ⓞ치아를 ⓥ강한_ 상태로 변화(變化)시키다 강화시키다
[0128] desensitize ⓢ이것은 ⓞ치아를 ⓥ둔감한_ 상태로 변화(變化)시키다 둔감하게 하다
[0039] decrease ⓞ미래의 프라그를 ⓥ감소된_ 상태로 변화(變化)시키다 감소시키다

E_ [1002]
The flu is caused by viruses that infect the respiratory tract.

[9999] cause ⓢ[원인.수단] 바이러스는 ⓞ독감을 ⓥ야기된, 원인.결과로 생성된_ 상태로 변화(變化)시키다 야기시키다, 원인.결과로 만들다
[0011] infect ⓢ[원인.수단] 바이러스는 ⓞ호흡기를 ⓥ감염.전염된_ 상태로 변화(變化)시키다 감염시키다

E_ [1003]
Tsetse flies inject parasites into their victims, which infect the brain and enter the central nervous system.

[0506] inject ⓢ체체 파리는 ⓐ그들의 희생자 안으로 ⓞ기생충을 ⓥ위.안에, 던지듯, 주사하듯_ 이동(移動)시키다 주입하다 ☞ 체체 파리 : 척추동물의 피를 빨아먹고 사는 파리의 총칭
[0011] infect ⓢ[원인.수단] 기생충은 ⓞ뇌를 ⓥ감염.전염된_ 상태로 변화(變化)시키다 감염시키다
[0901] enter ⓢ기생충은 ⓞ중추신경계에 ⓥ안으로_ 이동(移動)하다 들어 가다

E_ [1004]
Visitors to many public places now have to disinfect their hands on entry and wear surgical face masks.

[0012] disinfect ⓢ많은 공공장소에 방문하는 사람들은 ⓐ입구에서 ⓞ자신의 손을 ⓥ소독.살균된_ 상태로 변화(變化)시키다 소독.살균시키다
[9999] wear ⓢ많은 공공장소를 방문하는 사람들은 ⓞ수술용 안면 마스크를 ⓥ착용.부착하여_ 소유(所有)하다 착용하다

E_ [1005]
Many movies poison the mind of boys and girls.

[0013] poison ⓢ[원인.수단] 많은 영화들은 ⓞ소년 소녀들의 마음을 ⓥ중독.오염된_ 상태로 변화(變化)시키다 병들게 하다

E_ [1006]
Green tea can also detoxify the body and enhance immune function.

[0014] detoxify ⓢ[원인.수단] 녹차는 ⓞ몸을 ⓥ해독된, 독 제거된_ 상태로 변화(變化)시키다 해독시키다
[0489] enhance ⓢ[원인.수단] 녹차는 ⓞ면역 기능을 ⓥ높아진, 증가.강화된_ 상태로 변화(變化)시키다 고양.증가.강화시키다

E_ [1007]
They believe that using salt can purify people and free them from evil.

[0016] purify ⓢ[원인.수단] 소금 사용은 ⓞ사람들을 ⓥ순수.깨끗한_ 상태로 변화(變化)시키다 정화시키다, 깨끗하게 하다
[9999] free ⓢ[원인.수단] 소금을 사용하는 것은 ⓐ악으로부터 ⓞ그들을 ⓥ자유로운_ 상태로 변화(變化)시키다 자유롭게 하다, 해방시키다

E_ [1008]
As he stood on the pavement, muddy water splashed up and dirtied his trousers.

[0017] dirty ⓢ[원인.수단] (튄) 흙탕물은 ⓞ그의 바지를 ⓥ더러운_ 상태로 변화(變化)시키다 더럽게 하다

E_ [1009]
That can dirty drinking water and cause diseases.

[0017] dirty ⓢ그것은 ⓞ식수를 ⓥ더러운_ 상태로 변화(變化)시키다 더럽게 하다
[9999] cause ⓢ그것은 ⓞ질병을 ⓥ야기된, 원인.결과로 생성된_ 상태로 변화(變化)시키다 야기시키다, 원인.결과로 만들다

E_ [1010]
The army's actions dirtied its reputation.

[0017] dirty ⓢ[원인.수단] 그 군대의 행동은 ⓞ그것의 명성을 ⓥ더러운_ 상태로 변화(變化)시키다 더럽게 하다

E_ [1011]
Clean and sterilize all instruments after use.

[0018] clean ⓐ사용 후에 ⓞ모든 기구들을 ⓥ깨끗한_ 상태로 변화(變化)시키다 깨끗하게 하다
[0428] sterilize ⓐ사용 후에 ⓞ모든 기구들을 ⓥ소독된, 거세된_ 상태로 변화(變化)시키다 소독시키다

E_ [1012]
Clean up your mailbox by deleting your old emails.

[0018] clean ⓐ[원인.수단] 당신의 오래된 이메일을 삭제함에 의해 ⓞ당신의 전자 메일함을 ⓥ깨끗한_ 상태로 변화(變化)시키다 깨끗하게 하다
[9999] delete ⓞ당신의 오래된 이메일을 ⓥ삭제.제거된_ 상태로 변화(變化)시키다 삭제.제거시키다

E_ [1013]
I used chlorine bleach to whiten my laundry.

[9999] use ⓐ[원인.수단] 나의 세탁물을 하얗게 하기 위해 ⓞ염소 표백제를 ⓥ사용.이용된_ 상태로 변화(變化)시키다 사용.이용하다
[0019] whiten ⓞ나의 세탁물을 ⓥ하얀_ 상태로 변화(變化)시키다 희게 하다

E_ [1014]
She blackened his character with false gossip.

[0020] blacken ⓐ[원인.수단] 거짓된 소문.험담으로 ⓞ그의 인격을 ⓥ검은_ 상태로 변화(變化)시키다 더럽히다

E_ [1015]
Better health education should help to decrease the incidence of heart disease.

[0039] decrease ⓢ[원인.수단] 더 나은 건강 교육은 ⓞ심장병 발생을 ⓥ감소된_ 상태로 변화(變化)시키다 감소시키다

E_ [1016]
It is thus necessary to increase the budget for cyber warfare capacity and reinforce cyber security personnel significantly.

[0040] increase ⓞ사이버 전쟁 능력을 위한_예산을 ⓥ증가된_ 상태로 변화(變化)시키다 증가시키다
[0212] reinforce ⓞ사이버 전쟁 능력을 위한 예산을 ⓥ(당시) 강한_ 상태로 변화(變化)시키다 강화시키다

E_ [1017]
This helps our stomachs stay cool, increase blood flow, decrease gas, and improve digestion.

[0040] increase ⓞ혈류를 ⓥ증가된_ 상태로 변화(變化)시키다 증가시키다
[0039] decrease ⓞ가스를 ⓥ감소된_ 상태로 변화(變化)시키다 감소시키다
[9999] improve ⓞ소화를 ⓥ개선.향상된_ 상태로 변화(變化)시키다 개선.향상시키다

E_ [1018]
The economic sanctions will impair the national economy.

[0041] impair ⓢ[원인.수단] 그 경제 제재는 ⓞ그 나라 경제를 ⓥ손상된_ 상태로 변화(變化)시키다 손상시키다

E_ [1019]
He spent several weeks in the hospital and needed three operations to repair his damaged liver.

[0042] repair ⓞ그의 손상된 간을 ⓥ수리.치료된_ 상태로 변화(變化)시키다 치료하다, 회복시키다

E_ [1020]
The cells in bones can multiply themselves to repair the injury when the bone is cracked or broken.

[9999] multiply ⓐ[원인.수단] 그 상처를 치유하기 위해 ⓞ뼈 세포 그들 자신을 ⓥ(배수로) 증가된_ 상태로 변화(變化)시키다 배가.증식시키다
[0042] repair ⓞ그 상처를 ⓥ수리.치료된_ 상태로 변화(變化)시키다 치료하다, 회복시키다
[9999] crack ⓞ그 뼈를 ⓥ깨진, 금간_ 상태로 변화(變化)시키다 깨트리다, 금가게 하다
[9999] break ⓞ그 뼈를 ⓥ깨진, 부서진_ 상태로 변화(變化)시키다 깨뜨리다, 부수다

E_ [1021]
Careless use of the clutch may damage the gears.

[0043] damage ⓢ[원인.수단] 그 클러치의 부주의한 사용은 ⓞ그 기어들을 ⓥ손상.훼손된_ 상태로 변화(變化)시키다 손상.훼손시키다

E_ [1022]
In Slovenia, some doctors visit hospitals to cure sick children.

[0903] visit ⓢ몇몇 의사들은 ⓞ병원에 ⓥ보기 위해, 방문하기 위해_ 이동(移動)하다 방문하러 가다
[0044] cure ⓞ아픈 어린이들을 ⓥ치료.회복된_ 상태로 변화(變化)시키다 치료하다, 회복시키다

E_ [1023]
Immoderate exercise can harm your body.

[0045] harm ⓢ[원인.수단] 무리한 운동은 ⓞ당신의 몸을 ⓥ손상된_ 상태로 변화(變化)시키다 훼손.손상시키다

E_ [1024]
Not only do you harm your own brand, you can also tarnish the industry as a whole.

[0045] harm ⓞ당신 자신의 브랜드를 ⓥ손상된_ 상태로 변화(變化)시키다 훼손.손상시키다
[9999] tarnish ⓞ산업 전반을 ⓥ변색,손상된_ 상태로 변화(變化)시키다 손상시키다, 망치다

E_ [1025]
The allatonin in onions and garlic can heal scar damage to your skin.

[0046] heal ⓢ[원인.수단] 양파와 마늘에 들어 있는 알라토닌은 ⓞ당신 피부의 상처 손상을 ⓥ치료.개선된_ 상태로 변화(變化)시키다 치료.치유하다

E_ [1026]
The deep, calm, and warm sounds of cello have the power to reconcile people and heal their hearts.

[9999] reconcile ⓞ사람들을 ⓥ(다시) 조화로운, 조정.적응된_ 상태로 변화(變化)시키다 조화롭게 하다, 화합시키다
[0046] heal ⓞ그들의 마음을 ⓥ치료.개선된_ 상태로 변화(變化)시키다 치료.치유하다

E_ [1027]
She was injured in a car accident.

[0047] injure ⓐ[원인.수단] 교통사고로 ⓞ그녀를 ⓥ상처난, 손상된_ 상태로 변화(變化)시키다 손상시키다

E_ [1028]
Too much drinking will only injure your health.

[0047] injure ⓢ[원인.수단] 과음은 ⓞ당신의 건강을 ⓥ상처난, 손상된_ 상태로 변화(變化)시키다 손상시키다

E_ [1029]
The industry tried to remedy some of its financial problems by raising domestic fares by 2%.

[0048] remedy ⓐ[원인.수단] 국내 요금을 2% 인상함에 의해 ⓞ일부 자체의 재정문제들을 ⓥ치료.개선된_ 상태로 변화(變化)시키다 치료.개선시키다
[9999] raise ⓐ2% 정도 ⓞ국내 요금을 ⓥ상승.증가.모금된, 들어 올려진_ 상태로 변화(變化)시키다 상승.인상시키다

E_ [1030]
Sitting badly for long periods of time can deform your spine.

[0049] deform ⓢ[원인.수단] 오랫동안 나쁘게 앉아 있는 것은 ⓞ당신의 척추를 ⓥ모양 망가진, 흉한_ 상태로 변화(變化)시키다 흉하게 하다

E_ [1031]
Trees and hedges have been deformed by the fierce salt spray and strong sea winds during winter.

[0049] deform ⓢ[원인.수단] 맹렬한 염분 살포와 강한 바닷바람은 ⓞ나무와 생울타리들을 ⓥ모양 망가진, 흉한_ 상태로 변화(變化)시키다 흉하게 하다

E_ [1032]
The government should reform the pension system before it's too late.

[0050] reform ⓐ너무 늦기 전에 ⓞ연금 제도를 ⓥ(다시 모양을) 교정.개선.개혁된_ 상태로 변화(變化)시키다 개혁.개량.개선시키다

E_ [1033]
Correction of the acidemia will often ameliorate this problem.

[0051] ameliorate ⓢ[원인.수단] 산혈증의 교정은 ⓞ이 문제를 ⓥ개선.호전된, 좋은_ 상태로 변화(變化)시키다 개선.호전시키다, 좋게하다

E_ [1034]
That will create further problems and further deteriorate people's quality of life.

[0317] create ⓢ그것은 ⓞ더 많은 문제를 ⓥ창조된_ 상태로 변화(變化)시키다 발생시키다, 만들다
[0052] deteriorate ⓢ그것은 ⓞ사람들의 삶의 질을 ⓥ악화된, 나쁜_ 상태로 변화(變化)시키다 악화시키다, 나쁘게하다

E_ [1035]
We should not deteriorate the quality of education.

[0052] deteriorate ⓞ교육의 질을 ⓥ악화된, 나쁜_ 상태로 변화(變化)시키다 악화시키다, 나쁘게하다

E_ [1036]
Exposing yourself to reading will enrich your imagination and life.

[0594] expose ⓐ독서에 ⓞ당신 자신을 ⓥ바깥으로, 노출로_ 이동(移動)시키다 노출시켜 놓다
[0055] enrich ⓢ[원인.수단] 독서에 당신 자신을 노출시키는 것은 ⓞ당신의 상상력과 삶을 ⓥ부유.풍요한, 농축된_ 상태로 변화(變化)시키다 풍요롭게 하다

E_ [1037]
Foreign trade has enriched the country.

[0055] enrich ⓢ[원인.수단] 외국 무역은 ⓞ그 나라를 ⓥ부유.풍요한, 농축된_ 상태로 변화(變化)시키다 풍요롭게 하다

E_ [1038]
Second, music and art enrich the lives of all people by providing pleasure and enjoyment.

[0055] enrich ⓐ[원인.수단] 기쁨과 즐거움을 제공함에 의해 ⓞ모든 사람들의 삶.인생을 ⓥ부유.풍요한, 농축된_ 상태로 변화(變化)시키다 부유.풍요롭게 하다

E_ [1039]
Their failure will impoverish small businesses in this country.

[0056] impoverish ⓢ[원인.수단] 그들의 실패는 ⓞ이 나라의 중소기업들을 ⓥ가난.빈곤.피폐한_ 상태로 변화(變化)시키다 가난.빈곤.피폐하게 하다

E_ [1040]
This weakened the financial system and threw the whole economy into crisis, impoverishing the already struggling middle-class population further.

[0009] weaken ⓢ[원인.수단] 이것은 ⓞ금융시스템을 ⓥ약한_ 상태로 변화(變化)시키다 약화시키다
[0741] throw ⓐ위기 안으로 ⓞ전체 경제를 ⓥ던져서_ 이동(移動)시키다 던져버리다, 처하게 하다
[0056] impoverish ⓐ한층 더 ⓞ벌써 분발.노력하고 있는 중산층을 ⓥ가난.빈곤.피폐한_ 상태로 변화(變化)시키다 가난.빈곤.피폐하게 하다

E_ [1041]
I wouldn't demean myself by begging him for a job.

[0059] demean ⓐ[원인.수단] 그에게 일자리를 구걸함에 의해 ⓞ나 자신을 ⓥ비하된, 품위 손상된_ 상태로 변화(變化)시키다 비하시키다
[9999] beg ⓐ직업.일을 위해 ⓞ그에게 ⓥ간청.구걸하는_ 표현(表現)하다 간청.구걸하다

E_ [1042]
They destroy, demean and soil democracy, and we cannot close our eyes to the realities of the situation.

[9999] destroy ⓞ민주주의를 ⓥ파괴된_ 상태로 변화(變化)시키다 파괴.파멸시키다
[0059] demean ⓞ민주주의를 ⓥ비하된, 품위 손상된_ 상태로 변화(變化)시키다 비하.손상시키다
[9999] soil ⓞ민주주의를 ⓥ오물.분뇨가 있는, 더러운_ 상태로 변화(變化)시키다 더럽게 하다
[0322] close ⓐ그 상황의 현실에 ⓞ우리의 눈을 ⓥ닫힌, 폐쇄.종결된_ 상태로 변화(變化)시키다 감다

E_ [1043]
A huge portrait of the couple dignified the living room wall.

[0060] dignify ⓢ[원인.수단] 그 부부의 거대한 초상화는 ⓞ그 거실 벽을 ⓥ존엄한, 품위.위엄 있는_ 상태로 변화(變化)시키다 존엄.위엄있게 하다

E_ [1044]
Eating a pear can lower fever and relieve coughing and phlegm.

[0065] lower ⓢ[원인.수단] 배를 먹는 것은 ⓞ고열을 ⓥ낮은, 감소된_ 상태로 변화(變化)시키다 낮추다, 감소시키다

E_ [1045]
The move was aimed at diversifying its foreign reserve investment and lowering the risks caused by continuous market volatility.

[0033] diversify ⓞ외환보유 투자를 ⓥ다양한_ 상태로 변화(變化)시키다 다양화하다
[0065] lower ⓞ계속된 시장 변동성에 의해 만들어진 그 위험성을 ⓥ낮은, 감소된_ 상태로 변화(變化)시키다 낮추다, 감소시키다
[9999] cause ⓢ[원인.수단] 계속된 시장 변동성은 ⓞ그 위험성을 ⓥ야기된, 원인.결과로 생성된_ 상태로 변화(變化)시키다 야기시키다, 원인.결과로 만들다

E_ [1046]
The attack has heightened concerns about racism in schools.

[0066] heighten ⓢ[원인.수단] 그 공격은 ⓞ학교내 인종 차별에 대한 우려를 ⓥ높은, 증가된_ 상태로 변화(變化)시키다 높이다, 증가시키다

E_ [1047]
Moodys announced that it would upgrade Korea's sovereign credit ratings by one step.

[0751] announce ⓢ무디스는 ⓞthat 이하를 ⓥ발표.공표하는_ 표현(表現)하다 공표.발표하다
[0095] upgrade ⓐ한 단계 정도 ⓞ한국의 국가신용등급을 ⓥ등급.수치가 향상된_ 상태로 변화(變化)시키다 상향조정시키다, 격상시키다

E_ [1048]
Upgrade your own dopeness with this car.

[0095] upgrade ⓐ[원인.수단] 이 차로 ⓞ당신 자신의 멋짐을 ⓥ등급.수치가 향상된_ 상태로 변화(變化)시키다 상향조정시키다, 격상시키다

E_ [1049]
The company's long-term debt rating has been downgraded from triple-A to double-A-2.

[0096] downgrade ⓐ트리플 A에서 더블 A-2로 ⓞ그 회사의 장기 부채 등급을 ⓥ등급.수치가 저하된_ 상태로 변화(變化)시키다 등급하락시키다, 격하시키다

E_ [1050]
Drinking carrot juice each day can energize and cleanse the body.

[0103] energize ⓢ[원인.수단] 당근 주스를 매일 마시는 것은 ⓞ몸을 ⓥ활력.기력 충만한_ 상태로 변화(變化)시키다 활기차게 하다
[9999] cleanse ⓢ[원인.수단] 당근 주스를 매일 마시는 것은 ⓞ몸을 ⓥ청결한_ 상태로 변화(變化)시키다 정화시키다

E_ [1051]

The government must energize the economy with dynamic and innovative measures.

[0103] energize ⓐ[원인.수단] 역동적이고 혁신적인 조치로 ⓞ경제를 ⓥ활력.기력 충만한_ 상태로 변화(變化)시키다 활기차게 하다

E_ [1052]

A feather bed enervates the body of a child.

[0104] enervate ⓢ 깃털 침대는 ⓞ아이의 몸을 ⓥ기력 빠져나간, 무기력한_ 상태로 변화(變化)시키다 무기력하게 하다, 약화시키다

E_ [1053]

It enervates our creativity, and creates a world without beauty or virtue.

[0104] enervate ⓢ 그것은 ⓞ우리의 창의력을 ⓥ기력 빠져나간, 무기력한_ 상태로 변화(變化)시키다 무기력하게 하다, 약화시키다
[0317] create ⓢ 그것은 ⓞ아름다움이나 덕이 없는 세상을 ⓥ창조된_ 상태로 변화(變化)시키다 만들다

E_ [1054]

Let's honor those who have laid down their lives for this great country.

[0111] honor ⓞ이 위대한 나라를 위해 자신의 목숨을 바친 사람들을 ⓥ명예로운, 존중된_ 상태로 변화(變化)시키다 명예롭게 하다, 기리다
[0646] lay ⓐ이 위대한 나라를 향해, 아래로 ⓞ자신의 생명을 ⓥ놓기 위해_ 이동(移動)시키다 바치다

E_ [1055]

You shouldn't do anything to dirty (dishonor, disgrace) your parents' name.

[0017] dirty ⓞ당신 부모의 명예를 ⓥ더러운_ 상태로 변화(變化)시키다 더럽게 하다
[0112] dishonor ⓞ당신 부모의 명예를 ⓥ불명예스러운_ 상태로 변화(變化)시키다 불명예스럽게 하다
[0114] disgrace ⓞ당신 부모의 명예를 ⓥ우아함.기품 없는_ 상태로 변화(變化)시키다 수치스럽게 하다

E_ [1056]

His portrait graces the wall of the drawing room.

[0113] grace ⓢ[원인.수단] 그의 초상화는 ⓞ응접실의 벽을 ⓥ우아한, 기품.품위 있는_ 상태로 변화(變化)시키다 우아하게 하다

E_ [1057]

He felt he had disgraced himself by failing at school.

[0987] feel ⓢ그는 ⓞthat 이하를 ⓥ느껴 알다, 느끼다 느껴 알다, 느끼다
[0114] disgrace ⓐ[원인.수단] 학교에서 낙제함에 의해 ⓞ자기 자신을 ⓥ우아함.기품 없는_ 상태로 변화(變化)시키다 수치스럽게 하다

E_ [1058]

Many feel that the mayor has disgraced the town government by accepting personal favors from local businesspeople.

[0987] feel ⓢ많은 사람들은 ⓞthat 이하를 ⓥ느껴 알다, 느끼다 느껴 알다, 느끼다
[0114] disgrace ⓐ[원인.수단] 지역 사업가들의 개인적인 호의를 받아들임에 의해 ⓞ그 도시 정부를 ⓥ우아함.기품 없는_ 상태로 변화(變化)시키다 수치스럽게 하다
[0859] accept ⓐ지역 사업가들로부터 ⓞ개인적 호의들을 ⓥ가까이, 받아들여_ 소유(所有)하다 받아들이다

E_ [1059]

He consecrated the altar in the new church with a great ceremony.

[0115] consecrate ⓐ[원인.수단] 성대한 의식으로 ⓞ그 새 교회의 제단을 ⓥ신성한_ 상태로 변화(變化)시키다 신성하게 하다

E_ [1060]

In addition, road networks for cars have not only made cities uninhabitable, but also have desecrated the countryside.

[9999] make ⓒ주거할 수 없게 ⓞ도시들을 ⓥ어떤, 만들어진_ 상태로 변화(變化)시키다 변화시키다, 만들다
[0116] desecrate ⓐ[원인.수단] 자동차 도로망은 ⓞ그 시골을 ⓥ불경한, 훼손된_ 상태로 변화(變化)시키다 훼손시키다

E_ [1061]

It's a crime to desecrate the country's flag.

[0116] desecrate ⓞ그 나라의 국기를 ⓥ불경한, 훼손된_ 상태로 변화(變化)시키다 불경하게 하다, 훼손시키다

E_ [1062]

Television tends to glamorize violence.

[0117] glamorize ⓢ텔레비전은 ⓞ폭력을 ⓥ아름다운, 매혹적인_ 상태로 변화(變化)시키다 미화시키다

E_ [1063]

The group urged parents to take a stronger role in safeguarding their children from games that glamorize sex and violence.

[9999] urge ⓒ성과 폭력을 미화하는 게임으로부터 아이들을 보호하는 데에 더 강력한 역할을 가지도록 ⓞ부모님들에게 ⓥ촉구하는_ 표현(表現)하다 촉구하다
[0891] take ⓐ성과 폭력을 미화하는 게임으로부터 자신의 아이들을 보호하는 데에 ⓞ더 강력한 역할을 ⓥ적극적으로_ 소유(所有)하다 취하다, 가지다
[0214] safeguard ⓐ성과 폭력을 미화하는 게임으로부터 ⓞ그들의 아이들을 ⓥ안전한, 보호된_ 상태로 변화(變化)시키다 안전하게 하다, 보호하다
[0117] glamorize ⓢ게임은 ⓞ성과 폭력을 ⓥ아름다운, 매혹적인_ 상태로 변화(變化)시키다 미화시키다

E_ [1064]

A rising tide of dereliction and decay will disfigure all our environments.

[0118] disfigure ⓢ[원인.수단] 밀물처럼 몰려오는 태만과 부패는 ⓞ우리의 모든 환경을 ⓥ모양 망가진, 흉한_ 상태로 변화(變化)시키다 훼손시키다

E_ [1065]

He profaned his considerable acting talents by appearing in some wretched movies.

[0119] profane ⓐ[원인.수단] 몇몇 형편없는 영화에 출현함에 의해 ⓞ자신의 상당한 연기 재능을 ⓥ세속적인, 불경한, 더러운_ 상태로 변화(變化)시키다 더럽히다

E_ [1066]

Paul says Jesus sanctifies the people with His blood.

[0120] sanctify ⓐ[원인.수단] 자신의 피로 ⓞ그 백성들을 ⓥ신성.거룩한, 정화된_ 상태로 변화(變化)시키다 신성.거룩하게 하다, 정화시키다

E_ [1067]

You dragged us into this battle knowing it would deplete our forces.

[9999] drag ⓐ이 전투 안으로 ⓞ우리를 ⓥ끌어서_ 이동(移動)시키다 끌고 가다
[0133] deplete ⓢ그것은 ⓞ우리의 병력을 ⓥ고갈된_ 상태로 변화(變化)시키다 고갈.피폐시키다

E_ [1068]

These toxic substances can deplete the oxygen content of the water, discolor the water, and poison the natural inhabitants and plant life of the ecosystem.

[0133] deplete ⓢ[원인.수단] 이러한 독성물질들은 ⓞ그 물의 산소 함량을 ⓥ고갈된_ 상태로 변화(變化)시키다 고갈시키다
[9999] discolour ⓢ[원인.수단] 이러한 독성물질들은 ⓞ그 물을 ⓥ변색된_ 상태로 변화(變化)시키다 변색시키다
[0013] poison ⓢ[원인.수단] 이러한 독성물질들은 ⓞ생태계의 자연 거주자와 식물생물을 ⓥ중독.오염된_ 상태로 변화(變化)시키다 중독.오염시키다

E_ [1069]

The band enlivened the occasion with cheerful music.

[0159] enliven ⓐ[원인.수단] 경쾌한 음악으로 ⓞ그 행사를 ⓥ생기있는, 활기찬_ 상태로 변화(變化)시키다 생기있게 하다, 활성화시키다

E_ [1070]

It is a narcotic that dulls the brain and deadens the nerves.

[9999] dull ⓢ[원인.수단] 마약은 ⓞ뇌를 ⓥ무딘, 둔한_ 상태로 변화(變化)시키다 무디게 하다, 약화시키다
[0160] deaden ⓢ[원인.수단] 마약은 ⓞ신경을 ⓥ죽은, 활기 없는_ 상태로 변화(變化)시키다 마비시키다

E_ [1071]
Dirty plates littered the kitchen.

[0171] litter ⓢ[원인.수단] 더러운 접시들은 ⓞ그 부엌을 ⓥ쓰레기 있는, 어지러운_ 상태로 변화(變化)시키다 어지럽히다, 더럽히다

E_ [1072]
Shreds of plastic, old iron, glass, and animal bones littered both sides of the path.

[0171] litter ⓢ[원인.수단] 플라스틱, 오래된 철, 유리, 동물의 뼈 조각들은 ⓞ그 길 양쪽을 ⓥ쓰레기 있는, 어지러운_ 상태로 변화(變化)시키다 어지럽히다, 더럽히다

E_ [1073]
The storm tore down trees, damaged houses and littered the village with debris.

[9999] tear ⓢ[원인.수단] 그 폭풍은 ⓞ나무들을 ⓥ찢어진, 찢어 분리된_ 상태로 변화(變化)시키다 쓰러뜨리다
[0043] damage ⓢ[원인.수단] 그 폭풍은 ⓞ집들을 ⓥ손상.훼손된_ 상태로 변화(變化)시키다 손상.훼손시키다
[0171] litter ⓐ[원인.수단] 잔해로 ⓞ그 마을을 ⓥ쓰레기 있는, 어지러운_ 상태로 변화(變化)시키다 어지럽히다, 더럽히다

E_ [1074]
Children's pictures decorated the walls of the classroom.

[0172] decorate ⓢ[원인.수단] 아이들의 사진은 ⓞ그 교실 벽을 ⓥ장식.치장된_ 상태로 변화(變化)시키다 장식시키다, 꾸미다

E_ [1075]
Fold your unused paper into bird, dog and frog shapes to decorate your room!

[0353] fold ⓐ새, 개, 개구리 모양으로 ⓞ당신의 사용하지 않는 종이를 ⓥ접힌_ 상태로 변화(變化)시키다 접다
[0172] decorate ⓞ당신의 방을 ⓥ장식.치장된_ 상태로 변화(變化)시키다 장식시키다, 꾸미다

E_ [1076]
Many houses decorated Christmas trees to enjoy the joyous holiday season.

[0172] decorate ⓐ[원인.수단] 즐거운 연휴를 즐기기 위해 ⓞ크리스마스 트리를 ⓥ장식.치장된_ 상태로 변화(變化)시키다 장식시키다, 꾸미다

E_ [1077]
Arrange the words in alphabetical order.

[0173] arrange ⓐ알파벳 순으로 ⓞ그 단어들을 ⓥ정렬된, 선.열.줄에 맞춰진, 마련.준비된_ 상태로 변화(變化)시키다 정리.정렬시키다

E_ [1078]
He arranged newspapers into a neat pile.

[0173] arrange ⓐ깔끔한 더미 모양으로 ⓞ신문들을 ⓥ정렬된, 선.열.줄에 맞춰진, 마련.준비된_ 상태로 변화(變化)시키다 정리.정렬시키다

E_ [1079]
The wind disarranged my hair.

[0174] disarrange ⓢ[원인.수단] 그 바람은 ⓞ나의 머리카락을 ⓥ무질서.혼란한_ 상태로 변화(變化)시키다 무질서하게 하다, 헝클어뜨리다

E_ [1080]
Modern computers can organize large amounts of data very quickly.

[0175] organize ⓢ[원인.수단] 현대적 컴퓨터는 ⓞ대량의 데이터를 ⓥ조직적인, 정리.조성된_ 상태로 변화(變化)시키다 조직화.체계화하다

E_ [1081]
Their apparent objective is to crush resistance, paralyze communication, and disorganize human society.

[9999] crush ⓞ저항을 ⓥ으깨진, 박살난_ 상태로 변화(變化)시키다 분쇄시키다
[0422] paralyze ⓞ의사소통.통신을 ⓥ마비된_ 상태로 변화(變化)시키다 마비시키다
[0176] disorganize ⓞ인간 사회를 ⓥ무질서.혼란한, 해체된_ 상태로 변화(變化)시키다 무질서.혼란하게 하다

E_ [1082]
The certificate qualifies you to work as a dental assistant.

[0189] qualify ⓒ치과 보조원으로 일하도록 ⓞ당신을 ⓥ자질.자격 있는_ 상태로 변화(變化)시키다 자격있게 하다

E_ [1083]
A false start will disqualify a runner.

[0190] disqualify ⓢ[원인.수단] 잘못된.부정 출발은 ⓞ주자를 ⓥ자질.자격 없는_ 상태로 변화(變化)시키다 자격 박탈시키다, 실격시키다

E_ [1084]
This event fatally depressed and enfeebled my mind.

[0130] depress ⓢ[원인.수단] 이 사건은 ⓞ나의 마음을 ⓥ우울한, 침체된, 압박된_ 상태로 변화(變化)시키다 우울하게 하다
[0211] enfeeble ⓢ[원인.수단] 이 사건은 ⓞ나의 마음을 ⓥ약한_ 상태로 변화(變化)시키다 약화시키다

E_ [1085]
A series of successful experiences, however small, will reinforce and strengthen the conviction for more success.

[0212] reinforce ⓢ[원인.수단] 일련의 성공적인 경험들은 ⓞ더 많은 성공에 대한 확신.신념을 ⓥ(당시) 강한_ 상태로 변화(變化)시키다 강화시키다
[0010] strengthen ⓢ[원인.수단] 일련의 성공적인 경험들은 ⓞ더 많은 성공에 대한 확신.신념을 ⓥ강한_ 상태로 변화(變化)시키다 강화시키다

E_ [1086]
The situations will endanger international peace and security.

[0213] endanger ⓢ[원인.수단] 그 상황들은 ⓞ국제 평화와 안전을 ⓥ위험한_ 상태로 변화(變化)시키다 위험.위태하게 하다

E_ [1087]
This deal could safeguard the future of the 2000 employees.

[0214] safeguard ⓢ[원인.수단] 이 합의는 ⓞ2천명 직원들의 미래를 ⓥ안전한, 보호된_ 상태로 변화(變化)시키다 안전하게 하다, 보호하다

E_ [1088]
He attacked her for trying to resort to political populism, which might scuttle the foundation of the nation's education.

[0215] attack ⓐⓞ정치적 포퓰리즘에 의존하려고 시도한 것 때문에 ⓞ그녀를 ⓥ공격.비난된_ 상태로 변화(變化)시키다 공격.비난하다
[9999] scuttle ⓢ[원인.수단] 정치적 포퓰리즘은 ⓞ국가 교육의 기반.기초를 ⓥ침몰.무산된_ 상태로 변화(變化)시키다 침몰.무산시키다

E_ [1089]
The wild beasts can attack and hurt people with their powerful paws.

[0215] attack ⓐ[원인.수단] 그들의 강력한 발톱으로 ⓞ사람들을 ⓥ공격.비난된_ 상태로 변화(變化)시키다 공격하다
[9999] hurt ⓐ[원인.수단] 그들의 강력한 발톱으로 ⓞ사람들을 ⓥ손상된, 상처난_ 상태로 변화(變化)시키다 다치게 하다

E_ [1090]
The drought withers the young rice plant.

[0225] wither ⓢ[원인.수단] 그 가뭄은 ⓞ어린 벼를 ⓥ시든, 위축된_ 상태로 변화(變化)시키다 시들게 하다

E_ [1091]
A good meditation will freshen up your mind.

[0226] freshen ⓢ[원인.수단] 좋은 명상은 ⓞ당신의 마음을 ⓥ신선.상쾌한_ 상태로 변화(變化)시키다 신선.상쾌하게 하다

E_ [1092]
The hot weather had shrivelled the grapes in every vineyard.

[0227] shrivel ⓢ[원인.수단] 뜨거운 날씨는 ⓞ모든 포도원 안의 포도를 ⓥ주름진, 시든, 위축된_ 상태로 변화(變化)시키다 시들게 하다

E_ [1093]
Apply a mask pack to refresh and rejuvenate your skin.

[0635] apply ⓐ(당신의 피부에) ⓞ마스크팩을 ⓥ가까이, 사용.적용.응용.바르기 위해_ 이동(移動)시키다 발라 놓다
[0228] refresh ⓞ당신의 피부를 ⓥ(다시) 신선한_ 상태로 변화(變化)시키다 상쾌하게 하다, 재충전시키다
[9999] rejuvenate ⓞ당신의 피부를 ⓥ(다시) 젊어진, 회춘한, 원기회복된_ 상태로 변화(變化)시키다 다시 젊어지게 하다

E_ [1094]
She's smartening herself up in the ladies' room.

[0237] smarten ⓐ그 여자화장실에서 ⓞ그녀 자신을 ⓥ깔끔한_ 상태로 변화(變化)시키다 깔끔하게 하다

E_ [1095]
His mind was cluttered with useless information.

[0238] clutter ⓐ[원인.수단] 불필요한 정보로 ⓞ그의 마음.머리를 ⓥ어지러운, 혼잡.혼란한_ 상태로 변화(變化)시키다 어지럽히다, 혼란시키다

E_ [1096]
Such activities clutter up and disfigure the environment for all the neighbours who have to put up with the activity.

[0238] clutter ⓢ[원인.수단] 그러한 활동들은 ⓞ그 모든 이웃들에 대한 환경을 ⓥ어지러운, 혼잡.혼란한_ 상태로 변화(變化)시키다 어지럽히다, 혼란시키다
[0118] disfigure ⓢ[원인.수단] 그러한 활동들은 ⓞ그 모든 이웃들에 대한 환경을 ⓥ모양 망가진, 흉한_ 상태로 변화(變化)시키다 훼손시키다

E_ [1097]
The audience appreciated the beauty of the hanbok that was showcased in colorful lighting.

[0244] appreciate ⓢ청중들은 ⓞ화려한 조명 안에 전시된 한복의 아름다움을 ⓥ가치 높은_ 상태로 변화(變化)시키다 높이 인정하다
[9999] showcase ⓐ화려한 조명 속에서 ⓞ한복을 ⓥ(이동장소) 진열장에_ 이동(移動)시키다 전시하다

E_ [1098]
You can optimize the power of your imagination by becoming more observant and meticulous.

[0255] optimize ⓐ[원인.수단] 더 관찰하고 세심해짐에 의해 ⓞ여러분의 상상력을 ⓥ최적의, 바람직한_ 상태로 변화(變化)시키다 최적화시키다

E_ [1099]
Climate change will exacerbate future flood risk problems.

[0256] exacerbate ⓢ[원인.수단] 기후 변화는 ⓞ미래의 홍수 위험 문제를 ⓥ악화된_ 상태로 변화(變化)시키다 악화시키다

E_ [1100]
President Lincoln was assassinated by John Wilkes Booth.

[0259] assassinate ⓢ[원인.수단] John Wilkes Booth는 ⓞ링컨 대통령을 ⓥ암살된, 죽은_ 상태로 변화(變化)시키다 암살하다

E_ [1101]
The government will resuscitate the economy by supplying the Disaster Assistance Fund.

[0260] resuscitate ⓐ[원인.수단] 재난 지원 기금을 제공함에 의해 ⓞ경제를 ⓥ(다시) 살아 있는, 활기찬_ 상태로 변화(變化)시키다 소생시키다

E_ [1102]
Correction is straightening crooked and misguided people.

[0261] straighten ⓢ[원인.수단] 교정은 ⓞ비뚤어지고 잘못 인도된 사람들을 ⓥ똑바른_ 상태로 변화(變化)시키다 바로잡다, 교정시키다

E_ [1103]
The odd camera angle distorted her figure in the photograph.

[0262] distort ⓢ[원인.수단] 그 이상한 카메라 앵글은 ⓞ그 사진의 그녀 몸매를 ⓥ비틀린, 왜곡된_ 상태로 변화(變化)시키다 왜곡시키다, 일그러뜨리다

E_ [1104]
These measures are intended to humanize the prison system.

[0265] humanize ⓢ[원인.수단] 이 조치들은 ⓞ그 교도소 시스템을 ⓥ인간적인, 자비로운_ 상태로 변화(變化)시키다 인간화하다

E_ [1105]
Slavery is a process to dehumanize a particular group of people to better serve their owners.

[0266] dehumanize ⓐ[원인.수단] 자신의 주인들을 더 잘 대접.봉사하기 위해 ⓞ특정한 집단의 사람들을 ⓥ비인간적인_ 상태로 변화(變化)시키다 인간성 상실시키다
[9999] serve ⓞ자신의 주인.소유주를 ⓥ만족된, 접대.봉사된_ 상태로 변화(變化)시키다 만족시키다, 접대.봉사하다

E_ [1106]
War dehumanizes people.

[0266] dehumanize ⓢ[원인.수단] 전쟁은 ⓞ사람들을 ⓥ비인간적인_ 상태로 변화(變化)시키다 비인간화시키다, 인간성 잃게 하다

E_ [1107]
As a child, Ted idolized his father.

[0291] idolize ⓐ어렸을 때 ⓞ자신의 아버지를 ⓥ우상의_ 상태로 변화(變化)시키다 우상화하다

E_ [1108]
Don't idealize the USA, nor demonize Europe or anyone else for that matter.

[0301] idealize ⓞ미국을 ⓥ이상적.관념적인_ 상태로 변화(變化)시키다 이상화하다
[0292] demonize ⓐ[원인.수단] 그 문제 때문에 ⓞ유럽이나 다른 나라들을 ⓥ악마의_ 상태로 변화(變化)시키다 악마화하다

E_ [1109]
The Korean Volleyball Federation, or KOVO, has decided to penalize all three athletes accordingly through prosecution.

[0331] penalize ⓐ[원인.수단] 고발.기소를 통해 ⓞ3명의 선수 모두를 ⓥ형벌 있는, 처벌된_ 상태로 변화(變化)시키다 형벌.페널티를 주다, 처벌하다

E_ [1110]
He eventually pardoned his sister after she apologized

[0332] pardon ⓐ그녀가 사과한 후에, 결국 ⓞ그의 여동생을 ⓥ용서.사면된_ 상태로 변화(變化)시키다 용서하다

E_ [1111]
Large numbers of political prisoners have been pardoned and released by the new president.

[0332] pardon ⓢ새 대통령은 ⓞ많은 정치범들을 ⓥ용서.사면된_ 상태로 변화(變化)시키다 사면시키다
[9999] release ⓢ새 대통령은 ⓞ많은 정치범들을 ⓥ석방.면제된_ 상태로 변화(變化)시키다 석방시키다

E_ [1112]
Vance settled himself comfortably in a large leather-upholstered chair and lighted a cigarette.

[0341] settle ⓐ가죽을 씌운 커다란 의자에서, 편안하게 ⓞ그 자신을 ⓥ안정.정착.해결된_ 상태로 변화(變化)시키다 안정.정착시키다
[9999] light ⓢ밴스는 ⓞ담배를 ⓥ불 붙은, 밝은_ 상태로 변화(變化)시키다 불 붙이다

E_ [1113]
Changing schools might unsettle the kids.

[0342] unsettle ⓢ[원인.수단] 학교를 바꾸는 것은 ⓞ아이들을 ⓥ불안정한_ 상태로 변화(變化)시키다 불안정하게 하다

E_ [1114]
High rates of inflation erode the purchasing power of wage packets.

[0372] erode ⓢ[원인.수단] 높은 인플레이션율은 ⓞ임금 노동자의 구매력을 ⓥ부식.침식된_ 상태로 변화(變化)시키다 손상.잠식시키다

E_ [1115]
Dust contains numerous particles that can abrade your machine's internals.

[0851] contain ⓢ먼지는 ⓞ기계 내부를 마모시킬 수 있는 수많은 입자를 ⓥ온전히, 포함하여_ 소유(所有)하다 함유.포함하다
[0373] abrade ⓢ[원인.수단] 수많은 입자들은 ⓞ당신의 기계 내부를 ⓥ마모.침식된, 긁힌_ 상태로 변화(變化)시키다 마모시키다

E_ [1116]
Eating too much sugar can rot your teeth.

[0374] rot ⓢ[원인.수단] 너무 많은 설탕을 먹는 것은 ⓞ당신의 치아를 ⓥ부패한_ 상태로 변화(變化)시키다 부패시키다, 썩게 하다

E_ [1117]
On Apr. 18, a big fire razed a neighborhood in the Philippines.

[0375] raze ⓢ[원인.수단] 대 화재는 ⓞ필리핀의 한 지역을 ⓥ파괴된_ 상태로 변화(變化)시키다 파괴시키다

E_ [1118]
Court cases can rupture such relationships.

[0376] rupture ⓢ[원인.수단] 법정 사건은 ⓞ그러한 관계를 ⓥ파괴.파열된_ 상태로 변화(變化)시키다 파괴시키다

E_ [1119]
If it fell into the hands of innocent young men, it might tend to deprave and corrupt them.

[9999] deprave ⓢ[원인.수단] 그것은 ⓞ그들_ 순진한 젊은이들을 ⓥ부패한, 나쁜_ 상태로 변화(變化)시키다 부패.타락시키다
[0377] corrupt ⓢ[원인.수단] 그것은 ⓞ그들_ 순진한 젊은이들을 ⓥ망가진, 부패.타락한_ 상태로 변화(變化)시키다 부패.타락시키다, 망가뜨리다

E_ [1120]
A heavy fall of snow had disrupted the city's transport system.

[0378] disrupt ⓢ[원인.수단] 폭설은 ⓞ그 도시의 교통 시스템을 ⓥ파괴.붕괴된_ 상태로 변화(變化)시키다 붕괴시키다

E_ [1121]

A stroke can disrupt the supply of oxygen to the brain.

[0378] disrupt ⓢ[원인.수단] 뇌졸증은 ⓞ뇌로의 산소 공급을 ⓥ파괴.붕괴된_ 상태로 변화(變化)시키다 중단.방해시키다

E_ [1122]

Cell phone radiation can disrupt human cells, tissues and organs.

[0378] disrupt ⓢ[원인.수단] 휴대폰 전자파는 ⓞ인간의 세포, 조직, 기관들을 ⓥ파괴.붕괴된_ 상태로 변화(變化)시키다 파괴.붕괴시키다

E_ [1123]

After the 1982 recession virtually bankrupted them, many states adopted the practice.

[0379] bankrupt ⓢ[원인.수단] 1982년 경기 침체는 ⓞ그들을 ⓥ파산한_ 상태로 변화(變化)시키다 파산시키다
[0890] adopt ⓢ많은 주들은 ⓞ그 관행을 ⓥ채택하여_ 소유(所有)하다 채택하다

E_ [1124]

Antibiotics kill germs or interrupt their growth.

[9999] kill ⓢ[원인.수단] 항생제는 ⓞ세균들을 ⓥ죽은_ 상태로 변화(變化)시키다 죽이다
[0380] interrupt ⓢ[원인.수단] 항생제는 ⓞ그들_ 세균들의 성장을 ⓥ중간에 깨져 막힌, 중단.방해된_ 상태로 변화(變化)시키다 중단.방해시키다

E_ [1125]

Misguided people attempt to justify mean acts with selfish reasons.

[9999] justify ⓐ이기적인 이유로 ⓞ비열한 행동을 ⓥ정당한, 올바른_ 상태로 변화(變化)시키다 정당화시키다

E_ [1126]

Rulers tend to glorify their deeds, which may distort history.

[9999] glorify ⓞ자신들의 행위를 ⓥ화려한, 아름다운, 영광스러운_ 상태로 변화(變化)시키다 미화시키다
[0262] distort ⓞ역사를 ⓥ비틀린, 왜곡된_ 상태로 변화(變化)시키다 왜곡시키다

E_ [1127]

All they do is to vilify and stigmatize smokers.

[9999] vilify ⓞ흡연자들을 ⓥ나쁜, 천한, 더러운_ 상태로 변화(變化)시키다 비난하다
[9999] stigmatize ⓞ흡연자들을 ⓥ낙인 찍혀진, 치욕적인, 비난된_ 상태로 변화(變化)시키다 비난하다, 낙인 찍다

E_ [1128]

The government is striving to rectify the distorted distribution market.

[0403] rectify ⓞ왜곡된 유통시장을 ⓥ똑바른_ 상태로 변화(變化)시키다 바로 잡다, 교정하다

E_ [1129]

Two massive walkouts of truckers paralyzed the nation's transportation system and crippled exports in May and August last year.

[0422] paralyze ⓢ[원인.수단] 운송회사의 2개의 대규모 동맹파업은 ⓞ그 나라의 운송체계를 ⓥ마비된_ 상태로 변화(變化)시키다 마비시키다
[9999] cripple ⓢ[원인.수단] 운송회사의 2개의 대규모 동맹파업은 ⓞ수출을 ⓥ불구의_ 상태로 변화(變化)시키다 손상시키다

E_ [1130]

Wash your hands with a mild soap, sanitize your linens by using hot water and bleach, and avoid sharing personal items such as razors, towels and clothing.

[9999] wash ⓐ[원인.수단] 순한 비누로 ⓞ당신의 손을 ⓥ씻겨진_ 상태로 변화(變化)시키다 깨끗이 씻다
[0427] sanitize ⓐ[원인.수단] 뜨거운 물과 표백제를 사용함에 의해 ⓞ당신의 린넷을 ⓥ소독.살균된, 위생적인_ 상태로 변화(變化)시키다 소독시키다
[9999] avoid ⓞ면도기, 수건, 옷과 같은 개인적인 물품을 공유하는 것을 ⓥ무의, 취소된, 회피된, 공허한_ 상태로 변화(變化)시키다 회피하다
[0898] share ⓞ면도기, 수건, 옷과 같은 개인적인 물품을 ⓥ공유로, 나누어서_ 소유(所有)하다 공유하다, 같이 사용하다

【 기타 문장 】 270개 문장 : E_ [1031] ~ [1400]

E_ [1131]
He constantly brightened the room with his singing and his smile.

[0001] brighten ⓐ[원인.수단] 그의 노래와 미소로 ⓞ그 방을 ⓥ밝은_ 상태로 변화(變化)시키다 밝게 하다

E_ [1132]
The good news brightened her mood.

[0001] brighten ⓢ[원인.수단] 그 좋은 소식은 ⓞ그녀의 기분을 ⓥ밝은_ 상태로 변화(變化)시키다 밝게 하다

E_ [1133]
The bad news darkened his mood.

[0002] darken ⓢ[원인.수단] 그 나쁜 소식은 ⓞ그의 기분을 ⓥ어두운_ 상태로 변화(變化)시키다 어둡게 하다

E_ [1134]
The shadow of teacher shortage also darkens the technical education scene.

[0002] darken ⓢ[원인.수단] 그 교사 부족의 그림자는 ⓞ기술교육 현장을 ⓥ어두운_ 상태로 변화(變化)시키다 어둡게 하다

E_ [1135]
Emissions from factory stacks contaminate the air.

[0003] contaminate ⓢ[원인.수단] 공장 굴뚝에서 나오는 배출물은 ⓞ공기.대기를 ⓥ오염된_ 상태로 변화(變化)시키다 오염시키다

E_ [1136]
Victims of the chemical attack had to be decontaminated in specially built-outdoor showers.

[0004] decontaminate ⓐ특별히 지어진 야외 샤워실에서 ⓞ화학 공격의 희생자들을 ⓥ오염 제거된, 정화된_ 상태로 변화(變化)시키다 정화시키다

E_ [1137]
Ventilation air is delivered to spaces by mechanical systems which may also heat, cool, humidify and dehumidify the space.

[9999] deliver ⓐ공간에 ⓞ환기 공기를 ⓥ배달.전달.구조로_ 이동(移動)시키다 전달하여 주다
[0207] heat ⓢ[원인.수단] 기계적 시스템은 ⓞ그 공간을 ⓥ가열된, 뜨거운_ 상태로 변화(變化)시키다 뜨겁게 하다
[0030] cool ⓢ[원인.수단] 기계적 시스템은 ⓞ그 공간을 ⓥ시원한_ 상태로 변화(變化)시키다 시원하게 하다
[0005] humidify ⓢ[원인.수단] 기계적 시스템은 ⓞ그 공간을 ⓥ수분공급된, 습한_ 상태로 변화(變化)시키다 습하게 하다
[0006] dehumidify ⓢ[원인.수단] 기계적 시스템은 ⓞ그 공간을 ⓥ수분제거된, 건조한_ 상태로 변화(變化)시키다 건조하게 하다

E_ [1138]
A solar air conditioner can be used to cool and dehumidify hot humid air.

[0030] cool ⓢ[원인.수단] 태양광 에어컨은 ⓞ뜨겁고 습한 공기를 ⓥ시원한_ 상태로 변화(變化)시키다 시원하게 하다
[0006] dehumidify ⓢ[원인.수단] 태양광 에어컨은 ⓞ뜨겁고 습한 공기를 ⓥ수분제거된, 건조한_ 상태로 변화(變化)시키다 건조하게 하다

E_ [1139]
Higher interest rates tend to stabilize or strengthen the dollar.

[0007] stabilize ⓢ[원인.수단] 더 높아진 금리는 ⓞ달러를 ⓥ안정된_ 상태로 변화(變化)시키다 안정화시키다
[0010] strengthen ⓢ[원인.수단] 더 높아진 금리는 ⓞ달러를 ⓥ강한_ 상태로 변화(變化)시키다 강세로 만들다, 강화시키다

E_ [1140]
Economists warn that the crisis could destabilize the nation's currency.

[0827] warn ⓢ경제학자들은 ⓞthat 이하를 ⓥ경고하는_ 표현(表現)하다 경고하다
[0008] destabilize ⓢ[원인.수단] 그 위기는 ⓞ그 국가의 통화를 ⓥ불안정한_ 상태로 변화(變化)시키다 불안정하게 하다

E_ [1141]
Regular exercise is important for general health, but remember that too much exercise can weaken the body.

[9999] remember ⓞthat 이하에 대해 ⓥ기억하는_ 심리(心理)가지다 기억하다
[0009] weaken ⓢ[원인.수단] 너무 많은 운동은 ⓞ몸.신체를 ⓥ약한_ 상태로 변화(變化)시키다 약화시키다

E_ [1142]
The difficulties in her way merely strengthened her resolve.

[0010] strengthen ⓢ[원인.수단] 그녀의 길 안에 있는 그 어려움들은 ⓞ그녀의 결심을 ⓥ강한_ 상태로 변화(變化)시키다 강화시키다

E_ [1143]
It turned out that he was infected with hepatitis after a blood transfusion.

[0011] infect ⓐ[원인.수단] 수혈 후 간염에 ⓞ그를 ⓥ감염.전염된_ 상태로 변화(變化)시키다 감염시키다

E_ [1144]
All morning I scrubbed the bathtub and disinfected it with chlorine bleach.

[9999] scrub ⓞ그 욕조를 ⓥ문질러진, 지워진, 취소된_ 상태로 변화(變化)시키다 문지르다, 닦다
[0012] disinfect ⓐ[원인.수단] 염소 표백제로 ⓞ그것_ 욕조를 ⓥ소독.살균된_ 상태로 변화(變化)시키다 소독.살균시키다

E_ [1145]
The maggots disinfect the wound by killing bacteria and stimulating wound healing.

[0012] disinfect ⓢ[원인.수단] 그 구데기들은 ⓐ박테리아를 죽이고 상처 치료를 촉진시킴에 의해 ⓞ그 상처를 ⓥ소독.살균된_ 상태로 변화(變化)시키다 소독.살균시키다
[9999] kill ⓞ박테리아를 ⓥ죽은_ 상태로 변화(變化)시키다 죽이다
[9999] stimulate ⓞ상처 치료를 ⓥ자극.활성화된_ 상태로 변화(變化)시키다 자극.촉진시키다

E_ [1146]
The industrial revolution is when humans began to pollute the Earth by releasing greenhouse gases into the air.

[0015] pollute ⓐ[원인.수단] 온실가스를 공기 중으로 방출함에 의해 ⓞ지구를 ⓥ오염된_ 상태로 변화(變化)시키다 오염시키다
[9999] release ⓐ공기 안으로 ⓞ온실가스를 ⓥ반대로, 배출.방출로_ 이동(移動)시키다 방출시키다

E_ [1147]
Smoke from factory chimneys and exhaust gases from cars pollute the air.

[0015] pollute ⓢ[원인.수단] 공장 굴뚝에서 나오는 매연과 자동차에서 나오는 배기가스는 ⓞ공기.대기를 ⓥ오염된_ 상태로 변화(變化)시키다 오염시키다

E_ [1148]
The sublime scene seemed to purify my spirit.

[0016] purify ⓢ[원인.수단] 그 숭고한 광경은 ⓞ나의 정신을 ⓥ순수.깨끗한_ 상태로 변화(變化)시키다 정화시키다, 깨끗하게 하다

E_ [1149]
They dirtied the road by littering.

[0017] dirty ⓐ[원인.수단] 쓰레기를 버림에 의해 ⓞ그 도로를 ⓥ더러운_ 상태로 변화(變化)시키다 더럽게 하다

E_ [1150]
Clean (Wipe) the room with a dust cloth.

[0018] clean ⓐ[원인.수단] 걸레로 ⓞ그 방을 ⓥ깨끗한_ 상태로 변화(變化)시키다 깨끗하게 하다
[9999] wipe ⓐ[원인.수단] 걸레로 ⓞ그 방을 ⓥ문질러진, 문질러 지워진_ 상태로 변화(變化)시키다 문지르다, 닦다

E_ [1151]

The man is cleaning the sink with a sponge.

[0018] clean ⓐ[원인.수단] 스펀지로 ⓞ그 싱크대를 ⓥ깨끗한_ 상태로 변화(變化)시키다 깨끗하게 하다

E_ [1152]

The women of Rome used lead chalk to whiten their faces.

[0019] whiten ⓞ그들의 얼굴들을 ⓥ하얀_ 상태로 변화(變化)시키다 희게 하다

E_ [1153]

The walls had been blackened and scorched by fire.

[0020] blacken ⓢ[원인.수단] 화재는 ⓞ그 벽을 ⓥ검은_ 상태로 변화(變化)시키다 검게 하다, 더럽히다
[9999] scorch ⓢ[원인.수단] 화재는 ⓞ그 벽을 ⓥ(불.열에) 그을린, 눋은, 약간 탄_ 상태로 변화(變化)시키다 눋게하다, 그을리게 하다

E_ [1154]

The latest figures should neutralize the fears of inflation.

[0023] neutralize ⓢ[원인.수단] 그 최근 수치들은 ⓞ인플레이션의 공포를 ⓥ중성, 중화.약화된_ 상태로 변화(變化)시키다 약화.중화시키다

E_ [1155]

This is because alkaline substances in human saliva neutralize the acid in mosquitos' saliva.

[0023] neutralize ⓢ[원인.수단] 사람의 침에 있는 알칼리성 물질은 ⓞ모기의 침에 있는 산을 ⓥ중성, 중화.약화된_ 상태로 변화(變化)시키다 중화시키다

E_ [1156]

The heat of the sun liquefied the ice.

[0024] liquefy ⓢ[원인.수단] 그 태양의 열기는 ⓞ그 얼음을 ⓥ액체_ 상태로 변화(變化)시키다 액화시키다

E_ [1157]

The company solidifies the liquid polymer by cooling after being extruded from the spinneret.

[0025] solidify ⓐ[원인.수단] 방사노즐.스피네렛에서 압출된 후 냉각시킴에 의해 ⓞ액체 폴리머를 ⓥ고체, 굳은, 견고한_ 상태로 변화(變化)시키다 고체화하다, 굳게 하다
[0030] cool ⓐ방사노즐.스피네렛에서 압출된 후에 ⓞ(액체 폴리머를) ⓥ시원한_ 상태로 변화(變化)시키다 냉각시키다
[0631] extrude ⓐ방사노즐.스피네렛 밖으로 ⓞ(액체 폴리머를) ⓥ바깥으로, 밀어서_ 이동(移動)시키다 뽑아내다, 추출하다

E_ [1158]

The mist is produced by vaporizing the non-oily mist liquid in a preheated device.

[0026] vaporize ⓐ예열된 장치 안에서 ⓞ기름기가 없는 미스트 액체를 ⓥ기체, 증발된_ 상태로 변화(變化)시키다 기화.증발시키다

E_ [1159]

The cold weather had frozen the ground.

[0027] freeze ⓢ[원인.수단] 추운 날씨는 ⓞ그 대지를 ⓥ동결된_ 상태로 변화(變化)시키다 얼게하다

E_ [1160]

Take all necessary steps to unfreeze credit and money markets.

[0891] take ⓐ신용 및 금융 시장의 동결을 해제하기 위해 ⓞ필요한 모든 조치를 ⓥ적극적으로_ 소유(所有)하다 취하다
[0028] unfreeze ⓞ신용 및 금융 시장을 ⓥ해동된_ 상태로 변화(變化)시키다 해동시키다, 동결해제시키다

E_ [1161]
Don't warm wine by placing it next to a radiator or open fire, as this will cause it to taste coarse.

[0029] warm ⓐ[원인.수단] 그것을 라디에이터 또는 개방된 불 옆에 둠에 의해 ⓞ와인을 ⓥ따뜻한_ 상태로 변화(變化)시키다 따뜻하게 하다
[0571] place ⓐ라디에이터 또는 불 가까이에 ⓞ와인을 ⓥ자리 잡기 위해_ 이동(移動)시키다 놓다, 위치시키다
[9999] cause ⓒ거칠게 맛이 나도록 ⓞ그것을 ⓥ야기된, 원인.결과로 생성된_ 상태로 변화(變化)시키다 야기시키다, 원인.결과로 만들다

E_ [1162]
Perspiration cools the skin in hot weather.

[0030] cool ⓢ[원인.수단] 땀은 ⓐ뜨거운 날씨에서 ⓞ피부를 ⓥ시원한_ 상태로 변화(變化)시키다 시원하게 하다

E_ [1163]
He complicated matters by perjuring himself.

[0031] complicate ⓐ[원인.수단] 위증함에 의해 ⓞ문제들을 ⓥ복잡한_ 상태로 변화(變化)시키다 복잡하게 하다

E_ [1164]
They complicated the dispute by embittering the situation.

[0031] complicate ⓐ[원인.수단] 그 상황을 악화시킴에 의해 ⓞ그 분쟁을 ⓥ복잡한_ 상태로 변화(變化)시키다 복잡하게 하다

E_ [1165]
According to Time magazine, the government is trying to give additional training to teachers and simplify school admissions exams to reduce the strain on students.

[9999] give ⓐ선생님들에게 ⓞ추가적인 교육.훈련을 ⓥ주기 위해, 단순히_ 이동(移動)시키다 주다, 부여하다
[0032] simplify ⓐ[원인.수단] 학생들의 긴장.압박을 감소시키기 위해 ⓞ입학시험을 ⓥ단순.간략한_ 상태로 변화(變化)시키다 단순화시키다
[9999] reduce ⓞ학생들의 긴장.압박을 ⓥ감소.축소된_ 상태로 변화(變化)시키다 감소시키다, 줄이다

E_ [1166]
We should diversify our investment portfolio to lower risks.

[0033] diversify ⓐ[원인.수단] 위험을 낮추기 위해 ⓞ우리의 투자 포트폴리오를 ⓥ다양한_ 상태로 변화(變化)시키다 다양화하다
[0065] lower ⓞ위험을 ⓥ낮은, 감소된_ 상태로 변화(變化)시키다 낮게 하다, 저하시키다

E_ [1167]
Loneliness is associated with some physical and mental illnesses that can shorten people's lives.

[0163] associate ⓐ사람의 생명을 단축할 수 있는 몇 가지 육체적, 정신적_병과 ⓞ외로움을 ⓥ연결.연관된_ 상태로 변화(變化)시키다 연결.연관시키다
[0035] shorten ⓢ[원인.수단] 몇가지 육체적, 정신적 병은 ⓞ사람의 생명.수명을 ⓥ짧아진_ 상태로 변화(變化)시키다 짧게 하다, 단축시키다

E_ [1168]
Again, you can lengthen or shorten the story by including or excluding the various parts, which are mostly self-contained.

[0036] lengthen ⓐ[원인.수단] 다양한 부분들을 내포시킴에 의해 ⓞ그 이야기를 ⓥ길어진_ 상태로 변화(變化)시키다 길게 하다
[0035] shorten ⓐ[원인.수단] 다양한 부분들을 배제시킴에 의해 ⓞ그 이야기를 ⓥ짧아진_ 상태로 변화(變化)시키다 짧게 하다, 단축시키다
[9999] include ⓞ다양한 부분들을 ⓥ포함된_ 상태로 변화(變化)시키다 포함시키다
[0349] exclude ⓞ다양한 부분들을 ⓥ배제.제외.탈퇴된_ 상태로 변화(變化)시키다 배제시키다

E_ [1169]
Laughing at our mistakes can lengthen our own life. Laughing at someone else's can shorten it. (Cullen Hightower)

[0036] lengthen ⓢ[원인.수단] 우리의 실수를 비웃는 것은 ⓞ우리 자신의 생명.삶을 ⓥ길어진_ 상태로 변화(變化)시키다 길게 하다, 연장시키다
[0035] shorten ⓢ[원인.수단] 어떤 다른 사람의 실수를 비웃는 것은 ⓞ그것_ 우리 자신의 생명을 ⓥ짧아진_ 상태로 변화(變化)시키다 짧게 하다, 단축시키다

E_ [1170]
A diet of starch and grease has widened waistlines and roughened skin.

[0037] widen ⓢ[원인.수단] 전분 및 지방 식단은 ⓞ허리라인을 ⓥ넓은_ 상태로 변화(變化)시키다 넓게 하다
[0073] roughen ⓢ[원인.수단] 전분 및 지방 식단은 ⓞ피부를 ⓥ거친_ 상태로 변화(變化)시키다 거칠게 하다

E_ [1171]
Growing competition for contracts will narrow profit margins.

[0038] narrow ⓢ[원인.수단] 계약에 대한 증가된 경쟁은 ⓞ이윤 마진을 ⓥ좁은, 감소된_ 상태로 변화(變化)시키다 좁게 하다, 감소시키다

E_ [1172]
The opposite arrangement (a larger gear driving a smaller gear) will decrease the torque while increasing the speed.

[0039] decrease ⓢ[원인.수단] 그 반대 방향 배치(큰 기어가 작은 기어를 구동하는 것)는 ⓞ토크.회전력을 ⓥ감소된_ 상태로 변화(變化)시키다 감소시키다
[0040] increase ⓢ[원인.수단] 그 반대 방향 배열(큰 기어가 작은 기어를 구동하는 것)은 ⓞ그 속도를 ⓥ증가된_ 상태로 변화(變化)시키다 증가시키다

E_ [1173]
Eating fruit peel can also help to decrease the amount of food waste which is a cause of pollution.

[0039] decrease ⓢ[원인.수단] 과일 껍질을 먹는 것은 ⓞ오염의 원인인 음식물 쓰레기의 양을 ⓥ감소된_ 상태로 변화(變化)시키다 감소시키다

E_ [1174]
Second, in order to stabilize people's livelihoods, the government decided to help households increase their incomes by creating more jobs for youths and women and improving the status of non-regular workers.

[0007] stabilize ⓞ국민들의 생계를 ⓥ안정된_ 상태로 변화(變化)시키다 안정화시키다
[0040] increase ⓐ[원인.수단] 청년 및 여성을 위한 더 많은 일자리를 만들고, 비정규직 노동자들의 상태를 개선함에 의해 ⓞ그들의 수입을 ⓥ증가된_ 상태로 변화(變化)시키다 증가시키다
[0317] create ⓞ청년 및 여성을 위한 더 많은 일자리를 ⓥ창조된_ 상태로 변화(變化)시키다 만들다
[9999] improve ⓞ비정규직 노동자의 지위를 ⓥ개선.향상된_ 상태로 변화(變化)시키다 개선.향상시키다

E_ [1175]
Farming technology coupled with better weather actually significantly increased agricultural productivity at this time.

[0283] couple ⓐ더 나은 날씨와 ⓞ농업기술을 ⓥ연결.결합된, 짝지어진_ 상태로 변화(變化)시키다 결합시키다, 짝 이루다
[0040] increase ⓢ[원인.수단] 더 나은 날씨와 결합된 농업기술은 ⓞ농업 생산성을 ⓥ증가된_ 상태로 변화(變化)시키다 증가시키다

E_ [1176]
Improving our immunity through the food we eat will increase our defenses against all types of bacteria.

[9999] improve ⓐ[원인.수단] 우리가 섭취한 음식을 통해 ⓞ우리의 면역력을 ⓥ개선.향상된_ 상태로 변화(變化)시키다 개선.향상시키다
[0040] increase ⓢ[원인.수단] 우리가 섭취한 음식을 통해 우리의 면역력을 개선시키는 것은 ⓞ모든 종류의 박테리아에 대한 방어력을 ⓥ증가된_ 상태로 변화(變化)시키다 증가시키다

E_ [1177]
Others say that exporting fertilizers and pesticides to developing countries will help them increase their production.

[0502] export ⓐ개발도상국에 ⓞ비료 및 살충제를 ⓥ바깥으로, 날라서_ 이동(移動)시키다 수출하다
[0040] increase ⓢ[원인.수단] 개발도상국에 비료와 살충제를 수출하는 것은 ⓞ그들의 생산량을 ⓥ증가된_ 상태로 변화(變化)시키다 증가시키다

E_ [1178]
Some modern fashion designers have decided to help increase the hanbok's popularity by simplifying their designs and making them more affordable.

[0040] increase ⓐ[원인.수단] 한복 디자인을 단순화하고, 한복을 더 저렴하게 변화시킴에 의해 ⓞ한복의 대중성.인기를 ⓥ증가된_ 상태로 변화(變化)시키다 증가시키다
[0032] simplify ⓞ한복 디자인을 ⓥ단순.간략한_ 상태로 변화(變化)시키다 단순화시키다
[9999] make ⓒ더 저렴하게 ⓞ그들_ 한복을 ⓥ어떤, 만들어진_ 상태로 변화(變化)시키다 변화시키다, 만들다

E_ [1179]
The company increased its margin of profit by reducing the time required to compose the components.

[0040] increase ⓐ[원인.수단] 부품을 조립하기 위해 요구된 시간을 감소시킴에 의해 ⓞ자사 이익 마진을 ⓥ증가된_ 상태로 변화(變化)시키다 증가시키다
[9999] reduce ⓞ부품을 조립하기 위해 요구된 시간을 ⓥ감소.축소된_ 상태로 변화(變化)시키다 감소시키다, 줄이다
[0277] compose ⓞ그 부품들을 ⓥ진정된, 조립.구성된, 조립.구성되어 만들어진_ 상태로 변화(變化)시키다 조립시키다

E_ [1180]
These disorders impair your sense of reality.

[0041] impair ⓢ[원인.수단] 이런 장애들은 ⓞ당신의 현실감각을 ⓥ손상된_ 상태로 변화(變化)시키다 손상시키다

E_ [1181]
Providing Disaster Assistance Fund will repair the injured economy.

[9999] provide ⓐ(국민들에게) ⓞ재난 지원 기금을 ⓥ앞으로, 제공.공급으로_ 이동(移動)시키다 제공.공급하다
[0042] repair ⓢ[원인.수단] 재난 지원 기금을 제공하는 것은 ⓞ상처 난 경제를 ⓥ수리.치료된_ 상태로 변화(變化)시키다 수리.회복시키다

E_ [1182]
Damaged organs such as lungs, hearts or livers could be repaired by patching them up with stem cells.

[0042] repair ⓐ[원인.수단] 줄기세포로 손상된 조직들을 치료함에 의해 ⓞ폐, 심장, 간 등의 손상된 장기를 ⓥ수리.치료된_ 상태로 변화(變化)시키다 치료하다, 회복시키다
[9999] patch ⓐ줄기세포로 ⓞ그들_ 손상된 장기들을 ⓥ반창고.패치.조각 덧대어진, 수리.회복된_ 상태로 변화(變化)시키다 덧대다, 치료하다

E_ [1183]
The injections repaired their aging bodies.

[0042] repair ⓢ[원인.수단] 그 주사는 ⓞ그들의 늙어가는 몸을 ⓥ수리.치료된_ 상태로 변화(變化)시키다 치료하다, 회복시키다

E_ [1184]
Although rising prices are good for producers, they can also threaten the world economy and create inflation that in turn will damage the producers by reducing demand.

[9999] threaten ⓢ[원인.수단] 그들_ 가격상승은 ⓞ세계경제를 ⓥ위험한, 위협된_ 상태로 변화(變化)시키다 위험.위태하게 하다
[0317] create ⓢ[원인.수단] 그들_ 가격상승은 ⓞ인플레이션을 ⓥ창조된_ 상태로 변화(變化)시키다 만들다
[0043] damage ⓐ[원인.수단] 수요를 감소시킴에 의해 ⓞ생산자들을 ⓥ손상.훼손된_ 상태로 변화(變化)시키다 손상.훼손시키다
[9999] reduce ⓐⓞ수요를 ⓥ감소.축소된_ 상태로 변화(變化)시키다 감소시키다, 줄이다

E_ [1185]
Corruption damages public trust and accountability and distorts the allocation of public resources, reducing economic growth and increasing poverty.

[0043] damage ⓢ[원인.수단] 부패는 ⓞ대중의 신뢰 및 책임을 ⓥ손상.훼손된_ 상태로 변화(變化)시키다 손상.훼손시키다
[0262] distort ⓢ[원인.수단] 부패는 ⓞ공공 자원의 배분을 ⓥ비틀린, 왜곡된_ 상태로 변화(變化)시키다 왜곡시키다
[9999] reduce ⓢ[원인.수단] 부패는 ⓞ경제 성장을 ⓥ감소.축소된_ 상태로 변화(變化)시키다 감소시키다, 줄이다
[0040] increase ⓢ[원인.수단] 부패는 ⓞ빈곤을 ⓥ증가된_ 상태로 변화(變化)시키다 증가시키다

E_ [1186]
Exposure to radiation can damage biological cells and cause cancer.

[0043] damage ⓢ[원인.수단] 방사선 노출은 ⓞ생물적 세포를 ⓥ손상.훼손된_ 상태로 변화(變化)시키다 손상.훼손시키다
[9999] cause ⓢ[원인.수단] 방사선의 노출은 ⓞ암을 ⓥ야기된, 원인.결과로 생성된_ 상태로 변화(變化)시키다 야기시키다, 원인.결과로 만들다

E_ [1187]
He claims his vitamin therapy can even cure cancer.

[0756] claim ⓢ그는 ⓞthat 이하를 ⓥ주장.단언하는_ 표현(表現)하다 주장하다
[0044] cure ⓢ[원인.수단] 자신의 비타민 요법은 ⓞ암을 ⓥ치료.회복된_ 상태로 변화(變化)시키다 치료하다

E_ [1188]
This medicine will cure your cold.

[0044] cure ⓢ[원인.수단] 이 약은 ⓞ당신의 감기를 ⓥ치료.회복된_ 상태로 변화(變化)시키다 치료하다

E_ [1189]
Jealousy can harm friendships.

[0045] harm ⓢ[원인.수단] 질투는 ⓞ우정을 ⓥ손상된_ 상태로 변화(變化)시키다 훼손.손상시키다

E_ [1190]
This cream is good for healing minor cuts and bruises.

[0046] heal ⓢ[원인.수단] 이 크림은 ⓞ가벼운 상처나 멍든 곳을 ⓥ치료.개선된_ 상태로 변화(變化)시키다 치료.치유하다

E_ [1191]

This ointment should heal the cut in no time.

[0046] heal ⓢ[원인.수단] 이 연고는 ⓞ그 상처를 ⓥ치료.개선된_ 상태로 변화(變化)시키다 치료.치유하다

E_ [1192]

Shockwaves from the aerial explosion injured people and wrecked thousands of homes.

[0047] injure ⓢ[원인.수단] 공중폭발의 충격파는 ⓞ사람들을 ⓥ상처난, 손상된_ 상태로 변화(變化)시키다 손상시키다
[9999] wreck ⓢ[원인.수단] 그 공중폭발의 충격파는 ⓞ수천 개의 주택을 ⓥ파손.파괴된, 망가진_ 상태로 변화(變化)시키다 망가뜨리다, 파손.파괴시키다

E_ [1193]

We use aesthesiogenic agents to remedy the sensitivity of the nervous system.

[9999] use ⓐ[원인.수단] 신경계의 민감성을 치료하기 위해 ⓞ심미성 물질을 ⓥ사용.이용된_ 상태로 변화(變化)시키다 사용.이용하다
[0048] remedy ⓞ신경계의 민감성을 ⓥ치료.개선된_ 상태로 변화(變化)시키다 치료하다

E_ [1194]

The use of excessive force may deform the wires.

[0049] deform ⓢ[원인.수단] 과도한 힘의 사용은 ⓞ그 철사.와이어들을 ⓥ모양 망가진, 흉한_ 상태로 변화(變化)시키다 흉하게 하다

E_ [1195]

Dogs that bite can be reformed with good training.

[0050] reform ⓐ[원인.수단] 좋은 훈련으로 ⓞ무는 개들을 ⓥ(다시 모양을) 교정.개선.개혁된_ 상태로 변화(變化)시키다 개선.교정시키다

E_ [1196]

Nibbling at the edges of the problem will ameliorate the situation, not resolve it.

[0051] ameliorate ⓢ[원인.수단] 그 문제의 가장자리를 갉아먹는 것은 ⓞ그 상황을 ⓥ개선.호전된, 좋은_ 상태로 변화(變化)시키다 개선.호전시키다, 좋게하다
[0399] resolve ⓢ[원인.수단] 그 문제의 가장자리를 갉아먹는 것은 ⓞ그것_ 상황을 ⓥ(다시) 용해.해결된_ 상태로 변화(變化)시키다 해결시키다

E_ [1197]

The controversy over Tzuyu could deteriorate their relations with Taiwan.

[0052] deteriorate ⓢ[원인.수단] Tzuyu에 대한 논란은 ⓞ대만과의 관계를 ⓥ악화된, 나쁜_ 상태로 변화(變化)시키다 악화시키다, 나쁘게하다

E_ [1198]

The former would worsen the depression by reducing aggregate demand; the latter would shatter the Government's credibility.

[0053] worsen ⓐ[원인.수단] 총수요를 줄임에 의해 ⓞ그 불황을 ⓥ더 나쁜, 악화된_ 상태로 변화(變化)시키다 악화시키다, 더 나쁘게 하다
[9999] reduce ⓞ총 수요를 ⓥ감소.축소된_ 상태로 변화(變化)시키다 감소시키다, 줄이다
[9999] shatter ⓢ그 후자는 ⓞ정부의 신뢰를 ⓥ파편, 산산조각난_ 상태로 변화(變化)시키다 산산조각내다, 박살내다

E_ [1199]

The civil war worsened the already poor economy of the country.

[0053] worsen ⓢ[원인.수단] 그 내전은 ⓞ이미 열악한 그 나라의 경제를 ⓥ더 나쁜, 악화된_ 상태로 변화(變化)시키다 악화시키다, 더 나쁘게 하다

E_ [1200]

Some members of the liberal parties argue that the current FTA will only benefit a small part of the population and worsen the rich-poor gap.

[9999] argue ⓢ일부 진보정당 의원들은 ⓞthat 이하를 ⓥ주장.설득하는_ 표현(表現)하다 주장하다
[9999] benefit ⓢ[원인.수단] 현재의 FTA는 ⓞ그 인구의 일부만을 ⓥ이익.혜택 주어진_ 상태로 변화(變化)시키다 이롭게하다
[0053] worsen ⓢ[원인.수단] 현재의 FTA는 ⓞ그 빈부격차를 ⓥ더 나쁜, 악화된_ 상태로 변화(變化)시키다 악화시키다, 더 나쁘게 하다

E_ [1201]
You cannot change the past, but you can better the present. [= You cannot change the past, but you can make the present better.]

[9999] change ⓞ과거를 ⓥ어떤_ 상태로 변화(變化)시키다 변화시키다, 바꾸다
[0054] better ⓞ현재를 ⓥ더 좋은, 개선된_ 상태로 변화(變化)시키다 더 좋게 하다
[9999] make ⓒ더 좋게 ⓞ현재를 ⓥ어떤, 만들어진_ 상태로 변화(變化)시키다 변화시키다, 만들다

E_ [1202]
Books can enrich our lives.

[0055] enrich ⓢ[원인.수단] 책은 ⓞ우리의 삶.인생을 ⓥ부유.풍요한, 농축된_ 상태로 변화(變化)시키다 풍요롭게 하다

E_ [1203]
If we impoverish our children, we later impoverish our society.

[0056] impoverish ⓞ우리의 아이들을 ⓥ가난.빈곤.피폐한_ 상태로 변화(變化)시키다 가난.빈곤.피폐하게 하다

E_ [1204]
Black people didn't enslave and segregate themselves.

[0057] enslave ⓢ흑인들은 ⓞ그들 자신들을 ⓥ노예_ 상태로 변화(變化)시키다 노예화하다
[0200] segregate ⓢ흑인들은 ⓞ그들 자신들을 ⓥ격리.분리.차별된_ 상태로 변화(變化)시키다 격리.분리시키다

E_ [1205]
Effort ennobles a man.

[0058] ennoble ⓢ[원인.수단] 노력은 ⓞ사람을 ⓥ귀족의, 고귀한_ 상태로 변화(變化)시키다 고귀하게 하다

E_ [1206]
I wouldn't demean myself by asking for charity.

[0059] demean ⓐ[원인.수단] 자선을 요청함에 의해 ⓞ나 자신을 ⓥ비하된, 품위 손상된_ 상태로 변화(變化)시키다 비하.손상시키다

E_ [1207]
The Americans had dignified their departure with a ceremony

[0060] dignify ⓐ[원인.수단] 의식으로 ⓞ그들의 떠남.출발을 ⓥ존엄한, 품위.위엄 있는_ 상태로 변화(變化)시키다 존엄.위엄있게 하다

E_ [1208]
Dieting thinned her down.

[0062] thin ⓢ[원인.수단] 다이어트는 ⓞ그녀를 ⓥ얇은, 묽은_ 상태로 변화(變化)시키다 얇게 하다, 날씬하게 하다

E_ [1209]
The steam was condensed rapidly by injecting cold water into the cylinder.

[0063] condense ⓢ[원인.수단] 그 실린더에 찬물을 주입하는 것은 ⓞ그 증기를 ⓥ농축.압축.요약된_ 상태로 변화(變化)시키다 응축시키다
[0506] inject ⓐ그 실린더 안에 ⓞ찬물을 ⓥ위.안에, 던지듯, 주사하듯_ 이동(移動)시키다 주입.주사하다

E_ [1210]
Large classes dilute the quality of education that children receive.

[0064] dilute ⓢ[원인.수단] 대규모 수업은 ⓞ아이들이 받는 교육의 질을 ⓥ묽은, 희석된_ 상태로 변화(變化)시키다 약화.희석시키다
[0866] receive ⓢ아이들은 ⓞ교육을 ⓥ반대로, 받아_ 소유(所有)하다 받다

E_ [1211]
I will dilute the solutions by using distilled water.

[0064] dilute ⓐ[원인.수단] 증류수를 사용함에 의해 ⓞ그 용액을 ⓥ묽은, 희석된_ 상태로 변화(變化)시키다 희석시키다, 묽게하다

E_ [1212]
The star couple tried to dilute their scandal through the press conference.

[0064] dilute ⓐ[원인.수단] 그 기자회견을 통해 ⓞ그 스캔들을 ⓥ묽은, 희석된_ 상태로 변화(變化)시키다 약화.희석시키다

E_ [1213]
Good bacteria create acidic fermentation byproducts that lower your intestine's pH, decreasing the chance that bad bacteria can survive.

[0317] create ⓢ[원인.수단] 좋은 박테리아는 ⓞ장 pH를 낮추는 산성 발효 부산물을 ⓥ창조된_ 상태로 변화(變化)시키다 만들다
[0065] lower ⓢ[원인.수단] 산성 발효 부산물은 ⓞ당신의 장내 pH를 ⓥ낮은, 감소된_ 상태로 변화(變化)시키다 낮게 하다, 저하시키다
[0039] decrease ⓞ나쁜 박테리아가 생존할 수 있는 가능성을 ⓥ감소된_ 상태로 변화(變化)시키다 감소시키다

E_ [1214]
Kimchi is excellent for your diet because it contains the necessary nutrients and capsaicin that lowers calories and boosts your metabolism.

[0851] contain ⓢ 김치는 ⓞ필요한 영양소와 열량을 낮추고 신진대사를 활발하게 하는 캡사이신을 ⓥ온전히, 포함하여_ 소유(所有)하다 함유.포함하여 가지다
[0065] lower ⓢ[원인.수단] 캡사이신은 ⓞ열량을 ⓥ낮은, 감소된_ 상태로 변화(變化)시키다 낮게 하다, 감소시키다
[9999] boost ⓢ[원인.수단] 캡사이신은 ⓞ당신의 신진대사를 ⓥ향상.증진된, 들어올려진_ 상태로 변화(變化)시키다 향상.증진.촉진시키다

E_ [1215]
I wouldn't lower myself by working for him.

[0065] lower ⓐ[원인.수단] 그를 위해 일함에 의해 ⓞ나 자신을 ⓥ낮은, 감소된_ 상태로 변화(變化)시키다 낮게 하다, 비하.저하시키다

E_ [1216]
Anxiety heightens the risk of conflict as people who are afraid rarely act in a rational way.

[0066] heighten ⓢ[원인.수단] 불안은 ⓐ두려워하는 사람들이 이성적 방식으로 거의 행동하지 않기 때문에 ⓞ갈등.분쟁의 위험을 ⓥ높은, 증가된_ 상태로 변화(變化)시키다 높이다, 증가시키다

E_ [1217]
Increased profits will fatten the bonuses of the managers.

[0067] fatten ⓢ[원인.수단] 증가된 이익은 ⓞ그 경영자들의 보너스를 ⓥ살찐_ 상태로 변화(變化)시키다 살찌우다, 풍요롭게 하다

E_ [1218]
If I remember correctly, he slimmed the operating cost of his office from $150m to $4m.

[0068] slim ⓐ1억 5천만 달러에서 4백만 달러로 ⓞ그의 사무실 운영비용을 ⓥ날씬한, 마른, 감소된_ 상태로 변화(變化)시키다 감소시키다, 줄이다

E_ [1219]
The measures will lighten the tax burden on small businesses.

[0069] lighten ⓢ[원인.수단] 그 대책은 ⓞ중소기업들의 세금 부담을 ⓥ밝은, 가벼운_ 상태로 변화(變化)시키다 가볍게 하다

E_ [1220]
She shaded her eyes with her hand.

[0070] shade ⓐ[원인.수단] 자신의 손으로 (가림에 의해) ⓞ자신의 눈을 ⓥ그늘진_ 상태로 변화(變化)시키다 그늘지게 하다

E_ [1221]
The nation's economists project the deal will sharpen the competitive edge for Korean carmakers and electronics producers.

[9999] project ⓢ그 한국의 경제학자들은 ⓞthat 이하를 ⓥ예언하는_ 표현(表現)하다 예언.전망하다
[0071] sharpen ⓢ[원인.수단] 그 거래는 ⓞ한국 자동차 및 전자제품 제조자에 대한 그 경쟁력 끝을 ⓥ날카로운_ 상태로 변화(變化)시키다 날카롭게 하다, 강화시키다

E_ [1222]
You can sharpen the pencil with a knife. [= You can make the pencil sharp with a knife.]

[0071] sharpen ⓐ[원인.수단] 칼로 ⓞ그 연필을 ⓥ날카로운_ 상태로 변화(變化)시키다 날카롭게 하다

E_ [1223]
But too many new rules can stifle enterprise and blunt our competitive edge.

[9999] stifle ⓢ[원인.수단] 너무 많은 새로운 규칙은 ⓞ기업을 ⓥ질식.억제된_ 상태로 변화(變化)시키다 질식.억제시키다
[0072] blunt ⓢ[원인.수단] 너무 많은 새로운 규칙은 ⓞ우리의 경쟁력을 ⓥ무딘, 둔한, 약한_ 상태로 변화(變化)시키다 약화시키다, 무디게 하다

E_ [1224]
Our wild life may have roughened our looks and manners, but it has not hardened our hearts, I trust.

[0073] roughen ⓢ[원인.수단] 우리의 야생.거친 생활은 ⓞ우리의 외모와 매너를 ⓥ거친_ 상태로 변화(變化)시키다 거칠게 하다
[0075] harden ⓢ[원인.수단] 우리의 야생.거친 생활은 ⓞ우리의 마음을 ⓥ단단한_ 상태로 변화(變化)시키다 굳게하다, 단단하게 하다

E_ [1225]
Rub it with sandpaper to soften the rough surface.

[9999] rub ⓐ[원인.수단] 사포로, 거친 표면을 부드럽게하기 위해 ⓞ그것, 거친 표면을 ⓥ문질러진_ 상태로 변화(變化)시키다 문지르다
[0074] soften ⓞ거친 표면을 ⓥ부드러운_ 상태로 변화(變化)시키다 부드럽게 하다, 매끈하게 하다

E_ [1226]
The warm glow of a table lamp softened the planes of Babou's face and brightened his eyes.

[0074] soften ⓢ[원인.수단] 테이블 램프의 따뜻한 빛은 ⓞBabou 얼굴의 평면을 ⓥ부드러운_ 상태로 변화(變化)시키다 부드럽게 하다
[0001] brighten ⓢ[원인.수단] 테이블 램프의 따뜻한 빛은 ⓞ그의 눈을 ⓥ밝은_ 상태로 변화(變化)시키다 밝게 하다

E_ [1227]
The incident hardened her resolve to leave the company.

[0075] harden ⓢ[원인.수단] 그 사건은 ⓞ그 회사를 떠나려는 그녀의 결심을 ⓥ단단한_ 상태로 변화(變化)시키다 굳게하다, 단단하게 하다
[9999] leave ⓢ그녀는 ⓞ그 회사에서 ⓥ벗어나, 떠나기 위해_ 이동(移動)하다 떠나가다, 그만두다

E_ [1228]
You harden their hearts with hate.

[0075] harden ⓐ[원인.수단] 증오로 ⓞ그들의 마음을 ⓥ단단한_ 상태로 변화(變化)시키다 굳게하다

E_ [1229]
The catalysts harden the glue.

[0075] harden ⓢ[원인.수단] 그 촉매제는 ⓞ그 아교를 ⓥ단단한_ 상태로 변화(變化)시키다 단단하게 하다

E_ [1230]
The red wine in the second recipe also helps tenderize the meat, in addition to adding flavor.

[0076] tenderize ⓢ[원인.수단] 두 번째 레시피의 레드와인은 ⓞ그 고기를 ⓥ부드러운, 연한_ 상태로 변화(變化)시키다 연하게 하다
[9999] add ⓐ(그 고기에) ⓞ풍미를 ⓥ가까이, 추가.첨가로_ 이동(移動)시키다 추가하다

E_ [1231]

The storm flattened the flimsy wooden huts that villagers lived in.

[0077] flatten ⓢ[원인.수단] 그 폭풍은 ⓞ마을사람들이 살았던 얇은 나무 오두막을 ⓥ평평한_ 상태로 변화(變化)시키다 완전 파괴시키다

E_ [1232]

Moreover, the higher oil prices will fuel inflation and steepen recession.

[9999] fuel ⓢ[원인.수단] 더 높아진 유가는 ⓞ인플레이션을 ⓥ연료 투입된, 활성화된_ 상태로 변화(變化)시키다 활성화시키다
[0078] steepen ⓢ[원인.수단] 더 높아진 유가는 ⓞ불황을 ⓥ가파른_ 상태로 변화(變化)시키다 가파르게 하다

E_ [1233]

He smoothed the shirt with a hot iron.

[0079] smooth ⓐ[원인.수단] 뜨거운 다리미로 ⓞ그 셔츠를 ⓥ매끄러운_ 상태로 변화(變化)시키다 매끄럽게 하다

E_ [1234]

These negotiations are intended to smooth the path to a peace treaty.

[0079] smooth ⓢ[원인.수단] 이 협상들은 ⓞ평화협정으로 가는 길을 ⓥ매끄러운_ 상태로 변화(變化)시키다 매끄럽게 하다

E_ [1235]

His features had been coarsened by the weather.

[0080] coarsen ⓢ[원인.수단] 그 날씨는 ⓞ그의 외관.용모를 ⓥ거친, 조잡한_ 상태로 변화(變化)시키다 거칠게 하다

E_ [1236]

The hot sun exposure thickens, dries and coarsens the skin.

[0061] thicken ⓢ[원인.수단] 뜨거운 태양의 노출은 ⓞ피부를 ⓥ두꺼운, 진한, 걸죽한_ 상태로 변화(變化)시키다 두껍게 하다
[0206] dry ⓢ[원인.수단] 뜨거운 태양의 노출은 ⓞ피부를 ⓥ건조한_ 상태로 변화(變化)시키다 건조시키다
[0080] coarsen ⓢ[원인.수단] 뜨거운 태양의 노출은 ⓞ피부를 ⓥ거친, 조잡한_ 상태로 변화(變化)시키다 거칠게 하다

E_ [1237]

It isn't a good idea to validate your depression by listening to sad music.

[0081] validate ⓐ[원인.수단] 슬픈 음악을 들음에 의해 ⓞ당신의 우울함을 ⓥ가치있는, 유효.정당한, 증명.검증된_ 상태로 변화(變化)시키다 유효화시키다, 진실로 증명시키다

E_ [1238]

Failure to do this can invalidate the battery warranty.

[0082] invalidate ⓢ[원인.수단] 이것을 행하지 못한 것은 ⓞ그 배터리 보증서를 ⓥ가치없는, 무효한_ 상태로 변화(變化)시키다 무효화하다, 실효시키다

E_ [1239]

You need to verify your theory by experiment.

[0083] verify ⓐ[원인.수단] 실험에 의해 ⓞ당신의 이론을 ⓥ진실로 입증.증명된, 진실의_ 상태로 변화(變化)시키다 진실로 입증.증명시키다

E_ [1240]

The file was altered to falsify the evidence.

[9999] alter ⓐ[원인.수단] 그 증거를 조작하기 위해 ⓞ그 파일을 ⓥ어떤_ 상태로 변화(變化)시키다 바꾸다, 변화시키다
[0084] falsify ⓞ그 증거를 ⓥ거짓.위조된_ 상태로 변화(變化)시키다 조작.위조하다

E_ [1241]
You proved your love by liberating him.

[0085] prove ⓐ[원인.수단] 그를 자유롭게함에 의해 ⓞ당신의 사랑을 ⓥ진실로 입증.증명된_ 상태로 변화(變化)시키다 진실로 증명.입증시키다
[9999] liberate ⓞ그를 ⓥ자유로운, 해방된_ 상태로 변화(變化)시키다 자유롭게 하다, 해방시키다

E_ [1242]
This new evidence will prove their innocence.

[0085] prove ⓢ[원인.수단] 이 새로운 증거는 ⓞ그들의 무죄를 ⓥ진실로 입증.증명된_ 상태로 변화(變化)시키다 진실로 증명.입증시키다

E_ [1243]
He redeemed his reputation by disproving the charges against him.

[9999] redeem ⓐ[원인.수단] 자신에 대한 혐의를 반증함에 의해 ⓞ자신의 명성을 ⓥ상쇄.보완된, 복구.회복된_ 상태로 변화(變化)시키다 복구.회복시키다
[0086] disprove ⓞ그에 대한 그 혐의를 ⓥ오류로 입증.증명된_ 상태로 변화(變化)시키다 오류로 증명.입증시키다

E_ [1244]
The other sage decided to disprove this theory by a practical experiment.

[0086] disprove ⓐ실제 실험에 의해 ⓞ이 이론을 ⓥ오류로 입증.증명된_ 상태로 변화(變化)시키다 오류로 증명.입증시키다

E_ [1245]
To amend the Constitution, voters must approve the measure in a referendum.

[9999] amend ⓞ헌법을 ⓥ개정.교정.수정된_ 상태로 변화(變化)시키다 개정.교정.수정시키다
[0087] approve ⓐ국민투표에서 ⓞ그 법안을 ⓥ승인된_ 상태로 변화(變化)시키다 승인시키다

E_ [1246]
The board of directors disapproved the sale.

[0088] disapprove ⓢ이사회는 ⓞ그 판매를 ⓥ불승인된, 승인취소된_ 상태로 변화(變化)시키다 불승인시키다

E_ [1247]
This evidence confirms my opinion of him.

[0089] confirm ⓢ[원인.수단] 이 증거는 ⓞ그에 대한 나의 견해.의견을 ⓥ확고.단단한, 굳은_ 상태로 변화(變化)시키다 확고하게 하다

E_ [1248]
Her decision to cancel the concert is bound to disappoint her fans.

[0090] cancel ⓞ그 콘서트를 ⓥ취소된_ 상태로 변화(變化)시키다 취소시키다
[9999] disappoint ⓢ[원인.수단] 콘서트를 취소하기로 한 그녀의 결정은 ⓞ그녀의 팬들을 ⓥ실망.낙담한_ 상태로 변화(變化)시키다 실망.낙담시키다

E_ [1249]
I cancelled the contract with some recompense.

[0090] cancel ⓐ[원인.수단] 약간의 보상으로 ⓞ그 계약을 ⓥ취소된_ 상태로 변화(變化)시키다 취소시키다

E_ [1250]
Inclusion education can not only maximize individual growth but also build a sense of community.

[0091] maximize ⓢ[원인.수단] 포용교육은 ⓞ개인의 성장을 ⓥ최대한_ 상태로 변화(變化)시키다 최대화.극대화시키다
[9999] build ⓢ[원인.수단] 포용교육은 ⓞ공동체 의식을 ⓥ건설.건축된, 조성된_ 상태로 변화(變化)시키다 조성.형성시키다

E_ [1251]

The installation of an earthquake cloak can minimize earthquake damage.

[0092] minimize ⓢ[원인.수단] 탄성 덮개(건물 바닥을 둘러싸고 있는 충격 완화 덮개)의 설치는 ⓞ지진 피해를 ⓥ최소한_ 상태로 변화(變化)시키다 최소화시키다

E_ [1252]

We need to upsize the entire computer system.

[0093] upsize ⓞ그 모든 컴퓨터 시스템을 ⓥ사이즈가 커진_ 상태로 변화(變化)시키다 확장.확대시키다

E_ [1253]

In 1998 there was the market crash and we downsized the business from 3,000 people to around 1,200 people.

[0094] downsize ⓐ3,000명에서 1,200명 정도로 ⓞ그 사업을 ⓥ사이즈가 작아진_ 상태로 변화(變化)시키다 사이즈 작게하다, 축소시키다

E_ [1254]

With the money, schools can upgrade facilities, improve programs, and enrich the education of students.

[0095] upgrade ⓐ[원인.수단] 그 돈으로 ⓞ시설을 ⓥ등급.수치가 향상된_ 상태로 변화(變化)시키다 격상시키다, 등급향상시키다
[9999] improve ⓐ[원인.수단] 그 돈으로 ⓞ프로그램을 ⓥ개선.향상된_ 상태로 변화(變化)시키다 개선.향상시키다
[0055] enrich ⓐ[원인.수단] 그 돈으로 ⓞ학생들의 교육을 ⓥ부유.풍요한, 농축된_ 상태로 변화(變化)시키다 풍요롭게 하다

E_ [1255]

This year, the United States upgraded its disease surveillance system to detect any early outbreak of infection.

[0095] upgrade ⓐ[원인.수단] 초기의 감염 발생을 감지하기 위해 ⓞ질병 감시 시스템을 ⓥ등급.수치가 향상된_ 상태로 변화(變化)시키다 격상시키다, 등급향상시키다

E_ [1256]

Fanning such anxiety, the European Commission downgraded its outlook for the eurozone's growth rate for next year from 1 percent to 0.1 percent.

[9999] fan ⓞ그러한 걱정.근심을 ⓥ활성화된, 부채질된_ 상태로 변화(變化)시키다 활성화시키다, 고조시키다
[0096] downgrade ⓐ1%에서 0.1%로 ⓞ유로존 성장률에 대한 전망치를 ⓥ등급.수치가 저하된_ 상태로 변화(變化)시키다 격하시키다, 하향조정하다

E_ [1257]

It enlarges its political and economic influence in the region through multilateral forums.

[0097] enlarge ⓐ[원인.수단] 다자간 포럼을 통해 ⓞ그 지역 안에서의 그것의 정치적 경제적 영향을 ⓥ커진, 확대.증가된_ 상태로 변화(變化)시키다 확대.증대시키다

E_ [1258]

This microscope can magnify an object up to forty times.

[0099] magnify ⓢ[원인.수단] 이 현미경은 ⓐ40배 이상으로 ⓞ물체를 ⓥ확대된, 커진_ 상태로 변화(變化)시키다 확대시키다

E_ [1259]

A new English teacher comes to inspire his students through his teaching of poetry.

[0101] inspire ⓐ[원인.수단] 그의 시 가르침을 통해 ⓞ그의 학생들을 ⓥ생기.활기 있는, 영감.고무된_ 상태로 변화(變化)시키다 고무시키다, 영감 주다

E_ [1260]

His faith and courage continue to inspire America and the world.

[0101] inspire ⓢ[원인.수단] 그의 믿음과 용기는 ⓞ미국과 세상을 ⓥ생기.활기 있는, 영감.고무된_ 상태로 변화(變化)시키다 고무시키다, 영감 주다

E_ [1261]
Their frontier spirit and exemplary lives inspire not only the youth but also a lot of people today.

[0101] inspire ⓢ[원인.수단] 그들의 개척정신과 모범적인 삶은 ⓞ젊은이들뿐만 아니라 많은 사람들을 ⓥ생기.활기 있는, 영감.고무된_ 상태로 변화(變化)시키다 고무시키다, 영감 주다

E_ [1262]
Labour's continuing disarray can only dispirit Labour voters and so depress Labour turnout.

[0102] dispirit ⓢ[원인.수단] 노동당의 계속된 혼란은 ⓞ노동당의 투표자들을 ⓥ생기.활기 없는, 낙담한_ 상태로 변화(變化)시키다 낙담시키다
[0130] depress ⓢ[원인.수단] 노동당의 계속된 혼란은 ⓞ노동당의 투표율을 ⓥ우울한, 침체된, 압박된_ 상태로 변화(變化)시키다 침체시키다

E_ [1263]
His second failure dispirited him. [= He was dispirited by his second failure.]

[0102] dispirit ⓢ[원인.수단] 그의 두 번째 실패는 ⓞ그_ 그의 마음을 ⓥ생기.활기 없는, 낙담한_ 상태로 변화(變化)시키다 낙담시키다, 풀죽게하다

E_ [1264]
Experts underscore the importance of companies energizing themselves with a dynamic and innovative spirit.

[9999] underscore ⓢ 전문가들은 ⓞ역동적이고 혁신적인 정신으로 스스로를 활력이 충만하게 하는 회사들의 중요성을 ⓥ밑줄 그어진, 돋보이는, 강조된_ 상태로 변화(變化)시키다 강조시키다
[0103] energize ⓐ[원인.수단] 역동적이고 혁신적인 정신으로 ⓞ그들 자신들을 ⓥ활력.기력 충만한_ 상태로 변화(變化)시키다 활기차게 하다

E_ [1265]
Heat enervates people.

[0104] enervate ⓢ[원인.수단] 고열은 ⓞ사람들을 ⓥ기력 빠져나간, 무기력한_ 상태로 변화(變化)시키다 무기력하게 하다

E_ [1266]
High grades can encourage foreign investment and spur economic growth.

[0105] encourage ⓢ[원인.수단] 높은 (신용)등급은 ⓞ외국인 투자를 ⓥ고무.격려.촉진된, 용감한_ 상태로 변화(變化)시키다 고무.고취시키다
[0158] spur ⓢ[원인.수단] 높은 (신용)등급은 ⓞ경제 성장을 ⓥ자극.고무된_ 상태로 변화(變化)시키다 자극.고무.촉진시키다

E_ [1267]
His words encourage and inspire us.

[0105] encourage ⓢ[원인.수단] 그의 말들은 ⓞ우리를 ⓥ고무.격려.촉진된, 용감한_ 상태로 변화(變化)시키다 고무.고취시키다
[0101] inspire ⓢ[원인.수단] 그의 말들은 ⓞ우리를 ⓥ생기.활기 있는, 영감.고무된_ 상태로 변화(變化)시키다 고무시키다, 영감 주다

E_ [1268]
K-dramas are encouraging low self-esteem among teenagers.

[0105] encourage ⓢ[원인.수단] K-드라마는 ⓞ청소년들의 낮은 자존감을 ⓥ고무.격려.촉진된, 용감한_ 상태로 변화(變化)시키다 고무.고취시키다

E_ [1269]
TV violence can encourage aggression in children.

[0105] encourage ⓢ[원인.수단] TV 폭력은 ⓞ어린이들의 공격성을 ⓥ고무.격려.촉진된, 용감한_ 상태로 변화(變化)시키다 고무.활성화시키다

E_ [1270]
His failure discouraged him.

[0106] discourage ⓢ[원인.수단] 그의 실패는 ⓞ그_ 그의 마음을 ⓥ낙담.좌절.억제된, 용기 없는_ 상태로 변화(變化)시키다 낙담.좌절시키다

E_ [1271]
Such abuses of market power discourage innovation.

[0106] discourage ⓢ[원인.수단] 이 같은 시장지배력 남용은 ⓞ혁신을 ⓥ낙담.좌절.억제된, 용기 없는_ 상태로 변화(變化)시키다 좌절.억제시키다

E_ [1272]
He was heartened by the good test results.

[0107] hearten ⓢ[원인.수단] 그 좋은 시험 결과는 ⓞ그_ 그의 마음을 ⓥ용기 있는, 고무된_ 상태로 변화(變化)시키다 고무시키다

E_ [1273]
Jake was heartened by the advice of his friend.

[0107] hearten ⓢ[원인.수단] 그의 친구의 조언.충고는 ⓞJake를 ⓥ용기 있는, 고무된_ 상태로 변화(變化)시키다 고무시키다

E_ [1274]
He was disheartened by small obstacles.

[0108] dishearten ⓢ[원인.수단] 작은 장애물은 ⓞ그_ 그의 마음을 ⓥ용기 없는, 낙담.좌절한_ 상태로 변화(變化)시키다 낙담.좌절시키다

E_ [1275]
With a violent effort, I nerved myself to perform my work.

[0109] nerve ⓐ[원인.수단] 나의 일을 완수하기 위해, 격렬한 노력으로 ⓞ나 자신을 ⓥ용기.기력 있는, 분발된_ 상태로 변화(變化)시키다 격려.고무.분발시키다
[9999] perform ⓞ나의 일을 ⓥ완수.실행.형성된_ 상태로 변화(變化)시키다 완수시키다

E_ [1276]
He nerved himself to look directly at her.

[0109] nerve ⓐ[원인.수단] 그녀를 똑바로 쳐다보기 위해 ⓞ그_ 자신을 ⓥ용기.기력 있는, 분발된_ 상태로 변화(變化)시키다 격려.고무.분발시키다

E_ [1277]
Aggressive North Korean behavior has unnerved Japan.

[0110] unnerve ⓢ[원인.수단] 공격적인 북한의 행동은 ⓞ일본을 ⓥ불안.무기력한, 용기.기력 없는_ 상태로 변화(變化)시키다 불안하게 하다

E_ [1278]
Moore had been extremely unnerved by the FBI's visit.

[0110] unnerve ⓢ[원인.수단] 그 FBI의 방문은 ⓞ무어를 ⓥ불안.무기력한, 용기.기력 없는_ 상태로 변화(變化)시키다 불안하게 하다

E_ [1279]
The President honoured us with a personal visit.

[0111] honor ⓐ[원인.수단] 개인적 방문으로 ⓞ우리를 ⓥ명예로운, 존중된_ 상태로 변화(變化)시키다 명예롭게 하다

E_ [1280]
Some Christians dishonour God by their leanness.

[0112] dishonor ⓐ[원인.수단] 그들의 야윔.불충분에 의해 ⓞ하나님을 ⓥ불명예스러운_ 상태로 변화(變化)시키다 불명예스럽게 하다

E_ [1281]
Newspapers glamorize the lives of movie stars.

[0117] glamorize ⓢ신문은 ⓞ그 영화배우들의 삶을 ⓥ아름다운, 매혹적인_ 상태로 변화(變化)시키다 미화시키다

E_ [1282]
Her face was disfigured by a long red scar.

[0118] disfigure ⓢ[원인.수단] 기다란 붉은 상처.흉터는 ⓞ그녀의 얼굴을 ⓥ모양 망가진, 흉한_ 상태로 변화(變化)시키다 흉하게 하다

E_ [1283]
Don't profane his name with your dirty lips.

[0119] profane ⓐ[원인.수단] 당신의 더러운 입술로 ⓞ그의 이름을 ⓥ세속적인, 불경한, 더러운_ 상태로 변화(變化)시키다 불경하게 하다, 더럽히다

E_ [1284]
How dare you profane this place with your presence?

[0119] profane ⓐ[원인.수단] 당신의 참석으로 ⓞ이 장소를 ⓥ세속적인, 불경한, 더러운_ 상태로 변화(變化)시키다 불경하게 하다, 더럽히다

E_ [1285]
They were honorable and brave men who sanctified the ground with their blood.

[0120] sanctify ⓐ[원인.수단] 그들의 피로 ⓞ그 땅을 ⓥ신성.거룩한, 정화된_ 상태로 변화(變化)시키다 신성하게 하다

E_ [1286]
On the seventh day, God rests and sanctifies the day.

[0120] sanctify ⓢ하나님은 ⓐ이레째 되는 날에 ⓞ그 날을 ⓥ신성.거룩한, 정화된_ 상태로 변화(變化)시키다 신성.거룩하게 하다

E_ [1287]
The innumerable stars in the sky pleased my eyes.

[0121] please ⓢ[원인.수단] 하늘의 무수한 별들은 ⓞ나의 눈을 ⓥ기쁜, 즐거운_ 상태로 변화(變化)시키다 기쁘게.즐겁게 하다

E_ [1288]
Their enthusiastic welcome pleased him.

[0121] please ⓢ[원인.수단] 그들의 열렬한 환영은 ⓞ그를 ⓥ기쁜, 즐거운_ 상태로 변화(變化)시키다 기쁘게 하다

E_ [1289]
His carelessness displeased the professor.

[0122] displease ⓢ[원인.수단] 그의 부주의는 ⓞ그 교수를 ⓥ불쾌한, 화난_ 상태로 변화(變化)시키다 불쾌하게.화나게 하다

E_ [1290]
The governor's racist comments enraged civil rights activists.

[0123] enrage ⓢ[원인.수단] 그 주지사의 인종 차별적인 발언은 ⓞ시민권 운동가들을 ⓥ분노.격분한_ 상태로 변화(變化)시키다 분노.격분시키다

E_ [1291]
I amuse myself by reading books in my leisure time.

[0124] amuse ⓐ[원인.수단] 나의 여가 시간에 책을 읽음에 의해 ⓞ나 자신을 ⓥ즐거운_ 상태로 변화(變化)시키다 즐겁게.흥겹게 하다

E_ [1292]
The joke amused the audience highly.

[0124] amuse ⓢ[원인.수단] 그 농담은 ⓞ청중들을 ⓥ즐거운_ 상태로 변화(變化)시키다 즐겁게.흥겹게 하다

E_ [1293]
You must satisfy the residential qualifications to get a work permit.

[0125] satisfy ⓐ[원인.수단] 취업 허가를 얻기 위해 ⓞ거주 자격을 ⓥ만족.충족된_ 상태로 변화(變化)시키다 충족.만족시키다
[9999] get ⓞ취업 허가를 ⓥ단순히_ 소유(所有)하다 얻다, 취하다

E_ [1294]
As you know, our finished products must satisfy the quality standards of our clients.

[0125] satisfy ⓢ[원인.수단] 우리의 완제품은 ⓞ우리 고객들의 품질 기준을 ⓥ만족.충족된_ 상태로 변화(變化)시키다 충족.만족시키다

E_ [1295]
His answer did not satisfy my curiosity at all.

[0125] satisfy ⓢ[원인.수단] 그의 대답은 ⓞ나의 호기심을 ⓥ만족.충족된_ 상태로 변화(變化)시키다 충족.만족시키다

E_ [1296]
The portion size at the restaurant can't satisfy my stomach.

[0125] satisfy ⓢ[원인.수단] 그 식당의 분량은 ⓞ나의 위를 ⓥ만족.충족된_ 상태로 변화(變化)시키다 충족.만족시키다

E_ [1297]
The test result dissatisfied me.

[0126] dissatisfy ⓢ[원인.수단] 그 시험 결과는 ⓞ나를 ⓥ불만족.불충족된_ 상태로 변화(變化)시키다 불만족하게 하다

E_ [1298]
The violin performance dissatisfied the critical audience.

[0126] dissatisfy ⓢ[원인.수단] 그 바이올린 연주는 ⓞ그 비평적인 청중들을 ⓥ불만족.불충족된_ 상태로 변화(變化)시키다 불만족하게 하다

E_ [1299]
He has sensitized us to the need for a new machine.

[0127] sensitize ⓐ새로운 기계에 대한 필요성에 ⓞ우리를 ⓥ민감.예민한_ 상태로 변화(變化)시키다 민감.예민하게 하다

E_ [1300]
Does TV desensitize people to violence?

[0128] desensitize ⓢ[원인.수단] TV는 ⓐ폭력에 ⓞ사람들을 ⓥ둔감한_ 상태로 변화(變化)시키다 둔감하게 하다

E_ [1301]
The boy has impressed his doctors with his courage and determination.

[0129] impress ⓐ[원인.수단] 자신의 용기와 결단력으로 ⓞ그의 의사들을 ⓥ감동된_ 상태로 변화(變化)시키다 감동시키다

E_ [1302]
The news depressed us.

[0130] depress ⓢ[원인.수단] 그 소식은 ⓞ우리를 ⓥ우울한, 침체된, 압박된_ 상태로 변화(變化)시키다 우울하게 하다

E_ [1303]
I emptied the trash cans, scrubbed the sink, and wiped up the toilet on the inside and outside.

[0131] empty ⓞ쓰레기통을 ⓥ빈_ 상태로 변화(變化)시키다 말끔히 비우다
[9999] scrub ⓞ세면대를 ⓥ문질러진, 지워진, 취소된_ 상태로 변화(變化)시키다 문지르다, 닦다
[9999] wipe ⓐ내부 및 외부로 ⓞ그 변기를 ⓥ문질러진, 문질러 지워진_ 상태로 변화(變化)시키다 문지르다, 닦다

E_ [1304]
The tank was emptied, cleaned, and refilled with fresh water.

[0131] empty ⓞ그 탱크를 ⓥ빈_ 상태로 변화(變化)시키다 말끔히 비우다
[0018] clean ⓞ탱크를 ⓥ깨끗한_ 상태로 변화(變化)시키다 깨끗하게 하다
[9999] refill ⓐ[원인.수단] 깨끗한 물로 ⓞ그 탱크를 ⓥ(다시) 채워진, 가득 찬_ 상태로 변화(變化)시키다 다시 채우다

E_ [1305]
A jumble of confused thoughts crowded my brain.

[0132] crowd ⓢ[원인.수단] 뒤섞인 혼란한 생각들은 ⓞ나의 머릿속을 ⓥ붐비는_ 상태로 변화(變化)시키다 붐비게 하다, 가득 채우다

E_ [1306]
Shoppers crowded the town market.

[0132] crowd ⓢ[원인.수단] 쇼핑객들은 ⓞ그 시내 시장을 ⓥ붐비는_ 상태로 변화(變化)시키다 붐비게 하다, 가득 채우다

E_ [1307]
Algae can block light and deplete oxygen from the water.

[0343] block ⓢ[원인.수단] 조류는 ⓞ빛을 ⓥ방해.장애물 있는, 봉쇄.차단된_ 상태로 변화(變化)시키다 봉쇄.차단시키다
[0133] deplete ⓢ[원인.수단] 조류는 ⓞ물 속의 산소를 ⓥ고갈된_ 상태로 변화(變化)시키다 고갈시키다

E_ [1308]
The waitress continued to replenish the glasses with water.

[0134] replenish ⓐ[원인.수단] 물로 ⓞ그 유리컵을 ⓥ(다시) 채워진, 충만한_ 상태로 변화(變化)시키다 다시 채우다, 보충시키다

E_ [1309]
He exaggerated the details to spice up the story.

[0135] exaggerate ⓐ[원인.수단] 그 이야기에 양념을 첨가, 재미나게 하기 위해 ⓞ그 세부사항들을 ⓥ과장된, 커진_ 상태로 변화(變化)시키다 과장.확대시키다
[0725] spice ⓐ한껏 ⓞ그 이야기에 ⓥ양념으로, 뿌리듯_ 이동(移動)시키다 양념 첨가하다, 재미나게 하다

E_ [1310]
It's not fair to exaggerate our problems just for one man's political advantage.

[0135] exaggerate ⓐ[원인.수단] 단지 한 사람의 정치적 이익을 위해 ⓞ우리의 문제를 ⓥ과장된, 커진_ 상태로 변화(變化)시키다 과장.확대시키다

E_ [1311]
Judges feared that showing the trial on television would trivialize the legal process.

 [0973] fear ⓢ.판사.재판관들은 ⓞthat 이하에 대해 ⓥ두려워하는_ 심리(심리)가지다 두려운 마음을 가지다
 [0136] trivialize ⓢ[원인.수단] TV로 재판을 보여주는 것은 ⓞ그 재판 과정을 ⓥ하찮은, 사소한_ 상태로 변화(變化)시키다 하찮은.시시한 것으로 하다, 무시하다

E_ [1312]
Such an attitude will belittle us in the eyes of other nations.

 [0139] belittle ⓢ[원인.수단] 그러한 태도는 ⓐ다른 나라의 눈에 ⓞ우리를 ⓥ아주 작은, 무시.폄하된_ 상태로 변화(變化)시키다 폄하시키다, 하찮게 하다

E_ [1313]
In the speech, he aggrandized his achievements.

 [0140] aggrandize ⓐ그 연설에서 ⓞ그의 업적을 ⓥ확대된, 커진_ 상태로 변화(變化)시키다 확대.과장시키다

E_ [1314]
I can also inflate or deflate it with the mouse wheel, so you sculpt it like clay.

 [0141] inflate ⓐ[원인.수단] 마우스 휠로 ⓞ그것을 ⓥ팽창한, 부푼_ 상태로 변화(變化)시키다 부풀게 하다, 크게하다
 [0142] deflate ⓐ[원인.수단] 마우스 휠로 ⓞ그것을 ⓥ수축된_ 상태로 변화(變化)시키다 축소.수축시키다
 [9999] sculpture ⓐ진흙처럼 ⓞ그것을 ⓥ조각된, 잘라진_ 상태로 변화(變化)시키다 조각으로 만들다

E_ [1315]
Inflate your life jacket by pulling sharply on the cord.

 [0141] inflate ⓐ[원인.수단] 그 코드.줄을 세게 잡아당김에 의해 ⓞ당신의 구명조끼를 ⓥ팽창한, 부푼_ 상태로 변화(變化)시키다 부풀게 하다
 [9999] pull ⓐ세게.급격히 ⓞ그 끈을 ⓥ당겨진_ 상태로 변화(變化)시키다 당기다

E_ [1316]
Overseas sales were inflated by the depreciation of the yen.

 [0141] inflate ⓢ[원인.수단] 엔화 가치 하락은 ⓞ해외 매출을 ⓥ팽창한, 부푼_ 상태로 변화(變化)시키다 팽창시키다, 부풀게 하다

E_ [1317]
You can inflate the mattress in 30 seconds, using a foot pump.

 [0141] inflate ⓐ[원인.수단] 발 펌프를 사용하여, 30초 안에 ⓞ그 매트리스를 ⓥ팽창한, 부푼_ 상태로 변화(變化)시키다 팽창시키다, 부풀게 하다

E_ [1318]
This will have the effect of both curbing general inflation and deflating the property bubble more quickly.

 [9999] curb ⓞ일반적인 인플레이션을 ⓥ억제된, 재갈.고삐가 있는_ 상태로 변화(變化)시키다 억제시키다
 [0142] deflate ⓐ더 빠르게 ⓞ그 부동산 거품을 ⓥ수축된_ 상태로 변화(變化)시키다 수축시키다, 쪼그라뜨리다

E_ [1319]
A tumor can also compress your optic nerves, slowly causing a loss of vision.

 [0143] compress ⓢ[원인.수단] 종양은 ⓞ당신의 시신경을 ⓥ압력 가해진, 압축된_ 상태로 변화(變化)시키다 압박시키다
 [9999] cause ⓐ천천히 ⓞ시력 상실을 ⓥ야기된, 원인.결과로 생성된_ 상태로 변화(變化)시키다 야기시키다, 원인.결과로 만들다

E_ [1320]
Next, the compressor in the outdoor unit compresses the gas into a hot high-pressure state.

 [0143] compress ⓢ[원인.수단] 실외기의 압축기는 ⓐ고온 고압 상태로 ⓞ그 가스를 ⓥ압력 가해진, 압축된_ 상태로 변화(變化)시키다 압축시키다

E_ [1321]
First of all, you must decompress the file or folder to encrypt it.

[0144] decompress ⓐ[원인.수단] 파일 또는 폴더를 암호화하기 위해 ⓞ그 파일 또는 폴더를 ⓥ압력 해제된, 감압된_ 상태로 변화(變化)시키다 압축 해제시키다, 용량 증가시키다
[9999] encrypt ⓞ그것_ 파일 또는 폴더를 ⓥ암호_ 상태로 변화(變化)시키다 암호화하다

E_ [1322]
Improper drainage systems accelerate water contamination, excessively desiccate soils during seasonal drought, and become a financial burden to maintain.

[0145] accelerate ⓢ[원인.수단] 부적당한 배수 시스템은 ⓞ수질 오염을 ⓥ빨라진, 가속된_ 상태로 변화(變化)시키다 가속화시키다, 빠르게 하다
[0202] desiccate ⓐ계절적 가뭄 기간 동안에 ⓞ토양을 ⓥ건조한_ 상태로 변화(變化)시키다 건조하게 하다

E_ [1323]
One day, we will be able to accelerate healing in humans by temporarily inactivating the gene.

[0145] accelerate ⓐ[원인.수단] 일시적으로 유전자를 억제.불활성시킴에 의해 ⓞ인간 내 치료를 ⓥ빨라진, 가속된_ 상태로 변화(變化)시키다 가속화시키다, 빠르게 하다
[0154] inactivate ⓐ일시적으로 ⓞ그 유전자를 ⓥ비활성, 활동하지 않는_ 상태로 변화(變化)시키다 비활성시키다

E_ [1324]
This new technique accelerates the natural process of repairing decayed teeth.

[0145] accelerate ⓢ[원인.수단] 이 새로운 기술은 ⓞ썩은 치아를 수리.치료하는 자연적 과정을 ⓥ빨라진, 가속된_ 상태로 변화(變化)시키다 가속화시키다, 빠르게 하다
[0042] repair ⓞ썩은 치아를 ⓥ수리.치료된_ 상태로 변화(變化)시키다 치료하다, 회복시키다

E_ [1325]
Meteorites arriving on Earth are decelerated by passing through our atmosphere. [= Passing through our atmosphere decelerates meteorites arriving on Earth.]

[0146] decelerate ⓢ[원인.수단] 우리의 대기를 통과함은 ⓞ지구에 도달한 운석을 ⓥ느려진, 감속된_ 상태로 변화(變化)시키다 느리게 하다, 감속시키다

E_ [1326]
Light activity can hasten the healing process.

[0147] hasten ⓢ[원인.수단] 가벼운 활동은 ⓞ그 치유 과정을 ⓥ촉진된, 빠른_ 상태로 변화(變化)시키다 촉진시키다, 빠르게 하다

E_ [1327]
Their departure was hastened by an abnormally cold winter.

[0147] hasten ⓢ[원인.수단] 비정상적으로 추운 겨울은 ⓞ그들의 떠남.출발을 ⓥ촉진된, 빠른_ 상태로 변화(變化)시키다 촉진시키다, 빠르게 하다

E_ [1328]
City officials have slowed the development by stalling building permits for the area.

[0148] slow ⓐ[원인.수단] 그 지역에 대한 건축 허가를 지연시킴에 의해 ⓞ그 개발을 ⓥ느린_ 상태로 변화(變化)시키다 느리게 하다
[9999] stall ⓞ그 지역에 대한 건축 허가를 ⓥ억제.지연.중단된, 시동 꺼진_ 상태로 변화(變化)시키다 지연.억제시키다

E_ [1329]
The high oil price slowed the economy.

[0148] slow ⓢ[원인.수단] 그 고유가는 ⓞ경제를 ⓥ느린_ 상태로 변화(變化)시키다 느리게 하다

E_ [1330]
The ending of a special tax incentive is widely expected to slacken the pace of new car purchases.

[0149] slacken ⓢ[원인.수단] 그 특별 세금 혜택의 종료는 ⓞ신차 구매 속도를 ⓥ느린, 느슨한_ 상태로 변화(變化)시키다 느리게 하다

E_ [1331]

This experience quickened his imagination.

[0150] quicken ⓢ[원인.수단] 이 경험은 ⓞ그의 상상력을 ⓥ빠른, 촉진된_ 상태로 변화(變化)시키다 빠르게 하다, 촉진.활성화시키다

E_ [1332]

The law will expedite investments in research and development.

[0151] expedite ⓢ[원인.수단] 그 법은 ⓞ연구개발의 투자를 ⓥ(방해하는) 발을 바깥으로 뺀, 촉진된, 원활한_ 상태로 변화(變化)시키다 촉진.활성화시키다

E_ [1333]

Rescue attempts were impeded (hampered) by a storm.

[0152] impede ⓢ[원인.수단] 폭풍우는 ⓞ구조 시도들을 ⓥ(방해하는) 발을 안으로 이동한, 방해.억제된_ 상태로 변화(變化)시키다 방해.억제시키다
[0157] hamper ⓢ[원인.수단] 폭풍우는 ⓞ구조 시도들을 ⓥ방해.억제된_ 상태로 변화(變化)시키다 방해.억제시키다

E_ [1334]

A negative thought may impede the flow of your work.

[0152] impede ⓢ[원인.수단] 부정적인 생각은 ⓞ당신 일의 흐름을 ⓥ(방해하는) 발을 안으로 이동한, 방해.억제된_ 상태로 변화(變化)시키다 방해.억제시키다

E_ [1335]

Weak consumer sentiment impeded the nation's economic recovery, along with slowing export growth and high-flying crude oil prices.

[0152] impede ⓢ[원인.수단] 약한 소비자 심리는 ⓐ느려진 수출 성장 및 고공 유가와 함께 ⓞ그 나라의 경제회복을 ⓥ(방해하는) 발을 안으로 이동한, 방해.억제된_ 상태로 변화(變化)시키다 방해.억제시키다

E_ [1336]

Drivers can activate the feature by simply pressing a button on the steering wheel.

[0153] activate ⓐ[원인.수단] 핸들 위의 버튼을 단순히 누름에 의해 ⓞ그 기능을 ⓥ활발한, 활동적_ 상태로 변화(變化)시키다 활성화.작동시키다
[9999] press ⓞ핸들 위의 버튼을 ⓥ압박된, 눌러진_ 상태로 변화(變化)시키다 누르다, 압박하다

E_ [1337]

The burglar alarm is activated by movement.

[0153] activate ⓢ[원인.수단] 움직임은 ⓞ그 도난 경보기를 ⓥ활발한, 활동적_ 상태로 변화(變化)시키다 활성화.작동시키다

E_ [1338]

It also slows down the action of enzymes, but does not inactivate them.

[0148] slow ⓢ[원인.수단] 그것은 ⓞ효소의 작용을 ⓥ느린_ 상태로 변화(變化)시키다 느리게 하다
[0154] inactivate ⓢ[원인.수단] 그것은 ⓞ그들_ 효소들을 ⓥ비활성, 활동하지 않는_ 상태로 변화(變化)시키다 비활성시키다

E_ [1339]

The treatment at the spa vitalized the old man.

[0155] vitalize ⓢ[원인.수단] 그 온천에서의 치료는 ⓞ그 노인을 ⓥ활기찬, 생생한_ 상태로 변화(變化)시키다 활기차게 하다

E_ [1340]

The recession devitalized the economy.

[0156] devitalize ⓢ[원인.수단] 그 불경기는 ⓞ경제를 ⓥ활기 없는_ 상태로 변화(變化)시키다 무기력하게 하다

E_ [1341]

He was hampered by his long cloak.

[0157] hamper ⓢ[원인.수단] 자신의 긴 망토는 ⓞ그를 ⓥ방해.억제된_ 상태로 변화(變化)시키다 방해.억제시키다

E_ [1342]

Lower taxes would spur investment and help economic growth.

[0158] spur ⓢ[원인.수단] 더 낮아진 세금은 ⓞ투자를 ⓥ자극.고무된_ 상태로 변화(變化)시키다 자극.고무.촉진시키다
[9999] help ⓢ[원인.수단] 더 낮아진 세금은 ⓞ경제성장을 ⓥ도움된_ 상태로 변화(變化)시키다 돕다

E_ [1343]

The band has been spurred on by the success of their last single.

[0158] spur ⓢ[원인.수단] 그들의 최근 싱글의 성공은 ⓞ그 밴드를 ⓥ자극.고무된_ 상태로 변화(變化)시키다 자극.고무.촉진시키다

E_ [1344]

The innovation can spur the economy.

[0158] spur ⓢ[원인.수단] 그 혁신은 ⓞ경제를 ⓥ자극.고무된_ 상태로 변화(變化)시키다 자극.고무.촉진시키다

E_ [1345]

The conversation was enlivened with jokes.

[0159] enliven ⓐ[원인.수단] 농담으로 ⓞ그 대화를 ⓥ생기있는, 활기찬_ 상태로 변화(變化)시키다 생기있게 하다

E_ [1346]

I take Tylenol to deaden the pain of a headache.

[0891] take ⓐ두통을 없애기 위해 ⓞ타이레놀을 ⓥ적극적으로_ 소유(所有)하다 먹다, 복용하다
[0160] deaden ⓞ그 두통의 고통을 ⓥ죽은, 활기 없는_ 상태로 변화(變化)시키다 약화시키다, 가라앉히다

E_ [1347]

Scientists connected the bionic hand to the nerves in his arm by using implants.

[0161] connect ⓐ[원인.수단] 임플란트를 사용함에 의해, 그의 손의 신경에 ⓞ그 생체공학적 손을 ⓥ연결된_ 상태로 변화(變化)시키다 연결시키다

E_ [1348]

This is the Silk Road connecting the Chinese Empire and the Roman Empire.

[0161] connect ⓢ[원인.수단] 실크로드는 ⓞ중국 제국과 로마 제국을 ⓥ연결된_ 상태로 변화(變化)시키다 연결시키다

E_ [1349]

He disconnected an electric fan by pulling out the plug.

[0162] disconnect ⓐ[원인.수단] 플러그를 당겨 뽑음에 의해, (전원으로부터) ⓞ선풍기를 ⓥ분리.단절된_ 상태로 변화(變化)시키다 분리.단절시키다

E_ [1350]

I always associate the smell of baking with my childhood.

[0163] associate ⓐ나의 어린 시절과 ⓞ빵 굽는 냄새를 ⓥ연결.연관된_ 상태로 변화(變化)시키다 연결.연관시키다

E_ [1351]
The central banks are trying to dissociate financial problems from the real economy.

[0164] dissociate ⓐ실물 경제로부터 ⓞ금융 문제들을 ⓥ분리된_ 상태로 변화(變化)시키다 분리시키다

E_ [1352]
We just assemble the parts and produce the complete products.

[0165] assemble ⓞ그 부품들을 ⓥ조립으로 합쳐진, 만들어진_ 상태로 변화(變化)시키다 조립시키다, 합치다
[9999] produce ⓞ완제품을 ⓥ생산된_ 상태로 변화(變化)시키다 생산하여 만들다

E_ [1353]
There's detailed information on how to assemble a nuclear weapon from parts.

[0165] assemble ⓐ부품으로부터 ⓞ핵무기를 ⓥ조립으로 합쳐진, 만들어진_ 상태로 변화(變化)시키다 조립하여 만들다

E_ [1354]
I had to disassemble the bookshelves in order to move them.

[0166] disassemble ⓐ[원인.수단] 책장들을 옮기기 위해 ⓞ그 책장들을 ⓥ분해.해체된_ 상태로 변화(變化)시키다 분해.해체시키다
[0657] move ⓐ(다른 장소에) ⓞ책장들을 ⓥ단순하게_ 이동(移動)시키다 이동시키다, 옮기다

E_ [1355]
The city government tried to integrate blacks and whites.

[0167] integrate ⓢ그 시 정부는 ⓞ흑인과 백인을 ⓥ연결.통합된_ 상태로 변화(變化)시키다 통합.결합시키다

E_ [1356]
We must integrate immigrants into our societies.

[0167] integrate ⓐ우리의 사회 안으로 ⓞ이민자들을 ⓥ연결.통합된_ 상태로 변화(變化)시키다 통합.결합시키다

E_ [1357]
Gandhi strongly opposed it on the grounds that the move would disintegrate Hindu society.

[9999] oppose ⓐ그 조치는 힌두교 사회를 붕괴시킬 것이라는 근거에서 ⓞ그것_ 조치.움직임에 ⓥ반대쪽으로_ 이동(移動)하다 반대쪽에 서다, 반대하다
[0168] disintegrate ⓢ[원인.수단] 그 조치.움직임은 ⓞ힌두교 사회를 ⓥ해체.분해된_ 상태로 변화(變化)시키다 해체.분해.분리시키다

E_ [1358]
The scientists attached devices to some of the birds to track their routes.

[0169] attach ⓐ[원인.수단] 새들의 경로를 추적하기 위해, 새들에게, ⓞ장치를 ⓥ부착.접촉.연결된_ 상태로 변화(變化)시키다 부착시키다
[9999] track ⓞ새의 경로에 ⓥ흔적을 따라, 쫓아, 뒤에_ 이동(移動)하다 쫓아 가다, 추적하다

E_ [1359]
The outer fuel tank was successfully detached from the space shuttle.

[0170] detach ⓐ우주 왕복선으로부터 ⓞ그 외부 연료 탱크를 ⓥ분리된_ 상태로 변화(變化)시키다 분리시키다, 떼어놓다

E_ [1360]
Detach the lower part of the form from this letter and return it to the above address.

[0170] detach ⓐ이 편지로부터 ⓞ양식 하단을 ⓥ분리된_ 상태로 변화(變化)시키다 분리시키다, 떼어놓다
[9999] return ⓐ위 주소에 ⓞ그것을 ⓥ반대로, 방향 바꿔, 반환으로_ 이동(移動)시키다 반송시키다

E_ [1361]
The desk was littered with papers.

[0171] litter ⓐ[원인.수단] 서류.종이로 ⓞ그 책상을 ⓥ쓰레기 있는, 어지러운_ 상태로 변화(變化)시키다 어지럽히다, 더럽히다

E_ [1362]
People decorate their camels with colorful ornaments in a contest.

[0172] decorate ⓐ[원인.수단] 화려한 장신구들로, 대회에서 ⓞ그들의 낙타를 ⓥ장식.치장된_ 상태로 변화(變化)시키다 장식시키다, 꾸미다

E_ [1363]
The hotel lobby was decorated with a variety of plants.

[0172] decorate ⓐ[원인.수단] 다양한 식물들로 ⓞ그 호텔 로비를 ⓥ장식.치장된_ 상태로 변화(變化)시키다 장식시키다, 꾸미다

E_ [1364]
Foldering is a good way to arrange a number of documents.

[0173] arrange ⓢ[원인.수단] 폴더링은 ⓞ많은 서류들을 ⓥ정열된, 선.열.줄에 맞춰진, 마련.준비된_ 상태로 변화(變化)시키다 정리.정렬시키다

E_ [1365]
The oversupply of currency drove the price of commodities to exorbitant heights, and disarranged all business.

[9999] drive ⓐ터무니없이 높은 곳에 ⓞ상품의 가격을 ⓥ몰아서_ 이동(移動)시키다 몰아 가다
[0174] disarrange ⓢ[원인.수단] 통화의 과잉 공급은 ⓞ모든 사업을 ⓥ무질서.혼란한_ 상태로 변화(變化)시키다 무질서하게 하다, 혼란시키다

E_ [1366]
Every two or three years the family organises a festival for branding the calves and castrating the young bulls.

[0175] organize ⓐ매 2, 3년마다 ⓞ송아지를 낙인찍고 어린 소를 거세하기 위한 축제를 ⓥ조직적인, 정리.조성된_ 상태로 변화(變化)시키다 조직화.체계화하다
[9999] brand ⓞ송아지를 ⓥ낙인 찍힌, 비난된_ 상태로 변화(變化)시키다 낙인찍다
[9999] castrate ⓞ어린 소를 ⓥ거세된_ 상태로 변화(變化)시키다 거세시키다

E_ [1367]
In factories, spaces were organized to maximize the process of production and minimize the movement of people and things.

[0175] organize ⓐ[원인.수단] 생산 공정을 극대화하고 사람과 사물의 이동을 최소화하기 위해 ⓞ공간들을 ⓥ조직적인, 정리.조성된_ 상태로 변화(變化)시키다 조직화.체계화하다
[0091] maximize ⓞ생산 공정을 ⓥ최대한_ 상태로 변화(變化)시키다 최대화.극대화시키다
[0092] minimize ⓞ사람과 사물의 이동을 ⓥ최소한_ 상태로 변화(變化)시키다 최소화시키다

E_ [1368]
We must disorganize and demoralize them to the utmost.

[0176] disorganize ⓐ최대한 ⓞ그들을 ⓥ무질서.혼란한, 해체된_ 상태로 변화(變化)시키다 무질서.혼란하게 하다
[0437] demoralize ⓐ최대한 ⓞ그들을 ⓥ사기 저하된_ 상태로 변화(變化)시키다 사기 저하시키다

E_ [1369]
However, economics can enable, incentivise and solidify political progress.

[0181] enable ⓢ[원인.수단] 경제학은 ⓞ정치적 진보를 ⓥ가능한, 능력있는_ 상태로 변화(變化)시키다 가능하게 하다
[9999] incentivize ⓢ[원인.수단] 경제학은 ⓞ정치적 진보를 ⓥ장려.자극.고무된, 혜택주어진_ 상태로 변화(變化)시키다 자극.고무시키다
[0025] solidify ⓢ[원인.수단] 경제학은 ⓞ정치적 진보를 ⓥ고체, 굳은, 견고한_ 상태로 변화(變化)시키다 견고하게 하다

E_ [1370]
The burglars gained entry to the building after disabling the alarm.

[9999] gain ⓢ그 도둑들은 ⓐ그 경보기를 작동불능하게 한 후에 ⓞ그 건물의 진입을 ⓥ얻어_ 소유(所有)하다 얻다, 취하다
[0182] disable ⓞ그 경보기를 ⓥ불가능한, 무능한_ 상태로 변화(變化)시키다 작동불능시키다

E_ [1371]

He is certainly a valuable Gentleman, and has a noble Soul, and Sense and Knowledge enough to capacitate him to serve his King and Country both in Peace and War.

[0183] capacitate ⓒ평화 및 전쟁에서 그의 왕과 나라에 봉사하도록 ⓞ그를 ⓥ능력있는, 가능한_ 상태로 변화(變化)시키다 가능하게 하다, 능력있게 하다

E_ [1372]

A successful attack would incapacitate military training camps.

[0184] incapacitate ⓢ[원인.수단] 성공적인 공격은 ⓞ군사 훈련소를 ⓥ능력 없는, 무능.무력한_ 상태로 변화(變化)시키다 무력화시키다

E_ [1373]

Ice water will totally incapacitate a person in a few minutes.

[0184] incapacitate ⓢ[원인.수단] 얼음물은 ⓐ몇 분 안에, 완전히 ⓞ사람을 ⓥ능력 없는, 무능.무력한_ 상태로 변화(變化)시키다 무력화시키다

E_ [1374]

Last year, severe storms incapacitated the whole town.

[0184] incapacitate ⓢ[원인.수단] 심한 폭풍우는 ⓞ그 전체 도시를 ⓥ능력 없는, 무능.무력한_ 상태로 변화(變化)시키다 무력화시키다

E_ [1375]

I think I would allow the goal, as I have no grounds to disallow it.

[0185] allow ⓐ[원인.수단] 나는 그 골을 허용하지 않을 어떤 근거를 가지지 않기 때문에 ⓞ그 골을 ⓥ가능한, 허용.인정된_ 상태로 변화(變化)시키다 허용.허락하다
[0186] disallow ⓞ그것_ 골을 ⓥ불허용.불인정된, 불가능한_ 상태로 변화(變化)시키다 불인정.불허용하다

E_ [1376]

The repetitive training allows the brain to coordinate the peak velocity of the shoulder and wrist.

[0185] allow ⓢ[원인.수단] 반복 훈련은 ⓒ어깨 및 허리의 최고 속도를 조화롭게 하도록 ⓞ두뇌를 ⓥ가능한, 허용.인정된_ 상태로 변화(變化)시키다 가능하게 하다, 허용.인정해 주다
[9999] coordinate ⓞ어깨 및 허리의 최고 속도를 ⓥ순서에 맞춰진, 정리.조정.조화된_ 상태로 변화(變化)시키다 조화롭게 하다

E_ [1377]

In the 1920s, several state governments disallowed those people to carry firearms.

[0186] disallow ⓒ총기를 소지하도록 ⓞ그 사람들을 ⓥ불허용.불인정된, 불가능한_ 상태로 변화(變化)시키다 금지시키다, 허락하지 않다 ☞ 총기소지를 불허했다는 의미
[9999] carry ⓐ(어떤 장소에, 몸에 지니고) ⓞ총기를 ⓥ날라서_ 이동(移動)시키다 실어 나르다, 소지하다

E_ [1378]

That is, to persuade people to indebt themselves further to the banks.

[0187] persuade ⓒ은행에 더 많이 빚을 지도록 ⓞ사람들을 ⓥ긍정적으로 설득된_ 상태로 변화(變化)시키다 설득시키다
[9999] indebt ⓐ그 은행들에, 한층 더 ⓞ그들 자신들을 ⓥ빚진, 채무가 있는_ 상태로 변화(變化)시키다 빚지게 하다

E_ [1379]

This will qualify Korea for the World Cup regardless of the two remaining games.

[0189] qualify ⓐ월드컵에 대해, 남은 두 경기에 상관없이 ⓞ한국을 ⓥ자질.자격 있는_ 상태로 변화(變化)시키다 자격있게 하다

E_ [1380]

Paying a fee doesn't automatically qualify you for membership.

[0189] qualify ⓢ[원인.수단] 수수료를 지불하는 것은 ⓐ회원 자격에 대해 ⓞ당신을 ⓥ자질.자격 있는_ 상태로 변화(變化)시키다 자격있게 하다

E_ [1381]
They disqualified the team for fielding an underage player.

[0190] disqualify ⓐ[원인.수단] 미성년 선수를 출전시킨 것 때문에 ⓞ그 팀을 ⓥ자질.자격 없는_ 상태로 변화(變化)시키다 자격 박탈시키다
[9999] field ⓞ미성년 선수를 ⓥ경기장.필드에_ 이동(移動)시키다 출전시키다

E_ [1382]
It wants to privatize the airport to improve competitiveness and secure investment for a 9 trillion won redevelopment plan.

[0191] privatize ⓐ[원인.수단] 경쟁력을 향상시키고, 9조원의 재개발 계획을 위한 투자를 확보하기 위해 ⓞ그 공항을 ⓥ민영화, 민간의_ 상태로 변화(變化)시키다 민영화시키다
[9999] improve ⓞ경쟁력을 ⓥ개선.향상된_ 상태로 변화(變化)시키다 개선.향상시키다
[9999] secure ⓞ9조원의 재개발 계획을 위한 투자를 ⓥ안전.확실한, 보장.확보된_ 상태로 변화(變化)시키다 확실하게 하다, 확보.보장하다

E_ [1383]
He began to nationalize the factories and plantations and increased Cuba's relationship with the Soviet Union.

[0192] nationalize ⓞ공장 및 농장들을 ⓥ국유화, 국가의_ 상태로 변화(變化)시키다 국유화.국영화하다
[0040] increase ⓞ소련과 쿠바의 관계를 ⓥ증가된_ 상태로 변화(變化)시키다 증가시키다

E_ [1384]
Grate the fresh ginger root and combine with the minced garlic.

[9999] grate ⓞ신선한 생강 뿌리를 ⓥ갈려진_ 상태로 변화(變化)시키다 갈다
[0195] combine ⓐ다진 마늘과 ⓞ(갈려진 생강 뿌리를) ⓥ결합.연결된_ 상태로 변화(變化)시키다 결합시키다, 섞다

E_ [1385]
Combine milk and sugar in a saucepan.

[0195] combine ⓐ소스팬에서 ⓞ우유와 설탕을 ⓥ결합.연결된_ 상태로 변화(變化)시키다 결합시키다, 섞다

E_ [1386]
Many families were separated by the demilitarized zone border.

[0196] separate ⓢ[원인.수단] 그 비무장지대 경계는 ⓞ많은 가족들을 ⓥ분리된_ 상태로 변화(變化)시키다 분리시키다, 이산가족으로 만들다

E_ [1387]
The hedge separates the two new houses.

[0196] separate ⓢ[원인.수단] 그 울타리는 ⓞ두 채의 새 집을 ⓥ분리된_ 상태로 변화(變化)시키다 분리시키다

E_ [1388]
He unified his people by worshipping only Yahweh.

[0197] unify ⓐ[원인.수단] 야훼만을 숭배함에 의해 ⓞ그의 국민들을 ⓥ하나.통합된_ 상태로 변화(變化)시키다 통합.통일시키다
[9999] worship ⓞ오직 야훼에 대해 ⓥ숭배.존경하는_ 심리(心理)가지다 숭배하다

E_ [1389]
Why can't you see that nationalism can divide nations instead of uniting them?

[0198] divide ⓢ[원인.수단] 민족주의는 ⓐ국민들을 통합시키는 대신에 ⓞ국민들을 ⓥ분리된_ 상태로 변화(變化)시키다 분열시키다
[9999] unite ⓢ민족주의가 ⓞ국민들을 ⓥ하나.통합된_ 상태로 변화(變化)시키다 통합시키다

E_ [1390]
The other hairdresser usually wets my hair before she cuts it.

[0205] wet ⓢ그 다른 미용사는 ⓞ나의 머리카락을 ⓥ젖은_ 상태로 변화(變化)시키다 젖게 하다
[9999] cut ⓞ그것_ 나의 머리카락을 ⓥ잘라진, 줄어든_ 상태로 변화(變化)시키다 자르다

E_ [1391]
A long drought (dry weather) dried up all the rice paddy.

[0206] dry ⓢ[원인.수단] 오랜 가뭄(건조한 날씨)은 ⓞ그 모든 논을 ⓥ건조한_ 상태로 변화(變化)시키다 건조시키다

E_ [1392]
Pasteurized milk is heated to kill all the bacteria.

[0207] heat ⓐ[원인.수단] 모든 박테리아를 죽이기 위해 ⓞ저온 살균 우유를 ⓥ가열된, 뜨거운_ 상태로 변화(變化)시키다 가열시키다
[9999] kill ⓞ모든 박테리아를 ⓥ죽은_ 상태로 변화(變化)시키다 죽이다

E_ [1393]
You can easily heat your pumped breast milk with this bottle warmer in three minutes.

[0207] heat ⓐ[원인.수단] 이 병데우는 기계로, 3분 정도 ⓞ당신의 펌프로 짜낸 모유를 ⓥ가열된, 뜨거운_ 상태로 변화(變化)시키다 가열시키다

E_ [1394]
Blanch broccoli in boiling water, chill in ice water, and drain.

[9999] blanch ⓐ끊는 물 안에서 ⓞ브로콜리를 ⓥ데쳐진_ 상태로 변화(變化)시키다 데치다
[0208] chill ⓐ찬물 안에서 ⓞ(브로콜리를) ⓥ냉각된, 차가운_ 상태로 변화(變化)시키다 냉각시키다, 식히다
[9999] drain ⓞ(브로콜리를) ⓥ(물 등이) 배출.탈수된, 고갈된_ 상태로 변화(變化)시키다 탈수시키다, 물을 빼내다

E_ [1395]
Air conditioners chill the air and take the moisture out of it.

[0208] chill ⓢ[원인.수단] 에어컨은 ⓞ공기를 ⓥ냉각된, 차가운_ 상태로 변화(變化)시키다 냉각시키다, 차갑게 하다
[0891] take ⓐ그것_ 공기 밖으로 빼내려고 ⓞ그 수분을 ⓥ적극적으로_ 소유(所有)하다 잡다, 취하다

E_ [1396]
An unhappy childhood has soured her view of life.

[0209] sour ⓢ[원인.수단] 불행한 어린 시절은 ⓞ그녀의 인생관을 ⓥ시큼한, 상한, 악화된_ 상태로 변화(變化)시키다 시큼하게 하다, 악화시키다

E_ [1397]
Old age had not sweetened her.

[0210] sweeten ⓢ[원인.수단] 늙은 나이는 ⓞ그녀를 ⓥ달콤한, 매혹적인_ 상태로 변화(變化)시키다 달콤하게 하다, 상냥하게 하다

E_ [1398]
Such dirty tricks enfeeble democracy.

[0211] enfeeble ⓢ[원인.수단] 그런 비열한 속임수.수법은 ⓞ민주주의를 ⓥ약한_ 상태로 변화(變化)시키다 약화시키다

E_ [1399]
We need to reinforce foreign language education to meet the demands of globalization.

[0212] reinforce ⓐ[원인.수단] 세계화의 요구를 충족시키기 위해 ⓞ외국어 교육을 ⓥ(당시) 강한_ 상태로 변화(變化)시키다 강화시키다
[9999] meet ⓞ세계화의 요구를 ⓥ충족.만족된, 달성된_ 상태로 변화(變化)시키다 충족시키다

E_ [1400]
The climate of political confusion has only reinforced the country's economic decline.

[0212] reinforce ⓢ[원인.수단] 그 정치적 혼란의 분위기는 ⓞ그 나라의 경제 쇠퇴를 ⓥ(당시) 강한_ 상태로 변화(變化)시키다 강화시키다

색인_ Index

변 화 동 사 : 500단어, [0001] ~ [0500]
이 동 동 사 : 250단어, [0501] ~ [0750]
표 현 동 사 : 100단어, [0851] ~ [0850]
주어중심동사 : 130단어. [0851] ~ [0980]
기 타 동 사 : 20단어, [0981] ~ [1000]

동사	No	동사	No	동사	No	동사	No
abdicate	[0767]	apply	[0635]	beseech	[0825]	coarsen	[0080]
abduct	[0527]	appreciate	[0244]	besiege	[0499]	collect	[0881]
abhor	[0963]	apprehend	[0879]	besmirch	[0496]	combine	[0195]
abjure	[0807]	apprise	[0831]	bestrew	[0702]	command	[0784]
abnegate	[0468]	approach	[0926]	better	[0054]	commend	[0785]
abominate	[0965]	approve	[0087]	bewail	[0957]	comment	[0844]
abort	[0290]	arm	[0327]	bewilder	[0493]	commission	[0351]
abrade	[0373]	arrange	[0173]	bewitch	[0492]	commit	[0515]
abrogate	[0768]	ascend	[0909]	bind	[0335]	compel	[0555]
abstract	[0563]	ascertain	[0858]	blacken	[0020]	compensate	[0458]
accelerate	[0145]	ascribe	[0776]	blacklist	[0729]	complain	[0850]
accept	[0859]	assassinate	[0259]	bleach	[0323]	complicate	[0031]
access	[0904]	assemble	[0165]	block	[0343]	compose	[0277]
acclaim	[0755]	assign	[0588]	blunt	[0072]	comprehend	[0878]
accompany	[0224]	assimilate	[0310]	blur	[0230]	compress	[0143]
accost	[0928]	associate	[0163]	borrow	[0896]	comprise	[0880]
accredit	[0738]	assume	[0875]	breathe	[0690]	con	[0740]
accuse	[0828]	attach	[0169]	bribe	[0724]	conceal	[0363]
achieve	[0870]	attack	[0215]	brief	[0841]	concede	[0610]
acidify	[0021]	attain	[0853]	brighten	[0001]	conceive	[0863]
acquit	[0676]	attenuate	[0451]	bring	[0749]	conciliate	[0462]
activate	[0153]	attest	[0812]	browse	[0994]	conclude	[0393]
adduce	[0528]	attract	[0562]	burden	[0617]	condemn	[0247]
adjudge	[0779]	attribute	[0560]	bury	[0314]	condense	[0063]
adjudicate	[0780]	authorize	[0442]	bypass	[0918]	conduct	[0526]
adjure	[0808]	automate	[0464]	calm	[0320]	confer	[0535]
admire	[0969]	avert	[0381]	cancel	[0090]	confess	[0804]
admit	[0519]	avouch	[0800]	capacitate	[0183]	confide	[0739]
adopt	[0890]	avow	[0816]	capture	[0861]	confirm	[0089]
adore	[0970]	await	[0995]	catalyze	[0440]	confiscate	[0463]
advise	[0826]	award	[0641]	catapult	[0700]	conjure	[0809]
advocate	[0797]	balance	[0251]	categorize	[0436]	connect	[0161]
aggrandize	[0140]	band	[0367]	cede	[0609]	connote	[0789]
aggravate	[0460]	banish	[0715]	celebrate	[0478]	consecrate	[0115]
aggregate	[0199]	bankrupt	[0379]	centralize	[0231]	conserve	[0871]
aggress	[0912]	baptize	[0433]	certify	[0414]	consider	[0976]
airmail	[0692]	barter	[0686]	channel	[0699]	consign	[0587]
alert	[0833]	battle	[0990]	charge	[0611]	construct	[0275]
alkalize	[0022]	beautify	[0179]	chase	[0933]	consume	[0876]
alleviate	[0459]	bedazzle	[0495]	chill	[0208]	contain	[0851]
allow	[0185]	bedevil	[0497]	choose	[0889]	contaminate	[0003]
ameliorate	[0051]	befuddle	[0498]	circumvent	[0936]	contest	[0814]
amplify	[0402]	beguile	[0494]	cite	[0818]	continue	[0273]
amputate	[0456]	belie	[0491]	claim	[0756]	contradict	[0761]
amuse	[0124]	believe	[0941]	clarify	[0229]	contravene	[0935]
announce	[0751]	belittle	[0139]	clean	[0018]	contribute	[0558]
answer	[0838]	bemoan	[0954]	climb	[0925]	controvert	[0384]
antagonize	[0439]	bemuse	[0500]	close	[0322]	convert	[0383]
anticipate	[0868]	bend	[0357]	clothe	[0722]	convict	[0829]
append	[0651]	bereave	[0674]	clutter	[0238]	cool	[0030]

동사	No	동사	No	동사	No	동사	No
correlate	[0476]	demonize	[0292]	disarm	[0328]	distribute	[0559]
corrode	[0371]	demoralize	[0437]	disarrange	[0174]	distrust	[0952]
corrupt	[0377]	demote	[0655]	disassemble	[0166]	diversify	[0033]
countermand	[0783]	demystify	[0407]	disavow	[0817]	divert	[0382]
couple	[0283]	denote	[0790]	disband	[0368]	divest	[0549]
cover	[0315]	denounce	[0752]	disbelieve	[0942]	divide	[0198]
create	[0317]	depict	[0843]	disburden	[0618]	divorce	[0286]
credit	[0944]	deplete	[0133]	discharge	[0616]	divulge	[0668]
criminalize	[0424]	deplore	[0824]	disclaim	[0758]	dominate	[0466]
criticize	[0246]	deploy	[0669]	disclose	[0395]	donate	[0607]
cross	[0938]	depopulate	[0236]	disconnect	[0162]	doubt	[0967]
crowd	[0132]	deport	[0504]	discontinue	[0274]	downgrade	[0096]
crystallize	[0441]	depose	[0592]	discourage	[0106]	download	[0626]
cultivate	[0473]	deposit	[0591]	discover	[0316]	downsize	[0094]
cure	[0044]	depreciate	[0243]	discredit	[0943]	draw	[0579]
damage	[0043]	depress	[0130]	disdain	[0962]	dread	[0974]
dampen	[0201]	deprive	[0671]	disengage	[0282]	drip	[0731]
darken	[0002]	deregister	[0288]	disentangle	[0280]	drop	[0732]
deaden	[0160]	deregulate	[0218]	disfigure	[0118]	dry	[0206]
decelerate	[0146]	derogate	[0770]	disgrace	[0114]	dump	[0735]
decentralize	[0232]	descend	[0910]	dishearten	[0108]	effuse	[0542]
decipher	[0296]	describe	[0771]	dishonor	[0112]	eject	[0507]
declaim	[0757]	desecrate	[0116]	disinfect	[0012]	elect	[0882]
declare	[0846]	desensitize	[0128]	disintegrate	[0168]	electrify	[0413]
decline	[0294]	deserve	[0874]	dislike	[0950]	elicit	[0714]
decommission	[0352]	desiccate	[0202]	dislodge	[0622]	eliminate	[0471]
decompose	[0278]	despise	[0961]	dismiss	[0516]	elucidate	[0453]
decompress	[0144]	destabilize	[0008]	dismount	[0923]	email	[0693]
deconstruct	[0276]	detach	[0170]	disorganize	[0176]	embellish	[0486]
decontaminate	[0004]	detail	[0842]	dispatch	[0670]	emit	[0512]
decorate	[0172]	detain	[0857]	dispel	[0552]	emotionalize	[0312]
decouple	[0284]	deteriorate	[0052]	dispense	[0652]	empower	[0482]
decrease	[0039]	detest	[0960]	dispirit	[0102]	empty	[0131]
decree	[0847]	dethrone	[0234]	displace	[0573]	enable	[0181]
deduce	[0524]	detoxify	[0014]	displease	[0122]	enact	[0481]
deduct	[0523]	detract	[0565]	dispose	[0595]	encapsulate	[0867]
defer	[0538]	devalue	[0242]	dispossess	[0675]	enchant	[0484]
deflate	[0142]	devastate	[0457]	disprove	[0086]	encipher	[0295]
deflect	[0639]	devitalize	[0156]	disqualify	[0190]	enclose	[0396]
deform	[0049]	dictate	[0762]	disquiet	[0249]	encourage	[0105]
dehumanize	[0266]	differentiate	[0309]	disregard	[0946]	endanger	[0213]
dehumidify	[0006]	diffuse	[0544]	disrespect	[0948]	endorse	[0488]
dehydrate	[0204]	dignify	[0060]	disrupt	[0378]	endow	[0608]
deify	[0417]	dilate	[0454]	dissatisfy	[0126]	energize	[0103]
delay	[0645]	dilute	[0064]	dissipate	[0710]	enervate	[0104]
delegate	[0569]	diminish	[0098]	dissociate	[0164]	enfeeble	[0211]
delist	[0728]	dirty	[0017]	dissolve	[0398]	engage	[0281]
demand	[0781]	disable	[0182]	dissuade	[0188]	enhance	[0489]
demean	[0059]	disallow	[0186]	distort	[0262]	enjoy	[0958]
demilitarize	[0326]	disapprove	[0088]	distract	[0564]	enlarge	[0097]

동사	No	동사	No	동사	No	동사	No
enliven	[0159]	feed	[0721]	ignore	[0137]	intercept	[0860]
ennoble	[0058]	feel	[0987]	illegalize	[0220]	interchange	[0685]
enrage	[0123]	feminize	[0268]	illuminate	[0452]	interject	[0509]
enrich	[0055]	fertilize	[0429]	imagine	[0980]	interpose	[0599]
enslave	[0057]	finalize	[0271]	immobilize	[0254]	interrogate	[0769]
ensure	[0487]	flatten	[0077]	immunize	[0426]	interrupt	[0380]
entangle	[0279]	fling	[0742]	impair	[0041]	introduce	[0525]
enter	[0901]	fold	[0353]	impeach	[0348]	intrude	[0632]
enthrall	[0485]	follow	[0934]	impede	[0152]	inundate	[0474]
enthrone	[0233]	foretell	[0802]	impel	[0554]	invade	[0919]
entitle	[0483]	forswear	[0822]	implant	[0577]	invalidate	[0082]
entrust	[0737]	fortify	[0401]	implore	[0823]	invert	[0387]
envelop	[0490]	forward	[0643]	imply	[0637]	invest	[0550]
eradicate	[0470]	freeze	[0027]	import	[0501]	invite	[0350]
erode	[0372]	freshen	[0226]	impose	[0593]	isolate	[0223]
escape	[0930]	fund	[0585]	impound	[0602]	jeopardize	[0435]
eulogize	[0245]	funnel	[0698]	impoverish	[0056]	judge	[0778]
evade	[0920]	generalize	[0239]	impregnate	[0289]	juxtapose	[0606]
evict	[0713]	glamorize	[0117]	impress	[0129]	lacerate	[0455]
exacerbate	[0256]	globalize	[0194]	inactivate	[0154]	lack	[0887]
exaggerate	[0135]	grace	[0113]	inaugurate	[0347]	ladle	[0697]
exceed	[0905]	grant	[0748]	incapacitate	[0184]	lament	[0956]
exchange	[0684]	gratify	[0411]	incline	[0293]	lavish	[0736]
excite	[0319]	grieve	[0953]	increase	[0040]	lay	[0646]
exclaim	[0759]	guess	[0979]	indicate	[0763]	lead	[0539]
exclude	[0349]	guide	[0717]	indict	[0764]	leak	[0667]
excrete	[0666]	hamper	[0157]	induce	[0522]	lease	[0663]
exempt	[0330]	hand	[0750]	induct	[0521]	leash	[0337]
exhale	[0689]	harden	[0075]	infect	[0011]	legalize	[0219]
exile	[0711]	harm	[0045]	infer	[0531]	legitimize	[0425]
exit	[0902]	hasten	[0147]	inflate	[0141]	lend	[0661]
expand	[0304]	hate	[0959]	inform	[0830]	lengthen	[0036]
expect	[0978]	haunt	[0940]	infuriate	[0479]	liberalize	[0446]
expedite	[0151]	heal	[0046]	infuse	[0541]	lighten	[0069]
expel	[0551]	hear	[0984]	inhabit	[0999]	like	[0949]
expend	[0654]	hearten	[0107]	inhale	[0688]	liquefy	[0024]
export	[0502]	heat	[0207]	inherit	[0900]	list	[0727]
expose	[0594]	heighten	[0066]	initialize	[0298]	litter	[0171]
exterminate	[0472]	hire	[0299]	initiate	[0272]	load	[0623]
extinguish	[0318]	homogenize	[0034]	inject	[0506]	loan	[0662]
extract	[0561]	honor	[0111]	injure	[0047]	loathe	[0964]
extradite	[0712]	horrify	[0412]	inlay	[0647]	localize	[0193]
extrude	[0631]	humanize	[0265]	input	[0629]	lock	[0345]
falsify	[0084]	humidify	[0005]	inquire	[0837]	lodge	[0621]
familiarize	[0443]	hurl	[0747]	inscribe	[0772]	loosen	[0222]
fasten	[0339]	hydrate	[0203]	inspire	[0101]	lose	[0888]
fatten	[0067]	hypnotize	[0438]	insulate	[0308]	lower	[0065]
favor	[0972]	idealize	[0301]	intake	[0894]	magnify	[0099]
fear	[0973]	identify	[0418]	integrate	[0167]	mail	[0691]
feature	[0899]	idolize	[0291]	intensify	[0420]	maintain	[0856]

동사	No	동사	No	동사	No	동사	No
marry	[0285]	outdo	[0993]	preclude	[0392]	recollect	[0885]
masculinize	[0267]	outlive	[0998]	predicate	[0766]	recommend	[0786]
mask	[0361]	output	[0630]	predict	[0765]	rectify	[0403]
maximize	[0091]	outweigh	[0991]	predispose	[0604]	reelect	[0883]
mention	[0845]	overburden	[0619]	prefer	[0537]	refer	[0536]
metabolize	[0434]	overcharge	[0613]	preoccupy	[0865]	reflect	[0640]
militarize	[0325]	overlay	[0649]	prescribe	[0773]	reform	[0050]
miniaturize	[0100]	overpass	[0915]	preserve	[0872]	refresh	[0228]
minimize	[0092]	overpay	[0583]	prioritize	[0431]	refund	[0586]
misguide	[0718]	overstate	[0792]	privatize	[0191]	refuse	[0547]
mislay	[0648]	overstay	[0992]	proclaim	[0760]	regard	[0945]
mislead	[0540]	overthrow	[0390]	produce	[0530]	register	[0287]
misplace	[0572]	overturn	[0389]	profane	[0119]	regret	[0975]
misshape	[0178]	pacify	[0405]	profess	[0803]	regulate	[0217]
misstate	[0794]	paralyze	[0422]	proffer	[0534]	reinforce	[0212]
mistake	[0893]	pardon	[0332]	project	[0508]	relate	[0477]
mistreat	[0306]	pass	[0914]	promote	[0656]	relax	[0258]
mob	[0932]	pasteurize	[0430]	pronounce	[0753]	relay	[0650]
mobilize	[0253]	patrol	[0939]	propel	[0553]	relegate	[0570]
modify	[0416]	pay	[0581]	propose	[0598]	reload	[0627]
moisturize	[0421]	peddle	[0682]	propound	[0600]	remand	[0787]
mollify	[0410]	pelt	[0743]	proscribe	[0774]	remedy	[0048]
mount	[0922]	penalize	[0331]	protect	[0216]	remit	[0517]
mourn	[0955]	perceive	[0869]	protest	[0813]	remove	[0658]
move	[0657]	perfuse	[0545]	protrude	[0634]	renounce	[0754]
mutter	[0848]	perjure	[0810]	prove	[0085]	rent	[0664]
mystify	[0406]	permit	[0520]	pulverize	[0423]	repair	[0042]
narrow	[0038]	personalize	[0449]	pump	[0694]	repay	[0584]
nationalize	[0192]	persuade	[0187]	purchase	[0897]	repel	[0556]
negate	[0467]	pervade	[0921]	purify	[0016]	replace	[0574]
neglect	[0886]	pervert	[0385]	purport	[0805]	replenish	[0134]
nerve	[0109]	pitch	[0745]	qualify	[0189]	report	[0806]
neutralize	[0023]	place	[0571]	quantify	[0419]	repose	[0596]
normalize	[0448]	plant	[0576]	query	[0835]	reprimand	[0782]
note	[0788]	please	[0121]	question	[0834]	repulse	[0557]
notify	[0832]	plunder	[0677]	quicken	[0150]	require	[0840]
nullify	[0404]	pocket	[0730]	quieten	[0250]	resemble	[1000]
oblige	[0329]	poison	[0013]	quiz	[0836]	reserve	[0873]
obliterate	[0469]	polarize	[0444]	radicalize	[0445]	reshape	[0177]
obtain	[0852]	pollinate	[0480]	ratify	[0415]	resign	[0590]
obtrude	[0633]	pollute	[0015]	rationalize	[0311]	resolve	[0399]
occlude	[0391]	ponder	[0977]	raze	[0375]	respect	[0947]
occupy	[0864]	populate	[0235]	realize	[0302]	respond	[0839]
offer	[0533]	pose	[0603]	reapply	[0636]	restate	[0795]
offload	[0628]	position	[0601]	reassign	[0589]	resume	[0877]
omit	[0518]	possess	[0895]	recapture	[0862]	resuscitate	[0260]
open	[0321]	postpone	[0597]	receive	[0866]	retain	[0854]
optimize	[0255]	pour	[0734]	recharge	[0612]	retire	[0300]
organize	[0175]	praise	[0248]	recite	[0819]	retract	[0567]
oust	[0716]	precede	[0906]	recognize	[0138]	revalue	[0241]

동사	No	동사	No	동사	No	동사	No
reveal	[0364]	sling	[0744]	surcharge	[0615]	understate	[0793]
revere	[0971]	slow	[0148]	surmount	[0924]	undertake	[0892]
reverse	[0386]	smarten	[0237]	surpass	[0916]	unearth	[0313]
reward	[0642]	smell	[0986]	survive	[0997]	unfasten	[0340]
rob	[0672]	smooth	[0079]	sustain	[0855]	unfold	[0354]
roll	[0355]	smuggle	[0660]	swap	[0687]	unfreeze	[0028]
romanticize	[0270]	snatch	[0680]	swear	[0821]	unify	[0197]
rot	[0374]	sneak	[0659]	sweeten	[0210]	unleash	[0338]
roughen	[0073]	soften	[0074]	swindle	[0679]	unload	[0624]
rupture	[0376]	solicit	[0820]	synchronize	[0365]	unlock	[0346]
safeguard	[0214]	solidify	[0025]	synergize	[0447]	unmask	[0362]
sanctify	[0120]	solubilize	[0400]	take	[0891]	unnerve	[0110]
sanitize	[0427]	solve	[0397]	taste	[0985]	unroll	[0356]
satisfy	[0125]	sound	[0370]	teleport	[0505]	unsettle	[0342]
saturate	[0475]	sour	[0209]	tell	[0801]	untie	[0334]
scatter	[0703]	sow	[0705]	tenderize	[0076]	untwist	[0264]
scavenge	[0996]	specify	[0240]	terminate	[0465]	unveil	[0360]
scoop	[0695]	spend	[0653]	terrify	[0408]	update	[0297]
scorn	[0966]	spice	[0725]	testify	[0811]	upgrade	[0095]
scribble	[0777]	splash	[0708]	thicken	[0061]	upload	[0625]
season	[0726]	spray	[0709]	thin	[0062]	upsize	[0093]
seclude	[0394]	spread	[0706]	throw	[0741]	validate	[0081]
secrete	[0665]	sprinkle	[0707]	tie	[0333]	vaporize	[0026]
sedate	[0461]	spur	[0158]	tighten	[0221]	veil	[0359]
seduce	[0529]	squander	[0720]	tint	[0324]	ventilate	[0307]
see	[0981]	stabilize	[0007]	toss	[0746]	verify	[0083]
seed	[0704]	stagger	[0366]	trade	[0683]	vest	[0548]
segregate	[0200]	stalk	[0927]	tranquilize	[0450]	victimize	[0432]
select	[0884]	state	[0791]	transcend	[0911]	view	[0982]
sell	[0681]	steal	[0678]	transcribe	[0775]	visit	[0903]
send	[0511]	steepen	[0078]	transfer	[0532]	vitalize	[0155]
sensationalize	[0269]	sterilize	[0428]	transfuse	[0543]	vociferate	[0798]
sense	[0988]	stiffen	[0257]	transgress	[0913]	voice	[0796]
sensitize	[0127]	storm	[0931]	transmit	[0513]	vouch	[0799]
separate	[0196]	straighten	[0261]	transplant	[0578]	vow	[0815]
settle	[0341]	strengthen	[0010]	transport	[0503]	ward	[0644]
shade	[0070]	strew	[0701]	traverse	[0937]	warm	[0029]
share	[0898]	strip	[0673]	treat	[0305]	warn	[0827]
sharpen	[0071]	stupefy	[0409]	trespass	[0917]	waste	[0719]
shorten	[0035]	subcontract	[0568]	trivialize	[0136]	watch	[0983]
shout	[0849]	subject	[0510]	trust	[0951]	water	[0723]
shovel	[0696]	submit	[0514]	twist	[0263]	weaken	[0009]
shower	[0733]	subtract	[0566]	uglify	[0180]	wet	[0205]
shrink	[0303]	subvert	[0388]	unbalance	[0252]	whiten	[0019]
shrivel	[0227]	succeed	[0908]	unbend	[0358]	widen	[0037]
sidestep	[0929]	suffuse	[0546]	unbind	[0336]	withdraw	[0580]
silence	[0369]	superimpose	[0605]	unblock	[0344]	wither	[0225]
simplify	[0032]	supersede	[0907]	unburden	[0620]	witness	[0989]
slacken	[0149]	supplant	[0575]	undercharge	[0614]	wonder	[0968]
slim	[0068]	supply	[0638]	underpay	[0582]	worsen	[0053]

정재진

경북 안동에서 초.중.고를 마친 후 서울대학교를 졸업하였습니다.
영어전공자는 아니지만 상상영어가 상상을 통한 이해중심의 영어로 전환할 수 있으리라는 확신을 가집니다.
결과물을 많은 분들과 공유하고 싶어 상상영어를 발간하였습니다.
블로그 http://blog.naver.com/bluebjj 에 문장 음성녹음파일 등 학습참고자료를 올려놓았습니다.
블로그 또는 이메일 등으로 다양한 정보를 공유하도록 하겠습니다.
좋은 의견, 궁금한 사항은 언제든 주시면 큰 도움이 되겠습니다.

상상영어
想像英語
Imagine English

발 행 일	2023년 2월 01일 (초판 1쇄)
저 자	정재진
발 행 인	정재진
발 행 처	블루비 blue *B*
출판등록	2018. 5. 3. 제 2018-000039호
주 소	경기도 수원시 영통구 대학3로 4번길 12 이스턴타워 611호
블 러 그	http://blog.naver.com/bluebjj
전자메일	bluebjj@naver.com
대표전화	070-8833-3341
팩 스	0504-405-3341
정 가	19,000원
I S B N	979-11-963870-7-5 (53740)

이 책의 무단 복제, 복사, 전재는 저작권법에 저촉됩니다.
잘못 만들어진 책은 구입처에서 바꾸어 드립니다.